Johannes Brahms

Johannes Brahms im Jahr 1889. Fotografie von C. Brasch

Reclams Musikführer
Johannes Brahms

Von Christian Martin Schmidt

Mit 48 Notenbeispielen und 23 Abbildungen

Philipp Reclam jun. Stuttgart

Die Deutsche Bibliothek – CIP-Einheitsaufnahme

Schmidt, Christian Martin:
Reclams Musikführer Johannes Brahms /
von Christian Martin Schmidt. –
Stuttgart : Reclam, 1994

ISBN 3-15-010401-7

© 1994 Philipp Reclam jun. GmbH & Co., Stuttgart
Umschlaggestaltung: Reichert Buchgestaltung Stuttgart
Noten: Computernoten Renate Wirth, Berlin
Satz: Reclam, Ditzingen
Druck: Wilhelm Röck, Weinsberg
Buchbinderische Verarbeitung: C. Fikentscher, Darmstadt
Printed in Germany 1994
RECLAM ist ein eingetragenes Warenzeichen
der Philipp Reclam jun. GmbH & Co., Stuttgart
ISBN 3-15-010401-7

Inhalt

Anhang

Brahms' Leben
Eine biographische Skizze

Man kann den Lebensweg von Johannes Brahms beschreiben als kontinuierlichen Aufstieg in nahezu allen Bereichen: sozial, ökonomisch und künstlerisch, als einen Aufstieg überdies, der als solcher und in der Art, wie er sich vollzog, ganz und gar mit den Maximen des bürgerlichen Zeitalters, in das er hineingeboren war, übereinstimmte. Er spiegelt gewissermaßen den damals herrschenden Fortschrittsglauben in der Konkretisierung des individuellen Vorankommens wider; und die persönlichen Eigenschaften, welche den Komponisten die Leiter des Erfolgs mit nur wenigen Rückschlägen erklimmen ließen, waren die vom Bürgertum sanktionierten: Leistungswille, Selbstdisziplin, Fleiß und Sparsamkeit. Man hat Brahms zu Recht als einen in besonderem Maße bürgerlichen Künstler bezeichnet.

Musikzimmer in der Wiener Wohnung. Aquarell von Wilhelm Nowak

Vergegenwärtigt man sich den Ausgangspunkt und den am Ende erreichten Stand in den einzelnen Bereichen dieser Entwicklung, so wird deutlich, wie beträchtlich der Aufstieg genannt zu werden verdient. Er führte Brahms – was zunächst die äußeren Lebensumstände angeht – aus der drückenden Enge des Hamburger Gängeviertels, wo er am 7. Mai 1833 in Schlüters Hof, Specksgang 24, das Licht der Welt erblickte, in die Großzügigkeit des nördlichen Teils im Wiener IV. Bezirk; hier bezog er am 27. Dezember 1871 in der Karlsgasse 4 diejenige Mietwohnung, die er bis zu seinem Tode am 3. April 1897 beibehielt. Bezeichnet ist damit zugleich der Wechsel hinsichtlich des künstlerischen Ambientes, der Weg aus dem eher auf Handel und Wandel gerichteten Hamburg in die künstlerische Metropole Wien.

In – keineswegs selbstverständlicher – Übereinstimmung damit ist ein Zuwachs an sozialer Geltung zu beobachten, die sich die Person Brahms von Jahr zu Jahr umfassender erwarb. Er, dessen Herkunft bestenfalls als kleinbürgerlich einzustufen ist und der als Jugendlicher in Lokalen niedrigsten Niveaus zum Tanz aufspielen mußte, verkehrte nun auf gleichem Fuß mit herausragenden Vertretern des gebildeten Großbürgertums, und das nicht etwa nur angesichts seiner kompositorischen Leistungen, sondern auch auf Grundlage der literarischen Bildung, die er sich angeeignet hatte und die ihn zum akzeptierten Gesprächspartner machte. Von den zahlreichen Freunden aus dieser Gesellschaftsschicht seien hier nur der bedeutende Chirurg Theodor Billroth (1829–1894), der namhafte Physiologe Theodor W. Engelmann (1843–1909), der Justizrat Adolf Schubring (1817–1893) sowie die Familie von Richard Fellinger (1848–1903) genannt, der Generaldirektor bei Siemens war.

Auch finanziell gelangte Brahms, der in seiner frühen Jugend noch genötigt war, den stets kargen Lebensunterhalt der Familie sichern zu helfen, zu einer Prosperität, die außergewöhnlich für einen Komponisten war. Grundlage dafür waren die Einkünfte aus den freilich kurzfristigen Anstellungen, namentlich aber aus den Konzert- und Verlagshonoraren. Über letztere sind wir genau informiert: Bis 1867 erhielt er für die Rechte an einem Werk zwischen 100 und 300 Mark von seinen Verlegern, danach wuchsen die Honorare beständig, bis sie bei den Symphonien den Höchststand von 15 000 Mark erreichten, ein für die damalige Zeit eminent hoher Betrag. Und Brahms hielt sein Vermögen – wiederum im Einklang mit den Maximen seiner Zeit – nicht nur durch Sparsamkeit bei seinen persönlichen Aufwendungen zusammen, sondern vermehrte es durch dessen Anlage in zinsträchtigen Bankgeschäften.

Ganz parallel zur Entwicklung in den genannten Bereichen verläuft diejenige, die am wichtigsten ist und deshalb ausführlicher dargestellt werden muß: der Aufstieg des Künstlers Brahms von einem eher handwerklich, zunftmäßig ausgerichteten Ursprung bis hin zum Rang des »Artis musicae severioris in Germania nunc princeps«, den ihm die Universität Breslau bei der Verleihung der Ehrendoktorwürde im Jahre 1879 zuerkannte.

Der Vater, Johann Jacob Brahms, wurde am 1. Juni 1806 in Heide (Dithmarschen) geboren. Gegen den Widerstand seiner Familie, für die Handel und Handwerk als angestammte und damit sozial angemessene Erwerbszweige galten, hatte er eine Ausbildung zum praktischen Musiker durchgesetzt und es auf Streichinstrumenten, der Flöte und dem Horn zu solchen Fähigkeiten gebracht, daß ihm im Jahre 1825 der Lehrbrief als »Instrumental-Musicus« verliehen wurde. Mit diesem Zeugnis zieht er nach Hamburg und verdient dort vor allem als Hornist und Kontrabassist sein zunächst wohl recht kärgliches Brot. Erst 1830 verbessert sich die wirtschaftliche Lage so weit, daß er das Hamburgische Bürgerrecht erhält und sich in der Lage sieht, eine Familie zu gründen. Partnerin der am 9. Juni geschlossenen Ehe ist die um siebzehn Jahre ältere Johanna Henrica Christiana, geborene Nissen. Neben Johannes entstammen der Ehe zwei Kinder, die ältere Schwester Elisabeth Wilhelmine Louise (geb. am 11. 2. 1831) und der jüngere Bruder Friedrich (geb. am 26. 3. 1835). Letzterer wandte sich ebenfalls der Musik zu, blieb aber – als angesehener Klavierlehrer – derjenigen musikalischen Sphäre verhaftet, die auch für den Vater kennzeichnend war: dem reproduzierenden Handwerk des praktischen Musikers, dem kompositorische Phantasie fernliegt. Aus dieser Sphäre löste sich einzig Johannes. Er konnte zwar vom Vater den Ernst der zunftmäßigen Haltung seinem Gegenstand gegenüber, auch die Unbeirrbarkeit in der Durchsetzung der eigenen Intentionen übernehmen, welche jenen zur Musik hin- und aus Heide weggeführt hatte; die Begabung zur schöpferischen Produktion jedoch war allein Johannes gegeben und entfernte ihn zunehmend von dem begrenzten beruflich-sozialen Horizont des Elternhauses.

Freilich muß in diesem Zusammenhang betont werden, daß Brahms trotz der erkennbar unterschiedlichen Interessenlage nie die familiären Bindungen aufgegeben oder auch nur vernachlässigt hat. Davon zeugen nicht nur die Besuche in Hamburg und der Briefwechsel mit den dortigen Verwandten, sondern auch seine – allerdings vergeblichen – Vermittlungsversuche, als die Ehe der Eltern gegen Lebensende der

Mutter in eine ernsthafte Krise geriet. Der Tod der Mutter im Jahre 1865 hat den Komponisten tief berührt (was zu der – wohl allzu nahe-liegenden und durch nichts belegten – Vermutung Anlaß gegeben hat, er habe das Deutsche Requiem op. 45, das 1868 in der definitiven Form abgeschlossen war, für sie komponiert). Und auch die zweite Ehefrau des Vaters, Caroline Louise (geb. Paasch, verw. Schnack sowie Pom-plun), die nun 18 Jahre jünger war als dieser, bezog Brahms nach der Eheschließung 1866 rasch in die fürsorgliche Verbundenheit mit ein, die selbst den Tod des Vaters 1872 überdauerte.

Man kann den Lebensweg von Brahms in drei Phasen unterteilen. Die erste, bis 1853, ist Schul- und Ausbildungszeit; die zweite, die mit der ersten längeren Abwesenheit aus Hamburg ihren Anfang nimmt und ihr Ende in dem 1869 gefaßten Entschluß findet, sich fest in Wien anzu-siedeln, könnte Reise- und Reifungszeit genannt werden. In der dritten Phase schließlich, die die restlichen Lebensjahre umspannt, kommt Brahms organisatorisch und künstlerisch zur Stabilität eines gefestig-ten Selbstbewußtseins; er wird seinen Wohnsitz nicht mehr verlegen, weiß, daß er das kompositorische Metier nahezu vollkommen be-herrscht (was noch fehlt, ist bis 1876 die Bewältigung des Problems der Symphonie), und kann sich auch des Erfolgs seiner Kompositionen gewiß sein. Bemerkenswert ist die Tatsache, daß die Grenzen zwischen den drei Phasen nahezu deckungsgleich sind mit Eckdaten der kompo-sitorischen Entwicklung. Um 1853 waren die ersten Kompositionen vollendet, die Brahms auch zu veröffentlichen bereit war, und um 1869 hatte er den endgültigen Durchbruch als Komponist geschafft: Die Uraufführung des – noch sechsteiligen – Deutschen Requiems, die am Karfreitag, dem 10. April 1868 im Bremer Dom stattfand, war überaus erfolgreich und hatte Brahms' Ruhm als Komponist hohen Stils end-gültig festgeschrieben; als fast zeitgleiches Komplement im Bereich des geselligen häuslichen Musizierens haben die vierhändigen Ungarischen Tänze gewirkt, deren erstes Heft (WoO 1/1–10) 1869 erschien und Brahms' Popularität auch in dieser, im Musikleben jener Zeit so über-aus bedeutungsvollen Sphäre erheblich gefördert hat.

Betrachtet man die Schul- und Ausbildungszeit, so ist bemerkenswert, wie sehr die Eltern trotz ihrer beschränkten Verhältnisse bemüht waren, die Fähigkeiten der Kinder nach besten Kräften zu fördern. Mit sechs Jahren besuchte Johannes die Privatschule von Heinrich Voß (dessen pädagogische Fähigkeiten nach neueren Erkenntnissen wohl besser waren, als die große Brahms-Biographie von Max Kalbeck ver-muten läßt), im elften Lebensjahr erfolgte der Wechsel auf die von

Johann Friedrich Hoffmann geleitete Anstalt, an der neben Latein, Französisch und Englisch auch – für die Zeit beachtlich – Mathematik und Naturwissenschaften unterrichtet wurden. Inwieweit Brahms bis 1847, als er die Schule verließ, von diesem Lehrangebot profitieren konnte, ist ungewiß; sein Brief vom September 1860 an Joseph Joachim jedenfalls: »Ich turne fleißig und fange jetzt Latein an« (BBW V, S. 287) weckt Zweifel daran, ob er auf der Schule – vielleicht mit Ausnahme von Französisch – überhaupt am Sprachunterricht teilgenommen hatte. Als sicher kann gelten, daß Brahms nie eine fremde Sprache angemessen beherrscht hat, eine Tatsache, die ihn in späteren Jahren daran hinderte, Reisen in Länder – wie etwa England – zu unternehmen, in denen eine Verständigung auf deutsch allein nicht zu erwarten war; selbst eine ihm im Jahre 1876 angetragene Doktorwürde der Universität Cambridge hat er wohl hauptsächlich aus diesem Grunde ausgeschlagen.

In einem anderen Punkt dagegen entsprach Brahms – sei es auf Anregung der Schule, sei es (wie das folgende Zitat nahelegt) aus eigener Initiative – einem Anspruch der wesentlich literarisch orientierten bürgerlichen Gesellschaft vollkommen: in seiner Liebe zu Büchern. »Ich lege«, so äußerte er sich nach Kalbeck (I/1, S. 145) im Dezember 1853, »all mein Geld in Büchern an, Bücher sind meine höchste Lust, ich habe von Kindesbeinen an soviel gelesen, wie ich nur konnte, und bin ohne alle Anleitung aus dem Schlechtesten zum Besten durchgedrungen. Unzählige Ritterromane hab ich als Kind verschlungen, bis mir die ›Räuber‹ in die Hände fielen, von denen ich nicht wußte, daß ein großer Dichter sie geschrieben; ich verlangte aber mehr von demselben Schiller und kam so aufwärts.« Bücher haben also für Brahms – davon legt auch die hinterlassene Bibliothek Zeugnis ab – stets eine große Rolle gespielt. Die solchermaßen gewonnenen beträchtlichen literarischen Erfahrungen haben ihn in die Lage versetzt, für sein Vokalwerk, namentlich für die Lieder und Gesänge, mit sicherer Hand die Textwahl vornehmen zu können, die zwar nicht stets auf poetische Produkte allerhöchsten Niveaus fiel, wohl aber auf breitgefächerte Kenntnisse des Komponisten schließen läßt. In einer entscheidenden Phase der Entwicklung von Brahms, am Anfang der fünfziger Jahre, verdichtet sich die Beziehung zur Literatur sogar bis zur Selbstidentifikation. In Anlehnung an die Hauptgestalt aus E. T. A. Hoffmanns *Kater Murr* nennt er sich »Kreisler junior«, kennzeichnet Teile von Kompositionen (vgl. S. 168 f. die Variationen über ein Thema von Robert Schumann, op. 9) mit den Initialen dieses Namens und legt eine Sammlung »Aussprüche von Dichtern, Philosophen und Künstlern« unter dem Titel *Des jungen Kreislers Schatzkästlein* an (veröffentlicht 1909 von Carl Krebs).

Neben die allgemeine Schulausbildung trat indes bald und mit stets wachsender Intensität der musikalische Unterricht, der offenkundig rasch erstaunliche Erfolge zeitigte. Das kam sicher den Interessen der Eltern entgegen, die sich von dem erhofften oder tatsächlichen »Wunderkind« auch die Verbesserung ihrer ökonomischen Lage versprachen. Zwar scheiterte ein den Eltern 1843 suggerierter Plan, Johannes in Amerika eine Wunderkind-Karriere beginnen zu lassen, am Einspruch von Otto Friedrich Willibald Cossel (1813–1865), der seit 1840 den Klavierunterricht betreute. Zweifellos aber schon früher als 1847, wie dokumentarisch belegt ist, half der Sohn dem Vater, bei Tanzvergnügungen mehr oder minder zweifelhaften Geschmacks die Musik zu versorgen und damit den Familienetat aufzubessern.

In eine andere Richtung hatte 1843 Cossel gewiesen, und man kann die Bedeutung dieses seines Rats für den weiteren Lebensweg von Brahms wohl kaum überschätzen. Er hatte für Johannes den musikalischen Unterricht bei Eduard Marxsen (1806–1887) vermittelt, dem damals wohl bedeutendsten Musiklehrer in Hamburg. Tatsächlich trat Brahms die Lehre an, vervollkommnete durch Marxsen seine Fähigkeiten auf dem Klavier und erhielt überdies gründliche Unterweisung in Komposition und Musiktheorie. Wie rasch sich seine musikalische Begabung entfaltete, ist einer Äußerung zu entnehmen, die Marxsen 1847 nach dem Tode von Felix Mendelssohn Bartholdy über den Vierzehnjährigen machte: »Ein Meister der Kunst ist heimgegangen, ein größerer erblüht in Brahms« (Kalbeck I/1, S. 32). Und dieser hat sich Marxsen, dem er von seinen Lehrern sicher am meisten verdankte, stets verpflichtet gefühlt; das belegen namentlich die Tatsache und die Formulierung der Widmung, die er selbst als weitberühmter Komponist im Jahr 1882 dem Druck seines Klavierkonzerts B-Dur op. 83 voranstellte, dem unter seinen Kompositionen für Klavier vielleicht der höchste ästhetische Anspruch zukommt: »Seinem theuren Freunde und Lehrer Eduard Marxsen zugeeignet«.

Schon während der Hamburger Lehrzeit war Brahms einige Male in Konzerten aufgetreten, so bereits 1843 vor geladenen Gästen, 1847 in einer Darbietung des Geigers Birgfeld und am 21. September 1848 in einem eigenen Konzert, d. h. in einem, für das er selbst als Konzertgeber die Verantwortung trug.

Das Programm ist aus mehreren Gründen mitteilenswert. Es zeigt, was in einem Konzert – wenn auch nicht höchsten Anspruchs – zu jener Zeit möglich und üblich war: die bunte Mischung von Instrumenten (Klavier, Gesang, Violoncello, Klarinette) und Gattungen (vom Klavierkonzert zur Arie, von der Oper zur Fuge etc.), das Nebeneinander von Kompositionen gänzlich unterschiedlichen Niveaus (Rosenhain und Mozart, Artôt und Bach usw.), schließlich auch die Ungenauigkeit der Angaben, die eine Identifikation nicht nur einiger Stücke (bei den Liedern, bei den Arien und Duetten aus Mozarts *Figaro*, bei der Bach-Fuge), sondern auch einiger Komponisten unmöglich macht. Hauptgrund des Abdrucks allerdings ist die Absicht, den qualitativen Sprung herauszustellen, den Brahms auch bei seiner Konzerttätigkeit in den folgenden Jahren vollzog; er wird im Vergleich mit dem auf S. 20 wiedergegebenen Programm des Konzerts, das Brahms am 14. November 1855 zusammen mit Clara Schumann und Joseph Joachim in Danzig gab, besonders deutlich:

Erster Teil
1. Adagio und Rondo aus dem A-dur-Konzert für Piano, von Rosenhain [wahrscheinlich Jakob R., 1813–1894], vorgetragen vom Konzertgeber – 2. Duett aus Mozarts »Figaro«, gesungen von Madame und Fräulein Cornet [wahrscheinlich Frau und Tochter von Julius Cornet (1793–1860), einem österreichischen Sänger und Theaterdirektor, der 1841–1847 Direktor des Hamburger Theaters war] – 3. Variationen für die Violine, von Artôt [Alexandre Joseph Montagney A., 1815–1845], vorgetragen von Herrn Risch – 4. »Das Schwabenmädchen«, Lied, gesungen von Madame Cornet – 5. Phantasie über Motive aus Rossinis »Tell«, für Piano, von Döhler [vielleicht Theodor Döhler, 1814–1856], vorgetragen vom Konzertgeber

Zweiter Teil
6. Introduktion und Variationen für die Klarinette, von Herzog [vielleicht Johann Georg H., 1822–1909], vorgetragen von Herrn Glade – 7. Arie aus Mozarts »Figaro«, gesungen von Fräulein Cornet – 8. Phantasie für Violoncello, komponiert und vorgetragen von Herrn d'Arien – 9. a) »Der Tanz« – b) »Der Fischer auf dem Meer« – Lieder, gesungen von Madame Cornet – 10. a) Fuge von Sebastian Bach – b) Serenade für die linke Hand allein, von Eduard Marxsen – c) Etüde von Herz [Heinrich bzw. Henri Herz, 1803–1888] – vorgetragen vom Konzertgeber

Am 14. April 1849 folgt eine musikalische Soiree, deren Programm mit der »Phantasie über einen beliebten Walzer« auch eine eigene, heute verschollene Komposition umfaßt. Ihr Titel deutet auf ein wesentliches Gebiet, in dem sich das kompositorische Vermögen des jungen Brahms

unter Aufsicht von Marxsen zu bewähren hatte: die Bearbeitung, ein
Bereich, der den Komponisten – vor allem hinsichtlich von Volkslie-
dern – bis in sein hohes Alter hinein beschäftigt hat. Nicht mit letzter
Sicherheit zu klären ist die Frage, ob auch die Sechs Phantasien über
russische Melodien und Zigeunerweisen, die um 1850, gewiß aber vor
1852 im Verlag A. Cranz in Hamburg unter dem Titel *Souvenir de la
Russie* und mit der Autorenangabe G. W. Marks erschienen, aus
Brahms' Feder stammen. (Im *Brahms-Werkverzeichnis* jedenfalls sind
sie unter »Zweifelhafte und untergeschobene Werke« eingeordnet.)
Das Jahr 1853 sollte zu einem entscheidenden Wendepunkt im Leben
des zwanzigjährigen Brahms werden. Am 19. April tritt er eine mehr-
monatige Reise an, die für seine weitere Entwicklung in mehrfacher
Hinsicht von ausschlaggebender, auch künstlerisch richtungweisender
Bedeutung ist. Als Konzerttournee begonnen, gibt sie Brahms Gelegenheit, mit Personen von hohem künstlerischem Rang in näheren
Kontakt zu treten, die prägend für seinen ganzen Lebensweg wurden,
und läßt ihn am 20. Dezember als emphatisch in die Musikwelt eingeführten Komponisten zurückkehren, der den Eltern die ersten Druck-
exemplare eigener Werke überreichen kann.
Die Konzerttournee unternahm Brahms mit dem um fünf Jahre älteren
und durchaus weltgewandten ungarischen Geiger Eduard Hoffmann,
genannt Reményi (1828–1898) – also eher unter dessen Ägide; sie
führte beide zunächst nach Winsen, Celle, Lüneburg und Hildesheim.
In Hannover als der nächsten und ersten wichtigen Station lernt
Brahms den bedeutenden Geiger, Dirigenten und Komponisten
Joseph Joachim (1831–1907) kennen, mit dem ihn sein ganzes Leben
hindurch eine innige, wenn auch nicht immer ganz konfliktlose
Freundschaft verbinden sollte (vgl. S. 98 ff.); Joachim wurde in den folgenden Jahren der kompositorischen Selbstfindung zu einem der wichtigsten Gesprächspartner, aber auch später hat Brahms noch oft den
sachkundigen Rat des Freundes eingeholt. Reiseziel im Juni (noch mit
Reményi) ist Weimar, wo Franz Liszt (1811–1886) auf der Altenburg
residiert; das Verhältnis zwischen den beiden Komponisten bleibt
jedoch zwiespältig. Auch wenn die Anekdote – die nur von Brahms-
Biographen überliefert wird –, daß Brahms bei einem Klaviervortrag
Liszts eingeschlafen sein soll, nur wenig glaubwürdig ist, so kann man
doch davon ausgehen, daß dieses erste Zusammentreffen mit einem
herausragenden Vertreter der Neudeutschen wesentlich zu Brahms'
später entschiedener Ablehnung dieser kompositorisch-ästhetischen
Richtung beigetragen hat. Im August und September finden wir den

Komponisten (nun und für immer ohne Reményi, dem Brahms' Haltung Liszt gegenüber unverständlich blieb) auf einer Rheinwanderung, während der er die Bekanntschaft von weiteren bedeutenden Musikern macht, so die des Geigers Joseph von Wasielewski (1822–1896) sowie der Dirigenten Ferdinand Hiller (1811–1885) und Franz Wüllner (1832–1907).

Am 30. September endlich kommt es in Düsseldorf zu der für Brahms als Komponist und Mensch bedeutsamsten Begegnung: Er macht seinen ersten Besuch im Hause Clara und Robert Schumanns (1811–1896; 1810–1856). Zwischen ihnen und dem sehr viel jüngeren Gast entwickelt sich im Laufe des Oktobers ein tiefgehendes persönliches und künstlerisches Einvernehmen; die Freundschaft zu Clara ist für Brahms bis in seine späten Jahre wohl die wichtigste menschliche Beziehung geblieben. Kennzeichnend für den romantisch-geselligen Geist, der in diesem Monat im Hause Schumann herrschte, ist das Entstehen einer Gemeinschaftskomposition: Schumann (II. und IV. Satz), der zum Düsseldorfer Schumann-Kreis gehörende Albert Dietrich (1829–1908, I. Satz) und Brahms (III. Satz: Scherzo = WoO 2) schreiben für Joachim in Anlehnung an dessen Motto »Frei, aber einsam« (vgl. dazu auch S. 166 die Anmerkungen zum Finalsatz der Klaviersonate op. 5) die »F. A. E.«-Sonate für Geige und Klavier. Brahms' eigene Kompositionen, die er aus Hamburg mitgebracht hatte oder die während der Reise entstanden waren – vor allem Lieder, Klaviersonaten und Kammermusik –, finden in Düsseldorf so viel Anklang, daß er im November nach Leipzig fährt, um sie mit Empfehlungen von Schumann dortigen Verlegern zum Druck anzubieten. Tatsächlich erscheinen noch im Dezember die Opera 1, 3 und 6, zwei Monate später Opus 2, 4 und 5. Aber Schumann tut noch mehr; er schreibt einen in der Musikgeschichte wohl einmaligen prophetischen Artikel und läßt ihn am 28. Oktober 1853 unter dem Titel »Neue Bahnen« in der von ihm 1834 gegründeten und bis 1844 auch selbst redigierten Leipziger *Neuen Zeitschrift für Musik* veröffentlichen:

»Es sind Jahre verflossen, – beinahe eben so viele, als ich der früheren Redaction dieser Blätter widmete, nämlich zehn –, daß ich mich auf diesem an Erinnerungen so reichen Terrain einmal hätte vernehmen lassen. Oft, trotz angestrengter productiver Thätigkeit, fühlte ich mich angeregt; manche neue, bedeutende Talente erschienen, eine neue Kraft der Musik schien sich anzukündigen, wie dies viele der hochaufstrebenden Künstler der jüngsten Zeit bezeugen, wenn auch deren Productionen mehr einem engeren Kreise bekannt sind. (Anmerkung Schumanns: Ich habe hier im Sinn: Joseph Joa-

chim, Ernst Naumann [1832–1910], Ludwig Norman [1831–1885], Wolde-
mar Bargiel [1828–1897], Theodor Kirchner [1823–1903], Julius Schäffer
[1823–1902], Albert Dietrich [1829–1908], des tiefsinnigen, großer Kunst
beflissenen geistlichen Tonsetzers C. F. [lies: F. E.] Wilsing [Friedrich Eduard
W., 1809–1893] nicht zu vergessen. Als rüstig schreitende Vorboten wären
hier auch Niels W. Gade [1817–1890], C. F. [lies: C. A.] Mangold [Carl Amand
M., 1813–1889], Robert Franz [1815–1892] und St. Heller [Stephen H., 1813
bis 1888] zu nennen.) Ich dachte, die Bahnen dieser Auserwählten mit der
größten Theilnahme verfolgend, es würde und müsse nach solchem Vorgang
einmal plötzlich Einer erscheinen, der den höchsten Ausdruck der Zeit in idealer Weise auszusprechen berufen wäre, einer, der uns die Meisterschaft nicht
in stufenweiser Entfaltung brächte, sondern, wie Minerva, gleich vollkommen
gepanzert aus dem Haupte des Kronion spränge. Und er ist gekommen, ein
junges Blut, an dessen Wiege Grazien und Helden Wache hielten. Er heißt
Johannes Brahms, kam von Hamburg, dort in dunkler Stille schaffend, aber
von einem trefflichen und begeistert zutragenden Lehrer (Anmerkung Schumanns: Eduard Marxsen in Hamburg.) gebildet in den schwierigsten Satzun-
gen der Kunst, mir kurz vorher von einem verehrten bekannten Meister empfohlen. Er trug, auch im Äußeren, alle Anzeichen an sich, die uns ankündigen:
das ist ein Berufener. Am Clavier sitzend, fing er an wunderbare Regionen zu
enthüllen. Wir wurden in immer zauberischere Kreise hineingezogen. Dazu
kam ein ganz geniales Spiel, das aus dem Clavier ein Orchester von wehklagenden und lautjubelnden Stimmen machte. Es waren Sonaten, mehr verschleierte Symphonien, – Lieder, deren Poesie man, ohne die Worte zu kennen, verstehen würde, obwohl eine tiefe Gesangsmelodie sich durch alle hin-
durchzieht, – einzelne Clavierstücke, theilweise dämonischer Natur von der
anmuthigsten Form, – dann Sonaten für Violine und Clavier, – Quartette für
Saiteninstrumente, – und jedes so abweichend vom andern, daß sie jedes verschiedenen Quellen zu entströmen schienen. Und dann schien es, als verei-
nigte er, als Strom dahinbrausend, alle wie zu einem Wasserfall, über die hin-
unterstürzenden Wogen den friedlichen Regenbogen tragend und am Ufer
von Schmetterlingen umspielt und von Nachtigallenstimmen begleitet.
Wenn er seinen Zauberstab dahin senken wird, wo ihm die Mächte der Massen, im Chor und Orchester, ihre Kräfte leihen, so stehen uns noch wunderba-
rere Blicke in die Geheimnisse der Geisterwelt bevor. Möchte ihn der höchste
Genius dazu stärken, wozu die Voraussicht da ist, da ihm auch ein anderer
Genius, der der Bescheidenheit, innewohnt. Seine Mitgenossen begrüßen ihn
bei seinem ersten Gang durch die Welt, wo seiner vielleicht Wunden warten
werden, aber auch Lorbeeren und Palmen; wir heißen ihn willkommen als
starken Streiter.
Es waltet in jeder Zeit ein geheimes Bündniß verwandter Geister. Schließt, die
Ihr zusammengehört, den Kreis fester, daß die Wahrheit der Kunst immer
klarer leuchte, überall Freude und Segen verbreitend.

R. S.«

*Clara und Robert Schumann. Radierung von F. Schauer nach dem Relief
von Ernst Rietschel. Mit eigenhändiger Widmung Robert Schumanns*

Diese fulminante Einführung eines jungen Komponisten durch einen der geachtetsten Tondichter der Zeit, eine Einführung, deren Gewicht noch dadurch erhöht wurde, daß Schumann für sie sein so langes Schweigen in seiner einstigen Zeitschrift brach, hatte freilich nicht nur positive Effekte. Brahms' kompositorische Entwicklung der folgenden Jahre zeigt, daß er sie auch als Belastung empfand, daß er sich selbstkritisch fragte, ob er dem Anspruch gerecht werden könne, »den höchsten Ausdruck der Zeit in idealer Weise auszusprechen«. »Der Genius der Bescheidenheit«, der ihm von Schumann bescheinigt worden war, und die Skepsis sich selbst und seinem Werk gegenüber, die ihn bekanntermaßen sein ganzes Leben hindurch begleitet hat, machten dem ja erst Zwanzigjährigen klar, daß er keineswegs »vollkommen gepanzert« wie Minerva, vollkommen gerüstet im kompositorischen Metier in die Welt hinausgegangen war. Und so ist die Mitte der fünfziger Jahre vor allem der Bemühung gewidmet, handwerkliche Defizite abzubauen. Brahms beschäftigt sich intensiv mit kontrapunktischen Problemen und tauscht Übungen solcher Art – wovon der Briefwechsel beredt Zeugnis ablegt – zur Kontrolle mit Joachim aus. Er übt sich in älteren Kompositionsformen, so der kontrapunktischen Messe, dem Kanon, dem Paar Präludium und Fuge sowie Tanzsatztypen des frühen 18. Jahrhunderts. Kompositorische Resultate dieser in erster Linie auf Selbstvervollkommnung gerichteten Beschäftigung sind die erst spät wiederentdeckte Missa Canonica (WoO 18), der Großteil der Orgelwerke (WoO 7–10) und die paarweise komponierten Gavotten, Giguen und Sarabanden für Klavier (WoO 3–5); nur wenige davon hat Brahms selbst veröffentlichen lassen und keinem eine Opuszahl gegeben – allenfalls in überarbeiteter Form (das gilt für einige Kanons). Daneben aber bemühte sich Brahms in diesen Jahren mit Intensität darum, den einzigen Bereich zu bewältigen, dessen Fehlen Schumann zwar nicht getadelt, auf den er aber als wünschenswerte Erweiterung der Ausdrucksmöglichkeiten betont hingewiesen hatte: auf die »Mächte der Massen, im Chor und Orchester«. Und gerade hier mußte Brahms zunächst einen empfindlichen Rückschlag hinnehmen. Inbegriff der großen Form in jener Zeit und Ziel jedes Komponisten autonomer Musik war die Symphonie. Tatsächlich wandte sich Brahms bereits 1854 und in den folgenden Jahren immer wieder unterschiedlichen Symphonieplänen zu (Näheres dazu S. 40 ff. im Kapitel ›Symphonien‹). Ergebnisse der Bemühungen aber waren lediglich die beiden Serenaden op. 11 und 16 sowie das 1. Klavierkonzert op. 15. Erstere bedeuten historisch und ästhetisch eine Zurücknahme des

Anspruchs; sie schließen in Dimension und Satzfolge eher an die Divertimento-Tradition an und repräsentieren – will man sie als Symphonien ansehen – etwa den Stand des mittleren Haydn. Und das 1. Klavierkonzert, das als Kompromißlösung aus unterschiedlichen gattungsmäßigen Zuordnungsversuchen eines Symphoniekonzepts hervorgegangen war, erlebte bei seiner zweiten Aufführung am 27. Januar 1859 in Leipzig einen solchen Mißerfolg, daß Brahms sogar Konsequenzen im persönlichen Bereich zog und seine Verlobung mit Agathe von Siebold (1835–1909), einer Göttinger Professorentochter, die er im Sommer zuvor kennengelernt hatte, auflöste.

Nun war allerdings gerade das persönliche Ambiente in diesen Jahren für eine ruhige und ungestörte Reifung im kompositorischen Metier durchaus ungünstig. Am 27. Februar 1854 hatte Schumann in geistiger Verwirrung einen Selbstmordversuch unternommen und war in die Heilanstalt Endenich bei Bonn eingeliefert worden, wo er bis zu seinem Tode am 29. Juli 1856 blieb. Das brachte nun zunächst organisatorische Verpflichtungen für Brahms mit sich, der in diesen zwei Jahren Clara und ihrer Familie, soweit es irgend möglich war, in Düsseldorf zur Seite stand. Viel schwerwiegender allerdings dürfte die emotionale Belastung gewesen sein, die Schwankungen und Unsicherheiten in der Beziehung zu Clara, für die sich erst eine Klärung abzuzeichnen begann, als sich nach dem Tode Schumanns auch die persönliche Situation von Clara und deren Kindern normalisierte. Eine freundschaftliche und von wechselseitigem Respekt getragene Beziehung zwischen den beiden blieb jedoch immer bestehen; davon legen nicht nur der Briefwechsel und die gemeinsame Konzerttätigkeit, sondern vor allem die Tatsache Zeugnis ab, daß der Sommer häufig am selben Ort verbracht wurde. Schon im August 1856, also nur wenige Wochen nach Schumanns Tod, reiste Brahms mit Clara und seiner Schwester Elise in die Schweiz.

Mit den Konzertreisen und den Sommeraufenthalten sind zwei Punkte genannt, die in der weiteren künstlerischen Biographie von Brahms eine beträchtliche Rolle spielen. Den Sommeraufenthalten, die keineswegs nur der Rekreation, sondern vor allem der konzentrierten kompositorischen Produktion gewidmet waren, kommt in diesem Sinn allerdings erst in den sechziger Jahren größere Bedeutung zu. Die Konzertreisen dagegen, die Brahms zunächst als Pianist, später mehr und mehr als Dirigent unternahm, setzen bereits früher ein; man kann in der Konzerttournee, die ihn im November 1855 zusammen mit Clara Schumann und Joseph Joachim nach Danzig führte, den Anfangspunkt

dieser – zunächst im wesentlichen auch auf die Sicherung des Lebens-
unterhaltes gerichteten – Aktivität sehen.

Welch hohen künstlerischen Anspruch die Konzerte – ganz im Gegensatz zu dem von 1848 – von nun an erhoben, wird aus dem Programm
vom 14. November 1855 deutlich:

Erster Theil.
1. Sonate von Mozart in A dur für Clavier und Violine [wahrscheinlich KV
526], gespielt von Clara Schumann und Joseph Joachim. – 2. Fantaisie (op. 77.)
von Beethoven, gespielt von Johannes Brahms. – 3. Chaconne von Johann
Sebastian Bach für Violine allein [aus BWV 1004], gespielt von Joseph Joachim.

Zweiter Theil.
4. Symphonische Etuden (Etudes en forme de Variations) von Robert Schumann [op. 13 in der umgearbeiteten Fassung von 1852], gespielt von Clara
Schumann. – 5. Sonate G dur für Clavier und Violine [Hoboken XV/32] von
Joseph Haydn, gespielt von Johannes Brahms und Joseph Joachim. – 6. a. Sarabande und Gavotte für Clavier von Johannes Brahms [je ein Stück von WoO
5 bzw. 3], b. Marsch von Fr. Schubert, gespielt von Johannes Brahms. –
7. Caprice [op. 1 Nr. 24] und Variationen für Violine von Paganini, gespielt
von Joseph Joachim.

Dies ist ein Programm, das auch heutigen Vorstellungen gerecht
würde. Es umfaßt die drei Klassiker, dazu aus älterer Zeit Bach, aus
neuerer Schubert und Schumann; Brahms durfte sich auch als Komponist – wenn auch nur mit kleindimensionierten Stücken – vorstellen,
und Joachim beschloß das Konzert mit einem Bravourstück. Diese
Auswahl entspricht weitgehend dem Angebot auch späterer Konzerte
von Brahms, der – neben eigenen Kompositionen – bevorzugt Werke
von Bach, Beethoven, Schubert und Schumann vortrug. Der Unterschied zum S. 13 mitgeteilten Programm jenes Hamburger Konzerts
1848 darf kraß genannt werden; freilich sind auch hier die Angaben zu
einigen Stücken so ungenau, daß eine sichere Identifizierung unmöglich ist.

Überblickt man die etwa fünf Jahre nach 1854, so ist in Brahms' kompositorischer Tätigkeit ein deutliches Stagnieren, die Suche nach Selbstfindung und einer zukunftsträchtigen Perspektive zu erkennen. Dem
entspricht die Lücke, die sich hinsichtlich der Drucklegung seiner
Werke im etwa gleichen Zeitraum ergibt, erstaunlich genau: Bis zum
November 1854 waren die Opera 1 bis 9 erschienen, als Nachzügler
folgten im Februar 1856 die ebenfalls schon 1854 geschriebenen Kla-

vier-Balladen op. 10. Erst beinahe fünf Jahre später, im November 1860, erschien dann die Serenade op. 16 (von den 1858 gedruckten Volks-Kinderliedern, die den Kindern Robert und Clara Schumanns gewidmet sind und denen kaum Werkcharakter zukommt, kann man hier absehen). Die Gründe sind schwer gegeneinander abzuwägen: Vielleicht erlahmte das Interesse der Verleger, die sich von einem so emphatisch angekündigten »Berufenen« mehr erwartet hatten; vielleicht befand Brahms selbst das Komponierte als noch nicht publikationsreif; vielleicht aber war er durch andere Aufgaben so überlastet, daß er sich nicht um die Fortsetzung der Publikation kümmern konnte. Sicher ist, daß etwa 1858, spätestens aber 1859 eine Stabilisierung hinsichtlich des persönlichen und kompositorischen Selbstbewußtseins eintrat, die nicht nur die Produktion nun auch sogleich für gut erachteter Kompositionen, sondern – mit dem gehörigen Abstand von zwei Jahren – auch die Fortsetzung der Drucklegung nach sich zog. (Bei der komplexen Persönlichkeitsstruktur von Brahms ist es – um noch weitere, einander nicht ausschließende Vermutungen anzustellen – schwer abzuschätzen, ob diese Stabilisierung einerseits von den glücklichen Sommertagen mit Agathe von Siebold und dem erstmals erfahrenen sicheren Gefühl der gesellschaftlichen Erlaubtheit einer Zuneigung zum anderen Geschlecht ausgelöst wurde; andererseits wäre denkbar, daß er durch den Mißerfolg des 1. Klavierkonzerts in Leipzig gleichsam als Trotzreaktion eine neue Motivation erhielt; und schließlich wäre – in gegenläufiger Kombination der vorgenannten Alternativen – die Möglichkeit zu erwägen, daß er sich nach jenem Mißerfolg ganz und gar auf die eigene Aufgabe, das kompositorische Werk, verwiesen fühlte und darin eine Rechtfertigung sah, sich der Verantwortung anderer Menschen gegenüber durch die Auflösung der Verlobung mit Agathe mit mehr oder weniger Anstand entziehen zu dürfen.)

Rein faktisch fällt die Stabilisierung – und auch das dürfte nicht ohne Bedeutung sein – in die Zeit der ersten festen, wenn auch nur auf die Monate September bis Dezember beschränkten Anstellung von Brahms. Von 1857 bis 1859 ist er in diesen Monaten am Fürstenhof in Detmold engagiert, um den Hofchor zu leiten, an Konzerten als Pianist oder – bei Beteiligung des Chores – als Dirigent mitzuwirken und der Prinzessin Friederike Klavierunterricht zu geben. Zumal bei der Prinzessin, deren »innige Anteilnahme an der Musik« er rühmt, findet er bei seiner Tätigkeit volle Unterstützung, und die Einkünfte sind so beträchtlich, daß sie für den Rest des Jahres genügen. Und doch reicht Brahms nach nur drei Jahren seine Kündigung mit einem Argument ein, das als Beleg dafür gelten kann, wie wichtig ihm nun – nach den erwähnten Jahren der Stagnation – die Drucklegung seiner Werke ist. Im August 1860, also noch vor der Beendigung der mehr als vierjährigen Publikationspause, schreibt er in seinem Kündigungsbrief an den Hofmarschall von Meysenbug: »Zu den mich bewegenden Gründen, die ich Ihnen schon mitzuteilen die Ehre hatte, kommt nun noch, daß ich diesen Herbst mit der Herausgabe meiner Werke sehr beschäftigt sein werde, bei einigen mit der Revision des Stiches, bei anderen mit der Vorbereitung zu demselben« (Kalbeck I/2, S. 401).

Die Stellung in Detmold indessen hatte Brahms auf einen Weg geführt, der ihn bei der Bewältigung der »Mächte der Massen«, wie es Schumann ausgedrückt hatte, ein entscheidendes Stück voranbrachte. Von allem Anfang an waren das Lied, die Klavierkomposition und – vielleicht um weniges geringer – die Kammermusik die Gattungen, in denen er sich sicher und souverän fühlte; Orchestermusik dagegen wollte ihm noch nicht zur Zufriedenheit gelingen. Und so wandte er sich für Detmold und danach für den »Hamburger Frauenchor«, den er zwischen Juni 1859 und Mai 1861 leitete, der Chormusik zu, dem zweiten Bereich also, den Schumann hinsichtlich der großdimensionierten Komposition genannt hatte. Zwar standen ihm in beiden Fällen noch keine »Massen« zur Verfügung; ihm war aber die Gelegenheit geboten, sich gründlich mit der Setzart für ein mehrstimmiges Vokalensemble zu befassen, die kaum von der Anzahl der Sänger tangiert wird. Tatsächlich entstand eine große Zahl von Chorkompositionen in vielerlei Besetzung, a cappella, mit Klavier- oder kleinerer Instrumentalbegleitung, für gemischten Chor, Männerchor und in weitaus größtem Maße Frauenchor. Der Umfang dieser Produktion ist erst in unserem Jahrhundert ganz bekannt geworden, nachdem das Repertoire des Hamburger Frauenchors überblickt werden kann; er ließ sich aber auch bereits vorher einigermaßen abschätzen, weil der seit jener Zeit vorliegende Fundus den allergrößten Teil der Chor-Opera darstellt, die Brahms von 1861 (op. 12) bis 1866 (op. 44) hat drucken lassen.

In den letzten Monaten des Jahres 1860 setzt eine Publikationstätigkeit der Werke von Brahms ein, die bis zum Ende seines Lebens keine nennenswerte Lücke mehr aufweist. Der Komponist hatte nun selbst Kontakt zu Verlegern aufgenommen, von denen sich der zu Rieter-Biedermann (Leipzig/Winterthur) bzw. Simrock (bis 1870 Bonn, dann Berlin) als sehr fruchtbar erweisen sollte. In den folgenden Jahren erschienen die meisten seiner Kompositionen entweder in diesen Verlagshäusern oder bei Breitkopf & Härtel (Leipzig), zu dem schon

Schumann 1853 die Verbindung hergestellt hatte. Als besonders fol-
genreich stellte sich die Beziehung zu Fritz Simrock (1837–1901) heraus, den Brahms am 8. Juni 1860 kennengelernt hatte; Simrock übernahm 1868 den Verlag und wurde nur kurze Zeit danach der nahezu
ausschließliche Verleger der Werke von Brahms, später sogar dessen
Berater und Verwalter in finanziellen Angelegenheiten.

In die frühen sechziger Jahre fällt eine Kontroverse, die Brahms' Gel-
tung im öffentlichen Musikleben nachhaltig mitbestimmt und deren
Ausgang ihn dazu veranlaßt hat, sich späterhin mit öffentlichen Äuße-
rungen betont zurückzuhalten. Im März 1860 plant er mit einigen
Freunden ein Manifest gegen die publizistische Vormachtstellung der
Neudeutschen Schule, konkret gegen die Haltung der *Neuen Zeit-
schrift für Musik*, also genau der Zeitschrift, in der sieben Jahre zuvor
Schumanns Aufsatz »Neue Bahnen« erschienen war und die nun von
Franz Brendel (1811–1868) redigiert wurde; die Erklärung soll mit den
Unterschriften Gleichgesinnter veröffentlicht werden. Bevor der Text
jedoch kursieren kann, wird er durch eine Indiskretion publik und
im *Berliner Echo* abgedruckt. Die Erklärung lautet (Kalbeck I/2,
S. 404–405):

»Die Unterzeichneten haben längst mit Bedauern das Treiben einer gewissen
Partei verfolgt, deren Organ die Brendelsche Zeitschrift für Musik ist.
Die genannte Zeitschrift verbreitet fortwährend die Meinung, es stimmten im
Grunde die ernster strebenden Musiker mit der von ihr vertretenen Richtung
überein, erkennten in den Kompositionen der Führer eben dieser Richtung
Werke von künstlerischem Wert, und es wäre überhaupt, namentlich in Nord-
deutschland, der Streit für und wider die sogenannte Zukunftsmusik, und
zwar zu Gunsten derselben, ausgefochten.
Gegen eine solche Entstellung der Tatsachen zu protestieren halten die Unterzeichneten für ihre Pflicht und erklären wenigstens ihrerseits, daß sie die
Grundsätze, welche die Brendelsche Zeitschrift ausspricht, nicht anerkennen,
und daß sie die Produkte der Führer und Schüler der sogenannten »Neudeutschen« Schule, welche teils jene Grundsätze praktisch zur Anwendung bringen und teils zur Aufstellung immer neuer, unerhörter Theorien zwingen, als
dem innersten Wesen der Musik zuwider, nur beklagen oder verdammen können.

Johannes Brahms.
Joseph Joachim.
Julius Otto Grimm.
Bernhard Scholz.«

Durch die vorzeitige Veröffentlichung ist dem Manifest jegliche Wirkung genommen; die *Neue Zeitschrift für Musik* antwortet am 4. Mai mit einer Persiflage:

»Öffentlicher Protest.

Die Unterzeichneten wünschen auch einmal erste Violine zu spielen, und protestiren deßhalb gegen Alles, was ihrem dazu nöthigen Emporkommen im Wege liegt – mithin namentlich gegen den zunehmenden Einfluß der, von Dr. Brendel als neudeutsche Schule bezeichneten musikalischen Richtung, wie überhaupt gegen jeden Geist in der neuen Musik. Nach Vernichtung dieser ihnen sehr unangenehmen Dinge stellen sie dagegen allen gleichartigen Wohlgesinnten einen Bruderbund für ›unaufregende und langweilende Kunst‹ in sofortige Aussicht.

Mitleidende Seelen werden dringend zum Beitritt ermahnt.

Die Redaction der Auskunftsmusik.

(Unterzeichnet:)

J. Geiger. Hans Neubahn. Pantoffelmann. Packe. Krethi und Plethi.«

Es ist unverkennbar, daß der Zeitpunkt, zu dem die Publikation eines solchen Manifests ins Auge gefaßt wurde, denkbar ungünstig war, und die vorzeitige Veröffentlichung besiegelte den Mißerfolg der Aktion. Brahms, der durch den Aufsatz »Neue Bahnen« (worauf die Antwort mit der Namensgebung für ihn anspielt) so emphatisch angekündigt worden war, war den dort geweckten Erwartungen durchaus nicht gerecht geworden; in den voraufgegangenen vier Jahren waren der Öffentlichkeit allein die Volks-Kinderlieder bekannt geworden – sicherlich keine kompositorische Legitimation, um auf musikpolitischem Terrain ernst genommen zu werden. Auch wenn keine konkreten biographischen Folgen aus der gescheiterten Aktion erwuchsen, so hat sie doch Konsequenzen für die Geltung von Brahms innerhalb des musikalischen Parteienstreits der zweiten Hälfte des 19. Jahrhunderts nach sich gezogen. Er konnte nun – bei zunehmender Verschärfung des Streits mehr und mehr gegen seinen Willen – als Haupt der Gegenrichtung zu den Neudeutschen genommen werden. In der Tat stellen seine Ästhetik und sein Geschichtsbewußtsein eine Gegenposition dazu dar (vgl. dazu S. 107 im Kapitel ›Kammermusik‹); er hat seine Auffassungen aber nie mehr in öffentlichen Verlautbarungen, sondern nur noch kompositorisch zum Ausdruck gebracht. Diese Haltung zeigt sich exemplarisch in der Art und Weise, wie Brahms 1894 auf die von Franz Magnus Böhme in Leipzig veröffentlichte, stark erweiterte Neuausgabe des ursprünglich von Ludwig Erk gesammelten *Deutschen Lie-*

derhorts (1856) reagierte, durch die eine Auffassung vom Volkslied propagiert wurde, die der seinen gänzlich widersprach (vgl. dazu S. 284 ff.). Wie aus seinen Briefen hervorgeht, plante er zunächst die Abfassung einer Streitschrift gegen Böhme, zog es dann jedoch vor, seinen Standpunkt mit der Ausarbeitung der 49 deutschen Volkslieder – eben kompositorisch – zu vertreten; und Hermann Deiters gegenüber erläutert er: »Eigentlich ist diese meine Sammlung das – was von einer großen Streitschrift gegen Böhme übriggeblieben ist, an dessen Büchern ich ungemein viel auszusetzen habe« (BBW III, S. 127 bis 128).

In die gleiche Richtung geht Brahms' Reaktion auf die drei einschneidenden Mißerfolge der Jahre 1859 und 1860, die zum Teil schon angesprochen wurden und die merkwürdigerweise alle mit Leipzig verbunden sind: den des Klavierkonzerts op. 15 am 27. Januar 1859, den des Manifests gegen die Leipziger *Neue Zeitschrift für Musik* und endlich auch den der Aufführung der Serenade op. 16 am 26. November 1860 ebenda. Er konzentrierte sich auf das ihm eigene Metier, aufs Komponieren. Dabei ist auffällig, daß er bei den Sommeraufenthalten 1861 und 1862 in Hamm bei Hamburg zunächst nicht die eben erworbenen Fertigkeiten in der Chorkomposition weiter ausbaute, sondern sich wieder der Produktion in den Genres zuwandte, die ihm von allem Anfang an vertraut war: dem Lied, der Klavier- und der Kammermusik; 1861 entstehen die Händel-Variationen op. 24 und die beiden Klavierquartette op. 25 und 26, 1862 wird die Arbeit an den beiden ersten Heften der Magelone-Gesänge op. 33 (Nr. 1–6) abgeschlossen. Die kompositorische Verfügung über das musikalische Material hat nun einen deutlich höheren Stand erreicht als in früheren Werken – James Webster hat zu Recht hier den Beginn von Brahms' »first maturity« angesetzt. Das zeigt sich besonders deutlich bei der Variationenfolge, einer Kompositionsart, über die er sich in den fünfziger Jahren theoretisch klargeworden war und deren individuelle Konzeption ebenfalls – wie die Kontrapunktübungen – im Briefwechsel mit Joachim eine Rolle spielt (vgl. S. 167). Mit den Händel-Variationen hatte er nun die kompositorisch-praktische Verwirklichung seiner Idee von Variationen erreicht, was wichtige Auswirkungen nicht nur innerhalb des Klavierwerks haben sollte.

Nach diesen beiden so überaus produktiven Sommeraufenthalten begab sich Brahms im Herbst 1862 wieder auf Reisen. Ziel der am 8. September angetretenen Fahrt war nun zum ersten Mal Wien, wo er sich am 16. November in einem Konzert des Hellmesberger-Quartetts mit dem Klavierpart des Quartetts op. 25 und am 29. November in inem eigenen, überaus erfolgreichen Konzert dem Publikum vor-stellte. Und sein erstes Auftreten in der österreichischen Hauptstadt hatte direkte Konsequenzen. Anders als in Hamburg, wo die erhoffte Stellung des Dirigenten der Philharmonischen Konzerte im November 1862 dem befreundeten Bariton Julius Stockhausen (1826–1906, ihm sind die Magelone-Gesänge op. 33 gewidmet) übertragen wurde, wählte man Brahms in Wien zum Chormeister der Singakademie. Schon das Programm des ersten Konzerts, das Brahms in dieser Funktion am 15. November 1863 leitete, enthielt mit Kompositionen von Bach (Ich hatte viel Bekümmernis, BWV 21), Beethoven (Opferlied op. 121 b) und Schumann (Requiem für Mignon op. 98 b) Werke derjenigen Komponisten, denen er sich auch in seinen Konzerten als Pianist bevorzugt zuwandte. Noch vielfältiger ist die historische Herkunft der Stücke, die er im zweiten Konzert am 6. Januar 1864 zur Aufführung brachte. Sie reicht bis ins 16. Jahrhundert zurück und dokumentiert Brahms' intensives Interesse an älterer Musik, deren Publikation er – namentlich in den seit Mitte des Jahrhunderts entstehenden Gesamt-ausgaben – nicht nur durch Subskription, sondern sogar durch eigene editorische Mitarbeit unterstützte und die er auch durch Aufführungen wiederzubeleben trachtete. Dabei ging er ohne Rücksicht auf die mög-liche Reaktion des Publikums strikt von der Qualität der Kompositio-nen aus – eine Kategorie, die er als überzeitlich und der Geschichte ent-hoben ansah. Jenes zweite Konzert mit der Singakademie wäre wohl auch dann auf wenig Zustimmung gestoßen, wenn es nicht am Faschingsanfang stattgefunden hätte und wenn die Mitwirkenden besser vorbereitet gewesen wären; sein Programm umfaßte: Mendels-sohn Bartholdy: Mitten wir im Leben sind mit dem Tod umfangen; J. Eccard (1553–1611): Triumphlied des Christen aufs Osterfest; H. Schütz (1585–1672): Sauli Bekehrung; G. Gabrieli (1557–1613): Benedictus; G. Rovetta (vor 1600–1668): Salve Regina; Beethoven: Elegischer Gesang op. 118; Brahms: Volkslieder; Bach: Liebster Gott, wann werd' ich sterben, BWV 8. – Weit freundlicher werden zwei weitere Konzerte mit der Singakademie aufgenommen, das eine mit Teilen von Bachs Weihnachtsoratorium, das andere mit eigenen Kom-positionen. Brahms indes kann sich nicht mit dem Gedanken an-freunden, die Verpflichtungen der festen Stellung weiterhin zu er-füllen, und lehnt seine neuerliche, nun für drei Jahre geltende Wahl als Chormeister des Vereins ab.

Die Tätigkeit bei der Wiener Singakademie war – nach jener dreijähri-

CONCERT

des

Johannes Brahms,

Samstag den 29. November 1862,

Abends halb 8 Uhr,

im Saale der Gesellschaft der Musikfreunde.

Programm:

1. **Johannes Brahms,** Piano-Quartett, (A-dur) 1. Satz: Allegro, 2. Satz: Adagio, 3. Satz: Scherzo, 4. Satz: Allegro, vorgetragen von den Herren **Hellmesberger, Dobyhal, Röver** und dem **Concertgeber.**

2. **Joh. Seb. Bach,** Toccata (F-dur) vorgetragen vom **Concertgeber.**

3. **Gesang.**

4. **Johannes Brahms,** Variationen und Fuge über ein Thema von Händel, vorgetragen vom **Concertgeber.**

5. **Gesang.**

6. **Robert Schumann,** Fantasie, Op. 17, (in 3 Sätzen, C-dur) vorgetragen vom **Concertgeber.**

Obengenannte Mitwirkende haben aus Gefälligkeit für den Concertgeber ihre Parten bereitwillig übernommen.

Die Claviere sind aus der Fabrik Bösendorfer.

Cercle-Sitze zu 3 fl.
Parterre-Sperrsitze zu 2 fl. Gallerie-Sperrsitze zu 1 fl. 50 kr. Eintrittskarten zu 1 fl.
sind in den k. k. Hof-Musikalienhandlungen der Herren HASLINGER und SPINA, in der Musikalienhandlung des Herrn G. LEWY, und am Tage des Concertes an der Kasse zu haben.

Konzertprogramm vom 29. November 1862

gen am Hof in Detmold – die zweite und zugleich vorletzte feste
Anstellung, die Brahms einging. Obwohl ihm in den folgenden Jahren
noch mehrere interessante, ja ehrenvolle Positionen angeboten wurden, hat er nur noch eine akzeptiert, die des »artistischen Direktors«
der Gesellschaft der Musikfreunde in Wien. Er trat das Amt im
Dezember 1871 an – also im selben Monat, als er seine endgültige
Wohnung in der Karlsgasse bezog. Aber auch hier konnte er nur wenig
mehr als zwei Jahre gehalten werden, der Kontrakt wurde am 3. April
1874 aufgelöst. Die Gründe dafür mögen vielfältig sein; sicher ist, daß
sich Brahms zeitlebens durch feste Bindungen behindert fühlte (was
stets auch zur Erklärung seiner Ehelosigkeit angeführt wird) und daß
er die mit einer Stelle verbundenen Amtspflichten als Belastung empfand, weil sie ihn von seiner eigentlichen Aufgabe, dem Komponieren,
abhielten. Und seine von Jahr zu Jahr zunehmende ökonomische Prosperität erlaubte es ihm auch, die Konsequenz aus dieser Haltung zu
ziehen und als freier Künstler zu existieren; die Einkünfte aus der Konzerttätigkeit und den Verlagshonoraren waren so beträchtlich, daß er
auf die Absicherung durch eine feste Stellung verzichten konnte.

Soweit allerdings war es Mitte der sechziger Jahre noch nicht; noch
führte, wie er es 1864 selbst formulierte, sein »Geldbeutel seit längerem
ein merkwürdig schlaffes, tatenloses Dasein« (Geiringer, S. 94). Dem
begegnete er, der ja auch die Familie in Hamburg unterstützen wollte,
in den folgenden Jahren durch eine besonders intensive Konzerttätigkeit. Wie die folgende Liste der wichtigsten Konzertreisen bis 1868
zeigt, trat Brahms nur selten allein als Pianist auf, sondern war
bestrebt, die Programme durch Klangkombinationen zu bereichern;
Partner war in erster Linie Joseph Joachim: Ende 1865 Karlsruhe,
Basel, Zürich, Winterthur, Mannheim, Köln – Anfang 1866 Oldenburg
(»Brahms-Woche« unter Leitung von Albert Dietrich) – Herbst 1866
Tournee durch die Schweiz mit Joachim – Anfang 1867 und nochmals
Spätherbst 1867 mit Joachim in Graz, Klagenfurt, Wien, Budapest –
Anfang 1868 mit Julius Stockhausen in Hamburg, Dresden, Berlin,
Lübeck und Kopenhagen.

Kompositorisch hatte Brahms einerseits den 1861/62 eingeschlagenen
Weg fortgesetzt und Lieder, Kammermusik sowie – langsam in den
Hintergrund tretend – Klaviermusik geschrieben; weiterhin gewähren
die Sommermonate, die er von 1864 bis 1871 meistens in Baden-Baden
bzw. im benachbarten Lichtenthal in der Nähe Clara Schumanns ver-
bringt, die größte Ruhe zur konzentrierten produktiven Arbeit. Hinzu
aber kommt andererseits die Beschäftigung mit den »Massen, im Chor

und Orchester«. Schon 1863 war Rinaldo op. 50 beim Sommeraufenthalt in Blankenese – allerdings noch ohne den definitiven Schlußchor – fertiggestellt worden; mehrere Jahre nahm die Arbeit an Ein deutsches Requiem op. 45 in Anspruch, deren Abschluß (noch ohne den V. Satz) Brahms im eigenhändigen Werkverzeichnis mit »Sommer 1866, Zürich und Baden-Baden« vermerkt. In beiden Fällen konnte Brahms an das nur wenige Jahre zurückliegende gründliche Studium der Chorkomposition a cappella oder mit kleinerer Instrumentalbegleitung anknüpfen und die dort gewonnenen Erfahrungen nun in der Kombination mit großem Orchester erproben. Ob ihm die Behandlung gerade des letzteren schon zu dieser Zeit gänzlich gelang, ist selbst bei op. 45 bis heute nicht unumstritten. Gewiß ist, daß die Schwächen der Instrumentation, sollte es sie denn geben, den überwältigenden Erfolg des Requiems bei seiner Uraufführung in der sechsteiligen Fassung und bis auf den heutigen Tag nicht haben schmälern können. Karl Geiringer hat sich in die »festlich gehobene« Stimmung bei jener Aufführung, in der sich soziale, künstlerische und religiöse Momente mischten, im Sinne des 19. Jahrhunderts so treffend und für uns so nachvollziehbar eingefühlt, daß sein Bericht hier vollständig zitiert sei (Geiringer, S. 112 f.).

Endlich naht der von vielen mit Ungeduld erwartete 10. April 1868 heran, an dem das »Deutsche Requiem« in Bremen erklingt. Daß es sich hier um ein entscheidendes künstlerisches Ereignis handelt, das ahnen alle. Die Mitwirkenden feuert dieses Bewußtsein zu wahren Höchstleistungen an, die Zuhörer aber versetzt es in jene festlich gehobene Stimmung, die sie alle Schönheiten und Feinheiten des Wunderwerkes voll erfassen läßt. Als Brahms zum Dirigentenpult tritt, da steigt ihm gleichsam eine Welle von Wärme entgegen. Die liebsten Menschen haben sich eingefunden: der Vater, Clara Schumann mit ihrer ältesten Tochter Marie, Joachim und Frau, Stockhausen (als unübertrefflicher Solist für den 3. Satz), die Ehepaare Grimm und Dietrich, der Verleger Rieter-Biedermann und viele andere. (Daß Marxsen im letzten Augenblick – eines Kopfleidens wegen – nicht nach Bremen kommen kann, ist für den Lehrer wohl noch schmerzlicher als für den Schüler.) Auch im Chor begrüßen ihn vertraute Gesichter, denn das ehemalige Damenquartett [des Hamburger Frauenchors] hat es sich nicht nehmen lassen, mitzuwirken. Bald jedoch ist kein Unterschied mehr zwischen den engen Freunden des Komponisten und den unzähligen fremden Menschen, die hier vereint sind; denn sie alle zieht das Werk unwiderstehlich in seinen Bann. An diesem Tag kostet der fünfunddreißigjährige Brahms zum erstenmal die Freude eines restlosen Erfolges aus und, wenn ihm auch noch manche Erlebnisse dieser Art widerfahren sollten, so hat er doch gewiß selten etwas so von Herzen genossen wie diesen ersten Triumph.

Es ist stets von großem Interesse, den Motiven nachzugehen, die einen Komponisten, der weder durch Aufträge oder Amtsverpflichtungen an vorgegebene Kompositionsformen gebunden ist, dazu veranlassen, zu einer bestimmten Zeit der einen oder anderen Gattung seine besondere Aufmerksamkeit zu widmen. Daß sich Brahms nach dem mit op. 45 errungenen Durchbruch zunächst weiterhin auf die orchesterbegleitete Chorkomposition konzentrierte – innerhalb nur dreier Jahre entstanden die Alt-Rhapsodie op. 53, das Schicksalslied op. 54 und das freilich auch durch die politischen Umstände motivierte und Wilhelm I. gewidmete Triumphlied op. 55 –, scheint im ersten Zugang unschwer mit der verständlichen Absicht erklärbar zu sein, den einmal errungenen Erfolg mit Werken desselben Genres weiter auszubauen. Auffällig allerdings ist die Tatsache, daß die Reihe der Kompositionen dieser Gattung genau in dem Augenblick abbricht, in dem sich Brahms wieder der reinen Orchestermusik zuwendet und 1873 mit den Haydn-Variationen op. 56a auch zu einem in jeder Hinsicht befriedigenden Ergebnis gelangt; erst mehrere Jahre später, nämlich 1881 (Nänie op. 82) bzw. 1882 (Gesang der Parzen op. 89), kommt er nochmals auf die Gattung der orchesterbegleiteten Chorkomposition zurück. Die Vermutung liegt also nahe, daß Brahms mit der Konzentration auf das Genre noch einen anderen Zweck verfolgte, nämlich den, sich auf einem Terrain, auf dem er seit op. 45 Erfolg hatte, in der Orchesterbehandlung zu vervollkommnen. Während die innere Strukturierung der Symphonie durch die zahlreichen Kammermusikwerke vorbereitet war, galt es nun, Sicherheit hinsichtlich der klanglichen Seite der Gattung zu gewinnen.

Das Jahr 1873, zumal der Sommeraufenthalt in Tutzing, stellt für Brahms' Reifung zur endgültigen Souveränität im kompositorischen Metier den letzten entscheidenden Schritt dar. Er hatte – zum einen – mit den Haydn-Variationen die volle Verfügung über die Orchesterkomposition erlangt – der Weg zur Symphonie war frei. Bemerkenswert ist dabei wiederum die Kombination eines kompositorischen Bereichs, in dem sich Brahms (seit den Händel-Variationen op. 24) sicher wußte: dem formalen der Variationenfolge, mit einem anderen, dessen Beherrschung er nach dem Vorlauf der Chorkompositionen nun endlich erreichen wollte: der Bewältigung des Orchesterapparats in all seinen Dimensionen. Die Frage, ob Brahms je den höchsten Standard der Instrumentationskunst erlangt hat, wird zuweilen noch heute aufgeworfen; sie geht aber in einseitiger Betonung eines kompositorischen Aspekts an der eher introvertierten Gesamthaltung des Brahmsschen Komponierens vorbei. Und es kann keinem Zweifel unterliegen, daß er den seiner musikalischen Poetik angemessenen Grad an klanglicher Differenzierung des Orchestersatzes mit op. 56a, mit den Haydn-Variationen, erreicht hatte; er wird in den späteren Orchesterwerken allenfalls punktuell übertroffen.

Zum anderen aber gelangte Brahms im selben Sommer hinsichtlich des Streichquartetts, d. h. der neben der Symphonie wichtigsten instrumentalen Gattung des 19. Jahrhunderts, mit sich und dessen ästhetischem Anspruch ins reine. Er hatte nach eigenem Bekunden zuvor bereits über 20 Streichquartette geschrieben, keines aber der Veröffentlichung für wert befunden. Selbst das c-Moll-Quartett, das er wahrscheinlich schon 1866 Clara Schumann vorgespielt hatte, konnte zunächst die Hürden der rigorosen Selbstkritik nicht überwinden; nun aber wurde es zusammen mit dem in weiten Teilen wohl jetzt erst geschriebenen a-Moll-Quartett zu op. 51 zusammengefaßt. Das eigenhändige Werkverzeichnis vermerkt dazu ohne Differenzierung der beiden Quartette: »zum 2. Mal geschrieben Sommer 1873, angefangen früher«.

Mit den Haydn-Variationen – so wurde gesagt – war der Weg zur Symphonie frei. Tatsächlich dauerte es nur noch drei Jahre, bis Brahms 1876 sein großes Ziel erreicht hatte und letzte Hand an die 1. Symphonie legen konnte. Er hatte damit Verfügung über die einzige noch verbleibende Gattung gewonnen, deren kompositorische Bewältigung für ihn von Bedeutung, in diesem Fall von zentraler Bedeutung war (für die Oper hat sich Brahms im Ernst wohl nie interessiert). In Übereinstimmung mit seiner allgemein zu beobachtenden systematischen Haltung baute er in den folgenden Jahren aufgrund des Erreichten sein Orchesterwerk mit Regelmäßigkeit aus; bis 1887 schrieb er im Abstand von ein bis zwei Jahren große Orchesterwerke, die weiteren Symphonien, die Ouvertüren, das Violin-, das 2. Klavier- und das Doppelkonzert.

Der Wandel hinsichtlich der gattungsmäßigen Ausrichtung der kompositorischen Produktion hatte naturgemäß auch eine Änderung in Brahms' Konzerttätigkeit zur Folge, aus deren Einkünften er von Mitte der siebziger Jahre an seinen Lebensunterhalt gänzlich bestreiten konnte (die Verlagshonorare wurden von Simrock zinsträchtig bei der Preußischen Bank angelegt). Mehr und mehr trat Brahms als Dirigent eigener Werke auf, als Pianist konzertierte er immer weniger, später sogar nur noch ausnahmsweise. Die zuweilen immense Dichte der Tätigkeit als Dirigent zeigt einerseits das große Bemühen des Komponisten, seine Werke zu verbreiten, andererseits auch das Interesse der

*Karikatur aus der Zeit-
schrift »Figaro«: »Eduard
Hanslick beweihräuchert
die Statue des heiligen
Johannes Brahms«*

Konzertgeber, die Attraktivität ihrer Veranstaltungen durch das Auftreten des nun wirklich überaus berühmten Tonsetzers als Dirigent zu
erhöhen. Das kann am Beispiel der 3. und 4. Symphonie demonstriert
werden. Op. 90 war am 2. Dezember 1883 in Wien durch Hans Richter
mit großem Erfolg uraufgeführt worden; in Berlin wurde die Symphonie am 4. Januar 1884 von Joseph Joachim vorgestellt und am 28. Januar unter Brahms' Leitung wiederholt. Zwischen den beiden Berliner
Aufführungen dirigierte Brahms die Symphonie am 18. Januar in
Wiesbaden, dann am 4. Februar in Meiningen (und zwar zweimal
innerhalb eines Konzerts) und schließlich am 7. Februar in Leipzig.
Noch eindrucksvoller ist die rasche Verbreitung der 4. Symphonie. Am
25. Oktober 1885 leitete Brahms die erste Aufführung von op. 98 in
Meiningen, am 1. November wurde sie ebenda unter Bülows Direk-
tion wiederholt. Danach ging das Meininger Hoforchester, das Hans
von Bülow (1830–1894) zu einem der weltbesten Klangkörper
geformt hatte, auf Konzerttournee nach Westdeutschland und Hol-
land; Brahms nahm an dieser Reise teil und dirigierte seine Symphonie
im Laufe des Novembers insgesamt neunmal: am 3. in Frankfurt a. M.,
am 6. in Essen, am 8. in Elberfeld, am 11. in Utrecht, am 13. in Amster-

dam, am 14. in Den Haag, am 21. in Krefeld, am 23. in Köln und am 25. in Wiesbaden.

Die Sommeraufenthalte verbrachte Brahms von 1877 an fast immer in Österreich und in der Schweiz an Orten, deren Berg- und Seenlandschaft seinem leidenschaftlichen Bedürfnis nach frischer Luft und weitem Blick besonders entgegenkam und seine schöpferische Tätigkeit auf langen Spaziergängen anregte. 1877 bis 1879 finden wir ihn in Pörtschach am Wörther See, 1881 in Preßbaum bei Wien, 1884 und 1885 in Mürzzuschlag in der Steiermark, 1886 bis 1888 in Hofstetten am Thuner See; besonders wohl indes fühlte er sich in Bad Ischl im Salzkammergut, das er schon 1880 und 1882 kennengelernt hatte und das er erneut für die letzten Sommeraufenthalte 1889 bis 1896 auswählte. Die zunehmende Hinwendung zum Süden drückt sich auch in den Reisen nach Italien aus, dem einzigen romanischen Land, das Brahms je besucht hat, dem einzigen Land auch, in das er zu fahren bereit war, ohne sich auf deutsch allein verständlich machen zu können. Nach der ersten Reise im April 1878, bei der ihn Theodor Billroth begleitete, ist Brahms noch insgesamt achtmal nach Italien gefahren.

In den letzten zwanzig Lebensjahren stand Brahms auf der Höhe seines Ruhmes. Er war nicht nur als herausragender Komponist anerkannt, sondern galt als über den künstlerischen Bereich im engeren Sinne hinaus maßgebende Figur des öffentlichen Lebens. Das führte zu mehreren Ehrungen von akademischen und gesellschaftlichen Institutionen, von denen nur die wichtigsten genannt seien. Im März 1879 wird Brahms das Ehrendoktorat der Universität Breslau verliehen, im Januar 1887 ernennt man ihn zum Ritter des Ordens »Pour le Mérite« für Wissenschaft und Künste und im Mai 1889 zum Ehrenbürger der Freien und Hansestadt Hamburg. Nur einen Monat später erfolgt die Verleihung des »Ritterkreuzes des Österreichischen Kaiserlichen Leopold-Ordens«, und schließlich prägt die Gesellschaft der Musikfreunde in Wien, deren Ehrenmitglied der Komponist seit 1875 ist, anläßlich seines 60. Geburtstages im Jahre 1893 eine goldene Gedenkmedaille.

Freilich blieben solche öffentlichen Auszeichnungen innerhalb des musikpolitischen Richtungsstreits nicht ohne Reaktion der neudeutschen Seite. Namentlich die in der Tat problematische Formulierung des Breslauer Doktordiploms (1879), die Brahms als »Artis musicae severioris in Germania nunc princeps« über alle anderen deutschen Komponisten gestellt hatte, rief Widerspruch hervor und ließ selbst Richard Wagner, der sich offenkundig persönlich herausgefordert

Brahms unterwegs zu sei-
nem Wiener Stammlokal
»Roter Igel«. Schattenbild
von Otto Böhler

fühlte, zur Feder greifen. In seinem Aufsatz »Über das Dichten und Komponiren«, der noch 1879 in den *Bayreuther Blättern* erschien, findet sich ohne Namensnennung eine ausführliche, hier aber nur kurz zitierte Invektive gegen Brahms:

Komponirt, komponirt, wenn euch eben auch gar nichts einfällt! Wozu heißt es ›komponiren‹ – zusammenstellen – wenn auch noch Erfindung dazu nöthig sein sollte? Aber je langweiliger ihr seid, desto abstechender wählt die Maske: das amüsirt wieder! Ich kenne berühmte Komponisten, die ihr bei Konzert-Maskeraden heute in der Larve des Bänkelsängers (›an allen meinen Leiden‹!) [Liebesliederwalzer], morgen mit der Halleluja-Perrücke Händel's [Triumphlied], ein anderes Mal als jüdischen Czardas-Aufspieler [Ungarische Tänze], und dann wieder als grundgediegenen Symphonisten in eine Numero Zehn [Bülows Benennung der 1. Symphonie von Brahms] verkleidet antreffen könnt. Ihr lacht: – das habt ihr leicht, ihr witzigen Zuschauer! Aber Jene selbst sind dabei so ernst, ja streng, daß einer von ihnen ganz besonders zum ersten Musik-Prinzen unserer Zeit diplomirt werden mußte, damit euch das Lachen verwiesen wäre.

[. . .] Mendelssohn's großes Wort [über Berlioz]: ›Jeder komponirt so gut er kann‹ – gilt als weise Norm, welche im Grunde auch nie überschritten wird. Die Schuld beginnt erst dann, wann man besser komponiren will, als man kann; da dieß nicht füglich angeht, so verstellt man sich wenigstens so, als könnte man es; dieß ist die Maske. Auch das schadet noch nicht viel; schlimm wird es erst, wann viele Leute – Vorsteher u. dgl. – durch die Maske wirklich getäuscht werden, und etwa Hamburger Festbankette und Breslauer Diplome hieraus hervorgehen; denn diese Täuschung ist nur dadurch zu ermöglichen, daß man die Leute glauben macht, man komponire besser als Andere, welche wirklich gut komponiren [. . .]

Schon seit Anfang der neunziger Jahre empfand Brahms sein Ende nahe und begann, seine persönlichen Angelegenheiten zu ordnen und die liegengebliebenen kompositorischen Arbeiten systematisch zu einem Abschluß zu bringen. Im Mai 1891 verfaßte er ein Testament, das er als Brief an Fritz Simrock schickte; später verlangte er das Schreiben zurück und machte es durch Streichungen rechtsungültig, was nach seinem Tode einen langjährigen Erbschaftsstreit auslöste. Interessanter indes ist eine Passage des Testaments, die erkennen läßt, wie sehr Brahms bestrebt war, nur dasjenige der Nachwelt zu hinterlassen, was vor seiner strengen Selbstkritik bestehen konnte: »Ebenso wünsche ich, daß alles, was ich Handschriftliches (Ungedrucktes) hinterlasse, verbrannt werde. Hiefür sorge ich nun, namentlich was Noten angeht, bestmöglich selbst; Sie werden wenig finden, an dem Sie meinen Wunsch erfüllen können« (Kalbeck IV/1, S. 230).

Tatsächlich sind von Brahms nur wenige Skizzen und Entwürfe überliefert. Allerdings bestellte er als Komponist sein Haus nicht nur durch die Vernichtung von Manuskripten, sondern auch dadurch, daß er frühere Arbeiten sichtend, auswählend und erweiternd zu einem befriedigenden Abschluß brachte. Ergebnis davon sind vor allem die vier Sammlungen von Charakterstücken für Klavier, die als op. 116–119 erschienen sind.

In diese auf den Abschluß seines Lebenswerkes gerichtete Phase fällt jedoch auch noch eine überaus wirksame Anregung, die Brahms veranlaßte, sich einer bisher nicht erprobten kammermusikalischen Besetzung zuzuwenden. Sie ging aus von dem Meininger Klarinettisten Richard Mühlfeld (1856–1907), den Brahms 1891 kennenlernte, und hatte vier Werke mit Klarinette zum Resultat, das Trio op. 114 bzw. das Quintett op. 115 vom Sommer 1891 und die beiden Sonaten op. 120 vom Sommer 1894.

Im Oktober 1894 indes sieht Brahms sein kompositorisches Werk endgültig als abgeschlossen an. Er hat die (vgl. S. 286) auch als ästhetische Stellungnahme gemeinte Ausgabe der 49 deutschen Volkslieder mit Klavierbegleitung vorbereitet und schreibt mit Bezug auf »Verstohlen geht der Mond auf« an Simrock: »Das letzte der Volkslieder und dasselbe in meinem op. 1 stellen die Schlange vor, die sich in den Schwanz beißt, sagen also hübsch symbolisch – daß die Geschichte aus ist« (BBW XII, S. 151).

Danach hat er lediglich noch die Vier ernsten Gesänge op. 121, die als Requiem für Clara Schumann interpretiert worden sind, und die Elf Choralvorspiele für Orgel komponiert, die postum als op. 122 veröffentlicht wurden; und das letzte der Vorspiele bearbeitet die Choralmelodie »O Welt, ich muß dich lassen«.

Die erkennbar melancholische Haltung des Komponisten in seinen letzten Jahren – sie ist auch den Kompositionen dieser Zeit eingeschrieben – tat jedoch seiner öffentlichen Geltung keinen Abbruch. Sie erreichte im Gegenteil einen kaum zu überbietenden Höhepunkt. Im September 1895 findet in Meiningen ein Musikfest statt, das ausschließlich den Werken der drei »großen Bs«, Bach, Beethoven und Brahms gewidmet ist und bei dem letzterer enthusiastisch gefeiert wird. Eugen d'Albert spielt am 31. Januar desselben Jahres in Leipzig mit triumphalem Erfolg die beiden Klavierkonzerte unter Brahms' Leitung; das Programm wird mit derselben Besetzung und der gleichen emphatischen Reaktion des Publikums am 10. Januar 1896 in Berlin wiederholt – es war das letzte Konzert, an dem Brahms als Dirigent mitwirkte. Am 7. März 1897 schließlich besuchte Brahms in Wien sein letztes Konzert, bei dem Hans Richter die 4. Symphonie dirigierte. Davon berichtet Max Kalbeck (IV/2, S. 506–507):

Hans Richter bewährt sich als genialer Dirigent bei Brahms' e-moll-Symphonie; seine Auffassung und Ausführung kongruieren mit dem Geiste des gewaltigen Werkes. [. . .] Brahms wohnte dem Konzert im Hintergrunde der Direktionsloge bei. Seine Anwesenheit war nicht unbemerkt geblieben. Nach dem ersten Satze brach tosender Beifall los, und Brahms mußte sich endlich an der Brüstung der Loge zeigen. Als sein dunkles Haupt wie ein Geist aus der Versenkung über der Galerie emporstieg, erhob sich das Orchester von seinem Sitze, und alles grüßte und winkte zu dem Drobenstehenden hinauf. Noch zweimal ging es wie ein Erdbeben durch den Saal, nach dem Andante und dem grandiosen Finale. Das Publikum folgte dem Beispiele der Musiker und machte, außer sich vor Schmerz und Begeisterung, den widersprechendsten Gefühlen Luft. Am Schlusse des Konzerts ging Brahms in das Versammlungszimmer der Musiker und dankte in bewegten Worten dem Dirigenten und dem Orchester für die ›ganz wundervolle‹ Aufführung seiner Symphonie. Man hörte die brausenden Hochrufe der Musiker über die Stiegen bis ins Atrium hinunter. Es war wohl der größte Triumph, den Brahms in Wien erlebte, und er fiel zusammen mit seinem letzten Konzertbesuche.

Ganz dem künstlerischen und gesellschaftlichen Renommee entsprechend, das Brahms in Wien genoß, wurde dann auch die Trauerfeier drei Tage nach seinem Tod am 3. April 1897 ausgerichtet. Die Gesellschaft der Musikfreunde organisierte mit großem Aufwand nach dem Vorbild der Beisetzung Beethovens einen Trauerzug durch die Stadt, der in der Geschichte der Donaumonarchie nur noch von dem für Kaiser Franz Joseph übertroffen wurde. Und symbolträchtig genug fand Brahms die letzte Ruhe auf dem Wiener Zentralfriedhof in einem Ehrengrab, das zwischen den Gräbern von Beethoven und Schubert liegt.

Orchesterwerke

Brahms' Komponieren für Orchester, dem hier auch die Konzerte zugerechnet werden, vollzieht sich in zwei Phasen, die durch eine Pause von etwa vierzehn Jahren voneinander abgehoben sind. Die erste in den fünfziger Jahren ist von dem Bemühen gekennzeichnet, Schumanns Forderung nach Werken großer instrumentaler Dimension einzulösen, führte aber zu Resultaten, die Brahms offenkundig nicht zufriedengestellt haben: dem 1. Klavierkonzert op. 15 von 1856/57, der Serenade op. 11 von 1857–59 und der Serenade op. 16 von 1858/59. Bis 1873 vollendete Brahms keine Orchesterkomposition, was freilich nicht bedeutet, daß er dem Genre bzw. dessen kompositorischer Bewältigung keine Aufmerksamkeit geschenkt hätte. Um sich in dieser Hinsicht zu vervollkommnen, nahm er allerdings einen scheinbaren Umweg; ohne sich mit Werken reiner Orchesterkomposition exponieren zu müssen, wandte er sich der Chorkomposition mit Orchesterbegleitung zu, also einem Terrain, auf dem die Sicherheit, die er in der Ausarbeitung des Vokalsatzes erlangt hatte, ohne Gefahr fürs Gelingen der Werke Gelegenheit bot, sich auf die Perfektionierung der Instrumentationskunst zu konzentrieren. Es ist sicher nicht übertrieben, wenn man behauptet, daß die Erfahrungen, die Brahms in den orchesterbegleiteten Chorwerken der sechziger und frühen siebziger Jahre (op. 45 bis op. 55) gesammelt hat, die entscheidende Grundlage für die Bewältigung der Orchesterkomposition darstellen. Mit der Vollendung der Haydn-Variationen op. 56a im Jahre 1873 war dann der Bann gebrochen. Nun wurden – in der zweiten Phase seiner Orchesterkomposition – mit großer Regelmäßigkeit Werke der Gattung fertiggestellt: 1876 die 1. Symphonie op. 68, 1877 die 2. Symphonie op. 73, 1878 das Violinkonzert op. 77, 1880 die beiden Ouvertüren op. 80 und 81, 1881 das 2. Klavierkonzert op. 83, 1883 die 3. Symphonie op. 90, 1885 die 4. Symphonie op. 98 und schließlich 1887 das Doppelkonzert op. 102.

In nur wenigen anderen Gattungen ist der Einfluß, den Beethoven auf Brahms ausübte, so deutlich wie in der Orchestermusik. Das betrifft freilich weniger die inhaltliche Fügung und die Ausdruckshaltung der Musik, wohl aber die Ausdehnung und die Besetzung, d. h. die zeitliche und klangliche Dimension. Ganz im Gegensatz zu Bruckner – der

Vergleich mit dessen Symphonien illustriert diesen Aspekt besonders plastisch – hält sich Brahms wie Beethoven in der Regel an eine Werkdauer von 30 bis 40 Minuten. Und auch in der Besetzung des Orchesters bleibt Brahms weitgehend innerhalb des von Beethoven abgesteckten Rahmens.

Der Grundbestand des Orchesters bei ihm umfaßt zweifaches Holz (Flöten, Oboen, Klarinetten, Fagotte), vier Hörner, zwei Trompeten, Pauken und Streichquintett; das stimmt nur hinsichtlich der Zahl der Hörner nicht mit Beethovens Normalbesetzung überein: Sie ist von zwei auf vier erhöht, um einerseits der größeren harmonischen Komplexität gerecht werden, andererseits Brahms' Neigung zur klanglichen Fülle der Mittellage zum Ausdruck bringen zu können. Und selbst die herangezogenen Zusatzinstrumente entsprechen mit Ausnahme der Baßtuba, die die Posaunengruppe erweitert, denen, die Beethoven etwa in der 9. Symphonie verwendet: Piccoloflöte, Kontrafagott, drei Posaunen und Baßtuba, Triangel, Große Trommel und Becken. Sie sind freilich selektiv verwendet und werden nie für alle Sätze einer zyklischen Komposition herangezogen:

Piccoloflöte: op. 16, V. Satz; op. 56a; op. 80 und 81; op. 83 I und IV; op. 98 III.

Kontrafagott: op. 56a; op. 68 I, II und IV; op. 80 und 81; op. 90 I und IV; op. 98 III und IV.

Posaunen: op. 68 IV; op. 73 I, II und IV; op. 80 und 81; op. 90 I und IV; op. 98 IV.

Baßtuba: op. 73 I, II und IV; op. 80 und 81.

Triangel: op. 56a; op. 80; op. 98 III.

Große Trommel und Becken: op. 80.

Bemerkenswert ist zunächst, daß Brahms in den Konzerten als Sonderinstrument allein das Piccolo verwendet, und das ausschließlich in den Außensätzen des 2. Klavierkonzerts. Die Mittelsätze der zyklischen Kompositionen sind in der Regel sparsamer instrumentiert, was auf ihr geringeres Gewicht im Verhältnis zu den Außensätzen hindeutet. Als Extreme hinsichtlich der Besetzung sind die Serenade op. 16, die ja auch für »kleines Orchester« ausgewiesen ist, und die Akademische Festouvertüre op. 80 anzuführen. In der Serenade spielt im Schlußsatz zwar das Piccolo mit, die Hörner jedoch treten lediglich paarweise auf, Trompeten und Pauken fehlen, und selbst die Streichergruppe ist auf Bratschen, Celli und Kontrabässe reduziert. Im Gegensatz dazu sind in op. 80 sämtliche oben angeführten Sonderinstrumente verwendet, und die Zahl der Trompeten ist auf drei erhöht. – Insgesamt fällt auf, daß Brahms bewußt auf mehrere zu seiner Zeit längst im Orchester heimische Instrumente – wie z. B. das Englisch-Horn oder die Harfe, die er im Deutschen Requiem op. 45 sehr wohl verwendet – verzichtet. Auch die Art der Instrumentenverwendung kann als konservativ bezeichnet werden. So spielen beispielsweise die Streicher – auch das im Gegensatz zu op. 45 – kaum je geteilt, und weder Trompete noch Posaunen übernehmen solistische Aufgaben. Nur sparsam ist von der Möglichkeit Gebrauch gemacht, einzelne Streicher – wie die Geige im II. Satz von op. 68 oder das Violoncello im III. von op. 83 – solistisch hervortreten zu lassen.

Symphonien

»Eine Symphonie oder Oper, die enthusiastische Wirkung und großes Aufsehen macht, bringt am schnellsten und auch alle anderen Komposition[en] vorwärts. Er muß.« (6. Januar 1855 an Clara Schumann.)
»Wenn er nur [...] jetzt in die Massen träte, in Chor und Orchester. Das wäre herrlich.« (10. März 1855 an Joseph Joachim.)
Mit diesen Sätzen, die Robert Schumann noch aus der Nervenheilanstalt in Endenich schreibt, unterstreicht er, wie dringlich die schon in dem Artikel »Neue Bahnen« Brahms gegenüber erhobene Forderung gemeint war, sich der großen musikalischen Dimension zuzuwenden. Geschlossen werden kann daraus aber auch auf den Druck, der auf Brahms lastete; nicht nur sein eigenes Bestreben und die Norm der Zeit drängten ihn zur Symphonie, sondern auch im näheren Freundeskreis mußte er immer wieder aufs neue die – sicher nicht willkommene – gespannte Erwartung spüren, wann endlich ihm ein solches Werk gelingen würde. Dem gegenüber stand seine unerbittliche Selbstkritik, die ihn deutlich fühlen ließ, daß er der zu jener Zeit repräsentativsten Gattung der Instrumentalmusik noch nicht gewachsen war; diese Selbstkritik veranlaßte ihn, die Symphonie-Versuche, die er bis in die sechziger Jahre unternahm, entweder liegen oder in Werke einer anderen Gattung einmünden zu lassen. Wir wissen mit Sicherheit von drei solchen Versuchen.
Der erste Plan geht von einer Sonate in d-Moll für zwei Klaviere aus, von der J. O. Grimm bereits im März 1854 drei Sätze kannte. Am 19. Juni des Jahres äußerte Brahms in einem Brief an J. Joachim seine

Unzufriedenheit mit der Besetzung: »Meine d moll-Sonate möchte ich
gern lange liegen lassen können. Ich habe die drei ersten Sätze oft mit
Frau Schumann gespielt. (Verbessert.) Eigentlich genügen mir nicht
einmal zwei Klaviere« (BBW V, S. 46–47). Tatsächlich schickt er
bereits am 27. Juli den I. Satz in Partitur an Joachim – dieser spricht
in seiner Antwort von »1tem Sinfoniesatz«; daß es sich dabei um den
I. Satz des späteren Klavierkonzerts op. 15 handelt, geht aus Brahms'
Bemerkungen zum Anfang (vgl. T. 1–10 von op. 15) unzweifelhaft
hervor: »Noch will ich Dir schreiben, daß ich zu Anfang hauptsächlich
nur das tiefe D hören lassen wollte und deshalb das f–b in Klarinette
und Fagott so schwach habe. Ich habe mich eigentlich darüber immer
gefreut, daß alles so gedrängt und kurz ist, weiß jedoch nicht, ob es,
besonders für Orchester recht ist? Beim Schluß kommt es mir bisweilen vor, als sei es grade aus, bisweilen, als sollte jetzt erst die Koda
anfangen! Ermunterst Du mich zu den andern Sätzen? ich komme mir
dummdreist vor« (BBW V, S. 56). Joachim indes reagiert am 5. September eher dilatorisch, und Brahms gesteht am 12. September ganz
offen seine Selbstzweifel: »in der Komposition fehlt sogar sehr viel,
von der Instrumentation verstehe ich nicht einmal so viel, als im Satz
zu sehen ist, das Beste verdanke ich Grimm« (BBW V, S. 58). Diese
Skrupel überwogen mehr und mehr und veranlaßten Brahms, auf den
hohen Anspruch der Symphonie zu verzichten; in seinem Brief vom
7. Februar 1855 an Clara Schumann deutet er in der typisch mystifi-
zierenden Art vieler seiner Briefe an, in welche Richtung seine Planun-
gen nun gingen: »Denken Sie, was ich die Nacht träumte: Ich hätte
meine verunglückte Sinfonie zu einem Klavierkonzert benutzt und
spielte dieses. Vom ersten Satz und Scherzo und ein Finale, furchtbar
schwer und groß. Ich war ganz begeistert« (Schumann/Brahms, Briefe
I, S. 76). Allerdings vergingen noch beinahe zwei Jahre, bis das Klavierkonzert in einer vorläufigen Form fertiggestellt war. Und es enthielt auch nicht das Scherzo, wie in jenem Brief erwähnt, sondern
einen langsamen Mittelsatz. Das Scherzo soll, so berichtet Albert
Dietrich, später als Grundlage des Trauermarsches, d. h. des II. Satzes
im Deutschen Requiem op. 45 gedient haben.
Der zweite Symphonieplan, der belegt ist, mündete letztlich in die
Serenade op. 11, die ursprünglich in einer – nicht überlieferten – Fassung für kleines Orchester oder Oktett-Besetzung konzipiert war. Am
8. Dezember 1858 bittet Brahms Joachim, ihm ein »Buch Notenpa-
pier« zu schicken: »Das Papier brauche ich, um nun doch schließlich
die 1te Serenade in eine Sinfonie zu verwandeln. Ich sehe es ein, daß das

Werk so eine Zwittergestalt, nichts Rechtes ist« (BBW V, S. 227). Daß freilich damit noch keine befriedigende Lösung des Symphonieproblems gefunden war, an der Brahms so viel lag, offenbart der folgende Abschnitt desselben Briefs: »Ich hatte so schöne, große Idee von meiner ersten Sinfonie, und nun! –« Tatsächlich begnügte er sich mit der Umarbeitung der Komposition für großes Orchester, behielt den ursprünglichen Titel Serenade jedoch bei. Denn, so erläuterte er dem Geiger Bargheer, wenn jemand es unternehme, »nach Beethoven Symphonien zu schreiben, so müssen sie ganz anders aussehen«.

Einer positiven Lösung des Problems aber war Brahms zu dieser Zeit noch nicht andeutungsweise nahe, oder, wie Giselher Schubert treffend formuliert hat, er »wußte offenbar um 1858 nur, wie eine Sinfonie nach Beethoven nicht auszusehen hätte«. Denn es ging dabei ja nicht nur um das Niveau der Orchestrierung oder der Formbeherrschung, sondern vor allem darum, bei allem direkten Bezug auf Beethoven eine individuelle Konzeption der Symphonie zu finden, die dem historischen Wandel von musikalischem Materialstand und ästhetischer Haltung Rechnung zu tragen vermochte. Diesem Ziel scheint Brahms mit dem dritten Symphonieplan, der eine Frühfassung des I. Satzes des späteren op. 68 betrifft, ein gutes Stück näher gekommen zu sein. Immerhin hatte er nun die Geduld, den Satz hinsichtlich der gattungsmäßigen Zuordnung unangetastet liegenzulassen und die gedankliche Reifung des Gesamt-Zyklus abzuwarten. Am 1. Juni 1862 schreibt Clara Schumann an Joachim (Litzmann III, S. 123 f.): »Johannes schickte mir neulich – denken Sie welche Ueberraschung – einen 1. Symphoniesatz mit folgendem kühnen Anfang [vgl. op. 68 I, T. 38–42]:

Bsp. 1

Das ist nun wohl etwas stark, aber ich habe mich sehr schnell daran gewöhnt. Der Satz ist voll wunderbarer Schönheiten, mit einer Meisterschaft die Motive behandelt, wie sie Ihm ja so mehr und mehr eigen wird. Alles ist so interessant in einander verwoben, dabei so schwungvoll wie ein erster Erguß; man genießt so recht in vollen Zügen, ohne an die Arbeit erinnert zu werden. Der Uebergang aus dem zweiten Theil wieder in den Ersten ist Ihm wieder 'mal herrlich gelungen.« Joachim erwog sogar schon Aufführungen der Symphonie, Brahms indes scheint zu diesem Zeitpunkt nicht über den I. Satz hinausgekommen zu sein und reagiert auf Joachims diesbezügliche Anfrage vom 19. September 1862: »hinter ›Sinfonie von J. B.‹ magst Du noch einstweilen ein ? setzen« (BBW V, S. 321). Auch anderen Freunden, die den so lange gehegten Wunsch schon in Erfüllung gehen sahen, mußte er die knappe Antwort geben: »Die C-moll-Sinfonie ist nicht fertig.« Und sie mußten sich noch weitere vierzehn Jahre gedulden, bis Brahms mit der Vollendung von op. 68 die ihm eigentümliche Konzeption der Symphonie gefunden hatte.

✻ ✻ ✻

Brahms' Symphonik repräsentiert einen Typus symphonischer Musik, der eigentümlich quer zum Begriff der Gattung steht. Abgeleitet wird dieser Begriff im 19. Jahrhundert in erster Linie von Beethovens Symphonien, besonders von der 3. und 5. »Die Beethovenschen Symphonien waren, objektiv, Volksreden an die Menschheit, die, indem sie ihr das Gesetz ihres Lebens vorführten, sie zum unbewußten Bewußtsein jener Einheit bringen wollten, die ihnen sonst in ihrer diffusen Existenz verborgen ist.« Was Theodor W. Adorno (*Musiksoziologie*, Frankfurt a. M. 1962, S. 105) für die Symphonie Beethovens feststellt, gilt für den Begriff der Symphonik im 19. Jahrhundert generell: Sie wendet sich mit Nachdruck an die ganze Menschheit (»Seid umschlungen, Millionen! Diesen Kuß der ganzen Welt!«). Im kompositionstechnischen Bereich entspricht dieser extrovertierten Emphase – wie schon stets in der öffentlichen Rede – der Verzicht auf Feinsinniges, auf reiche Durchbildung der Einzelheit: Schlagkraft, unmittelbare Faßlichkeit stehen im Vordergrund. Auch das hat Adorno bei Beethoven beschrieben: »In Beethovens Symphonie tritt die Detailarbeit, der latente Reichtum an Binnenformen und Gestalten, vor der rhythmisch-metrischen Schlagkraft zurück; die Symphonien wollen durchweg einfach in ihrem Zeitverlauf und in ihrer zeitlichen Organisation gehört werden, bei vollkommener Ungebrochenheit der Vertikale, des Gleichzeitigen, des Klangspiegels« (ebenda). Genau dem aber widerspricht die Brahmssche Symphonik. Hier stehen der fast kammermusikalische Reichtum an durchgeformten Einzelheiten, die große Fülle an Detailbeziehungen, das stete Changieren der funktionellen Bedeutung der Einzelheiten einer einschichtigen Wahrnehmungsform entgegen; ja Brahms bricht sogar die Vertikale, den Zeitverlauf durch die selbständige rhythmisch-metrische Führung von Einzelheiten auf (vgl. dazu S. 55 die Bemerkungen zum Hauptthema des I. Satzes der 2. Symphonie).

Dieser Widerspruch zum Begriff der Symphonik ist schon von den Zeitgenossen bemerkt worden. Einen exemplarischen Beleg dafür bietet die Stellungnahme von Elisabet von Herzogenberg zum I. Satz der 4. Symphonie (BBW II, S. 86–88), welche dem Sachverstand der Schreiberin das beste Zeugnis ausstellt und begreiflich macht, warum Brahms so viel Wert auf ihr Urteil gelegt hat. All die Aspekte, die ihr an dem Satz bedenklich erscheinen, sind Merkmale der Brahmsschen Symphonik im allgemeinen und der 4. Symphonie, mit welcher das konzessionslose Spätwerk einsetzt, im besonderen. Es sind vor allem vier Punkte, in denen sich ästhetische, wahrnehmungspsychologische und soziale Momente miteinander verschränken:

– die dichte motivische Ausarbeitung des Tonsatzes, die sich mehr an den Sachverständigen als an den »einfachen Liebhaber« wendet;
– die Enge der motivischen Beziehungen zwischen Themen und Tonsatzteilen;
– die Ausdehnung der motivisch-thematischen Arbeit von der Durchführung des Sonatensatzes auf die gesamte Form;
– die schnelle Entwicklung von Motiven und Phrasen, die keine Konzession an eine unmittelbare Wahrnehmung macht.

»Es geht mir eigen mit dem Stück; je tiefer ich hineingucke, je mehr vertieft auch der Satz sich, je mehr Sterne tauchen auf in der dämmrigen Helle, die die leuchtenden Punkte erst verbirgt, je mehr einzelne Freuden habe ich, erwartete und überraschende, und um so deutlicher wird auch der durchgehende Zug, der aus der Vielheit eine Einheit macht. Man wird nicht müde, hineinzuhorchen und zu schauen auf die Fülle der über dieses Stück ausgestreuten geistreichen Züge, seltsamen Beleuchtungen, rhythmischer, harmonischer und klanglicher Natur, und Ihren feinen Meißel zu bewundern, der so wunderbar bestimmt und zart zugleich zu bilden vermag; und so viel steckt darin, daß man gleichsam wie ein Entdecker und Naturforscher frohlockt, wenn man Ihnen auf alle Schliche Ihrer Schöpfung kommt!
Aber da ist auch der Punkt, wo ein gewisser Zweifel anhakt, der Punkt, den mir selber ganz klarzumachen mir so schwer wird, geschweige denn, daß ich 'was Vernünftiges darüber vorzubringen wüßte. Es ist mir, als wenn eben diese Schöpfung zu sehr auf das Auge des Mikroskopikers berechnet wäre, als wenn nicht für jeden einfachen Liebhaber die Schönheiten alle offen da lägen, und als wäre es eine kleine Welt für die Klugen und Wissenden, an der das

Volk, das im Dunkeln wandelt, nur einen schwachen Anteil haben könnte. Ich habe eine Menge Stellen erst mit den Augen entdeckt und mir gestehen müssen, daß ich sie nur mit den Ohren meines Verstandes, nicht mit den sinnlichen und gemütlichen aufgefaßt hätte, wenn mir die Augen nicht zu Hilfe gekommen wären. Schieben Sie das auf die abstrakte Art meiner Bekanntschaft mit dem Stück, das natürlich gehört sein will, um seine ganze Kraft zu offenbaren – etwas bleibt vielleicht wahr daran, wenn nicht, so bin ich selig, mich getäuscht zu haben. – Mich will bedünken, daß, wenn es in der Gesamtwirkung dennoch einfach und unmittelbar erscheint, es dies gleichsam nur auf Kosten der darüber ausgebreiteten Schlinggewächse geistreicher Detailkombinationen erreichen kann, über die man hinwegsehen muß, um den Kern voll und ganz zu schmecken und zu genießen. Man ist förmlich wie auf der Jagd nach einem Brocken dieses und jenes Themas, ja, wo es einmal auch nicht steckt, wittert man es und wird unruhig. Man möchte einmal die Hände falten, die Augen schließen und dumm sein dürfen, an dem Herzen des Künstlers ruhen, und nicht so rastlos von ihm in die Weite getrieben werden. Man fühlt wohl, wie man wächst in seiner Hand, und daß nur er so scharf blickt und uns geistig so erregen kann; aber da wir ihn auf andern Wanderungen schon kennen gelernt, wo er gewaltig und sänftigend zugleich auf uns wirkte, so träumen wir davon und möchten wieder ebenso an seiner Seite schreiten. –
Sehen Sie, deshalb sagt einem auch die Durchführung am allermeisten zu, weil das der Ort ist, wo man gefaßt ist auf die wildverwachsenen dunkeln Zweige, wo man Gespenster (Revenants) im Dunkeln sehen will, die wilde Jagd all der zerrinnenden und wieder zusammenfließenden bekannten Gestalten – aber: Anfang und Ende zu reich mit Feinheiten bedacht, büßt etwas ein von seiner Macht. Gott möge mir den unwillkürlichen Reim vergeben. Um ein Beispiel anzuführen: Gleich auf der dritten Seite. Wenn die Geigen das Thema so abgerissen [T. 19–20]

Bsp. 2

bringen, so macht das einen sehr komplizierten Effekt, weil das Hauptsächliche so nebensächlich, gleichsam wie eine Begleitungsfigur auftritt zu der Achtelbewegung in Holzbläsern und Bratsche

Bsp. 3

die doch eigentlich ihrerseits das Hinzutretende ist. Wir sind ja kaum bekannt mit dem Hauptthema und sollen es schon in so veränderter Gestalt erkennen und gehörig auf uns wirken lassen? Ein ähnlicher Fall in der Durchführung, am Schluß, bei den Vierteltriolen der Bläser die Synkopen-Pizzicati der Geigen, die man erst ganz allmählich für das erste Thema erkennt, während dem man sich arglos und wohlig von den Triolen wiegen lassen möchte [T. 219–220]:

Bsp. 4

Sowohl aber das Hervorkehren des Artifiziellen als auch die introvertierte Haltung der Musik, die sich an einen kleinen Kreis von Kennern wendet, sind im 19. Jahrhundert Merkmal von Kammermusik. Hier wird begreiflich, warum die Brahmssche Symphonik so häufig in die Nähe von Kammermusik gerückt wird. »Die Behauptung«, so schreibt Carl Dahlhaus, »daß Brahms sogar in symphonischen Werken eigentlich Kammermusik geschrieben habe, ist zwar eine Übertreibung, aber eine durchaus verständliche; denn eine nach innen gekehrte Musik, die eher zur Zurücknahme neigt, als daß sie zur Emphase drängt, ist kaum vereinbar mit den Prinzipien einer Gattung, die nach Paul Bekker ihrer Idee erst gerecht wird, wenn sie sich an ein Massenpublikum, eigentlich an die Menschheit insgesamt wendet« (Dahlhaus, »Brahms und die Idee der Kammermusik«, in: *Brahms-Studien*, Bd. I, S. 47).

Die Komponisten nach Brahms, die von seiner Musik ausgingen, haben aus der Diskrepanz, die sich zwischen dem Begriff der Gattung und seinen Symphonien auftat, die Konsequenz gezogen. Max Reger etwa, dessen Nähe zu Brahms nirgends so deutlich ist wie in seinen Orchesterwerken, vor allem den Konzerten, komponierte als symphonische Werke lediglich die Sinfonietta op. 90 (die innerhalb des Entstehungsprozesses ebenfalls als Serenade bezeichnet ist) und die Serenade op. 95, wich also schon durch die Wahl der Titel dem emphatischen Gattungsbegriff Symphonie aus. Und Arnold Schönberg, der hinsichtlich des kompositorischen Metiers zweifellos am ehesten als historischer Nachfolger von Brahms gelten muß, schrieb zwei Kammersymphonien, zog also ganz betont die Schlußfolgerung aus der kammermusikalischen Ausrichtung der Brahmsschen Symphonik.

Von dieser kammermusikalischen Haltung indes ist in der 1. Symphonie noch am wenigsten zu spüren. Sie steht, namentlich in ihrem I. und IV. Satz, dem orchestralen Gestus der Beethovenschen Symphonien und der Art, wie dort der Zeitverlauf in der Durchführung mit Emphase zur Darstellung gebracht wird, noch am nächsten. Bevor jedoch davon näher geredet werden kann, sind die ganz bewußt gewählten Anknüpfungspunkte an Beethoven zu nennen. Bekannt ist die Nähe des Hauptthemas im letzten Satz zum »Freude«-Thema im Finale der 9. Symphonie von Beethoven, noch bekannter vielleicht Brahms' bestätigende Äußerung zu dieser Ähnlichkeit: »Jawohl, und noch merkwürdiger ist, daß das jeder Esel gleich hört.« Hingewiesen wird zudem oft auf die Tonart c-Moll, durch die Bezug auf die 5. Symphonie genommen würde. Doch Brahms faßt damit zugleich auch andere Werke von Beethoven ins Auge. Die Tonartendisposition der Symphonie insgesamt hat ihr Vorbild in den Konzerten Beethovens, die in c stehen. Daß der II. Satz wie der des Klavierkonzerts c-Moll op. 37 in E-Dur steht, ist mehrmals angeführt worden, seltener dagegen, daß der III. Satz wie der Mittelsatz des Tripelkonzerts C-Dur op. 56 in As-Dur steht. Brahms breitet mithin den Ansatz der Groß-terzbeziehung, die für jene Konzerte insgesamt konstitutiv ist, in der Dreisätzigkeit allerdings nur partiell durch die Tonarten der Sätze zum Ausdruck kommen kann, zu einer vierteiligen symmetrischen Konfiguration aus, die schon an der Vorzeichnung der Sätze abgelesen werden kann.

Wichtiger als all diese Anknüpfungspunkte (die zunächst nur den Stellenwert des konsequenzlosen Zitats der Hammerklaviersonate im Hauptthema des I. Satzes von Brahms' op. 1 zu haben scheinen) ist die Tatsache, daß die gedankliche Disposition der ganzen Symphonie die Idee »durch Nacht zum Licht« aufgreift, welche Beethoven exemplarisch in seiner 3., 5. und 9. Symphonie ausgeprägt hatte, mit welcher sich Brahms aber nach seiner 1. nicht mehr auseinandergesetzt hat. Reinhold Brinkmann, dessen trefflichen und in einer Studie zur 2. Symphonie veröffentlichten Einsichten die folgenden Ausführungen verpflichtet sind, hat das so formuliert: »Brahms greift in seiner I. Symphonie ein prägendes Modell Beethovens auf, jenen ›plot archetype‹ der Symphonik des 19. Jahrhunderts, den man als Lösung eines Ideenkonflikts durch einen aufs befreiende Ende hin gerichteten Formprozeß des Werks umschreiben könnte, schlagwortartig verkürzt als das ›positive‹ Überwinden eines ›negativen‹ Prinzips« (Brinkmann, 1990, S. 20). Doch das Ziel ist ein anderes, und Brahms unterstreicht die Differenz durch die Ähnlichkeit der Ausgangspunkte: durch das c-Moll wie in der 5. sowie durch die thematische Analogie zum Finale der 9. Symphonie Beethovens. In jener erfüllt sich der Formprozeß im C-Dur-Marsch des Finales, in dieser in Schillers Ode »An die Freude« – beides Ausdrucksformen einer sich selbst bewußten Menschheit auf dem Weg zu einem neuen Zustand, beides künstlerische Realisationen der großen Ideen des von der Französischen Revolution geprägten Zeitalters. Ein solcher Optimismus ist ein halbes Jahrhundert später, als das Bürgertum von der politischen Mitwirkung ausgeschlossen war, der Selbstbeschränkung und Melancholie gewichen. Und Brahms entspricht dieser Geisteshaltung durch zwei Bereiche, in denen der Mensch höheren Mächten unterworfen ist: Ziel des Formprozesses in der 1. Symphonie sind der Alphornruf als Signum von Natur einerseits und der Choral andererseits. Die 2. Symphonie, die nicht nur im Entstehungsprozeß, sondern auch inhaltlich mit der 1. ein Paar bildet, wird dann von dem Resultat des dort vorgeführten Prozesses, vom Naturbild seinen Ausgang nehmen.

Deutlich wird hier zunächst die Differenz der vielfältigen und vielschichtigen Beethoven-Anspielungen zu jenen – grob gesagt – Zitaten in den frühen Klaviersonaten. Sie fungieren nicht mehr allein als Nachweis der Traditionsgebundenheit, die dem Komponisten Halt gewährt, sondern als Ausgangspunkt zur Entfaltung einer eigenen Individualität, in welche die historischen Gegebenheiten der eigenen Gegenwart eingeschrieben sind. Das ist die Substanz der 1. Symphonie. Hier sind »Anknüpfung bei wie Absetzung von Beethoven [...] als bewußter und betonter Akt greifbar« (Brinkmann, 1990, S. 23), die Bewegung vom Bezugnehmen zum Abstoßen ist Inhalt und Geschichte der Symphonie.

Darüber hinaus aber findet hier gleichermaßen die zunehmend kammermusikalische Ausrichtung der Brahmsschen Symphonik (vgl. S. 46) ihre Begründung. Brahms verzichtet in den folgenden Werken der Gattung einerseits auf deren ›plot archetype‹ des Aufbruchs zu einem neuen Zustand, andererseits gibt ihm seine geistige und religiöse Konstitution nicht die Gewißheit, sich – wie etwa Bruckner – mit großdimensionierten Chorälen gleichsam als religiöser Volksredner an die Menschheit wenden zu können. Er zieht sich vielmehr auf die Arbeit im Detail, auf die konzentrierte Durchbildung des Tonsatzes, auf das Innere der Musik und damit auf eine kompositorische Haltung zurück, welche die Schlagkraft des großen Apparats zwar nicht verschmäht, deren eigenständige Qualität aber eher gering schätzt.

1. Symphonie c-Moll op. 68

Kompositionsbeginn etwa 1862, nach mehreren Unterbrechungen im Sommer 1876 in Lichtenthal bei Baden-Baden vollendet; Uraufführung am 4. November 1876 in Karlsruhe unter Leitung von Otto Dessoff. Druck Oktober 1877. – Arrangement für Klavier zu vier Händen vom Komponisten.

I Un poco sostenuto – Allegro / Meno allegro, ⁶/₈ – II Andante sostenuto E-Dur, ³/₄ – III Un poco Allegretto e grazioso As-Dur, ²/₄ und ⁶/₈ – IV Adagio – Più Andante – Allegro non troppo, ma con brio – Più Allegro, C und ¢

Der I. Satz der 1. Symphonie folgt der Sonatenform und scheint in einer ersten flüchtigen Übersicht ganz der Konvention zu entsprechen: Die Exposition, der eine langsame Einleitung vorangeht (T. 1–37), setzt sich aus einer Hauptsatzgruppe in der Tonika c-Moll (T. 38–89), einer Überleitung (T. 89–121), einem Seitensatz in Es-Dur (T. 121–157), dessen Thema in T. 130 einsetzt, und einer Schlußgruppe in es-Moll (T. 157–189) zusammen. – Die Reprise ab T. 339, in der der zweite Abschnitt der Hauptsatzgruppe und der Anfang der Überleitung entfallen, versetzt Seitensatz und Schlußgruppe auf die Tonikaebene: T. 339–368 entsprechen solchermaßen T. 38–67 untransponiert, T. 372–461 (T. 394 Seitensatz, T. 430 Schlußgruppe) in Unterterztransposition T. 99–188.
Zwischen der Exposition (die wiederholt werden muß – eine Konvention, von der Brahms in den Symphonien erst mit seiner letzten abgewichen ist) und der Reprise verbindet die Durchführung (T. 189–339), die exakt die gleiche Ausdehnung hat wie die Exposition; eine Coda (T. 462–511), die in einen im Tempo zurückgenommenen Epilog mündet, beschließt den Satz.
Doch Brahms füllt das übernommene Formschema ganz individuell und in mehreren Aspekten unkonventionell. Er verschleiert – erstens – die Grenzen zwischen den Formteilen, verwischt – zweitens – die Unterschiede hinsichtlich des ihnen herkömmlich zukommenden charakteristischen Tonsatzzustandes und nähert – drittens – die einzelnen Gestalten durch motivische Beziehungen so aneinander an, daß sie weniger als eigenständige und kontrastierende Gedanken, sondern vielmehr als unterschiedliche Erscheinungsformen des Gleichen wirken.
Die Verschleierung der Grenzen wird besonders beim Übergang zur Coda sichtbar. Ihr Anfang, der sich in T. 462 mit dem Ende der Parallelführung zur Exposition bestimmen läßt, ist durchaus nicht markiert; ganz im Gegenteil wird die Entwicklung, welche die Schlußgruppe in Gang setzt, danach nicht nur fortgeführt, sondern – anders als in der Exposition – zu einem wirklichen Höhepunkt gebracht, der allerdings nach T. 474 abrupt abbricht.
Sicherlich weniger gewichtig ist die Trennung von tonalem und thematischem Einsatz des Seitensatzes: Ist die Tonikaparallele Es-Dur bereits in T. 121 erreicht, so setzt die thematische Gestalt, die dem Formteil gestaltlich Kontur verleiht, erst neun Takte später ein. Brahms hat schon in frühester Zeit, schon in den Klaviersonaten, dazu geneigt, den Eintritt des Seitensatzes zu verunklaren; besondere Bedeutung gewinnt das Verfahren der Trennung von thematischer

und harmonischer Ebene – wie noch an mehreren Kompositionen zu demonstrieren sein wird – beim Eintritt der Reprise.

Von weiterreichender Bedeutung dagegen ist jene Passage (T. 38–42), die schon
1862 feststand und von Clara Schumann für »etwas stark« befunden wurde (vgl.
S. 42). Dies weniger hinsichtlich der harmonischen Kühnheit, die von ihr angesprochen wurde, als vielmehr der formalen Konsequenzen wegen, die Brahms
im vorliegenden Fall noch zurückhaltend, später aber mit Entschiedenheit aus
solchen Bildungen zog. Sie eröffnet die Möglichkeit des Mottos, eines kurzen
musikalischen Gedankens nämlich, der einem ganzen Satz oder dem Hauptthema vorangestellt wird, der nicht zur Geschlossenheit einer thematischen
Gestalt gelangt und dennoch den Vordergrund des musikalischen Geschehens
bestimmt. Paradigmatisch wird davon im I. Satz der 3. Symphonie Gebrauch
gemacht. In der 1. dagegen kann von den Takten als Motto nur dann gesprochen
werden, wenn auf ihre chromatische Linienführung abgehoben wird, die in der
Tat eine eminente Rolle spielt und beispielsweise auch den Einsatz des Seitenthemas vorbereitet (T. 121–130); Chromatik freilich war bereits in der langsamen Einleitung exponiert worden. Entscheidender ist hier das Changieren der
formalen Funktion: Am Anfang der Exposition dienen die Takte als isolierter
und emphatisch betonter Doppelpunkt, der zwar motivisch prägnant, harmonisch aber zielgerichtet, in sich also instabil ist. An der Grenze zwischen Durchführung und Reprise dagegen (T. 339–343) sind die Takte als Ende einer gestaltlich gleichartigen Passage (ab T. 327) unmittelbar eingebunden in einen steigernden Verlauf, der auf das Erreichen der Tonika gerichtet ist. Auch dadurch wird
die Grenzziehung zwischen Formteilen verschleiert. Von der musikalischen
Bewegung her gehören T. 339–343 unverkennbar – als deren Ende – zur Durchführung, im Vergleich zur Exposition dagegen zur Reprise.

Der zweite und dritte genannte Aspekt, hinsichtlich derer Brahms den Sonatensatz individuell gestaltet, gehören unmittelbar zusammen. Denn die Tatsache,
daß die einzelnen Formteile in ihrem Tonsatzzustand einander angeglichen werden, beruht direkt auf Brahms' Verfahren der alles umgreifenden Variation, die
sich direkt auf die gestische Qualität der Musik niederschlägt. Ungewöhnlich ist
schon die Übernahme von Passagen aus der langsamen Einleitung in die Exposition: T. 9–13 bzw. 13–16 werden in T. 52–57 bzw. 57 ff. Fortspinnung des
Hauptthemas, wobei sich entscheidend nur das Tempo ändert. Und innerhalb
der Exposition selbst sind die Takte 70–89 – die dann in der Reprise entfallen –
variative Umformung des Hauptthemas ab T. 42.

Wesentlicher als solche an der Außenseite der Musik erkennbaren Übernahmen
indes ist die Grundlegung nahezu des gesamten Tonsatzes auf drei Motive: auf
die chromatische Linie, welche in der Einleitung mit Nachdruck exponiert wird;
auf eine knappe, auch rhythmisch charakterisierte Figur, in der drei diatonisch
geführte kurze Notenwerte in einen längeren münden (zuerst T. 2–3 auf Sech-
zehntel-, dann T. 4–5 auf Achtelbasis); schließlich auf der Dreiklangsbrechung,
die die Hauptthema-Melodie prägt. Wie eng diese Motive von allem Anfang an
verzahnt werden, zeigt bereits der Anfang der Exposition. Der »Doppelpunkt«
in T. 38–42 (s. Bsp. 1 auf S. 42) verknüpft die chromatische Linie mit der rhyth-

mischen Figur, und die solchermaßen geformte Gestalt grundiert den Anfang des Hauptthemas als Baß. Formbildend werden namentlich die ersten beiden Motive. Die Seitenthema-Melodie (T. 130 ff.) erwächst aus einer Doppelung der chromatischen Linie, für die das Prinzip der latenten Zweistimmigkeit konstitutiv ist: zunächst (T. 130–133) b''–a''–as''–g'' oben und es''–d''–des'' unten, dann (T. 135–138) des'''–c'''–ces'''–b'' oben und g''–ges''–f'' unten. Das zweite, auch rhythmisch geprägte Motiv tritt in der Schlußgruppe (T. 157 ff.) ganz in den Vordergrund; auf Achtelbasis verändert es nun auch seine metrische Qualität. Hatte die Figur zuvor meistens Auftaktfunktion, zielte also auf einen Taktschwerpunkt, so setzt sie nun auf diesem selbst an, wobei allerdings (T. 161 ff.) ein Akzent auf dem Zielton die für Brahms so typische metrische Ambivalenz bewirkt. Hier in T. 161–165 werden die beiden Verfahrensweisen der motivischen Vermittlung direkt miteinander verbunden: die gleichsam subkutane und auf motivischer Substanz gründende führt, wie beschrieben, zur Ober- und Hauptstimme, die auf direkter Übernahme geprägter Gestalten beruhende wird vom Baß vertreten, der nichts anderes ist als die Umkehrung des ersten Viertakters aus dem Hauptthema.

Die genannten Beispiele – und sie könnten um ein Vielfaches ergänzt werden – dürften deutlich machen, wie weitgehend die motivisch-thematische Arbeit schon die Exposition bestimmt und diesen Formteil, der herkömmlich der thematischen Präsentation vorbehalten war, dem Tonsatzzustand einer Durchführung annähert. In den späteren Symphonien, namentlich im I. Satz der 4., hat Brahms daraus unmittelbare Konsequenzen für die Ausarbeitung der Durchführung gezogen. Bei der 1. dagegen verbleibt er noch im Rahmen der Tradition und disponiert den Formteil in zwei großen Steigerungswellen. Die zweite, deren Anfang man nach dem Abebben der ersten mit T. 293 ansetzen kann, entspricht insofern besonders deutlich dem Beethovenschen Modell, als er als dynamischer Prozeß auf ein Ziel, auf den Reprisenbeginn gerichtet ist. Gestalt gewinnt die zielgerichtete Steigerung vor allem durch jene rhythmische Figur, auch dies ein Beethovensches Verfahren. Brahmsisch dagegen ist die Art und Weise, wie er einen motivischen Ableitungszusammenhang, den zwischen Einleitung bzw. Hauptthema und Schlußgruppe, gleichsam explizierend an der musikalischen Oberfläche zur Darstellung bringt. Die rhythmische Figur spielt bereits in der ersten Steigerungswelle eine wesentliche Rolle, und zwar in ihrer Schlußgruppenform. Als solche wird sie auch am Anfang der zweiten Steigerung (zuerst T. 297–298) gehört, mehr noch, wenn sich ihr Auftreten ab T. 313 verdichtet. Ziel dieser dynamisch unterstrichenen sukzessiven Motivverdichtung ist die simultane Kombination der Achtel- und Sechzehntelvariante ab T. 321, in der letztere sich einerseits unverkennbar als Diminution und Resultat der vorangehenden Motiventwicklung ausweist, andererseits aber die gestaltliche Ausprägung jenes Doppelpunkts vor dem Hauptthema bereits eingeholt hat.

Die beiden Mittelsätze sind im Verhältnis zu den beiden Ecksätzen in Dimension und Anspruch deutlich zurückgenommen. Gemeinsam stellen sie gewissermaßen das Mittelglied einer großen, das ganze Werk umgreifenden dreiteiligen

Formanlage dar, bei der allerdings das Gewicht – wie in allen Brahmsschen Symphonien – deutlich auf den Außengliedern bzw. deren Verhältnis zueinander liegt. Wie schon erwähnt, stehen ihre Tonarten E-Dur bzw. As-Dur symmetrisch in mediantischem Verhältnis zur Haupttonart, und auch ihre Form ist analog gebildet. Beide stellen unterschiedliche Ausprägungen der Liedform A – B – A ohne bzw. mit Coda dar, wobei sich die Dreiteiligkeit auch auf die Gestaltung der Hauptteile niederschlägt. Deren variierte Wiederholung (A') jedoch ist im II. Satz auf fünf Glieder erweitert, im III. dagegen um den kontrastierenden Abschnitt (b) verkürzt.

II. Satz
   A (T. 1–27): a 1–17; b 18–23; a 22 (überlappend) – 27
   B (T. 27–66)
   A' (T. 67–128): a 67–90; b 91–96; a 95–100; b 101–104; a 105–128

III. Satz
   A (T. 1–71): a 1–45; b 45–61; a 62–71
   B (T. 71–115)
   A' (T. 115–154; ohne b)
   (B') Coda (T. 154–164)

Beide Sätze sind durch deutliche motivische Beziehungen untereinander und mit den beiden Außensätzen verbunden, ein Verfahren, das Brahms in allen Symphonien anwendet, um die bloße Reihung von Einzelsätzen in ein zusammenhängendes Ganzes zu überführen. Kennzeichen der Mittelsätze indes ist ihre Charakteristik, ihr spezifischer Ton, ist weniger die formale Gestaltung als die Ausprägung eines besonderen Ausdrucks. Und hier geht Brahms wiederum andere Wege als die Tradition. Der II. entspricht zwar dem herkömmlichen Typus des Langsamen Satzes; der III. dagegen ist weder Menuett noch Scherzo, sondern schlägt eher einen Intermezzo-Ton an, wie er so oft in Brahms' Lyrischen Klavierstücken begegnet.

Die Form des IV. Satzes ist – wie bereits Giselher Schubert festgestellt hat – singulär in Brahms' Schaffen; sie ist aber, so könnte man weiterführend ergänzen, in ihrer Perspektive und Bedeutung singulär in der Geschichte der Symphonie insgesamt. Denn sie bezieht sich ganz konkret und unverstellt auf Beethoven als Vorbild der Gattung, und das mit dem Ziel, sich davon abstoßen zu können und die eigene Lösung des Symphonieproblems vor dem Hintergrund des allgemein akzeptierten Modells um so prägnanter hervortreten zu lassen.
Der Kern der Form wird von einer langsamen Einleitung und einer Stretta-Coda eingerahmt. Schon die Existenz der langsamen Einleitung, mehr aber noch deren Anfangstonart c-Moll schaffen eine Verbindung zum I. Satz. Dies und die zahlreichen deutlichen motivischen Bezüge zu ihm verweisen darauf, daß der dort begonnene musikalische Gedankengang hier wiederaufgenommen wird, daß mithin der werkübergreifende Diskurs, der Brahms' Konzeption der Symphonie zum Inhalt hat, in den Ecksätzen stattfindet. Schon die Einleitung führt zu einem Durchbruch (T. 30), zum emphatischen Wechsel von Moll nach Dur,

und dieser Durchbruch gewinnt thematisch Kontur in dem berühmten »Alphornruf«, dessen gestaltliche Signalqualität zugleich auch eine formale Perspektive in sich birgt (s. Abb.). Unverkennbar, daß er nicht episodisch bleiben kann, sondern Bedeutendes ankündigt. Ihm folgt T. 47–50 ein Choral, der erst in der Coda wieder ganz in den Vordergrund rückt.

Der Kern der Form, T. 62–390, entfaltet sich in einer Mehrdeutigkeit, die für den Finalsatz der 3. Symphonie sowie die Tragische Ouvertüre op. 81 modellhaft geworden ist und auch im I. Satz der 4. Symphonie ihre Spuren hinterlassen hat. Brahms kombiniert nämlich Elemente der Sonatenform einerseits und des Rondos andererseits in einer Weise, für die sich in keiner der verschiedenen Ausbildungen des Sonatenrondos oder der Rondosonate, wie sie etwa Beethoven in seinem Spätwerk komponiert hat, ein Vorbild finden läßt. Die Exposition ist einigermaßen konventionell aufgebaut: T. 62 Hauptsatz, T. 118 Seitensatz in der Dominante, T. 148–183 Schlußsatz; auffällig ist allerdings schon hier, daß die Modulations- oder Überleitungsgruppe zwar zu einem Viertakter (T. 114–117) schrumpft, mit dem Alphornruf aber thematisches Material von Gewicht bietet.

Der zweite Formteil setzt in T. 186 – wie im Rondo – mit dem Hauptthema in der Tonika an (T. 186–200 = T. 62–76), deutet bei dessen Wiederaufnahme durch die Wendung nach Es-Dur – wie in einer Sonatendurchführung – Sequenzbildung an, kehrt in T. 220–232 (= T. 94–106) zur Tonstufe der Exposition zurück, wird dann aber mit Entschiedenheit in den Gestus einer Sonatendurchführung hineingezogen. Ziel dieser Durchführung ist jedoch nicht das Hauptthema, sondern der Alphornruf, der in T. 286 als Kulminationspunkt des Satzes, ja der ganzen Symphonie eintritt. Der von ihm bestimmten Passage folgt ab T. 302 der Sei-

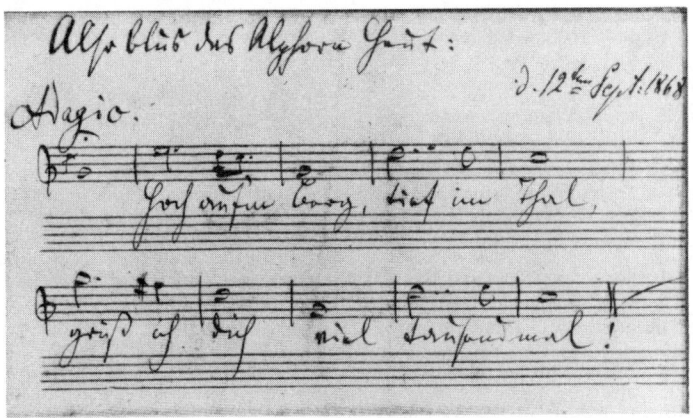

Autograph des Alphornrufs, zu Clara Schumanns 49. Geburtstag

tensatz, mit dem die sowohl der Sonate als auch dem Sonatenrondo entsprechende Parallelführung einer Reprise zur Exposition einsetzt.

Die Übereinstimmung der zweimaligen Reihung der thematischen Gestalten:
Hauptthema – Alphornruf – Seitenthema – Schlußgruppe hat einige Kommentatoren dazu geführt, von einer zweiteiligen Formanlage zu sprechen, die lediglich im zweiten Teil erweitert sei. Dem ist formal kaum zu widersprechen, die
Interpretation indes geht an der inhaltlichen Qualität gerade der Erweiterungen
vorbei. Die Ausspinnung des Hauptsatzes beim zweiten Durchgang ist nach
mehreren Ansätzen Durchführung im emphatischen Sinne, ist eine noch ganz im
Sinne Beethovens auskomponierte zielgerichtete Steigerung mit dramatischem
Impetus; und der Einsatz des Alphornrufs ist Reprisenbeginn, wie er nach-
drücklicher kaum je komponiert wurde.

Darin aber liegt die Idee des Werkes beschlossen, ist – wie schon Reinhold
Brinkmann erkannt hat (s. S. 47) – Brahms' produktive Reaktion auf Beethoven
erkennbar, die zum Verhandlungsgegenstand des formalen Prozesses der ganzen
Symphonie wird. Das Beethovensche »Freude«-Thema, das nur wenig verhüllt
als Hauptthema des Finales figuriert, wird als dramatis persona am zentralen
Punkt des formalen Diskurses verdrängt vom Alphornruf, einem thematischen
Gedanken, der Brahms' Weltsicht repräsentiert. Und man kann dieses Abstoßen
des Beethovenschen Zeitgeistes noch weiter verfolgen. Nimmt man die Form
des Finales als Rondo – eine Annahme, die durch die Tonika-Wiederaufnahme
des Hauptthemas am Anfang des zweiten Formteiles legitimiert ist –, so wäre
am Beginn der Coda ein weiterer, virtuell vierter Einsatz des Hauptthemas zu
erwarten. Tatsächlich aber schrumpfen ab T. 391 Motivfetzen des Themas zum
Material einer Steigerung, die auf die einzige feste thematische Gestalt des Formteils, auf den Choral in T. 407–416 gerichtet. Zweimal also wird das
»Freude«-Thema substituiert, verdrängt, für ungültig erklärt; das eine und entscheidende Mal am Beginn der Reprise durch das Naturbild des Alphornrufs,
das andere Mal durch den Choral als Sinnbild von Religion.

2. Symphonie D-Dur op. 73

Komponiert während des Sommeraufenthaltes in Pörtschach und im Herbst
1877; Uraufführung am 30. Dezember 1877 in Wien unter Leitung von Hans
Richter. Druck August 1878. – Arrangement für Klavier zu vier Händen vom
Komponisten.

I Allegro non troppo, ¾ – II Adagio non troppo – L'istesso tempo, ma grazioso, H-Dur, ¢ und ¹²⁄₈ – III Allegretto grazioso (Quasi Andantino) – Presto
ma non assai, G-Dur, ¾, ²⁄₄ und ³⁄₈ – IV Allegro con spirito, ¢

Die 2. Symphonie gilt als die heiterste unter Brahms' Werken der Gattung und
ist dementsprechend auch zum Publikumsliebling geworden. Freilich bleibt
diese Heiterkeit, die an der Außenseite der Musik eindeutig zu sein scheint,
jedenfalls in den ersten beiden Sätzen nicht ungebrochen, worauf Brahms

durch etliche für ihn so überaus bezeichnende, mehrdeutige Bemerkungen hingewiesen hat: »Hier spielen die Musiker meine Neue mit Flor um den Arm, weil's gar so lamentabel klingt; sie wird auch mit Trauerrand gedruckt« (am 29. Dezember 1877 an Elisabet von Herzogenberg, BBW I, S. 41). Solche »Heiterkeit eines Melancholikers« läßt sich schon am bittersüßen Charakter des zwischen Dur und Moll schwankenden Seitensatzthemas im I. Satz zeigen (T. 82 ff.), noch tiefergehend jedoch an den rhythmisch-metrischen Brechungen, die den I. Satz insgesamt prägen und mit denen Brahms die naive Einfachheit von Naturton und Liedmelodik in Scheinhaftigkeit überführt.

Die Mehrdeutigkeit indes ist nicht Ergebnis einer Entwicklung, sondern wird von allem Anfang an exponiert. Schon das Hauptthema ist in seiner zeitlichen Entfaltung (vgl. S. 43 f.) nicht einsträngig, sondern kombiniert zwei Stimmen, deren metrische Schwerpunkte quer zueinander stehen: Ein viertaktiges Baßmodell setzt jeweils um einen Takt früher an als die ebenfalls viertaktigen Glieder der Oberstimmenmelodie. Es ergibt sich so eine Überlappung von je ersten und vierten Takten der Phrasen und damit eine von schweren und leichten Takten des metrischen Beziehungsgefüges, was nicht nur der einschichtigen Wahrnehmung entgegensteht, sondern durch das ständige Changieren der harmonisch-metrischen Gewichtung sogar die eindeutige Bestimmung des musikalischen Pulses verhindert:

Bsp. 5

Die Verfahren, die Brahms zum differenzierenden Aufbrechen einer einheitlichen Bezugsgröße anwendet, richten sich des weiteren und in großer Vielfalt gegen den Takt selbst, wozu der ¾-Takt besonders gute Möglichkeiten bietet. Durch die individuelle rhythmische Füllung verwandelt er die grundlegende metrische Basis entweder zum ⁶⁄₈-Takt (angedeutet schon in T. 64 ff., vor allem aber in der Durchführung, zuerst in T. 236–237) oder – zwei Takte zusammenfassend – zur Hemiole eines ½-Taktes (schon T. 42–43, vor allem aber wiederum in der Durchführung: T. 246–249 geben ein Beispiel für die Kombination aller drei Taktfüllungen). Das greift herkömmliche Verfahren der Differenzierung eines ¾-Taktes auf, freilich in einer ungewöhnlichen Akzentuierung und Vielfalt. Doch Brahms geht noch weiter; er zieht die metrische Eindeutigkeit auch insofern in Frage, als er Dreiviertelphrasen wie in der Espressivo-Passage ab T. 136 gleichsam falsch im Takt notiert: Sie setzen – obwohl für sich eigentlich anfangsbetont – jeweils auf dem zweiten Viertel des Taktes als der schwächsten Zählzeit an.

Die Sonatenform des I. Satzes ist wiederum auf besondere Weise geprägt; das betrifft vor allem die Fügung der Exposition, deren Disposition in keiner der

anderen Symphonien anzutreffen ist (sie wird sich allerdings in der Tragischen
Ouvertüre op. 81 wiederholen). Denn dem Hauptsatz (ab T. 1), dessen überlei-
tender Verarbeitung (T. 44) und dem Seitensatz (T. 82) folgt ein Formteil, dessen
Qualität mit der herkömmlichen Qualifizierung als Schlußgruppe kaum hinreichend beschrieben werden kann. Er exponiert nämlich zwei weitere Ausdrucks-
bereiche, die gleichsam als Pendant zum einigermaßen ähnlichen, vor allem
bewegungsmäßig gleichartigen Charakter von Haupt- und Seitenthema fungieren: ein rhythmisch prägnanter Marcato-Abschnitt (T. 118 ff.) und einer
(T. 136 ff.), den R. Brinkmann treffend als »großes Espressivo« bezeichnet hat.
Zudem fügt Brahms – auch das ungewöhnlich – der Exposition noch einen Epilog an (T. 156), der erneut auf das Seitensatzthema zurückgreift.
Brahms' großer Sinn für Ökonomie und Ausgewogenheit wird in der Reprise
deutlich, die eben nicht nur Wiederholung der Exposition, sondern Resultat der vorangegangenen Durchführung ist. Gegenstand der Durchführung
(T. 179–301) ist nahezu ausschließlich das Hauptthema mit seinen verschiedenen Bestandteilen. Dementsprechend sind in der Reprise die 81 Takte, die in
der Exposition dem Eröffnungsteil und dem überleitenden Neuansatz des
Hauptthemas gewidmet waren, auf 48 Takte gekürzt (T. 302–349); danach folgt
– wie fast immer bei Brahms – der zur Exposition parallele Verlauf von Seitensatz und Schlußgruppe, hier in der Differenzierung von Seitensatz (T. 350),
Marcato-Abschnitt (T. 386), großem Espressivo (T. 404) und erneut Seitensatz
(T. 424). Bei der Kürzung der Hauptsatzgruppe entfällt eine besonders charakteristische Passage: Die Scherzando-Episode, die in T. 66 ff. dem Seitensatz
voranging. Doch auch auf sie kommt Brahms zurück und integriert sie (T. 497)
in die Coda.

Der II. Satz folgt im Prinzip der traditionellen Dreiteiligkeit eines Langsamen
Satzes, doch nimmt er einige so wesentliche Elemente der Sonatenform in sich
auf, daß auch hier – nun in Bezug auf die formale Konzeption – Mehrdeutigkeit
eine einfache Bestimmung verhindert. Der Hauptteil (T. 1–32) ist in sich wiederum dreiteilig (T. 1–17, 17–27 und 28–32), wobei das Mittelglied als Fugato
schon auf durchführungsmäßige Verarbeitung hindeutet. Der Wechsel zum ¹²⁄₈-
Takt und die Präsentation eines neuen thematischen Gedankens in T. 33 scheint
den Übergang zum B-Teil zu markieren; aber einerseits ist dieser Gedanke in
mehrfacher Hinsicht wie ein Seitensatz formuliert, andererseits folgt ihm ab
T. 45 ein weiteres Thema, das von T. 49 an in eine veritable Durchführung übergeht. Sie wird in T. 57–61 mit einer Rückführung beschlossen, die sich bereits
auf Material des Hauptthemas stützt. Die Reprise ab T. 62 ist stark und zum Teil
durchführungsartig (vgl. vor allem T. 87 ff.) variiert; auf das Fugatosubjekt wird
(T. 81 ff.) nur noch ganz kurz eingegangen, das »Seitenthema« entfällt ganz, und
an den ¹²⁄₈-Takt wird nur durch jenes dritte Thema kurz erinnert (T. 92–96). Im
Vordergrund steht das Hauptthema, das in immer wieder anderer klanglicher
und harmonischer Beleuchtung hervortritt, so auch im Epilog (T. 100–104), dessen Kombination von Streichergruppe und Pauke zu einem der eindrucksvoll-
sten Beispiele Brahmsscher Instrumentationskunst zählt.

Der III. Satz ist der kürzeste der Symphonie und vielleicht auch der leichteste von allen Brahmsschen Symphoniesätzen. In suitenartiger Reihung sind drei Tänze miteinander verbunden, deren Stilisierung zwar deutlich ist, aber nicht so weit geht, daß die Identifikation verhindert würde: Als Refrain fungiert ein menuettartiger Ländler, an zweiter Stelle steht ein Galopp, an vierter ein Geschwindwalzer.

Im Finale schlägt die idyllische Heiterkeit, die den I. Satz noch in mehrfacher Brechung des Naturtons, den III. aber schon mit der Eindeutigkeit tänzerischer Beschwingtheit bestimmt hatte, ganz unverstellt in kollektive Euphorie um. »Und jetzt alle!« scheint der Komponist auszurufen, wenn das volle Orchester in T. 23 auf die eher kammermusikalische Exposition des Hauptthemas antwortet – eine für Brahms ganz untypische Geste, die sich im vorliegenden Satz noch mehrfach wiederholt; und auch das nachdenkliche Innehalten, für das die Schlußabschnitte der Durchführung im Tempo zurückgenommen werden (ab T. 206), dient weniger als Gegenbild denn als Neuansatz für den mitreißenden Schwung, der den Satz charakterisiert. R. Brinkmann hat zu Recht darauf hingewiesen, daß dieses Finale ein wirkliches Allegro »con spirito« ist, vielleicht das einzige von Brahms.

Von allen Finalsätzen der Brahms-Symphonien ist die Form des vorliegenden – vielleicht auch dies im Zusammenhang mit seinem Charakter – am einfachsten gefügt; er stellt einen Sonatensatz dar (allerdings wiederum mit der Rondoimplikation, daß das Hauptthema am Anfang der Durchführung in der Tonika erscheint):
T. 1–154 Exposition (1–60 Hauptsatz, 60–77 Überleitung, 78–113 Seitensatz, 114–154 Schlußgruppe);
T. 155–243 Durchführung;
T. 244–352 Reprise (244–280 verkürzter Hauptsatz, 281–344 entsprechen T. 78–141, die in 317 ansetzende Schlußgruppe ist am Ende etwas erweitert);
T. 353–429 Coda.

3. Symphonie F-Dur op. 90

Komponiert im Sommer 1883 in Wiesbaden; Uraufführung am 2. Dezember 1883 in Wien unter Leitung von Hans Richter. Druck Mai 1884. – Arrangement für zwei Klaviere vom Komponisten.

I Allegro con brio, 6/4 und 9/4 – II Andante C-Dur, ℂ – III Poco Allegretto c-Moll, 3/8 – IV Allegro, ¢

In der Reihe der Orchesterkompositionen von Brahms stellt die 3. Symphonie eine Übergangsphase oder, anders ausgedrückt: die Vorbereitung zum Spätstil dar; dieser ist bei Brahms durch das konzessionslose Hervortreten des Artifiziellen, durch die tiefgreifende Durchbildung des musikalischen Details, die keine Rücksicht auf Schlagkraft

und leichte Wahrnehmbarkeit nimmt, verkürzt gesagt: durch unverstellte Verwirklichung von Brahms' kammermusikalischem Kompositionsideal gekennzeichnet (vgl. dazu S. 44 ff. die Stellungnahme von E. von Herzogenberg zum I. Satz der 4. Symphonie). In der Reihe der Symphonien wird dieser zum Spätstil führende Weg ohne Umweg durchlaufen: Finden die 1. und – allerdings schon weniger – die 2. Symphonie noch einen Ausgleich zwischen der kammermusikalischen Ausrichtung ihres Komponisten und dem monumentalen, auf direkte Verständlichkeit zielenden Anspruch der Gattung, und ist in der 4. der Widerspruch zwischen Gattungsbegriff und kammermusikalischer Gestaltung unverkennbar, so kann bei der 3. Symphonie eine Entwicklung hinsichtlich dieses Aspektes im Verlauf des Werkes selbst beobachtet werden. Einen Fingerzeig dafür geben schon die Anfänge des I. und des IV. Satzes: Entspricht das Hauptthema des I. Satzes durchaus noch der Vorstellung von Monumentalität des Klangapparates, die mit dem Begriff Symphonie verbunden ist, so ist das des IV. Satzes schon ganz in die Klang- und Satzdimension von Kammermusik zurückgenommen.
Mit dem Paar, zu dem sich die 3. und 4. Symphonie wie zuvor die 1. und 2. zusammenschließen, hat Brahms zugleich endgültig die wie immer geartete Bindung an Beethoven überwunden. Selbst die Rezeption, die die Erbschaftshypothese namentlich bei der 2. Symphonie bis zum Überdruß ausreizt, hält sich bei den letzten beiden Werken der Gattung in dieser Hinsicht bemerkenswert zurück.

Die Lösung von Beethoven läßt sich an einem ganz konkreten Aspekt, an der Art der motivisch-thematischen Arbeit, dokumentieren. Bei Beethoven beruht sie – namentlich in den Sonatendurchführungen – vorab auf der rhythmischen Qualität der Motive; Brahms dagegen konzentriert sich auf die diastematische Ebene, auf die Tonhöhen. Schlaglichtartig klar wird das an der grundlegenden Differenz zwischen dem Motto im I. Satz der 5. Symphonie Beethovens und dem Motto oder Kernmotiv, mit dem Brahms seine 3. Symphonie eröffnet. Jenes ist wesentlich rhythmisch charakterisiert und bestimmt in dieser Qualität auch den ganzen Satz, dieses ist prägnant allein in der intervallischen Gestalt: Die Takte 1 bis 3 haben weder im rhythmischen Bereich Kontur, noch lassen sie überhaupt schon das Metrum erkennen – zu bewegen beginnt sich die Musik erst in T. 3:

Bsp. 6

Mit dem Kernmotiv erweitert Brahms, wie noch in mehreren anderen Kompositionen der Spätzeit, die Sonatenform des I. Satzes in ganz eigentümlicher Weise: Der formale Zusammenhang des Satzes wird gestärkt durch die Beziehung stiftende Kraft eines melodischen Gedankens, der sich nicht als Thema in metrisch gefestigter Gestalt ausprägt und somit auch nicht formale Orte wie Haupt- oder Seitenthema besetzt, auf die sich die formale Anlage der Sonatenform gründet. Wohl aber führt die intervallische Zusammensetzung des Kernmotivs wesentliche Elemente des Satzes vor, und zwar sowohl horizontal als auch vertikal. Horizontal wird das Motiv f''– as''– f''' exponiert, das von zentraler Bedeutung für den Satzzusammenhang wird. Aber auch die Harmoniefolge: Dur-Tonika, verminderter Septakkord der Molldominante, Dur-Tonika, spielt gleich am Anfang auf das Schwanken zwischen Dur und Moll an, das kennzeichnend ist für den ganzen Satz. So wendet sich etwa das Hauptthema schon im zweiten Takt dem Mollbereich zu, aus dem es sich erst in den kadenzierenden Schlußtakten 13 bis 15 ganz lösen kann.

Das Motiv f''– as''– f''' wird als Folge von Terz und Sext zum zentralen melodischen Gedanken. Dabei tritt es in ganz verschiedenen Funktionen hervor: als Vorbereitung und Setzung eines Anfangs, als Überleitung, als Begleitung bzw. Kontrapunkt.

Nicht nur am Anfang, sondern überall, wo das Hauptthema auftritt, wird es vom Kernmotiv eingeleitet; das Kernmotiv hat hier gewissermaßen eine Doppelpunktfunktion, die noch verstärkt ist, wenn das Motiv in Doppelung auftritt; die Vorbereitung aufs Thema verläuft hier gleichsam in zwei Ansätzen (etwa am Reprisenbeginn T. 120–123 und am Beginn der Coda T. 181–183).

Nicht ein einziges Mal im ganzen Satz kommt also das Hauptthema ohne die Vorbereitung durch das Kernmotiv vor. Allerdings ist an einer Stelle die unmittelbare Zusammengehörigkeit der beiden Gedanken gelockert, die zielgerichtete Doppelpunktfunktion des Kernmotivs fast ganz außer Kraft gesetzt. In der 2. Abteilung der Durchführung (T. 101–120) wird das Kernmotiv zum Kopf einer viertaktigen Melodie (T. 101–104, 1. Horn), die sogleich um eine Terz höher wiederholt wird (T. 105–108, 1. Oboe und 1. Horn); erst nachdem der Schluß der Melodie kadenzierend verbreitert worden ist (T. 109–111, 1. Horn), setzt das Hauptthema mehrfach oktaviert ein.

Ist dem Kernmotiv schon in der beschriebenen Rolle als Ankündigung und Vorbereitung des Hauptthemas unverkennbar eine Bedeutung für den formalen Zusammenhang zu eigen, so wird diese Funktion noch deutlicher in der Überleitungs- bzw. Schlußgruppe (T. 15–35 bzw. 49–72a). In der ersteren bestimmt das Motiv den zweiten Teil eines direkt wiederholten Achttakters (T. 15–23, 23–31) – wenn man will: den Nachsatz des Überleitungsthemas. In der Schlußgruppe markiert das Kernmotiv den Anfang (T. 49–50) und wird danach zu einem wesentlichen Detail des Tonsatzes (z. B. T. 50 ff. 1. Violine, Horn und T. 60 ff. Klarinette, Horn): Unter Ausnützung der relativen Allgemeinheit seiner intervallischen Gestalt geht von ihm die Fortspinnung der in beide Richtungen ausgreifenden Dreiklangsbrechungen aus, die freilich auch mit dem Hauptthema in Verbindung gebracht werden können.

Sowohl in der Überleitungs- als auch in der Schlußgruppe nach T. 50 steht das Kernmotiv nicht unmittelbar im Vordergrund des Tonsatzes. Begleitung oder besser Kontrapunkt ist das Motiv auch bei der Exposition des Hauptthemas; zunächst wird es in der dreitönigen Ausgangsgestalt gebracht (T. 3–5 Baß), dann um einen Ton erweitert (T. 7–8, 9–10 Bläser, vgl. dazu T. 49–50), schließlich in der viertönigen Form synkopisch versetzt (T. 11–12 Bläser und Bratsche). Innerhalb des durch das Kernmotiv erstellten Gerüstes vertreten Haupt- und Seitenthema (T. 3–15 und 36–44) die Positionen, die grundlegend für den Sonatensatz sind; sie erfüllen zwar noch die formale Norm, für Gestalt und Zusammenhalt des formalen Ganzen jedoch kommt dem Kernmotiv eine weit höhere Bedeutung zu. Allerdings tragen die beiden Themen auf einer anderen Ebene zum individuellen Gepräge des Satzes in hohem Maße bei: Auf ihnen beruht die Spannweite hinsichtlich des Charakters, des emotionellen Zustandes der Musik. Ist das Hauptthema in Fortsetzung des Kernmotivs als düster, erhaben, mit großer Geste ausholend, monumental, ganz dem Begriff des Symphonischen gemäß zu beschreiben, so schlägt das Seitenthema eher einen Serenadenton an: Seine einfache viertaktige Fügung, seine Grundlage in der durchweg festgehaltenen leeren Quinte, seine tänzerisch wiegende Bewegung und seine auf kleinen Intervallschritten beruhende Melodik stehen ganz im Gegensatz zum Hauptthema. Wie wichtig das Moment des Stimmungsgegensatzes ist, zeigt die Tatsache, daß das Seitenthema bei seiner Verarbeitung in der 1. Durchführungsabteilung (T. 77–90) gerade in diesem Punkt verändert, nämlich dem Charakter des Hauptthemas angenähert wird.

Das Hauptthema entspricht in seiner Gliederung – wie häufig beim späten Brahms, der sich mehr und mehr musikalischer Prosa zuneigte – nicht der Norm der achttaktigen Periode. Es besteht aus drei Abschnitten, von denen die beiden ersten viertaktig sind und aus zwei parallelen Gliedern bestehen, der letzte einen Dreitakter und einen kadenzierenden Zweitakter zusammenbindet. Dieses Thema, das Hauptthema, spielt für die motivische Verarbeitung im Satz eine nur ganz geringe Rolle – ein im Brahmsschen Sonatensatz außerordentlich ungewöhnliches Faktum. Zwar gehen Elemente des Themas in die Gestalten der Schlußgruppe ein, zwar erscheint sein 1. Abschnitt auch am Schluß der Durchführung (T. 112–120); verarbeitet wird das Thema jedoch nur in der Coda (T. 181–224).

Die Mittelsätze sollen ursprünglich, so vermutet der Brahms-Biograph Max Kalbeck (III/2, S. 387), Teil einer Bühnenmusik zu Goethes *Faust* gewesen sein, zu der Brahms 1880 vom Leiter des Burgtheaters Franz Dingelstedt angeregt worden war. Auf diese Herkunft könnte es zurückgeführt werden, daß ihr Gewicht im Verhältnis zu den Außensätzen hier noch mehr zurückgenommen ist als in den anderen Symphonien. Die unkomplizierte Formanlage, die geringe Rolle durchführender Passagen in Verbindung mit ihrer Kürze lassen sie eher als Intermezzi denn als Symphoniesätze wirken. Die Bezeichnung, die Brahms in einem Brief an Hans von Bülow in bezug auf die 4. Symphonie verwendet, wäre für sie weit eher zutreffend: »Ein paar Entr'actes aber liegen da – was man so zusammen gewöhnlich eine Symphonie nennt« (Kalbeck III/2, S. 447).

Der II. Satz entspricht keinem vorgegebenen Formschema, sondern lehnt sich frei der Gliederung A – B – A' – Coda an. Alles beherrschend ist das immer variierte Hauptthema; neben ihm kommt keiner der anderen thematischen Gruppen nennenswerte Bedeutung zu – sie alle bleiben episodisch. Der III. Satz erfüllt als Tanzsatz mit Trio unter den vergleichbaren Symphoniesätzen am ehesten die Norm des 19. Jahrhunderts; allerdings steht er in Charakter und Bewegung dem Haydnschen Menuett näher als dem Beethovenschen Scherzo. Auffällig im Kontext des Brahmsschen Komponierens ist einerseits die enge thematische Verwandtschaft zwischen Hauptteil und Trio, andererseits die Nähe des Anfangsthemas zur Volksliedmelodik.

Die 3. Symphonie zeichnet sich – wie schon bei der Beschreibung des I. Satzes deutlich wurde – durch einen besonders hohen Grad von motivisch-thematischer Integration aus. Das gilt auch für das Ganze des Werkes: Wohl mehr noch als in den anderen Symphonien bindet Brahms die Sätze durch positive Beziehung der thematischen Gestalt zusammen. Unüberhörbar ist die Abrundung der Komposition durch die Wiederaufnahme des Anfangs am Schluß: In den Takten 273–274 (1. Oboe), 277–278 (1. Horn) und 297–301 (Holz und Blech) des IV. Satzes wird das Kernmotiv des I. Satzes wiederaufgenommen; ihm schließt sich ab T. 301 als Schluß des ganzen Werkes der Anfang des Hauptthemas aus dem I. Satz so an wie in den ersten Takten der Symphonie. Ebenso deutlich ist eine Beziehung zwischen dem II. und IV. Satz. Das Thema, das in letzterem dem Hauptthema unmittelbar folgt (T. 18 ff.) und das dann einem Choral ähnlich in Durchführung und Coda wiederkehrt, wird bereits im II. Satz (T. 41 ff.) vorweggenommen. Zum III. Satz endlich weist der IV. Satz, in dem die vielfältigen motivischen Beziehungen – und es gäbe noch zahlreiche andere aufzuführen – gleichsam gebündelt werden, durch sein Seitensatzthema eine offensichtliche motivische Übereinstimmung auf: Es entspricht dem Hauptthema des Allegrettos (T. 1 ff.) über vielfältige intervallische Gemeinsamkeiten hinaus vor allem in Gestik und Kontur, für die das zweimalige Ausgreifen nach oben und ein mehr oder minder stufenweiser Abstieg zum Ausgangspunkt den gestaltlichen Rahmen geben.

Der IV. Satz stellt hinsichtlich der Anordnung der Themen und der harmonischen Anlage eine für Brahms typische Modifikation der Sonatenform dar, die sich besonders häufig in Schlußsätzen zyklischer Kompositionen findet. Modell dafür ist einerseits das Finale der 1. Symphonie, aber auch Elemente aus dem Schlußsatz der 2. lassen sich nachweisen; ein weiteres Beispiel für den Formtypus bietet die Tragische Ouvertüre op. 81. Er ist dadurch gekennzeichnet, daß einzelne Abweichungen wie Anspielungen wirken, sei es auf andere Formtypen – etwa die Rondosonate –, sei es auf abgestoßene Merkmale der Form aus einer älteren historischen Stufe – etwa auf die Wiederholung der Exposition in der Sonatenform –, sei es auf eine gänzlich individuelle Formgestaltung. Dennoch bleibt das differenzierte Formschema der Sonate als Folie, vor der sich alles andere abhebt, und als Grundlage der kompositorischen Gestaltung erhalten.

Hans von Bülow

Die Möglichkeit zu einer solchen Vieldeutigkeit der Form eröffnet sich Brahms durch die Gestaltung der Hauptsatzgruppe der Exposition. Sie ist dreiteilig mit zwei einander entsprechenden Außengliedern (T. 1–17 gedoppeltes Hauptthema; T. 30–52 zur Überleitung umgeformte Wiederaufnahme des Hauptthemas) und einem thematisch prägnanten kontrastierenden Mittelglied (T. 18–29). Die Durchführung (T. 108 ff.) beginnt mit dem Hauptthema selbst, das wie in den Finalsätzen der 1. bzw. 2. Symphonie – und wie im Rondo – in der Tonika steht; mit der umgeformten Wiederaufnahme dagegen setzt die Reprise (T. 172 ff.) an. Was sich zwischen diesen beiden Hauptthema-Einsätzen abspielt, ist nichts anderes als die durchführende Ausspinnung der ersten beiden Hauptsatzglieder: T. 108–148 verarbeiten das Hauptthema, T. 149–171 den »Choral« des Kontrastthemas. Die Durchführung geht also aus einer Projektion von einer niederen auf eine höhere Formebene unter Wahrung der Reihenfolge der thematischen Gegenstände hervor. Solcher Parallelität schließt sich die zwischen Exposition bzw. Reprise übliche von Seitensatz (T. 52 ff. bzw. 194 ff.) und Schlußgruppe an (T. 70 ff. bzw. 212 ff.). Doch Brahms setzt nochmals mit der nun schon zweimal durchlaufenen gleichbleibenden Reihung des thematischen Materials an und unterstreicht damit die Bewußtheit der individuellen Formanlage: Der erste Abschnitt der Coda (T. 250–280) ist wiederum dem Hauptthema, der zweite (T. 280–296) dem »Choral« gewidmet.

4. Symphonie e-Moll op. 98

Komponiert während der Sommeraufenthalte 1884 (I., II. Satz) und 1885 (III., IV. Satz) in Mürzzuschlag; Uraufführung am 25. Oktober 1885 in Meiningen unter Leitung von Brahms. Druck Oktober 1886. – Arrangements für Klavier zu vier Händen und für zwei Klaviere vom Komponisten.

I Allegro non troppo, ₵ – II Andante moderato E-Dur, ⁶⁄₈ – III Allegro giocoso C-Dur, ²⁄₄ – IV Allegro energico e passionato – Più Allegro, ¾ und ½

Im I. Satz der 4. Symphonie zieht Brahms die extreme Konsequenz aus der Entwicklung, die die Sonatenform unter seinen Händen genommen hatte: Die Allgegenwart der motivischen Vermittlung und die daraus resultierende Angleichung der Formteile hinsichtlich ihres Tonsatzzustandes aneinander führen ihn dazu, den gesamten Satz mit einem Netzwerk von insgesamt drei Variationsreihen zu durchziehen. Anders gesagt: Das beibehaltene Gehäuse des formalen Schemas wird gefüllt mit drei ineinander verschränkten Strängen von variativen Entwicklungslinien, deren Stationen in allen Formteilen ohne Rücksicht auf deren herkömmliche formale Funktion Platz finden. (Die Intensität der motivischen Arbeit, die sich hier vor allem auf der Basis von fallenden Terzketten realisiert, braucht an dieser Stelle nicht ausführlich dargestellt zu werden – vgl. dazu die grundsätzlichen Ausführungen S. 108 ff. –; und die Einebnung der Differenzen hinsichtlich des Tonsatzzustandes wird an der Placierung der einzelnen Variationen mit hinreichender Deutlichkeit erkennbar.)

Dem formalen Schema der Sonatenform, das – wie gesagt – unangetastet bleibt, wird durch die folgende Disposition entsprochen: Exposition T. 1–136 (Hauptsatz 1–53, Seitensatz 53–107, Schlußgruppe 107–136); Durchführung T. 137–246; Reprise T. 246–393 (Hauptsatz 246–297, Seitensatz 297–351, Schlußgruppe 351–393); Coda T. 394–440. Daß indes den inhaltlichen Implikationen, die der Form herkömmlich zukamen, nicht Rechnung getragen wird, zeigt sich an der Gestaltung dreier wichtiger Nahtstellen, dem Beginn von Durchführung, Reprise und Coda.

Es wurde bereits gesagt (S. 53), daß die harmonische Disposition im Finale der 1. Symphonie auch im vorliegenden Satz seine Spuren hinterlassen hat. Tatsächlich erscheint auch hier am Beginn der Durchführung (T. 145 ff.) das Hauptthema – gegen die Tradition – in der Tonika. Freilich hat die Abweichung hier eine andere Funktion; sie bringt nicht wie dort ein Moment der Rondoform ins Spiel, sondern stellt den Ausgangspunkt der zweiten vom Hauptthema ausgehenden Variationsreihe dar. Klar jedoch wird daran die gewandelte Gewichtung der formtragenden Ebenen. Die Harmonik ist nicht mehr grundlegend für die Formbildung, die Durchführung nicht mehr Austragungsort des in der Exposition angelegten harmonischen Konflikts, der in der Reprise mit dem Erreichen der Tonika seine Lösung fände. Dadurch wird namentlich der Reprisenbeginn geschwächt; und wie in den vorangehenden Symphonien gestaltet Brahms diesen formalen Ort nicht als emphatisch angestrebtes Ziel, sondern versteckt, verschleiert ihn: Die Musik steigert sich nicht zum Reprisenbeginn, sondern versikkert, bleibt fast stehen (bis T. 246), dehnt den Hauptthema-Anfang zu breiten Klangflächen (T. 247–258) und beginnt erst mit dem neunten Ton des Themas (Auftakt zu T. 259) wieder im Ausgangsmetrum zu schwingen. Doch Brahms verzichtet nicht auf die dynamische Qualität eines Kulminationspunktes der Form, die herkömmlich dem Reprisenbeginn zukam. Er verschiebt sie aber an den Beginn der Coda, verlegt also den dynamischen Höhepunkt an das Ende des Satzes und damit an das Ziel der alles umgreifenden Variation.

Tatsächlich ist die Coda auch hinsichtlich ihrer Gestalt Ziel einer Variationsreihe, die die gesamte Form umgreift. Diese geht aus von der Exposition des Hauptthemas und gelangt in der dem Hauptthema folgenden Passage (T. 19–53) zu einer ersten Station (die in der Reprise verkürzt wird); an sie knüpft die Coda in ihrer Formulierung lückenlos an. Die Variationsreihe schließt so den gesamten Formverlauf in einen Rahmen ein, der vom Hauptsatz der Exposition einerseits und von der Coda andererseits gebildet wird; daß die beiden Rahmenteile mit 53 bzw. 47 Takten auch annähernd gleich lang sind, zeigt Brahms' Sinn für Proportionen innerhalb eines an die Architektur angelehnten Dispositionsverfahrens.

Dem architektonischen Formprinzip gemäß ist auch die Durchführung gegliedert. In deutlicher Opposition zum Entwicklungsprinzip, das für diesen Formteil traditionell charakteristisch war, ist sie symmetrisch in drei Abteilungen gegliedert: Die erste (T. 137–184) und dritte (T. 219–246) haben das Hauptthema, die zweite (T. 184–219) vornehmlich den Seitensatz zum Gegenstand. Allerdings sind die Abteilungen in sich je auf andere Weise strukturiert. Die erste führt – nach der Vorbereitung in T. 137–144 – mit den Abschnitten T. 145–157, 157–168 und 169–184 die wiederum dreigliedrige zweite Variationsreihe aus, die sich aufs Hauptthema gründet. Die dritte Abteilung variiert das Hauptthema in einem durchgehenden Zug aufs neue, gehört aber keiner der genannten Variationsreihen an. Im Mittelabschnitt schließlich kommt – auf der niedersten formalen Ebene – wieder die dreigliedrige symmetrische Disposition zur Geltung: Die Außenglieder (T. 184–192 bzw. 202–219), die sich an Material aus dem Seitensatz halten, schließen ein kontrastierendes Mittelglied ein (T. 192–202), das in den Holzbläsern – nun aus großer Distanz – an das Hauptthema erinnert.

Im Gegensatz zur Vielfalt der Verarbeitungsstränge, die das Hauptthema betreffen, kann man die Variationsreihe, deren Gegenstand das Seitensatz-Hauptmotiv ist, als einlinig bezeichnen. Zu unterscheiden sind die beiden das motivische Material exponierenden Abschnitte T. 53–57 bzw. T. 73–87 von dem eigentlichen Entwicklungszug. Er setzt an mit dem ersten Abschnitt der Schlußgruppe (T. 107–114), wird in deren zweitem und dritten Abschnitt (T. 114–125 und 125–135) sowie in den Rahmenabschnitten der zweiten Durchführungsabteilung (T. 184–192 und 202–219) fortgeführt und vom letzten Abschnitt der Schlußgruppe in der Reprise (T. 369–393), der den entsprechenden Abschnitt der Exposition (ab T. 125) anders faßt, beschlossen.

Auch der II. Satz folgt in der Anordnung der Themen und in der harmonischen Disposition der Sonatensatzform. Daß man dennoch kaum sinnvoll von einem Sonatensatz sprechen kann – wiewohl das in der Brahms-Literatur durchaus geschieht –, hat zum ersten seinen Grund darin, daß der Satz keine Durchführung von einiger Dimension aufweist; die Existenz eines solchen Formteils aber, in dem die motivisch-thematische Arbeit dominiert, ist selbst in dem so weitgehend modifizierten Brahmsschen Typus des Sonatensatzes Bedingung. Zum zweiten ginge die Klassifizierung als Sonatensatz sowohl an dem Anspruch des Satzes – er repräsentiert nicht den hohen Stil dieser Form – als auch an dem Prinzip der lockeren Reihung vorbei, die seine formale Gestalt bestimmt. Hier geht es nicht um die »logische« Auflösung von Widersprüchen und Gegensätzen, sondern um das ungebundene Alternieren von fester gefügter Abschnitten, den beiden Themen (T. 5–13 bzw. 41–50) und deren Wiederaufnahmen (I. Thema T. 22–30 und 64–72; II. Thema T. 88–96) einerseits und locker gefügten Abschnitten andererseits, die – bestimmt von allerdings kaum jemals sehr weit ausgreifender Verarbeitung – eher überleitenden Charakter haben als zu durchführenden Abschnitten ausgebildet sind. Einen Rahmen geben zwei aufeinander bezogene Abschnitte (T. 1–4 und 113–118), die relativ fest gefügt sind und hinsichtlich ihrer formalen Funktion auch relativ eigenständig Anfang und Schluß bilden. Motivisch freilich nimmt die erste Rahmengruppe das Kopfmotiv bzw. das rhythmische Motiv des I. Themas insgesamt gleichsam als Motto vorweg, ähnlich wie die Vorbereitungstakte vor dem II. Thema (T. 36–40) auf der Melodie von dessen beiden Anfangstakten – zu einem halben Takt in gleichmäßigen Sechzeheltriolen gestaucht – sequenzierend insistieren.

Ein wesentliches Charakteristikum des Satzes ist – wie häufig in langsamen Sätzen von Brahms – die Instrumentation, genauer: das Ausnutzen der klanglichen Differenz zwischen Bläsern und Streichern. Vergleichbar dem langsamen Satz des Violinkonzerts op. 77 dominieren hier zunächst die Bläser: In der Rahmengruppe spielen sie unter Führung der Hörner allein, danach werden sie als Hauptsache lediglich durch die Pizzicati der Streicher gestützt. Erst in T. 30, d. h. nach der variierten Wiederaufnahme des I. Themas, setzen die Streicher, und zwar zunächst nur die Violinen, arco ein. Aber Brahms nützt die Farbe nicht allein als Merkmal des Anfangs, sondern gewinnt darüber hinaus in der Differenz Bläser-/Streicherklang einen charakteristischen Unterschied zwischen den beiden Themen: Wird das I. bei seiner Exposition und variierten Wiederaufnahme von der Bläserfarbe bestimmt, so erklingt das II. Thema beide Male in sattem Streicherklang. Ort der Vermittlung hinsichtlich dieses Aspekts ist das dritte Auftreten des I. Themas, der »Reprisenbeginn« (T. 64 ff.): Zum Thema, das von geteilten Bratschen gespielt wird, treten die Pizzicati der anderen Streicher als Stütze, die schmelzenden Bläserfiguren als Begleitung und die Bläserakkorde als dynamisch belebte Färbung.

Der III. Satz steht an der Stelle, an der in der Norm der viersätzigen Symphonie des 19. Jahrhunderts das Scherzo seinen Platz hat. Er ist aber weder in Takt- und Bewegungsart ein Scherzo, noch entspricht seine Formdisposition der eines Tanzes mit Trio. Wohl aber tritt als Satzcharakter das Tänzerische, das Scherzando, das Burleske in großer Vielfalt und zuweilen krasser Deutlichkeit hervor.
Die Skala der Charaktere reicht vom buffonesk Lärmenden bis hin zum graziös Rokokohaften. Für den zweiten Ausdrucksbereich steht namentlich das Seitenthema (T. 52 ff.), für den ersten – und von ihm ist der Satz überwiegend geprägt – das Hauptthema. Freilich trägt auch die Einbeziehung so »extremer« Instrumente wie Piccoloflöte, Kontrafagott und Triangel zum Satzcharakter bei.
Die unterschiedlich gebildeten drei Abschnitte des Hauptthemas geben das Detailmaterial vor, das für den ganzen Satz und seinen überwiegend burlesken Gestus bestimmend ist. Sie unterscheiden sich voneinander nicht nur durch die kleinsten Werte der Bewegung (Achtel, Sechzehntel, Achteltriolen), sondern vor allem durch Merkmale, die den Eindruck des Widerborstigen, des gegen den Strich Gehenden hervorrufen:
T. 1–6: Gegen den Takt gerichtete Artikulation; akzentuierte Überdehnung des fünften Taktes,
T. 6–10: Nachklappernde Tonwiederholungen,
T. 10–17: Gegen das Metrum stehende Schwerpunkte; grell hervortretender »militärischer« Gestus.
Die Form des Satzes ist wiederum dem Sonatensatz nahe, sie entspricht in vielen Punkten der des I. Satzes. Auch hier ist der Reprisenbeginn (T. 199) nicht der Norm entsprechend als Ziel einer Steigerung ausgeführt, sondern bricht völlig unvorbereitet hervor; die Wirkung des Abrupten, Überraschenden wird noch dadurch verstärkt, daß die Reprise erst mit dem lärmenden 3. Abschnitt des Hauptthemas einsetzt. Und wie im I. Satz am Beginn der Coda, so wird hier erst im Verlauf dieses Formteils die Wirkung des normativen Reprisenbeginns nachgeholt: Die ausgedehnte Steigerung von T. 282 an zielt auf den emphatisch vorbereiteten Themeneinsatz in T. 311.
Allerdings entfernt sich der III. Satz noch weiter als der I. von der Norm des Sonatensatzes und nähert sich dem Sonatenrondo. So setzt am Durchführungsbeginn (T. 89) das Hauptthema wiederum in der Tonika ein, und in der Coda erscheint das Thema nochmals als ganzes. Man könnte also jeweils die Hauptsatzgruppen als Refrain ansehen; die Seitensatzgruppen (T. 52 ff. und T. 247 ff.) bildeten das erste bzw. dritte Couplet, das zweite wäre in den Durchführungsabschnitten aufgehoben. Bemerkenswert jedoch ist eine weitere Abweichung, die auch mit der harmonischen Disposition des Sonatenrondos nicht voll übereinstimmt: Der Seitensatz erscheint in der Reprise zwar um eine Quinte tiefer als in der Exposition, die Tonarten sind aber nicht Dominante und Tonika, sondern Tonika und Subdominante. Im Zusammenhang damit geht auch das Hauptthema bei seinem letzten Auftreten (T. 311 ff.) von der Subdominante aus.

Im IV. Satz greift Brahms (wie schon am Ende der Haydn-Variationen) mit der Passacaglia auf einen barocken Typ der Reihungsform zurück, dessen Besonder-

heit die Beibehaltung des Basses bzw. – kaum davon zu trennen – des harmonischen Gerüsts in den einzelnen Gliedern der Form ist. Allerdings wird hier das
Thema nicht als Baß exponiert; erst in der IV. Variation (T. 33–40) übernimmt es
diese Funktion und behält sie danach, wenn auch nicht ständig, so doch überwiegend bei. Strikt festgehalten dagegen wird die Achttaktigkeit der Themenexposition in 29 der insgesamt 30 Variationen, mit Ausnahme der letzten; der Taktwechsel in der XII. bis XV. Variation (T. 97–128) allerdings bewirkt bei gleicher
Dauer der Notenwerte die Verdoppelung der Taktdauer. Erst unmittelbar vor
der freier gestalteten Coda (T. 253–311), in der das Thema stretta-artig durchgeführt ist, wird die strenge Achttaktigkeit aufgegeben. Beibehalten ist auch
durchweg die Tonart; es findet keine Modulation zu einer anderen Stufe statt.
Lediglich in der XIII. bis XV. Variation (T. 105–128) wird – einem Verfahren der
alten Ostinato-Form entsprechend – das Moll zu Dur aufgehellt.

Eines allerdings unterscheidet den Schlußsatz der 4. Symphonie grundlegend
von den Ostinato-Sätzen früherer Jahrhunderte. Einem Komponisten des
19. Jahrhunderts, einem Komponisten autonomer Tonkunst wie Brahms konnte
die bloße Reihung von noch so kunstvollen Variationen nicht genügen; erforder-
lich war vielmehr eine übergreifende, das Ganze zusammenhaltende formale
Konzeption. Und Brahms fand eine formale Gestaltung, die sowohl den eindi-
mensionalen Fortgang des Stückes, den Übergang von einer zu der nächsten charakteristisch geprägten Variation berücksichtigt, als auch die zusammenfassende
Gliederung verwirklicht. Letztere allerdings ist nicht immer so handgreiflich
wie am Beginn der XVI. Variation (T. 129–136), der deutlich Reprisenwirkung
hat. Man könnte überspitzt sagen, daß auch hier in der Passacaglia die Sonatensatzform durchschimmert – freilich nun ganz ohne harmonische Fixpunkte und
ohne durchführende Arbeit.

Die Hauptsatzgruppe umfaßt die Exposition des Themas und die ersten drei
Variationen (T. 1–32). Der Seitensatz wird von den zusammengehörenden
Variationen IV bis VI (T. 33–56) und von der VII. Variation (T. 57–64) gebil-
det.

Mit der VIII. Variation (T. 65–72) beginnt die fortschreitende Chromatisierung
des Tonsatzes, die die allgemeine Entfernung vom Ausgangspunkt bis hin zu
Taktwechsel und Wechsel des Tongeschlechts einleitet. Auch das Thema wird
immer unkenntlicher; ganz in eine gleichsam »subkutane« Schicht sinkt es innerhalb der Flötenfiguration der XII. Variation (T. 97–104) und in der XIII. Variation (T. 105–112) ab. Die innerhalb des abgesteckten Rahmens relativ große
Distanz dieses Komplexes zum exponierten Thema mag die Analogie zur
Durchführung eines Sonatensatzes begründen.

Die XVI. Variation (T. 129–136) bricht wie eine Reprise hervor; es handelt sich
jedoch nur scheinbar um einen Reprisenbeginn. Mit der XVII. bis XXII.
(T. 137–184) folgen nämlich zunächst noch sechs Variationen, die keine Entsprechung in der Exposition haben. Erst danach, fast versteckt, verschränkt in einen
unmittelbar auf das Vorangehende bezogenen Tonsatz – führen die Hörner mit
der Wiederaufnahme der Themenexposition in der XXIII. Variation (T. 185–
192) eine Gruppe von Variationen ein, die der Exposition nachgebildet sind: Die

XXIV. bis XXVI. Variation (T. 193–216) entsprechen der I. bis III.; die aufeinander bezogenen Variationen XXVII und XXVIII (T. 217–232) setzen die Verarbeitung aus der von Variation IV bis VI gebildeten Gruppe, aus dem »Seitensatz« fort. Unverkennbar ist hier der auf den Zusammenhalt der Form zielende Reprisencharakter.

Über den satzinternen Zusammenhang hinaus schließlich greifen die XXIX. und XXX. Variation (T. 233–252); sie schaffen durch die Terzenketten (vgl. auch schon die IV. Variation, T. 38–40, und die VI., T. 62–64) eine deutliche Beziehung zum I. Satz. Der emphatische Anspruch der Zusammengehörigkeit der vier Sätze zu einem Werkganzen wird durch die Verbindung des Anfangs mit dem Ende unterstrichen.

Kleinere Orchesterwerke

Serenaden

Serenade D-Dur für großes Orchester op. 11

Komponiert 1857 bis 1859. Druck Dezember 1860. – Arrangement für Klavier zu vier Händen vom Komponisten.

I Allegro molto, ¢ – **II** Scherzo: Allegro non troppo / Poco più moto, d-Moll/B-Dur, ¾ – **III** Adagio non troppo B-Dur, ¾ – **IV** Menuetto I/II, G-Dur/g-Moll, ¾ – **V** Scherzo: Allegro, ¾ – **VI** Rondo: Allegro, ¾

Serenade A-Dur für kleines Orchester op. 16

Komponiert 1858 und 1859. Druck November 1860. – Arrangement für Klavier zu vier Händen vom Komponisten.

I Allegro moderato, ¢ – **II** Scherzo: Vivace C-Dur, ¾ – **III** Adagio non troppo a-Moll, 12/8 – **IV** Quasi Menuetto D-Dur/fis-Moll, 6/4 – **V** Rondo: Allegro, ¾

Die beiden Serenaden op. 11 und op. 16 sind – neben dem 1. Klavierkonzert op. 15 – die ersten Kompositionen, die Brahms für Orchester geschrieben hat, und sie stellen ohne Frage – anders als op. 15 – diejenigen seiner Orchesterwerke dar, denen von der Rezeption am wenigsten Beachtung geschenkt wurde. Zu sehr haftet ihnen der Makel an, sie seien defiziente Symphonien, seien mithin mißlungene Resultate von Brahms' Bemühen, schon früh dem hohen Anspruch dieser

Brahms dirigiert. Zeich-
nung von Willy von
Beckerath (1895)

Gattung gerecht zu werden. Tatsächlich ist aus der Entstehungsgeschichte von op. 11 bekannt (vgl. S. 41 f.), daß er Ende 1858 die Absicht
hatte, »die 1te Serenade in eine Sinfonie zu verwandeln«. Vorangegangen indes war eine – verlorene – Fassung für kleines Orchester oder
Oktett-Besetzung, und für op. 16 sind keinerlei Dokumente überliefert, die das Werk mit der Gattung Symphonie in Verbindung bringen.
Zwar kann bei einem Komponisten jener Zeit die Tendenz, sich mit
einer Symphonie, d. h. im wichtigsten Genre der Instrumentalmusik,
zu profilieren, als grundlegend vorausgesetzt werden; und für Brahms
wurde diese Tendenz noch durch den Druck von außen, vor allem
durch die zitierten Forderungen von Schumann (vgl. S. 40) verstärkt.
Dennoch ist festzuhalten, daß – soweit wir wissen – op. 16 durch-

gängig als Serenade konzipiert war und op. 11 erst in einem späteren Stadium der kompositorischen Arbeit – also nicht in der ursprünglichen Planung – zur Symphonie umgearbeitet werden sollte. Die allgemeine Annahme, daß Brahms bei op. 11 und 16 zunächst Symphonien geplant und sich dann im Eingeständnis des Scheiterns auf das weniger verbindliche Genre der Serenade zurückgezogen habe, ist eine Konstruktion, die durch keine Quellen belegt ist. Die Werke sollten also vor dem Hintergrund eines Genres betrachtet und beurteilt werden, das die Mitte zwischen Orchester- und Kammermusik hält und als Unterhaltungsmusik von Niveau seinen historischen Höhepunkt vor Beethoven, namentlich in den Divertimenti Mozarts hatte. Daß Brahms sich damit auf gewissermaßen Unzeitgemäßes bezog, paßt in eine Phase seines Komponierens, in der er sich durch das Studium vornehmlich älterer Modelle handwerklich zu vervollkommnen suchte, Kontrapunktübungen machte, Sarabanden, Giguen und Gavotten für Klavier schrieb und sogar Präludien und Fugen für Orgel verfaßte.

Freilich konnte solch ein Rückgriff angesichts der in vielen Bereichen wirksamen normativen Kraft des symphonischen Komponierens, der Brahms nicht auszuweichen vermochte, kaum lückenlos gelingen. Um den Ton und Charakter von Serenaden, deren scheinbar prätentionslose Leichtigkeit realisieren zu können, enthalten beide Werke – besonders op. 11 – zu viele Implikationen des gewichtigen symphonischen Stils. Das hat Brahms selbst empfunden, als er den erwähnten Plan, die Fassung von op. 11 für kleines Orchester zu einer Symphonie zu verwandeln, damit begründete, »daß das Werk so eine Zwittergestalt, nichts Rechtes ist« (BBW V, S. 227). Dieser Zwittergestalt gibt J. Joachim im Dezember 1859 einen Namen, als er op. 11 als »Sinfonie-Serenade« bezeichnet.

Beiden Serenaden gemeinsam ist die Art, wie die normative Disposition der vier (Symphonie-)Sätze: Sonatensatz – Langsamer Satz – Scherzo oder Menuett – Rondo, zwischen den festliegenden Außensätzen durch zusätzliche Vertreter des dritten, tänzerischen Satztyps zur gleichsam symmetrischen Fünf- bzw. Sechssätzigkeit erweitert wird. In beiden Stücken stellt der Langsame Satz die Mitte des Ganzen dar. Sie wird in op. 16 durch ein Scherzo als II. und ein Menuett als IV. Satz eingerahmt; als Glieder des um die Mitte gelagerten Innenrahmens entsprechen einander in op. 11 ein großdimensioniertes Scherzo als II. Satz bzw. die kürzeren Sätze IV und V, die mit »Menuetto« und »Scherzo« überschrieben sind. Für die Disposition der Sätze ist des weiteren das Alternieren zwischen geradzahligen und ungeradzahligen Taktarten bestimmend, ein Formungsprinzip, das sogar auf das frühere 18. Jahrhundert zurückverweist. Ihm wird in op. 11, nimmt man den IV. und V. Satz zusammen, ohne Einschränkung entsprochen, in op. 16 ist die Regelmäßigkeit des Wechsels insofern differenziert, als im III. und IV. bei übergeordneter Geradtaktigkeit und untergeordneter Dreiergliederung die beiden Taktart-Typen kombiniert werden. Wie später in Brahms' Symphonien kommt den Außensätzen schon von der Dimension her das größte Gewicht zu; die Mittelsätze – mit Ausnahme des ausgedehnten langsamen Satzes in op. 11 – sind als freilich charakteristisch geprägte Intermezzi ausgeführt.

Opus 16 ist durch die instrumentatorische Besonderheit ausgezeichnet, daß in der Streichergruppe die Violinen fehlen, der Klang des Orchester-Tutti mithin in der tieferen Lage sein größtes Volumen hat bzw. die Höhe allein durch die Klarheit der solistischen Holzbläser gezeichnet werden kann. Der Brahms-Biograph Max Kalbeck hat diese Besetzung auf den Anfang des langsamen Satzes aus op. 11 zurückgeführt, Wilhelm Altmann dagegen vermutet, daß Brahms dazu durch die Oper *Uthal* (1806) von Étienne Méhul angeregt worden sei; ebensogut und wohl wahrscheinlicher könnte auch das Accompagnato »Seid fruchtbar alle« aus Haydns *Schöpfung* Vorlage gewesen sein. Wichtiger freilich als alle Versuche, ein Modell für diese Eigentümlichkeit der zweiten Serenade bei anderen Komponisten ausfindig zu machen, ist die Feststellung – und insofern ist auch Kalbecks Beobachtung bedeutsam –, daß sich schon in dieser frühen Phase des Brahmsschen Komponierens die Neigung des Komponisten zum abgedunkelten, gedeckten Klang, zur Mittellage abzeichnet, die dann namentlich im Spätwerk zum Ausdruck kommt (etwa in den Kammermusikwerken mit Beteiligung der Klarinette). Die konkrete Besetzung, d. h. den Verzicht auf die Violinen im Orchester, hat Brahms bereits im I. Satz des Deutschen Requiems op. 45 wiederholt.

Variationen

Variationen über ein Thema von Joseph Haydn op. 56a
(Fassung für zwei Klaviere: op. 56b)

Komponiert während des Sommeraufenthalts 1873 in Tutzing; Uraufführung am 2. November 1873 in Wien unter Leitung von Brahms. Druck Januar 1874.

Thema (Andante B-Dur, ⅔), acht Variationen und Finale
Thema: Haydns »Chorale St. Antoni« aus dem Divertimento B-Dur (Hoboken Gruppe II, Nr. 46* II. Satz)

Die Haydn-Variationen sind innerhalb des Brahmsschen Œuvres in mehrerlei Hinsicht ausgezeichnet. Sie stellen zum einen, wie bereits S. 30 f. ausgeführt, den Durchbruch in der Orchesterkomposition dar

Haus der Gesellschaft der Musikfreunde, Wien. Xylographie, 1870

und eröffneten Brahms solchermaßen den Weg zur Symphonie. Zum anderen schließen sie die Komposition von Variationenfolgen als für sich stehende Werke ab; danach sind Stücke in dieser formalen Disposition nur noch als Teile mehrsätziger Kompositionen entstanden, wie z. B. die Passacaglia des IV. Satzes der 4. Symphonie. Variationenfolgen indes gehören bei Brahms in allererster Linie der Gattung Klaviermusik zu; wahrscheinlich ist hierin der Grund dafür zu sehen, daß die Haydn-Variationen wohl von vornherein in zwei eigenständigen Versionen konzipiert und diese – wie sonst nur bei op. 34 (Klavierquintett) – mit unterschiedlichen Opuszahlen veröffentlicht wurden. Und die Fassung für zwei Klaviere, op. 56b, unterscheidet sich von der Orchesterfassung nicht etwa nur durch Änderungen, die auf die Spieltechnik zurückgeführt werden könnten. Die Tempoangaben bei den einzelnen Teilen etwa stimmen nur für das Thema, die Variationen III, VI, VII und das Finale überein (Andante, Con moto, Vivace, Grazioso und wieder Andante). Bei Variation I schreibt die Orchesterfassung »Poco più animato« statt »Andante con moto« vor, bei Variation II »Più vivace« statt »Vivace«, bei Variation IV »Andante con moto« statt »Andante«, bei Variation V »Vivace« statt »Poco presto« und bei Variation VIII endlich »Presto non troppo« statt »Poco presto«.
Über die Chronologie der Entstehung der beiden Fassungen bzw. über deren Einschätzung durch den Komponisten ist aus den Quellen nur

wenig zu erfahren. Sicher ist, daß die erste Erwähnung der Haydn-Variationen in einem Brief an Theodor Billroth vom Juli 1873 die Klavierfassung betrifft. Seinem Verleger Fritz Simrock indes schreibt er im September des Jahres, daß »sie eigentlich Variationen für Orchester« seien (BBW IX, S. 147). Dennoch wollte er – wie er wiederum Billroth gegenüber betont – »aber nicht gern die Lesart für 2 Klaviere als ein Arrangement angesehen wissen« (Billroth/Brahms, Briefwechsel, S. 200), also die Klavierfassung – und dem entspricht die Form der Publikation – nicht als Klavierauszug entwerten. Daraus ist – wenn auch nicht mit letzter Gewißheit – der Schluß zu ziehen, daß Brahms die beiden Fassungen parallel und als gleichwertige konzipiert hat, wobei deren Rolle innerhalb seines Komponierens für Klavier bzw. Orchester ihm zweifellos bewußt war.

Das Thema aus dem damals noch ungedruckten Divertimento von Haydn hatte Brahms durch den Haydn-Biographen Carl Ferdinand Pohl kennengelernt, und er notierte es sich innerhalb einer größeren Abschriftensammlung auf einem Bogen mit dem Andante aus Haydns B-Dur-Symphonie (Hoboken I/16). Die Abschrift des Symphoniesatzes ist mit November 1870 datiert; ob dieses Datum allerdings auch die Notierung des »Chorale St. Antoni« betrifft – wie oft in der Literatur angenommen wurde –, ist durchaus ungewiß.

Die sechs Divertimenti Haydns, aus deren erstem das Thema stammt, sind für 2 Oboen, 3 Fagotte, 2 Hörner und Serpent geschrieben. An diese Besetzung hält sich Brahms bei der Präsentation des Themas weitgehend; er ersetzt lediglich den Serpent durch das Kontrafagott, das freilich auch das dritte Fagott vertritt, und stützt die Baßlinie überdies durch das Pizzicato der Violoncelli und Kontrabässe.

Das Thema, das von einem alten Wallfahrtslied herrühren soll, bietet in Gestalt und Aufbau mehrere Eigentümlichkeiten, die Brahms zur variativen Auskomposition angeregt haben.

Bemerkenswert ist zunächst die Unregelmäßigkeit seiner Glieder, bei denen die Viertaktigkeit nur als eine Möglichkeit unter anderen, nicht aber als Modell der Melodiebildung anzutreffen ist – eine Tatsache, die auf eine Entstehung vor der klassischen Normierung in dieser Hinsicht verweist (oder verweisen soll). Nebeneinandergestellt sind im ersten Teil zunächst zwei Fünftakter (T. 1–5 und 6–10), dann am Anfang des zweiten Teils zwei Viertakter (T. 11–14 und 15–18); ihnen folgt die Wiederaufnahme des Fünftakters aus T. 6–10 (T. 19–23), dessen Schlußtakt mit dem ersten Takt des letzten, nun siebentaktigen Themengliedes (T. 23–29) verschränkt ist. Trotz dieser – gemessen an den Normen der klassischen Periodik – Irregularität bietet das Thema eine bemerkenswerte Vielfalt von Tonsatzzuständen, die sich im Sinne von Funktionen der klassisch-romantischen Formung interpretieren lassen und von Brahms auch so interpretiert worden sind. Der erste Zehntakter bildet eine Periode aus zwei gleich langen und analog anhebenden Gliedern; lediglich ihr Ende ist im Sinne der harmonischen

Zusammenhangsbildung unterschiedlich und insofern ganz den Regeln entsprechend ausgeführt: Der Vordersatz öffnet sich zur Dominante, der Nachsatz schließt in der Tonika. Trotz der irregulären Länge ihrer Glieder prägt mithin die Periode der Takte 1 bis 10 die formale Funktion der Themenpräsentation aus. (Dogmatische Theoretiker in der Nachfolge Hugo Riemanns, die jede Abweichung von der Viertaktigkeit durch Einschübe oder Elisionen zurechtzurücken versuchen, hätten es im vorliegenden Fall leicht: Problemlos wäre T. 4 an T. 2 sowie T. 9 an T. 7 anzuschließen. Verloren ginge aber gerade der Takt, dem das Thema harmonisch seine charakteristische Prägung verdankt.)

Die Takte 11–18 sind metrisch als zwei Viertakter regelmäßig; schon die Sequenzbildung der Oberstimme, vor allem aber die harmonische Bewegung indes verhindern die Wirkung von Geschlossenheit und thematischer Ausgewogenheit: T. 11–14 wenden sich nochmals von der Dominante zur Tonika, T. 15–18 bereiten in reicherer Stufenfolge die Rückkehr zum tonalen Zentrum vor, ohne es zu erreichen. Der Achttakter ist mithin eine Fortspinnung oder – will man soweit gehen – eine Durchführung auf niedrigster formaler Ebene, und das in Umkehrung der Verhältnisse aus T. 1–10 auf der Grundlage einer regulären Metrik.

Der Fünftakter T. 19–23 bietet eine komprimierte Reprise des Themas aus T. 1–10, anders gesagt, er vertritt Vorder- und Nachsatz in einem; vom Vordersatz übernimmt er die Anfangsfunktion, vom Nachsatz die des Schließens. Der Schlußtakt der Reprise ist zugleich Anfang des siebentaktigen Epilogs T. 23–29, einer auskomponierten Tonika gewissermaßen, die den Rekapitulationsabschnitt auf insgesamt elf Takte ausweitet und so in Balance zum zehntaktigen Anfangsabschnitt bringt. (Auch beim Epilog wäre eine normative Viertaktigkeit unschwer zu bewerkstelligen: T. 25 und 26 können als Wiederholung eines regulären Zweitakters entfallen, ebenso T. 28, der die Schlußbildung zur irregulären Dreitaktigkeit dehnt.)

Chorale St. Antoni

Bsp. 7

Der Reichtum an formalen Funktionen (Themenpräsentation, Fortspinnung, Reprise, Epilog) und die Vielfalt an metrischen Bildungen (Weitung zur Fünftaktigkeit in den Gliedern des Themas, Überlappung eines Schluß- und Anfangstaktes bei der Verbindung der beiden Glieder des Rekapitulationsteils und schließlich im Epilog metrische Ausbreitung durch Wiederholung sowie insistierendes Festhalten am Schlußklang) bilden eine so tragfähige Grundlage der formalen Bewegung, daß Brahms sie in keiner der acht Variationen verläßt – dies im Unterschied zu der Flexibilität, die manche seiner anderen Variationsfolgen in diesem Punkt aufweisen. Lediglich in einer Variation, der VI., die damit 60 Takte umfaßt, dehnt er den Epilog um noch einen weiteren Takt; alle anderen Variationen dagegen bestehen wie das Thema aus 58 Takten. Die Wiederholung der Teile (Takte 1–10 bzw. 11–29), die zur Substanz des Stückes gehört, ist beim Thema, den Variationen I, II, VI und VII durch Repetitionszeichen gefordert, bei den Variationen III, IV und V dagegen ausgeschrieben. Hier nützt Brahms die Möglichkeit, zwischen den zweifachen Präsentationen der Teile nochmals variativ zu differenzieren. Das gilt auch für den ersten Teil der VIII. Variation; der zweite Teil dagegen ist wiederum nur einmal zwischen Repetitions-Doppelstrichen notiert.

Anregung bietet das Thema aber auch für Brahms' stets auf die formbildende Kraft motivischer Gestalten gerichtetes Interesse. Wesentlich dabei ist namentlich die rhythmische Bildung des ersten Taktes, die aus punktierter Achtel, Sechzehntel und zwei Achteln besteht, sowie deren Variante, die in T. 4 aus der Auflösung der beiden Achtel in Sechzehntel hervorgeht. Auf ihnen insistieren die beiden Abschnitte, die der thematischen Präsentation in lockererem Tonsatzzustand gegenübergestellt werden: Die Ausgangsgestalt gibt das Material der Sequenz in der Fortspinnung, beide Varianten zusammen prägen den Epilog. Die Ausgangsgestalt hat in allen Gliedern und Untergliedern des Themas Initialfunktion, die Variante führt zunächst den Schluß des thematischen Vordersatzes und dann – auf höherer formaler Ebene – den des ganzen Themas herbei. Diese Rollenverteilung der rhythmischen Motive bleibt auch gegen Ende des Finales erhalten, wenn Brahms ab T. 426 gleichsam aus dem Hintergrund auf das Variationsthema zurückkommt, um es ab T. 448 zum apotheotischen Höhepunkt zu führen. In der XIV. Sektion der Passacaglia (T. 426) übernimmt eine Begleitstimme zunächst nur den punktierten Rhythmus, von T. 436 indes rückt die ganze Ausgangsgestalt in immer klarerer Akzentuierung an die musikalische Oberfläche. Und das apotheotische Zitat beschränkt sich auf den Kern des Themas, auf den Vordersatz mit der Variante am Ende (T. 448–452), den Nachsatz (T. 453–457) sowie den Epilog (ab T. 457) mit der erwähnten Kombination der beiden Motive.

Die Reihe der Variationen ist vielfältig, aber keineswegs einschichtig gegliedert. In unterschiedlicher Art wird durch Bewegungsgrad, Taktart, Tongeschlecht und Charakteristik die Relation zwischen den benachbarten Variationen, die sich nie zu Paaren zusammenschließen, spezifisch ausgearbeitet; Beziehung und Kontrast sind subtil gegeneinander ausgewogen. Auffällig ist, von außen her betrachtet, daß die Moll-Variationen als IV. bzw. VIII. jeweils am Ende einer

Vierergruppe stehen, und diese Einteilung wird noch dadurch unterstrichen, daß der Charakterkontrast zwischen der IV. und V. Variation sicherlich besonders stark ausgeprägt ist. Die Grenze zwischen diesen Variationen stellt mithin einen Schnittpunkt innerhalb des Werkes dar, der die vorangehenden fünf Glieder (Thema und Variation I bis IV) von den folgenden fünf (Variation V bis VIII und Finale) trennt; allerdings kann weder von einer symmetrischen noch einer parallelen Disposition der Werkhälften die Rede sein.

Die ersten drei Variationen stehen wie das Thema in ¾-Takt, unterscheiden sich mithin auch in dieser Hinsicht von der IV. Variation. Eine geradlinige Entwicklung jedoch lassen nur die I. und II. Variation erkennen, die nach einem traditionellen Prinzip der Variationenfolge durch Steigerung der Bewegung und Verkürzung des kleinsten Notenwertes (Achteltriole bzw. Sechzehntel) gewissermaßen aus dem Thema herauswachsen. Bemerkenswert ist, daß sich Brahms in der I. Variation nicht auf die oben beschriebenen wichtigen Motive des Themas bezieht, sondern die gleichsam vormotivische Bildung der Tonrepetition aus dem Epilog zur Grundlage des Tonsatzes werden läßt, auf der sich das charakteristische Gegeneinander von Achteln und Achteltriolen entfaltet. Erst in der II. Variation, die die formale Gliederung des Themas mit Forte-Gesten des Orchester-Tuttis akzentuiert, wird auf den punktierten Rhythmus als – wie Schönberg es später genannt hat – »Motiv der Variation« zurückgegriffen.

Die III. Variation fällt in der Bewegung zurück, leitet also zum langsamen Tempo der folgenden, die erste Vierergruppe abschließenden IV. über. Das Thema und die Variationen dieser Gruppe beschreiben also hinsichtlich der Bewegung eine ungebrochene Kurve, die in der II. Variation ihren Gipfel erreicht und in der IV. noch unter das Niveau des Themas absinkt. Bei Variation III und IV, die sich durch Taktart und Tongeschlecht unterscheiden, wird erstmals die Wiederholung der Formteile zur weiteren Differenzierung genützt. Wird in der III. Variation jedoch das Augenmerk auf die rhythmische Unterteilung gerichtet, die sich bei der jeweils ersten Präsentation an Achtel, bei den Wiederholungen an – freilich nur begleitende – Sechzehntel hält, so geht es in der IV. Variation um den – einem doppelten Kontrapunkt vergleichbaren – Austausch der Satzschichten, die sich wiederum (nun in Gleichzeitigkeit statt in der Aufeinanderfolge) an Achtel bzw. Sechzehntel halten.

Läßt sich bei den ersten vier Variationen im Anschluß an das Thema ein übergreifender Zusammenhang einer »Tempokurve« beobachten, so stehen die folgenden vier Variationen mit dem Finale eher parataktisch nebeneinander. Der relativ hohe Bewegungsgrad der Variationen V, VI und VIII wird durch das langsame Tempo der VII. Variation unterbrochen, und auch zum Andante des Finales, das im Alla-breve-Takt die Bewegung des Themas wiederaufnimmt, wird nicht übergeleitet. Auf eine andere Weise indes gehören die Variationen V bis VIII zusammen. In unterschiedlichen Graden der Deutlichkeit nämlich öffnen sie sich einer so prägnanten Charakteristik, daß die Grenzen eines allein auf sich selbst bezogenen musikalischen Ausdrucks überschritten zu sein scheinen. Die Individualität des der ästhetischen Autonomie verpflichteten Brahms weitet sich erstens zur romantischen Bizarrerie der Variation V, deren Urheberschaft – bedenkt man die Zuweisungen bei den Variationen op. 9 (vgl. S. 168 f.) – wohl »Kreisler junior« zugeschrieben werden muß: In kaum einer anderen Variation treten die Artikulation, namentlich das Stakkato, und eine gegen den Takt gerichtete, also irreguläre Akzentuierung so entscheidend in den Vordergrund. Zweitens kommen herkömmliche Topoi von Charakterstücken ins Spiel, so der – durch die Instrumentation unterstrichene – Jägerton der VI. Variation und das Pastorale im Siciliano der VII. Für letztere scheint sich Brahms – dafür spricht auch das korrespondierende Wechselspiel der Satzschichten – auf ein konkretes Vorbild, auf die Sinfonia am Anfang des II. Teils aus Bachs Weihnachts-Oratorium (BWV 248/10), bezogen zu haben. Eine gleichsam dramaturgische Funktion schließlich kommt der VIII. Variation zu, die sich (hierin an die V. anknüpfend) auf dem niedrigsten dynamischen Niveau hält und diesen – scheinbar sekundären – Parameter zum entscheidenden Faktor für ihre Charakteristik macht; sie wirkt wie ein retardierendes Moment vor dem Finale, ein Innehalten als Klangband, dessen einheitliche Wirkung durch die nur selten, gegen Ende überhaupt nicht mehr unterbrochene Achtelbewegung sowie durch die schein-polyphone Anlage unterstützt wird.

Das Finale, das bei Notation in doppelten Notenwerten zum Tempo des Themas zurückkehrt, ist eine Passacaglia, d. h. eine Form der Variationenfolge, die sich auf eine Baßlinie und die von ihr implizierte Harmoniefolge als Ausgangspunkt stützt. Im Blick aufs Gesamtwerk von Brahms für Orchester ist immerhin bemerkenswert, daß mit op. 56a sowohl die erste als auch mit der 4. Symphonie op. 98 die letzte Komposition höchsten Anspruchs durch diesen Variationstyp beschlossen wird. Bei der Symphonie wird die Passacaglia für einen ganzen Satz bestimmend, hier indes lediglich für einen Formteil, einen Formteil allerdings innerhalb eines ohnehin als Variationenfolge ausgeführten Werkes. Die Wichtigkeit, die dem Form- oder besser Dispositionsmodell der Variationen in seinem Œuvre insgesamt zukommt, unterstreicht Brahms mithin dadurch, daß er Variationen innerhalb von Variationen schreibt.

Das thematische Subjekt der Passacaglia hält sich ganz eng an den fünftaktigen Vordersatz des für das ganze Werk maßgebenden Themas: Der erste Takt (361) setzt beim Baß an; der zweite und dritte (362 und 363) übernehmen die Oberstimme; der vierte (364) kehrt zum Baß zurück, ersetzt aber den Leitton der Zwischendominante e durch deren Grundton c; der fünfte endlich entspricht wieder dem Baß des Themas ohne Modifikation. Eine weitere Beziehung zum Thema stellen die rhythmischen Motive der Takte 1 und 2 bzw. 4 und 5 des Passacaglia-Subjekts dar, die jenes so wesentliche aus T. 1 augmentieren. Gleich ist schließlich auch der nur um weniges erweiterte Harmoniegang: Wie der Vordersatz ist das Passacaglia-Subjekt am Ende dominantisch offen, fordert also die Tonika am Beginn des folgenden Einsatzes gleichsam heraus.

Variations-Thema

Subjekt der Passacaglia

Bsp. 8

Die Passacaglia hat nicht nur für sich allein ihre Bedeutung, sondern ist Voraussetzung einer Pointe, der apotheotischen Wiederaufnahme des Themas als Höhepunkt und formale Abrundung des ganzen Stückes. Darauf ist in mehreren Ansätzen die formale Ausarbeitung gerichtet, freilich mit der Eigentümlichkeit, daß die zielgerichtete Entwicklung zuweilen innehält, um sich ins Detail der Einzelvariation zu versenken. Das gilt namentlich für den Mittelteil, der aus den Sektionen IX bis XIII (T. 401–425) besteht und einen deutlich lyrischen Ton anschlägt; damit verbunden ist hinsichtlich des Subjekts eine Verschiebung in Richtung auf die Mittellage sowie eine zunehmende klangliche Ausdünnung: In der XIII. Sektion sind die Subjekttöne nur noch Bestandteil unterschiedlicher Figurationen.

Einen zweigeteilten und doch zusammengehörigen Komplex bilden die Anfangssektionen I bis VIII (T. 361–400). Die ersten vier entfalten von der niedrigsten (und tiefsten) Ebene aus sukzessiv das instrumentale und dynamische Klangpotential des Orchesters und zielen auf die vier Forte-Sektionen V bis VIII. Letztere führen die übergreifende Steigerung durch Verkürzung des kleinsten Wertes (Achtel), Intensivierung kontrapunktischer Techniken (vgl. die Engführung von Ausgangsbewegung und partieller Diminution zwischen Baß und 1. Violinen ab T. 391) sowie dadurch weiter, daß das zentrale rhythmische Motiv des Themas in seiner Ausgangsbewegung den Tonsatz mitbestimmt (ebenfalls ab T. 391).

Mit der XIV. Sektion (ab T. 426) rückt die Entwicklung hin zum Zitat des Themas wieder ganz in den Vordergrund. Ausgegangen indes wird von einer neuen Art von Entfernung: Die Sektionen XIV bis XVI stehen in Moll und bieten das Subjekt vor allem in den Oberstimmen. In ihnen wird das Anfangsmotiv des Themas, wie bereits beschrieben, aus dem Hintergrund her eingeführt. Wenn es dann ganz in den musikalischen Vordergrund gelangt (XVII. Sektion, T. 441), übernimmt es vom Subjekt, das wieder in die tiefere Lage versetzt wird, die Diskantlage und wird dadurch, besonders aber durch den Wechsel nach Dur, in greifbare Nähe gerückt. Damit sind gleichsam alle Vorkehrungen zum Einsatz des Themas getroffen, die regelmäßig fünftaktige Reihung der Passacaglia-Sektionen bricht ab (T. 446), und das Thema kann sich in voller satztechnischer und instrumentaler Strahlkraft mit dreifacher Insistenz auf dem Anfangstakt – und damit dem zentralen rhythmischen Motiv – (T. 446–448) als emphatisch betonter Höhepunkt entfalten und alle vorher geweckten Erwartungen erfüllen. Brahms knüpft hier an das traditionelle Verfahren von Variationsfolgen an, das Thema am Ende zu wiederholen. Anders aber als zumeist sonst ist diese Wiederholung nicht als bloßer Rahmen gesetzt, sondern sie wird intern begründet, und zwar als Konsequenz der intern musikalischen Entwicklung der Passacaglia.

Ouvertüren

Die beiden Orchester-Ouvertüren op. 80 und 81 sind in besonderer Weise Schwesterwerke und als solche in doppeltem Sinn typisch für Brahms. Sie dokumentieren zum einen seine Neigung, sich einer bestimmten kompositorischen Aufgabenstellung etwa zur gleichen Zeit gewissermaßen von zwei Seiten zu nähern, wie das von der frühesten Zeit seines Komponierens – man denke etwa an die beiden Serenaden – bis hin in die späten Jahre – hier sind die beiden Klarinettensonaten zu nennen – beobachtet werden kann (vgl. dazu auch S. 117 f.). Zum anderen aber bezeichnen sie das Doppelgesicht, das für Brahms mehrfach charakteristisch ist. Am deutlichsten wird diese Eigentümlichkeit bereits in den frühen Klaviervariationen op. 9, wo er die duale Ausdruckshaltung gleichsam dokumentarisch festhält, indem er im Manuskript die leichten bzw. kapriziösen Variationen »Kreisler«, die gearbeiteten und ernsten »Brahms« als Autor zuweist. Dies wiederholt sich – freilich in Nuancierung – bei den Ouvertüren: »Die eine weint, die andre lacht«, so schreibt er an Karl Reinecke (BBW III, S. 143). Obwohl über die Entstehungsgeschichte der beiden Werke im Detail kaum etwas bekannt ist, kann aus der folgenden Briefstelle immerhin auf den zeitlichen Primat von op. 80 geschlossen werden: »Die ›Akademische‹ hat mich noch zu einer zweiten Ouverture verführt, die ich nur eine ›Dramatische‹ zu nennen weiß – was mir wieder nicht gefällt« (28. 8. 1880, Billroth/Brahms, Briefwechsel, S. 303). Damit scheint Hanslicks Behauptung, op. 81 sei zuerst komponiert, widerlegt zu sein. Unwahrscheinlich ist auch die Annahme von Max Kalbeck, die Tragische Ouvertüre sei im Blick auf Franz Dingelstedts geplante Inszenierung von Goethes *Faust* am Burgtheater konzipiert worden (wie auch die beiden Mittelsätze der 3. Symphonie op. 90). Als Anhaltspunkt dafür kann sich Kalbeck nämlich nur auf den zwischenzeitlich erwogenen Titel »Dramatische Ouvertüre« stützen. Dieser ist aber lediglich als Ausdruck der Unsicherheit zu interpretieren, in der sich

Brahms wie im Jahr zuvor, also 1879, bei den Rhapsodien op. 79 (vgl.
S. 173, aber auch das Deutsche Requiem op. 45) bei der Benennung von
Werken befand, die nicht durch die Gattungsbezeichnung allein hinreichend bezeichnet waren. An Bernhard Scholz (vgl. S. 83) schreibt er am
17. 9. 1880: »Du kannst nämlich für den 6. [Januar 1881; das Konzert
wurde dann um zwei Tage vorverlegt] noch eine ›dramatische‹ oder ›tragische‹ oder ›Trauerspiel-Ouvertüre‹ aufs Programm setzen. Du siehst,
auch diesmal kann ich keinen Titel finden; kannst Du helfen?« (BBW III,
S. 229).

Akademische Festouvertüre op. 80

Komponiert während des Sommeraufenthalts 1880 in Ischl; Uraufführung
4. Januar 1881 in Breslau unter Leitung von Brahms. Druck Juli 1881. –
Arrangement für Klavier zu vier Händen vom Komponisten.

Allegro – Maestoso c-Moll/C-Dur, ₵, c, ¾ und ¾

Die Akademische Festouvertüre ist ein Gelegenheitswerk; damit ist im
ersten Zugang keine Abwertung des ästhetischen Anspruchs gemeint,
sondern lediglich die Tatsache, daß die Komposition, so wie sie vom
Komponisten verfaßt wurde, substantiell durch den äußeren Anlaß
geprägt ist. Brahms schrieb die Ouvertüre als Dankbezeigung für die
Ehrendoktorwürde, die ihm die Universität Breslau im Jahre 1879 verliehen hatte und deren Begründung Wagner zu seiner so heftigen Invektive gegen Brahms herausgefordert hatte (vgl. S. 34 f.). Um dem Adressaten der Komposition entgegenzukommen und in Übereinstimmung
mit der näheren Bestimmung des Titels fügte Brahms mehrere Studentenlieder in das Werk ein. Die Tatsache, daß die Komposition dann auch
in Breslau uraufgeführt wurde, rundet das entstehungsgeschichtliche
Umfeld ab. (Daß die Komposition in der Musikwissenschaft, also der
akademischen Rezeption, als eher peripheres Werk von Brahms gilt und
kaum je einer näheren Betrachtung unterzogen wurde, deutet vielleicht
auf eine allzu seriöse Haltung der Wissenschaftler, zeigt aber auch die
berechtigte Skepsis gegenüber der Studenten- und Burschenherrlichkeit
des 19. Jahrhunderts an, welche in der Ouvertüre wohl allzu ungebrochen in Erscheinung tritt, ein ästhetisches Problem, das op. 80 – freilich
auf anderer Ebene – mit dem Triumphlied op. 55 teilt.)

Prominent treten in der Komposition vor allem vier Studentenlieder hervor:
Das aus Thüringen und vom Anfang des 19. Jahrhunderts stammende »Wir hatten gebauet ein stattliches Haus« (in der Komposition zuerst in T. 64 ff.) sowie

aus dem 18. Jahrhundert das Weihelied »Alles schweige« (mit dem Refrain »Hört, ich sing das Lied der Lieder«, T. 129 ff.), »Was kommt dort von der Höh« (T. 157 ff.) und »Gaudeamus igitur« (T. 379 ff.). Brahms entnahm die Melodien aller Wahrscheinlichkeit nach dem in seinem Besitz befindlichen *Commers-Buch für den deutschen Studenten* von 1861 (sein Exemplar ist heute in Privatbesitz). Für die folgenden Notenbeispiele dient *Schauenburgs Allgemeines Deutsches Kommersbuch*, 91.–95. Aufl., Lahr o. J. [um 1910], als Vorlage.

Bsp. 9, 10, 11

Frisch.

1. Gau - de - a - mus i - gi - tur, iu - ve - nes dum su - mus;

post iu - cun - dam iu - ven - tu - tem, post mo - le - stam se - nec - tu - tem

nos ha - be - bit hu - mus, nos ha - be - bit hu - mus!

Bsp. 12

Das Problem, das sich nun einem Komponisten von so hohem Anspruch wie Brahms stellte, war die Integration der Zitate, die als solche Deutlichkeit verlangen, in einen geschlossenen musikalischen Formzusammenhang, mithin den Eindruck eines bloßen Potpourris zu vermeiden. Daß es aufgrund solchen Materials nicht in Frage kam, eine »Doktor-Symphonie für Breslau« zu schreiben, wie es der dortige, mit Brahms befreundete Leiter der Orchestervereinskonzerte Bernhard Scholz erbeten hatte (BBW III, S. 224), liegt auf der Hand. Aber auch bei einer Ouvertüre stellt die Einbettung von vier relativ simplen und eingängigen Melodien in die traditionelle und von Brahms auch als verbindlich empfundene Sonatenform eine Schwierigkeit dar. Man kann die Lösung, die er hier gefunden hat, als ingeniös bezeichnen; sie dokumentiert seine Sensibilität für den ausgewogenen Formablauf gerade hinsichtlich der unterschiedlichen Tonsatzzustände vielleicht noch mehr als die auf sich allein bezogenen Sonatensätze der Symphonien und Kammermusikwerke. Auf der anderen Seite zeigt die Komposition, daß auch die größte Meisterschaft der formalen Ausarbeitung den Konnotationen ihres Materials gegenüber machtlos ist.

Es sind mehrere kompositorische Maßnahmen, welche zur Überwindung der genannten Schwierigkeiten führen: Die unterschiedliche Zuordnung der Zitate zu formtragenden oder Abschnitten sekundärer Formbedeutung, die Placierung der Zitate bzw. deren Adaption an die formalen Erfordernisse ihres Einsatzplatzes und endlich die in Negation zur Beschaffenheit der Zitate ausgearbeitete Formulierung des Hauptgedankens.

Den vier zitierten Melodien wird eine dreifache formale Gewichtung zugeordnet. Formtragend ist nur »Hört, ich sing das Lied der Lieder« als Seitensatzthema (Exposition T. 129 ff. in der Dominante G-Dur, Reprise T. 314 ff. in der Tonika C-Dur); »Wir hatten gebauet ein stattliches Haus« und »Was kommt dort von der Höh« werden als Episoden eingeführt, jenes T. 64 ff. innerhalb des Hauptsatzes, dieses T. 157 ff. innerhalb des Seitensatzes oder auch als Schlußgruppe der Exposition. »Gaudeamus igitur« schließlich (T. 379 ff.) wird als apotheotische Coda dem Kern der Form nachgestellt.

84   *Orchesterwerke*

Exterritorial steht mithin die Coda; daß diese zum Höhepunkt der Form wird,
ist nichts Ungewöhnliches bei Brahms, wohl aber die Tatsache, daß sie inhaltlich
nichts mit dem Vorangehenden zu tun hat; in jedem Fall erhebt sich bei ihr die
Frage der Verfahrensweise bei Wiederaufnahmen nicht. Ihren Gegenpol hinsichtlich der thematischen Prägnanz am Anfang der Form stellen die beiden Episoden in Haupt- bzw. Seitensatz der Exposition dar. Sie werden nur hier –
Brahms trägt damit dem Begriff des Formteils »Exposition« als Materialpräsen-
tation gänzlich Rechnung – in Vollständigkeit herausgestellt. In der Reprise
dagegen erscheinen sie nur in verkürzter Form (»Wir hatten gebauet« ab T. 290,
»Was kommt dort von der Höh« ab T. 367); ausgenützt wird dabei die Anlage
der jeweiligen Präsentationsabschnitte der Exposition (T. 64 / 88 / 100–106 bzw.
157 / 188 / 231–241), die prinzipiell dreiteilig sind. An das jeweils dritte Glied
jener Abschnitte knüpfen die Wiederaufnahmen an, wobei die Wiedererkenn-
barkeit durch einige kleinere Modifikationen erhöht wird.

Den einzigen stabilen Formteil stellt der Seitensatz, auch er aufgrund eines Lied-
zitats, dar: Abgesehen von minimalen Modifikationen entsprechen T. 312–345
der Reprise T. 127–156 der Exposition. Diesem, aber auch den Zitaten der Episoden gegenüber, ist der Gedanke, der den Hauptsatz vertritt, von vornherein
nicht als harmonisch stabile oder syntaktisch geschlossene Gestalt formuliert. Er
ist zwar zweifellos Hauptsache des Ganzen und ist der wesentliche Gegenstand
der motivisch-thematischen Verarbeitung, wird aber nie in der gleichen Form
wiederholt. Er repräsentiert den »allzu« festen Bildungen der Zitate gegenüber
das Prinzip der Veränderung, der Variation. Solchermaßen – nämlich in der
Unmöglichkeit, mit ihm einen emphatischen Reprisenbeginn auszuprägen –
kommt er aber auch ganz mit der spezifischen Ausprägung der Sonatenform
überein, die Brahms schon im IV. Satz der 1. Symphonie und im I. der
2. Symphonie erprobt hatte und die auch für die Schwesterkomposition op. 81
maßgebend ist: Das Hauptthema ist in der Grundtonart Gegenstand des Durchführungsbeginns (hier ab T. 241), der gleichzeitig als vorweggenommener
Reprisenbeginn aufgefaßt werden kann. Diese in anderen Fällen vielleicht problematische Interpretation wird im vorliegenden Fall durch die extreme Kürze
des durchführenden Teils, der allenfalls bis T. 300 reicht, besonders nahegelegt.

Tragische Ouvertüre op. 81

Komponiert während des Sommeraufenthalts 1880 in Ischl; Uraufführung
am 26. Dezember 1880 in Wien unter Leitung von Hans Richter. Druck Juli
1881. – Arrangement für Klavier zu vier Händen vom Komponisten.

Allegro non troppo / Molto più moderato d-Moll, ¢ und c

Wie sich das Violinkonzert in der tiefgründig heiteren Ausdruckshaltung, in der Tonart und im Satztypus des I. Satzes auf die 2. Symphonie
op. 73 bezieht, so schließt die Tragische Ouvertüre ganz eng an die

Form des I. Satzes der Symphonie an. Sie steht in dieser Hinsicht gewissermaßen in der Mitte zwischen diesem und dem Schlußsatz der 3. Symphonie op. 90, setzt also die Entwicklung einer spezifisch Brahmsschen Ausprägung der Sonatenform fort. Nicht nur deshalb, sondern auch in Dimension und Anspruch gehört sie trotz ihres Titels ganz dem symphonischen Komponieren zu und hätte problemlos Anfangs- oder Schlußsatz einer 3. Symphonie von Brahms sein können.

Mit dem I. Satz von op. 73 verbindet vor allem die Anlage der Exposition. Dem Seitensatz (T. 106) folgt nämlich wie dort ein rhythmisch prägnanter Marcato-Abschnitt (T. 126, in der Reprise T. 320) und ein eher melodisch gebundener (T. 160 bzw. 354), bei dem allerdings R. Brinkmanns Bezeichnung für den entsprechenden in op. 73/I: »großes Espressivo« nur bedingt Anwendung finden kann. Zwischen dem breit ausgeführten Hauptsatz (T. 1–65) und dem Seitensatz ist – anders als in op. 73 – ein weiterer Abschnitt eingefügt (T. 66–105), der harmonisch zwar überleitende Funktion hat, thematisch dagegen eigenständig, nämlich gleichsam als ein Naturbild ausgebildet ist, das Vorbild für den Anfang von Gustav Mahlers 1. Symphonie hätte sein können. Der wiederum rhythmisch prägnante und aus Material des Hauptthema-Nachsatzes gespeiste Schlußabschnitt der Exposition (T. 177), der in der Reprise fehlt (sie bricht in T. 364 mit dem T. 170 entsprechenden Takt ab), wird in seiner prägnanten Schlußcharakteristik von Brahms am Ende des Werkes (T. 424) auf eine höhere formale Ebene gerückt: Beschließt er zunächst einen Formteil, so nun die ganze Komposition.

Die Vorbereitung auf den Finalsatz der 3. Symphonie läßt sich darin sehen, daß der weitere Formverlauf als Variation der in der Exposition präsentierten Gedanken unter Wahrung ihrer Reihenfolge aufgefaßt werden kann (vgl. auch den Finalsatz der 1. Symphonie). Wie dort hebt die Durchführung – in deutlicher Anspielung auf die Rondoform – mit dem Hauptthema in der Tonika an (T. 185); Gegenstand der Verarbeitung ist zuerst der Vordersatz des Themas, dann in großer Breite der Nachsatz; bemerkenswert ist dabei der Taktart- und Tempowechsel zu dem eines Trauermarsches (T. 208) sowie der den Gestus einer Fuge vorspiegelnde kontrapunktische Satz ab T. 232, eine – wie Schönberg beobachtet hat – spezifische Durchführungstechnik der klassisch-romantischen Zeit (vgl. auch den letzten Satz des Klavierkonzerts op. 15). Nach dem Hauptthema wendet sich die Durchführung dem »Naturbild« zu (T. 264), das nun von Motiven des Hauptthemas kontrapunktiert wird, und schließt daran direkt die Reprise in Form des Seitensatzes (T. 300) an. Anders als in den Finalsätzen der 1. und 3. Symphonie also verzichtet Brahms hier gänzlich auf die Charakteristik des emphatisch betonten Reprisenbeginns.

Die Coda (T. 365) setzt erneut beim Hauptthema an, als wolle sie – wie dann im Schlußsatz der 3. Symphonie – eine zweite Variationenreihe der in der Exposition vorgestellten Gedanken einleiten. Sie beschränkt sich aber auf eine neuerliche Verarbeitung des Hauptthemas; anders jedoch als die Durchführung, die mit Vorder- und Nachsatz des Themas sich gewissermaßen auf dessen motivisch-thematische Bestandteile konzentriert, bezieht sich die Coda auch auf die in der Exposition eingeführten Charaktere und greift so mit dem eher lyrischen Ton von T. 404–423 auf den Hauptsatz-Mittelabschnitt T. 42 ff. zurück.

Bearbeitungen

Als Bearbeitung eigener Werke für Orchester ist hier noch auf die der drei **Ungarischen Tänze** (WoO 1 / Nr. 1, 3 und 10) hinzuweisen, die Brahms selbst für diese Besetzung verfertigt hat. Schon im April 1869 hatte er sich bereit erklärt, dem Wunsch Simrocks nachzukommen, die für Klavier komponierten Ungarischen Tänze – es lagen zu diesem Zeitpunkt zehn gedruckt vor – zu instrumentieren; die Ausführung zögerte sich aber bis 1873/74 hinaus. Angesichts der großen Popularität, der sich diese Arrangements zu Recht erfreuen, mag man es bedauern, daß die Möglichkeit, die er am Jahresende 1873 dem Verleger eröffnete: »Gelegentlich kommen ja vielleicht mehr« (BBW IX, S. 164), nicht Realität wurde.

Konzerte

Die Konzertkomposition des 19. Jahrhunderts ist – wie die Kammermusik von Anspruch – im Vergleich zu der des 18. Jahrhunderts hinsichtlich der Besetzung deutlich eingeengt. Anstelle der Vielfalt der konzertierenden Soloinstrumente (Mozart etwa schrieb nicht nur für Klavier und Violine, sondern auch für alle Holzbläser und für Horn Konzerte, Haydn eines für Trompete), tritt eine beschränkte Auswahl, nämlich in erster Linie das Klavier, in zweiter die Violine, schließlich mit Abstrichen das Violoncello – also die Instrumente, die in analoger Abstufung auch in der Kammermusik dominant sind. (Selbst das Violoncello wurde nur als begrenzt konzertfähig angesehen; so schreibt der Brahms-Freund Eduard Hanslick 1881 anläßlich eines Cello-Recitals von Heinrich Grünfeld: »Es giebt gewiß keinen musikalischen Menschen, der das Violoncell nicht liebt; woher kommt es, daß es als Concert-Instrument uns doch so schnell ermüdet?«)

Brahms hat dieser Anschauung seiner Zeit – und nochmals folgt er Beethoven wie hinsichtlich aller instrumentalen Aspekte getreulich – voll entsprochen. Solokonzerte vertraut er nur dem Klavier und der Violine an, und das begrenzt konzertfähige Violoncello, das Beethoven in seinem Tripelkonzert op. 56 mit Violine und Klavier verbunden hatte, setzt er im Doppelkonzert nur in – gleichsam legitimierender – Kombination mit der Violine ein. (Das hat letztlich die ästhetischen Probleme aber nur gemildert; das Doppelkonzert gehört sicherlich nicht, wenn auch noch eher als Beethovens Tripelkonzert, zu den Meisterwerken des Komponisten.)

Die Konzertkomposition stellte die Komponisten aber auch ästhetisch vor besondere Aufgaben. Zu verbinden nämlich war einerseits der Anspruch des individuellen und in jedem Augenblick musikalisch sinnvollen Kunstwerks, eines gleichsam logischen Diskurses musikalischer Gedanken, der vorab in motivisch-thematischer Arbeit zum Ausdruck kam, mit den Erfordernissen des Konzertanten, der Virtuosität, der Entfaltung spieltechnischer Fähigkeiten andererseits, für die namentlich Topoi von Spielwerk: Läufe, Triller, Sprung- und Dreiklangsfigurationen etc. standen, mithin unthematisches und damit dem sinnerfüllten musikalischen Diskurs exterritoriales Material.

Das ästhetische Postulat des stimmigen Gedankenganges mag zunächst die Präferenz des 19. Jahrhunderts für das Klavier als Soloinstrument begründen; es ist das einzige, das von seinem Klangvolumen und seinen Satzmöglichkeiten her als gleichgewichtiger Partner des Orchesters an der motivisch-thematischen Entwicklung teilhaben kann; die Violine ist dafür allenfalls durch ihre exponierte Lage, das Violoncello dagegen durch nichts qualifiziert.

Alle Soloinstrumente dagegen betrifft das Problem, die konzertanten Elemente, die Virtuosität in den thematisch gebundenen Verlauf einzubeziehen. Brahms hat dafür vielfältige Verfahren entwickelt, von denen hier nur einige genannt werden können: Topoi konzertanter Entfaltung werden in die Themen selbst einbezogen, wie beispielsweise im Klavierkonzert op. 15 die Trillerketten im Hauptthema des I. Satzes (die bei dessen Orchesterpräsentation allerdings nicht nur auf die ersten Rezipienten befremdlich gewirkt haben); Virtuosität wird als Resultat variativer Umwandlung thematischen Materials erreicht, wie bei der zweifachen Exposition des Seitenthemas im I. Satz des Klavierkonzerts op. 83; und besonders wichtig ist das Verfahren, der spieltechnischen Entfaltung keine eigenen Formabschnitte zuzuweisen, sondern sie mehr oder minder als Begleitung zu thematischem Material einzubinden.

Das letztere Verfahren führt zu der Frage, wie Brahms sich hinsichtlich der Soloepisode verhalten hat, die in der spezifischen Form der Sonate im I. Konzertsatz traditionell dem Seitensatz der Soloexposition folgte. In op. 15 hat er sie – angesichts der Dimension des Satzes – extrem, nämlich auf zehn Takte gekürzt (T. 201–210), und in op. 77 (Violinkonzert) entfällt sie ganz. Das gilt, besteht man auf der herkömmlichen Placierung, auch für op. 83 bzw. 102 (Doppelkonzert); in beiden Werken aber findet sich gleich am Anfang, also noch vor der Orchesterexposition, ein Abschnitt, in dem sich die Soloinstrumente breit und auch virtuos entfalten können. Brahms nützt die relative Unverbindlichkeit der Anlage einer Introduktion dazu, mit der gleichsam vorweggenommenen Exposition wesentlichen motivischen Materials auch die Soloinstrumente und deren Spielfähigkeiten vorzuführen.

Im Gegensatz zum II. Satz als langsamem und dem III. als Rondo oder Sonatenrondo bot der I. Satz der traditionellen Anlage eines Konzerts, jene spezifische Form der Sonate, der kompositorischen Ausführung immer wieder aufs neue Schwierigkeiten. Das betrifft weniger die Doppelung der Exposition, die zunächst dem Orchester und dann dem oder den Solisten zugeordnet ist; sie konnte sich an die traditionelle Wiederholung der Sonatenexposition in einem symphonischen Kopfsatz anlehnen. Problematisch indes war die harmonische Anlage. Faßte man die Exposition als Präsentation des harmonischen Konflikts zwischen Tonika im Hauptsatz und Dominante (in Dursätzen) bzw. Tonikaparallele (in Mollsätzen) des Seitensatzes auf, welche die Entwicklung in der Durchführung auslösen und zur endlichen Lösung in der Reprise führen sollte, so erschien zwar die blanke Wiederholung im Kopfsatz einer Symphonie als Insistenz vertretbar, die Doppelung in der unterschiedlichen Form der orchestralen bzw. solistischen Darbietung aber als unlogisch. In die gleiche Richtung ging die Auffassung, daß das eigentliche Initialereignis eines Konzerts der Einsatz des Solisten sei und die Orchesterexposition – so ist bei mehreren Theoretikern um 1800 zu lesen – als bloßes Vorspiel nicht zum Kern der Form gehöre; und in einem Vorspiel den formkonstituierenden harmonischen Konflikt zu exponieren, galt folgerichtig als sinnwidrig. Die funktionale Bestimmung der Orchesterexposition als Vorspiel war zwar kompositorisch längst überholt: In Beethovens c-Moll-Klavierkonzert op. 37 beispielsweise nimmt sie mit 111 Takten exakt ein Viertel des ganzen Satzes ein – das Problem der Tonartenbestimmung des Seitensatzes in der Orchesterexposition aber blieb unvermindert be-

stehen. Die Lösungen, welche die Komponisten versuchten, sind vielfältig: Das Seitenthema in der Orchesterexposition entfiel ganz, es
wurde in der Tonika oder aber auf einer dritten Tonstufe eingeführt
(im genannten op. 37 geht Beethoven einen vierten, singulären Weg,
indem er den Vordersatz des Seitenthemas in der zu erwartenden Kontrasttonart Es-Dur präsentiert, sich danach aber rasch wieder zur Dur-
Variante der Tonika wendet, in der dann der thematische Nachsatz
erscheint).

Brahms übernimmt zwei Vorgehensweisen. In op. 15 und op. 77 wird
das Seitenthema der Soloexposition überlassen, in op. 83 und op. 102
in einer dritten Tonstufe bereits in der Orchesterexposition geboten.
Rechnung getragen wird dabei dem Tongeschlecht; in beiden Konzerten steht das Seitenthema – wie schon in op. 15 – im anderen Tongeschlecht als das Hauptthema, was bei op. 102 in Moll normal, bei
op. 83 in Dur ungewöhnlich ist. Regulär in beiden Fällen aber ist die
Tonstufe der Kontrasttonart des Seitensatzthemas in der Soloexposition, bei op. 83 mithin die V. (f-Moll zu B-Dur), bei op. 102 die III. (C-
Dur zu a-Moll). Davon ausgehend setzt Brahms die Drittonart des Seitensatzthemas in der Orchesterexposition so, daß die drei angezogenen
Tonarten einen Dreiklang ergeben. Bei op. 83 kann das nur d-Moll
sein: B – d – f (was an Schubertsche Tonartenpläne erinnert), bei
op. 102 wählt er F-Dur: a – F – C; bei dem Dursatz ist die I. Stufe mithin Grundton, im Mollsatz dagegen Terz des Dreiklangs der Tonartendisposition.

In der populären Rezeption gilt das 2. Klavierkonzert op. 83 als die
Verwirklichung der – innovativen – Idee eines »symphonischen Konzerts«, also gewissermaßen als die einer Symphonie für Klavier und
Orchester, in der die Ausgewogenheit zwischen den beiden Klangkör-
pern in besonderem Maße gelungen sei. Wenngleich man konzedieren
muß, daß der substantielle Ausgleich zwischen dem ästhetischen
Anspruch des sinnvollen musikalischen Diskurses und den Anforderungen des Konzertanten kraft der Souveränität kompositorischen
Vermögens des reifen Brahms hier am ehesten Realität wird, so sollte
nicht übersehen werden, daß der – wie immer geglückte – Versuch der
klanglichen und satztechnisch funktionalen Integration des Soloin-
struments in das Gesamtinstrumentarium von Brahms bereits in op. 15
– und nur von den Klavierkonzerten kann nach dem oben Ausgeführten hier die Rede sein – unternommen worden war. Der einseitige
Blick auf op. 83 in dieser Hinsicht legt überdies den Verdacht nahe, daß
allein die Viersätzigkeit des Werkes – zwar eine Besonderheit, aber

keine der musikalischen Substanz – zu jener Qualifizierung geführt hat. Wie wir aber aus der (S. 40 f. näher angesprochenen) Entstehungsgeschichte von op. 15 wissen, war die ursprüngliche Konzeption der gattungsmäßig noch nicht definitiv festgelegten Komposition auf vier Sätze gerichtet. Weniger bekannt ist die Tatsache, daß Brahms auch beim Violinkonzert op. 77 zunächst an vier Sätze dachte: »Die ganze Geschichte hat vier Sätze«, so schreibt er im August 1878 an Joachim (BBW VI, S. 141), und dessen Anfrage, ob er das Konzert Ende 1878 probieren könne, beantwortet Brahms am 23. Oktober des Jahres aufschiebend, weil er »doch über Adagio und Scherzo gestolpert« sei (BBW VI, S. 146). Erst im November gibt er den Plan von vier Sätzen auf und teilt Joachim mit: »Die Mittelsätze sind gefallen – natürlich waren es die besten! Ein armes Adagio aber lasse ich dazu schreiben« (BBW VI, S. 147). Max Kalbeck nimmt übrigens an, daß das für op. 77 verworfene Scherzo dann ins 2. Klavierkonzert übernommen worden sei (Kalbeck III/1, S. 189).

1. Klavierkonzert d-Moll op. 15

Nach vielfältigen Vorarbeiten, teilweise für andere Besetzung (Sonate für zwei Klaviere, Symphonie), 1856 bis 1857 in der endgültigen Fassung fertiggestellt; Uraufführung am 22. Januar 1859 in Hannover durch Brahms unter Leitung von Joseph Joachim. Druck April 1861 (Klavierstimme), Dezember 1874 (Partitur). – Arrangements für Klavier zu vier Händen und für zwei Klaviere vom Komponisten.

I Maestoso / Poco più moderato, 6/4 und 3/4 – II Adagio D-Dur, 6/4 – III Rondo: Allegro non troppo, 2/4

Das 1. Klavierkonzert, dessen Entstehungsgeschichte so überaus kompliziert ist (vgl. S. 40 f.), dessen erste Aufnahme durch eine größere Öffentlichkeit den vielleicht schwersten Rückschlag in Brahms' Entwicklung bedeutete (vgl. S. 19) und dessen angemessene Veröffentlichung ihn noch bis 1874 beschäftigte, steht heute in der Wertschätzung von Interpreten und Publikum nahezu gleichwertig neben den anderen Konzerten. Die Rezeption ist auf die Dauer gesehen nicht von den vielfältigen Schwierigkeiten tangiert worden, die der Komponist mit dem Werk hatte.

Verschoben in der interpretatorischen Rezeptionsgeschichte des Konzerts aber hat sich noch etwas anderes, nämlich das Tempo des I. Satzes, und das in einem solchen Maße, daß man von einer substantiellen Änderung des Charakters sprechen kann. Anders allerdings als bei den Kopfsätzen der 2. Symphonie op. 73 und des Violinkonzerts op. 77 (in dem eine historische Untersuchung der Satz- und Bewegungstypen zu einem ähnlichen Resultat führt), ist uns für den des

1. Klavierkonzerts ein dokumentarischer Beleg überliefert, eine autographe Metronom-Angabe im Manuskript der Partitur. Brahms hat sich mehrfach überaus skeptisch zum Sinn von Metronom-Angaben geäußert und dementsprechend seine Kompositionen kaum je in dieser Hinsicht bezeichnet (Ausnahmen bilden auch »Rinaldo«, op. 50, und »Nänie«, op. 82). Ausgerechnet bei den Klavierkonzerten aber liegen uns Metronomzahlen vor, bei op. 15 nur für den I. Satz und nur im Manuskript, bei op. 83 dagegen für alle Sätze und im Druck.

In der heute gängigen Interpretation dauert der Kopfsatz des d-Moll-Konzerts mehr als 22 Minuten und ist damit nur um weniges kürzer als die beiden anderen Sätze zusammen. Er klingt in dieser Bewegung ausladend, überdimensioniert, schwerblütig: gleichsam als klingendes Dokument für den grüblerischen, in sich gekehrten Norddeutschen Brahms. Die originale Metronom-Angabe indes lautet: punktierte Halbe = 58; in diesem Tempo dauert der Satz, die vorgeschriebenen Tempomodifikationen wie namentlich beim Seitenthema einmal beiseite gelassen, knapp 17 Minuten. Man sollte einmal das Wagnis unternehmen, eine Aufführung des Satzes im originalen Grundtempo zu spielen, um die Erfahrung zu machen, wie schlank und weniger »erdverbunden« er klingen könnte und wie sinnvoll er sich dann in die Gesamtproportionierung des Werkes einfügen würde.

Aber auch unabhängig vom Tempo ist im Kopfsatz die Tendenz zur großen symphonischen Form unverkennbar. Sie realisiert sich freilich weniger in einer dynamisch zielstrebigen Entwicklung – die Durchführung ist mit 83 Takten sogar recht knapp gefaßt –, sondern in einer auf Symmetrie zielenden architektonischen Anlage, die ihre Dimension aus der variativen Verdoppelung der Formglieder und -abschnitte zieht. Insgesamt besteht das Stück aus elf Gliedern; die Orchesterexposition umfaßt zwei Glieder, die Soloexposition vier, die Durchführung ein, die Reprise drei und die Coda schließlich ein Glied. Und mit Ausnahme der Solo-Introduktion am Anfang der Soloexposition (T. 91–110) sind alle Glieder entweder an den Hauptsatz oder den Seitensatz gebunden, d. h., sie nehmen vom Haupt- bzw. Seitenthema ihren Ausgang. Gegenstand der beiden Glieder der Orchesterexposition (T. 1–66 und T. 66–91) ist der Hauptsatz, von dem auch – ganz regulär – das zweite Glied der Soloexposition ausgeht. Im dritten und vierten Glied der Soloexposition (T. 157–184 und T. 184–225) jedoch wird das Seitenthema in Doppelung ausgebreitet. Durchführung (T. 226–309) und Coda (T. 451–484) beziehen sich ausschließlich aufs Hauptthema, und die drei Glieder der Reprise (T. 310–380, T. 381–408, T. 408–450) schließen sich mit Hauptsatz – Seitensatz – Seitensatz der Disposition der Kernglieder in der Soloexposition an. Das Gewicht liegt also – so will es auf den ersten Blick scheinen – auf dem Tonsatzzustand der thematischen Präsentation; auf jeden Fall sind die formalen Funktionen der Überleitung und des Epilogs (Schlußgruppe) nicht ganzen Gliedern, sondern eher untergeordneten Abschnitten zugewiesen.

Die architektonische Disposition wird des weiteren dadurch unterstrichen, daß jedes der Formglieder (wieder mit Ausnahme der Solo-Introduktion) aus drei thematisch bestimmten Abschnitten besteht. Das kann hier freilich nicht in allen

Details ausgeführt werden, soll aber immerhin an den beiden Gliedern der Orchesterexposition demonstriert werden, weil dessen Abschnitte – neben dem Seitenthema – das wichtigste thematische Material exponieren. Das erste Glied ist gewissermaßen eine Sonatenexposition im kleinen: Dem Hauptthema (T. 1–25) folgt ein lyrischer Kontrastabschnitt (T. 27–44), dessen Bewegungsform und Charakter im Schlußabschnitt (T. 45–65) beibehalten wird. Hinzuweisen ist vor allem auf die formale Bedeutung, die dem Thema des Schlußabschnitts im weiteren Verlauf des Satzes zuwächst. Es beendet nämlich nicht nur die Soloexposition (von T. 216 an), also den gesamten Expositionskomplex, sondern – in charakteristischer Umformung – auch die Durchführung (T. 278 ff.).

Das zweite Glied der Orchesterexposition stellt dem Hauptthema (T. 66–76) zwei weitere neue Charaktere gegenüber. Der erste (T. 76–82), der in Achteln und mit Tonrepetitionen über einer durchgehenden Viertelbewegung die Musik zum ersten Mal so recht schwingen läßt, wird später zum Gegenstand der Solo-Introduktion (T. 91 ff.) und beschließt mit seinem prononcierten Bewegungsimpuls auch den ganzen Satz (T. 464 ff.). Der zweite (T. 82 ff.) ist als Signalmotiv instrumental erfunden und kommt erst eigentlich zu sich selbst, wenn er wie in T. 192–193 oder besonders deutlich ab T. 210 vom Horn gespielt wird; er gibt durchweg den Mittelabschnitten der Seitensatzglieder ihr Gepräge.

Der Akzent der Form – so wurde oben gesagt – scheint angesichts der Dominanz von Haupt- und Seitenthema auf dem Tonsatzzustand der thematischen Präsentation zu liegen; das gilt jedoch nur in sehr eingeschränktem Sinne, denn gerade hinsichtlich dieses Aspekts differenziert Brahms zwischen den beiden thematischen Hauptgedanken auf bemerkenswerte Weise. Zum festen Tonsatzzustand gehört sowohl thematische als auch harmonische Stabilität; und diese kommt nur dem Seitenthema zu. Das Hauptthema indes erscheint im ganzen Satz nicht ein einziges Mal in derselben Fassung; seine verschiedenen Facetten sind vielmehr immer wieder Ausgangspunkt zu variativen Umformungen, die allerdings nur schwerlich auf einen das ganze Stück umgreifenden Entwicklungszug festgelegt werden können. Und harmonisch verwirklicht die erste Präsentation des Themas eher den dilatorischen Zustand einer Introduktion, die sich nicht auf die Darstellung der Tonart, sondern auf deren Entwicklung aus einer diffusen Ferne richtet: Der erste Tonika-Akkord erscheint in T. 25 noch in Quartsext-Umkehrung, und erst beim Übergang zum zweiten Formglied T. 65–66 wird die Tonart durch eine Kadenz wirklich klar.

Der II. Satz, der die traditionelle Formanlage A (T. 1–36) – B (T. 37–57) – A' (T. 58–103) aufweist, wird angesichts einer Eintragung im Partiturmanuskript häufig als Huldigung an Robert Schumann aufgefaßt. Es ist aber durchaus ungewiß, ob »Benedictus qui venit in nomine Domini!« tatsächlich auf Schumann gemünzt ist und ob, wenn dies tatsächlich der Fall sein sollte, angesichts von Brahms' persönlicher und kompositorischer Situation in jenen Jahren nicht ein Ton von – vielleicht sogar bitterer – Ironie mitzudenken ist.

Auch der III. Satz erfüllt als Sonatenrondo in Charakter und Form die konventionelle Norm für den Schlußsatz eines Konzertes (T. 1 I. Refrain, T. 66 I. Couplet, T. 144 II. Refrain, T. 180 II. Couplet, T. 297 III. Refrain = Reprise, T. 348

dem I. gleiches III. Couplet, T. 376 Kadenz, T. 410 Anfang der Coda, T. 442 IV. Refrain). Vieles spricht jedoch dafür, daß Brahms hier ein konkretes Vorbild vor Augen hatte, nämlich den Schlußsatz aus Beethovens c-Moll-Konzert op. 37, das ohnehin von allen Beethovenschen Klavierkonzerten die größte kompositorische Rezeption gefunden hat. Das ließe sich an der Anlage des Refrains zeigen, die den Tonikaschluß mehrfach hinausschiebt und dem dritten Einsatz des Themavordersatzes (hier T. 32) eine auskomponierte Verzögerung voranstellt (bei Beethoven T. 26 eine kadenzartig ausgebreitete Dominante, hier T. 22–31 die Ausbreitung von cis/e/gis als Leittonwechselklang mit Vorhaltsfunktion vor dem Dominantakkord a/cis/e). Noch deutlicher ist die Beziehung im II. Couplet, für dessen Gestaltung traditionell zwei Möglichkeiten offen standen: die Präsentation eines dritten Gedankens einerseits und die Durchführung zuvor exponierten Materials meist aus dem Hauptthema andererseits. Sowohl Beethoven als auch Brahms kombinieren diese beiden Möglichkeiten, exponieren mithin ein wirkliches Couplet-Thema und lassen diesem einen Durchführungsabschnitt folgen; und in beiden Fällen hat die durchführende Partie ihren Kern in einer Fuge.

Freilich zeigt der fugierte Abschnitt vor dem Hintergrund des Beethovenschen besonders deutlich, wie groß Brahms' Interesse an und seine Fähigkeit zur Motivkombination war. Schon das Fugensubjekt selbst setzt sich aus dem Kopf des II. Coupletthemas (vgl. T. 238–240 mit T. 181–183) und der Sechzehntelbegleitung der ersten beiden Hauptthematakte zusammen (vgl. T. 241–242 mit T. 1–2). Doch die – im übrigen regulär vierstimmige – Fugenexposition ruht nicht in sich selbst, sie hat ihre – gleichsam vorbereitende – Perspektive in der Kombination mit dem Hauptthema (vgl. dazu auch das analoge Verfahren, mit dem Brahms in der Passacaglia der Haydn-Variationen op. 56 zum Hauptthema zurückführt). Der Hauptthema-Kopf setzt in T. 249 (Bratsche) bzw. T. 254 (Bässe) noch als Begleitung ein; in Umkehrung der Funktion von Haupt- und Nebensache indes wird in T. 259 das Fugensubjekt zu geringerer Prägnanz vergrößert (Bässe) und der Hauptthemakopf tritt an die musikalische Oberfläche.

2. Klavierkonzert B-Dur op. 83

Komponiert Sommer 1881 in Preßbaum bei Wien; Uraufführung 9. November 1881 in Budapest durch Brahms unter Leitung von Alexander Erkel. Eduard Marxsen gewidmet. Druck Juli 1882. – Arrangement für zwei Klaviere vom Komponisten.

I Allegro non troppo, **C** – II Allegro appassionato d-Moll, ¾ – III Andante, ⁶⁄₄ – IV Allegretto grazioso – Un poco più presto, ¾

Es gehört zu den Eigentümlichkeiten des Brahmsschen Humors, sich über Kompositionen, deren Gelungenheit offen zutage liegt und auch ihm klar sein mußte, besonders despektierlich zu äußern. Das gilt wie etwa für die 2. Symphonie auch für das 2. Klavierkonzert: An Elisabet von Herzogenberg schreibt er, er habe »ein ganz ein kleines Klavierkonzert geschrieben mit einem ganz einem kleinen zarten Scherzo. Es geht aus dem B dur – ich muß leider fürchten, diese [sic!], sonst gute Milch gebende Euter zu oft und stark in Anspruch genommen zu haben« (BBW I, S. 154); Billroth gegenüber kündigt er »ein paar kleine Klavierstücke« an (Billroth/Brahms, Briefwechsel S. 311); und schließlich gibt er seinem Verleger – wohl kaum ernsthaft – zu bedenken: »Wollen wir auch lieber den 2. Satz streichen? Das Ding ist gar zu lang geraten.« Immerhin geht aus diesen Briefstellen hervor, daß Brahms' Gedanken auch nach Fertigstellung der Komposition erstens um die Dimension des Konzertes allgemein, zweitens um die Einfügung des Scherzo speziell und drittens um die Besonderheit kreisten, daß drei Sätze in B-Dur stehen, eine Tonart, die er in der Tat bereits mehreren wichtigen Kompositionen zugrunde gelegt hatte (1. Streichsextett op. 18, Händel-Variationen op. 24, Haydn-Variationen op. 56, 3. Streichquartett op. 67).

Dem Kern der üblichen Sonatenform im Kopfsatz eines Konzertes stellt Brahms hier zum ersten Mal – er wird dieses Verfahren im Doppelkonzert op. 102 wiederholen – eine Passage voran, die mehrere Funktionen erfüllt; sie nimmt gleichsam die Solo-Introduktion vom Anfang der Soloexposition vorweg, hat die Bedeutung einer Einleitung und exponiert zugleich wesentliches thematisches Material. Sieht man von der relativen Kürze der daran anschließenden Orchesterexposition ab, so ist der weitere Formverlauf konventionell: T. 29 Orchesterexposition (mit Seitenthema T. 48), T. 68 Soloexposition (Seitenthema T. 146), T. 188 Durchführung, T. 260 Reprise (Seitenthema T. 304), T. 333 Coda.

Ganz ungewöhnlich dagegen ist die Themabildung und -umformung. Wie schon im 1. Klavierkonzert vertritt das Seitenthema eher das Moment der Stabilität, das Hauptthema dagegen ist ganz und gar offen nicht nur zur Charakteränderung, sondern noch mehr zur satztechnischen und syntaktischen Variabilität.

Eindeutig bestimmt und gleichbleibend indes ist beim Seitenthema lediglich der syntaktische und harmonische Rahmen, der einen achttaktigen und auf einem dominantischen Halbschluß endenden Vordersatz mit einem sechstaktigen, zur Tonika zurückkehrenden Nachsatz verbindet. Vom Charakter her aber sind die beiden syntaktischen Glieder schroff voneinander geschieden: Der Vordersatz (T. 48–55) prägt einen Espressivo-Ton, der Nachsatz dagegen (T. 56–61) einen rhythmisch scharf markierten dramatischen Gestus aus. Unverändert erhalten bleibt danach nur der Nachsatz (in der Soloexposition T. 154–159, in der Reprise T. 312–317); der Vordersatz dagegen (T. 146–153, T. 304–311) wird in ein virtuoses Figurenwerk hineingezogen, das seinen expressiven Charakter allenfalls noch durchscheinen läßt.

Dagegen ist das Hauptthema von vornherein so konzipiert, daß seine Bestandteile, deren Abstand voneinander, ja deren Auftreten überhaupt variabel gehalten sind. Es ist noch nicht einmal möglich, ohne Gewaltsamkeit eine bestimmte Konfiguration aus der Vielfalt der Varianten herauszudestillieren, die das »eigentliche« Hauptthema darstellte. Das kann hier, selbst wenn man die Charakterumformungen außer acht läßt, nur an einigen markanten Passagen demonstriert werden.

Der Satzanfang weckt trotz der solistischen Verzögerungen im Vordersatz die Erwartung eines normalen Themas: T. 1–6 Vordersatz, T. 7–10 Nachsatz, der

allerdings nicht schließt. Die Tutti-Variante des Vordersatzes danach (T. 29–35) mündet in eine neue Fortsetzung (T. 35–39), deren funktionale Bedeutung hier noch offen bleibt; in jedem Fall führt auch sie nicht zu einem Schluß, sondern versickert gleichsam im Übergang zum Seitenthema – der Nachsatz mithin entfällt. Daß diese Fortsetzung als Bestandteil des Themas fungieren kann, zeigt sich erst in der Coda, wo sie nach ihrer Exposition zum ersten Mal wieder erscheint: Sie wird in T. 350–354 zum Zwischenglied zwischen dem zuvor ausgebreiteten Vordersatz und dem unmittelbar anschließenden Nachsatz.
Jene solistischen Verzögerungen am Satzbeginn, d. h. das Verfahren, benachbarte Thementakte durch Solointerventionen voneinander zu sondern, wird am Anfang der Soloexposition ins Extrem getrieben. In insgesamt 13 Takten (T. 73–85) verweilen Solist und Orchester auf den ersten beiden Thementakten, bevor endlich in T. 86/87 der dritte und vierte Thementakt gespielt werden – und dennoch geht die syntaktische Bindung der Glieder für die musikalische Wahrnehmung nicht verloren. Auch der folgende Nachsatz (T. 88 ff.) übernimmt, freilich in kleinerem Umfang, das aufschiebende Wechselspiel und führt – gleichsam als Haydnsche Pointe (die in der Reprise selbstverständlich nicht wiederholt wird) – durch einen Appendix das Thema in T. 98 zu einem harmonischen Schluß.

Der II. Satz, dessen Einfügung in das dreisätzige Konzert Brahms gelegentlich damit erklärt hat, daß der I. Satz zu »simpel« sei (vgl. oben seine anderen Äußerungen zu dem Konzert), mag zwar als Scherzo aufgefaßt werden, es prägt – in d-Moll – aber keinen heiteren oder kapriziösen Ton, sondern eher einen schwermütigen, jedenfalls schwerblütigen Charakter aus (dieser Aspekt im Zusammenhang mit der Satztechnik macht es schwer vorstellbar, daß der Satz – wie Kalbeck vermutet – ursprünglich Teil des Violinkonzerts sein sollte). Formal verbindet er auf eigentümliche Weise die Sonatenform (mit Expositionswiederholung) mit der Dreigliedrigkeit eines Tanzsatzes: Gegen Ende der Durchführung ist mit T. 188–285 ein Komplex von beträchtlicher Länge eingelassen, der nach D-Dur wechselt und eigenständiges motivisch-thematisches Material bietet, mit gutem Recht also als Trio bezeichnet werden kann.

Der III. und IV. Satz kehren zu der normalen Reihung der Sätze in einem Konzert zurück. Der langsame III., dessen Violoncello-Solo besonders berühmt ist (ähnliches hat Brahms in Orchesterkompositionen nur mit dem Violin-Solo im II. Satz der 1. Symphonie erprobt), ist in gewisser Weise analog vor allem zum langsamen Satz des Violinkonzerts konzipiert, indem weniger thematische Unterschiede die dreiteilige Formanlage bestimmen als vielmehr die klangliche Qualität von Orchester bzw. Solist einerseits sowie der Gegensatz zwischen fester Fügung und durchführendem oder improvisatorischem Spiel andererseits. Auffällig ist die Rekapitulation des Hauptteils (T. 71), deren Anfangstakte sich noch in der mediantischen Tonart Fis-Dur entfalten und die erst mit dem neunten Takt der Ausgangsmelodie (T. 78) zur tonalen Basis zurückfindet.
Der IV. Satz ist wie alle Schlußsätze der Konzerte von Brahms ein Sonatenrondo. Als einziger aber von diesen prägt er diejenige Variante des Formtyps

aus, die in der Mitte – gewissermaßen als II. Couplet – kein eigenständiges Thema bietet, sondern den Refrain durchführungsartig verarbeitet und insofern der Sonatenform besonders nahe steht. Im Gegenzug ist das I. Couplet (T. 65), das im III. auf der Tonikaebene und gekürzt wiederaufgegriffen wird (T. 309), thematisch besonders reich ausgestattet: Es bietet insgesamt drei Gedanken, die in mehrfacher sukzessiver Kombination den Formteil anderthalbmal so lang werden lassen wie den Refrain (T. 65 B – T. 81 C – T. 97 D – T. 113 C – T. 121 D – T. 129 B – T. 154 C).

Vertreten op. 15 und op. 83 als Klavierkonzerte die wichtigste Form der Konzertkomposition im 19. Jahrhundert, so gehören op. 77 und op. 102 als Konzerte für Streicher zusammen. Sie bilden zwar kein Werkpaar wie etwa die beiden Klavierquartette op. 25 und 26, die beiden Ouvertüren op. 80 und 81 oder die Klarinettensonaten op. 120/1 und 2, lassen sich aber unter einem instrumentaltechnischen Aspekt gemeinsam betrachten. Während nämlich Brahms bei den Klavierkonzerten durch seine breite praktische Erfahrung auf diesem Instrument volle Souveränität hinsichtlich der instrumentaltechnischen Implikationen des Tonsatzes besaß, fühlte er sich bei den Streichern erkennbar unsicherer. Besonders deutlich wird hier Brahms' generelle Neigung, die wohl auf seine rigorose Selbstkritik zurückzuführen ist, vor der Veröffentlichung seiner Werke Freunde und Bekannte um ihre Meinung zu bitten, ja sogar deren Rat einzuholen. Das geschah häufig durch private Voraufführungen, vielfach auch durch brieflichen Gedankenaustausch, namentlich mit Clara Schumann und Joseph Joachim, aber auch mit Elisabet von Herzogenberg.

Vor dem Hintergrund dieser allgemeinen Bereitschaft, den Sachverstand anderer im Kompositionsprozeß zu nutzen, konkretisiert sich die Zusammenarbeit bei drei Werken durch besondere Detailliertheit: beim Violinkonzert, der 4. Symphonie op. 98 und beim Doppelkonzert. Und Partner der kompositorischen Diskussion war in allen drei Fällen Joseph Joachim, dem unter den Freunden von Brahms neben Clara Schumann der höchste künstlerische Rang zukam und der als Komponist, Dirigent und exzeptioneller Geiger zweifellos die breiteste Übersicht hinsichtlich der musikalischen Produktion und Praxis aufzuweisen hatte. Angesichts der drei Werke ist auffällig, daß sie als Symphonie bzw. Konzert alle den eher extrovertierten Gattungen der Zeit zugehören; das deutet darauf hin, daß sich Brahms vor allem bei ihnen keine Blöße der instrumentatorischen Realisierung geben wollte, daß also auch bei ihm noch der Öffentlichkeitsgrad einer Gattung kompositorische Konsequenzen nach sich zog. Bei den Kammer-

Joseph Joachim

musikwerken jedenfalls hat er um keine so ausführliche Beratung nachgesucht.

Die genannte Beraterfunktion von Joachim allerdings kann ohne den biographischen Kontext, in dem sie geleistet wurde, nicht angemessen dargestellt und beurteilt werden. Denn die so herzliche Beziehung zwischen Brahms und dem seit 1853 sachlich und persönlich wohl wichtigsten Freund war am Anfang der achtziger Jahre in eine tiefe Krise geraten; und alle großformatigen Werke der Folgezeit stehen in der einen oder anderen Weise im Zusammenhang mit der Aufarbeitung der Krise und dem Bemühen, wieder zu einem störungsfreien, wenn nicht freundschaftlichen Verhältnis zu gelangen. Auch wenn man die Meinung für forciert hält, daß die Entstehung des Doppelkonzerts von 1887 sich entscheidend diesem Bemühen verdankt (und wenn man das Zitat aus dem von beiden Freunden so geliebten 22. Violinkonzert von Viotti im I. Satz, mit dem Brahms angeblich an die alte Freundschaft erinnern wollte, nicht als solches zu akzeptieren bereit ist), so ist doch nicht von der Hand zu weisen, daß biographische Umstände – wie im vorliegenden Zusammenhang – den definitiven

Text einer Komposition, dem die ungeteilte Aufmerksamkeit zu gelten hat, mitgeprägt haben können.

Das Violinkonzert op. 77 von 1878 ist gleichsam Ausdruck der damals noch ungetrübten Freundschaft zwischen Brahms und Joachim. Daß sich der Komponist bei der Konzeption eines solchen Werkes an einen der ersten Geiger seiner Zeit wandte, der überdies sein enger Vertrauter war, ist mehr als naheliegend; und so wurde Joachim selbstverständlich in die Kompositionsarbeit einbezogen, übernahm den Solopart bei der Uraufführung und wurde Widmungsträger im Druck.

Grund für die Verstimmung zwischen den Freunden war eine 1881 kulminierende Krise in der Ehe Joachims, bei der Brahms Partei für Amalie (die sich als Altistin unter dem Künstlernamen Amalie Weiß einen Namen gemacht hatte) ergriff; er hielt die Beschuldigungen, die Joachim in seiner Eifersucht vor allem gegen Fritz Simrock, Brahms' Verleger, richtete, für abwegig. So entfremdeten sich die beiden Freunde, und der Briefwechsel brach im Juni 1881 ab. Die Ehe Joachims wurde 1882 geschieden.

Schon im folgenden Jahr versuchte Brahms wieder einen Weg zu dem ehemaligen Freund zu finden – freilich ohne seinen Standpunkt aufzugeben. Als Anlaß diente ihm das Angebot an Joachim, eine neue Symphonie, die 3. (op. 90), die am 2. Dezember 1883 in Wien zur Uraufführung gelangte, als erster in Berlin aufzuführen, wo dieser seit 1868 als Direktor der neugegründeten Hochschule für Musik tätig war – ein Angebot, das Joachim zumindest als versöhnliche Geste empfinden sollte und auch so empfunden hat. Freilich war der Versuch von Brahms, wieder zu einem »erträglichen Verhältnis« mit Joachim zu kommen, von vornherein durch die Tatsache belastet, daß er die Symphonie unter Vorbehalt auch Franz Wüllner zur Berliner Erstaufführung angeboten hatte, und der Briefwechsel (auch mit Wüllner) legt eindrucksvoll Zeugnis darüber ab, welche wechselseitigen Irritationen sich nun ergaben. Von Ambition und Empfindlichkeit geprägte Verhandlungen (Brahms' letzter Vermittlungsvorschlag an Wüllner zeugt eher von Naivität: »Eine hübsche Lösung könnte es allerdings sein, wenn Joachim jetzt das Violinkonzert bei Dir spielte?!« [BBW XV, S. 113]) endeten damit, daß Joachim die 3. Symphonie am 4. Januar 1884 als erster in Berlin, allerdings in Abwesenheit des Komponisten, dirigierte; und am 28. Januar kam Brahms zu Wüllners Konzert mit den Berliner Philharmonikern, leitete die Aufführung der Symphonie und spielte außerdem den Solopart in seinem Klavierkonzert op. 15.

Der erste Versuch einer Annäherung an den ehemaligen Freund war also kläglich gescheitert; und nun reagierte Brahms seinerseits empfindlich. Er fand keine Gelegenheit oder vermied es, Joachim bei seinem Aufenthalt in Berlin zu treffen, und – wie Andreas Moser, Schüler Joachims und Herausgeber des Briefwechsels Brahms/Joachim wissen will – tat auch sonst mancherlei, was Joachim kränkte; sicher jedoch ist, daß Joachims Brief vom 27. Januar 1884 und Brahms' Antwort darauf die letzten Schreiben sind, bevor aufs neue eine Pause von fast zwei Jahren in der Korrespondenz eintrat. Und dann war es wieder eine neue Symphonie von Brahms, op. 98, die Gelegenheit zu einer Annäherung bot; nun allerdings war es Joachim, der den ersten Schritt tat. »Wie ich höre,« so schreibt er Anfang November 1885 an Brahms, »steht die Herausgabe Deiner neuen Sinfonie nicht unmittelbar bevor. Nachdem ich aber neulich durch die Güte von Herzogenbergs Deine herrliche Schöpfung am Klavier bewundert habe, treibt mich seitdem die Sehnsucht, sie vom Orchester ertönen zu lassen, in gleichem Maße wie die Pflicht gegen die mir anvertrauten Konzerte der Akademie zu der Frage und Bitte: ob ich die e moll-Sinfonie schon im Manuskripte von Dir erhalten könnte?« (BBW VI, S. 213 f.). Und Brahms antwortet erfreut – vielleicht sogar erleichtert: »Ich danke Dir von Herzen, daß Du meiner Absicht zuvorkommst, Dir die Sinfonie anzubieten. Sie steht Dir natürlich zu Diensten, und freute es mich einstweilen, daß sie Dich schon im Arrangement interessieren konnte« (BBW VI, S. 214). Zu betonen ist freilich, daß die Anfrage von Joachim sich nicht auf Erstaufführungsrechte richtet (die Uraufführung von op. 98 hatte bereits am 25. Oktober 1885 in Meiningen stattgefunden), sondern lediglich auf die Erlaubnis, das noch ungedruckte Werk aus dem Manuskript aufzuführen. Von diesem gleichsam zurückgenommenen Anspruch Joachims aus war eine weitergehende Verständigung möglich, die sich nicht nur im Antwortschreiben des Komponisten zeigt, sondern sich auch in der weiteren das Werk betreffenden Korrespondenz dokumentiert. Brahms war es offenkundig sehr willkommen – und das wird auch durch Nachfragen seinerseits klar –, den sachverständigen Rat des ehemaligen Freundes, dessen sachliche Kompetenz ja außer Frage stand, bei den für den Druck notwendigen Revisionen in seine Überlegungen einbeziehen zu können. Auch wenn nur wenige Vorschläge Joachims Konsequenzen für die endgültige Fassung der Symphonie hatten, so war doch das persönliche Verhältnis der beiden nun so weit geklärt, daß man sich ohne Irritationen gemeinsam auf eine Sache konzentrieren konnte.

Richtet sich jener erste mit op. 90 unternommene Versöhnungsversuch
von Brahms an den Dirigenten und tritt bei der revidierenden Zusammenarbeit hinsichtlich von op. 98 die Verständigung zwischen den
Komponistenkollegen in den Vordergrund, so wendet sich Brahms mit
dem Doppelkonzert op. 102 an den Interpreten Joachim und demonstriert damit vor aller Öffentlichkeit das wiedergewonnene Einver-
ständnis: Er komponiert für ihn – wenn auch nicht für ihn allein – ein
Konzert (was hinsichtlich der Intensität der persönlichen Bindung
durchaus mehr impliziert, als wenn man eine gleichsam abstrakt komponierte Symphonie durch einen Dirigenten aufführen läßt). Das Verhältnis zwischen den beiden Künstlern ist also fast wieder – aber eben
nur fast – auf dem Stand, den es beim Violinkonzert op. 77 hatte. Die
kompositorische Beratung durch Joachim ist bei op. 102 vielleicht
nicht so substantiell wie bei der 4. Symphonie, sie macht aber – wie
andeutungsweise schon dort – den wechselseitigen Respekt bzw. das
Gefühl der Gleichrangigkeit zwischen beiden Partnern besonders
deutlich. So schreibt Joachim am 27. Juli 1887 ganz selbstbewußt,
jedenfalls ohne durch den allgemeinen Ruhm des Adressaten behindert
zu sein, an Brahms: »Deine Doppelstimme ist angekommen; das Stück
scheint, soviel ich bei flüchtigem Durchnaschen sehen konnte, lebendig
und erfreulich! Ich meine, es werden höchstens vier bis fünf unbedeu-
tende Änderungen von Violinstellen nötig werden; Hausmann, der
freudig erregt ist, habe ich sogleich die Noten gebracht, und nun werden wir nächstens, morgen, gemeinsam an Fingersätzen oder Noten-
änderungen doktern« (BBW VI, S. 232).
Es wäre sicherlich aufschlußreich, bei allen drei Werken genauere
Rechenschaft über die Änderungen – vor allem die »Notenänderun-
gen« – und deren musikalische Motivation abzulegen, die Brahms tatsächlich aufgrund der Vorschläge von Joachim vorgenommen hat. Die
Feststellung indes, daß er sich aufgrund der konkreten Detailsituation
entschied und weder hartnäckig auf seiner ursprünglichen Konzeption
beharrte noch den Revisionswünschen allzu schnell entgegenkam,
mögen zwei Beispiele hinreichend belegen. Für die Solostimme der
Takte 102 ff. des I. Satzes in op. 77 schlug Joachim statt der einfachen
Sechzehntel eine Figuration in Sechzehnteltriolen vor, die Brahms
trotz ursprünglichen Zögerns (BBW VI, S. 170) jedenfalls als Bewegung übernahm. Mehrstufig – und darum besonders interessant – ist
der Überlegungsgang bezüglich des Anfangs der 4. Symphonie. Die
ursprüngliche Konzeption ist der endgültigen gleich; in einer Zwischenstufe dagegen, die sich in der autographen Reinschriftpartitur

niedergeschlagen hat, erwog Brahms, dem thematischen Beginn einen gleichsam als Vorhang fungierenden Viertakter voranzustellen, der harmonisch einen zweitaktigen Quartsextvorhalt der Tonika und dessen ebenfalls zweitaktige Auflösung bietet; diese Zwischenstufe indes wurde wieder verworfen, und die entsprechenden Notate der Reinschriftpartitur gestrichen. Es kann angenommen werden, daß der Gedanke an die Einleitungstakte, die das Hauptthema nicht so unvermittelt eintreten lassen, in der Zeit sowohl gefaßt als auch wieder verworfen wurde, als Brahms im Oktober 1885 in Meiningen die Symphonie zum ersten Mal mit Orchester probierte. Auch das Bedauern, das Joachim im Brief vom 1. Februar 1886 über die Tilgung der »Vorhangtakte« zum Ausdruck brachte – er schlug sogar eine zweitaktige Alternative vor –, konnte Brahms nicht dazu bewegen, in der endgültigen Fassung auf sie zurückzugreifen.

Violinkonzert D-Dur op. 77

Komponiert Sommer 1878 in Pörtschach; Uraufführung 1. Januar 1879 in Leipzig durch Joseph Joachim unter Leitung von Brahms. Joseph Joachim gewidmet. Druck Oktober 1879. – Fassung für Klavier und Violine vom Komponisten.

I Allegro non troppo, ¾ – II Adagio F-Dur, ¾ – III Allegro giocoso, ma non troppo vivace – Poco più presto, ¾ und ¾

Brahms' Neigung, sich einem kompositorischen Problem zur gleichen Zeit von zwei Seiten zu nähern, läßt sich auch an den Werken der Pörtschacher Sommeraufenthalte 1878 und 1879 ablesen, obwohl sie unterschiedlichen Gattungen zugehören; beide jedoch sind Kompositionen für Solo-Geige, im Konzert op. 77 mit Begleitung des Orchesters, in der Sonate op. 78 mit Begleitung des Klaviers. Zieht man in Betracht, daß es sich in beiden Fällen um die erste Komposition der jeweiligen Gattung handelt, die Brahms vollendet hat (bei der Sonate allerdings wohl nach einigen verworfenen Versuchen), so wird die Systematik und Zielgerichtetheit von Brahms' Arbeitsweise erkennbar: In einem Ansatz konzentrierte er sich auf die beiden großen Gattungen der Violinmusik und kam in beiden zu einem ihn selbst befriedigenden Abschluß. Das ist bei der Sonate nicht so bemerkenswert, weil ihr mit der Violoncellosonate op. 38 immerhin schon ein gelungenes Werk ähnlicher Gattung vorangegangen war. Beim Violinkonzert dagegen waren die Schwierigkeiten größer. Einerseits muß der Mißerfolg von op. 15 (1. Klavierkonzert) als der einzigen vorherigen Konzertkomposition belastend gewirkt haben, andererseits stellte sich erneut das Problem der Beethoven-Nachfolge. In welch kurzer Zeit und mit welchem Resultat Brahms dieser Schwierigkeiten Herr geworden ist, zeigt mit aller Deutlichkeit, zu welch großer kompositorischer Souveränität er in der Mitte seines fünften Lebensjahrzehnts gelangt war.

Inhaltlich allerdings steht op. 77 weniger dem Schwesterwerk op. 78 als vielmehr der 2. Symphonie op. 73 nahe, die im Sommer zuvor am selben Ort abgeschlossen worden war. Das betrifft zunächst ganz allgemein den Ton der Komposition, die vorherrschende Heiterkeit und scheinbar unproblematische Musizierfreude, die viele Kommentatoren auf die Stimmung am Wörthersee zurückgeführt haben: In beiden Werken stehen alle Sätze in Dur.

Aber die Übereinstimmung geht noch weiter; sie ist in der Grundtonart D-Dur gegeben, zudem in der analogen Tonartenanlage des Gesamtwerks, die im Langsamen Satz der Symphonie zur kleinen Unterterz H-Dur, in dem des Konzerts zur kleinen Oberterz F-Dur ausgreift. Am engsten und unüberhörbar ist die Beziehung zwischen den Kopfsätzen, die den identischen Satz- und Bewegungstypus ausprägen und auch hinsichtlich der Melodiebildung – vgl. etwa die Dreiklangsgebundenheit des Hauptthemas – viele ähnliche Merkmale aufweisen (das gemeinsame Modell ist zweifellos der I. Satz von Beethovens 3. Symphonie).

Der Kopfsatz des Violinkonzerts zeichnet sich einerseits durch einen großen Reichtum charakteristisch unterschiedener Gedanken aus (und ist solchermaßen erneut mit dem I. Satz der 2. Symphonie vergleichbar), andererseits durch die Vielfalt der funktionalen Bedeutungen, die den thematischen Gedanken zugeteilt werden. Klar als thematischer Hauptgedanke fungiert der achttaktige und von Dreiklangsbildungen bestimmte Vordersatz des Hauptthemas; er eröffnet die Orchesterexposition ebenso wie – allerdings nach einer ausgedehnten Solo-Introduktion (T. 90–135) – die Soloexposition, und mit ihm setzen sowohl die Durchführung (T. 272) als auch die Reprise (T. 381) an. Bei jedem dieser Einsätze indes sind Klangqualität und Begleitsatz geändert, und so wirkt der Anfang der Coda (T. 513) lediglich wie eine neuerliche Variante des Hauptgedankens in seiner Initialfunktion. Tatsächlich aber ist diese Variante nicht neu, sondern war bereits Teil der Orchesterexposition (T. 27 ff.); und dort erfüllte sie die gegenteilige Funktion des dynamisch akzentuierten Schlusses (in allen anderen Formteilen wird sie ausgelassen).

Wandlungsfähig zeigt sich auch der neuntaktige Hauptthema-Nachsatz (T. 9–17), dessen Melodie sich gegensätzlich zum Vordersatz an der Tonleiter orientiert. Er ist sowohl in der Soloexposition (durch die Takte 143–151) als auch in der Reprise (durch die Takte 390–392) vom Vordersatz gesondert und dient in beiden Fällen als Grundlage einer Modulation.

Als Charaktergegensatz zum lyrisch verhaltenen Ton des Hauptthemas wird das mit einem sechstaktigen Unisono anhebende Tutti der Takte 17–26 exponiert, das unmittelbar in jene schlußbekräftigende Hauptthema-Variante mündet. Dieser prominenten Bedeutung an der musikalischen Oberfläche indes wird der Gedanke im weiteren Verlauf des Satzes gänzlich entkleidet, und er dient lediglich noch als grundierende Begleitung: in der Soloexposition (T. 164) bzw. Reprise (T. 405) zu einem rhythmisch und durch die Vollgriffigkeit charakteristischen Solomotiv, gegen Ende der Durchführung (T. 348) zu einer weiträumigen Achtelfiguration des Solisten.

Der im Ton wieder ans Hauptthema anschließende Gedanke der Takte 41 ff. wirkt zunächst wie ein Seitensatzthema. Erst in der Soloexposition, wo er in T. 178 einsetzt, wird klar, daß er innerhalb des formalen Schemas lediglich die Funktion eines – freilich überaus eingängigen – Überleitungsthemas hat. Den formalen Ort des Seitensatzes vertritt das – wenn man so will – schwelgerische Thema der Takte 206 ff. (in der Reprise T. 445 bzw. endlich in der Tonika T. 457), d. h. der – sieht man von dem Motiv T. 164 ff. ab – einzige wirklich neue Gedanke der Soloexposition, der dann auch in der Durchführung eine Rolle spielen wird (T. 288 ff.).

Die Vielfalt der Richtungen, in denen Brahms die Bedeutung motivisch-thematischer Gestalten abwandelt, wird komplettiert durch den zunächst ganz unscheinbaren Gedanken der Takte 69 ff. bzw. 236 ff. (er ist freilich rhythmisch interessant, weil der Motivumfang von fünf Vierteln – wie schon bei dem Motiv in T. 53 ff. – zur fortschreitenden Versetzung im Takt führt). In den Expositionen wirkt er wie ein bloßes Verbindungsglied, in der Durchführung dagegen (T. 292 ff.) wird er – zunächst in Kombination mit dem Seitenthema – zur motivischen Grundlage eines ganzen Abschnitts.

Der rhythmisch markante Schlußgedanke der Expositionen (T. 78 bzw. 246) rundet die Vielfalt der thematischen Gedanken des Satzes ab. Seine Elemente werden zwar in Durchführung und Coda wirksam, er unterliegt aber keinem funktionalen Bedeutungswandel.

Im Gegensatz zum I., so überaus gestaltenreichen Satz entfaltet sich der II. gleichsam als »unendliche Melodie« (Richard Wagner) in einem engen gedanklichen Rahmen. Zwar ist die Gliederung der Liedform A – B – A unverkennbar Folie des Formverlaufs (T. 1–56, T. 56–78, T. 78–116), der auffällig kurze Mittelteil aber ist nicht als Kontrast, sondern eher als Resultat eines variativen Ausspinnens gestaltet, das seine weiteste Entfernung vom Ausgangspunkt des dominierenden Anfangsthemas in der fis-Moll-Melodie (T. 56) hat. In den Vordergrund tritt so, und das mit Betonung, die klangliche Gestaltung: Für die Formbildung wird die Exposition des Bläserklangs, die fortschreitende Entfernung davon und die endliche Vermittlung zwischen Bläsern und Streichern (insbesondere der Solo-Geige) der motivisch-thematischen Anlage nahezu ebenbürtig.

Im III. Satz trägt Brahms dem Anspruch des solistischen Konzertierens am weitestgehenden Rechnung. Das Rondo stellt also nicht wie die Schlußsätze der Symphonien ein gleichgewichtiges Pendant zum Kopfsatz dar, sondern nähert sich dem Typus des »Kehraus«, mit dem der Komponist unter Berücksichtigung der Interessen des Solisten auch den Grad des Schlußapplauses im Auge behält. Komplikationen motivisch-thematischer Entwicklung wie durchführende Arbeit treten in den Hintergrund (sie lassen sich am ehesten noch in der Coda aufspüren), und es ist der mitreißende Schwung (der nur am Beginn der Coda als retardierendes Moment gebremst wird), durch den der Satz seine beträchtliche Wirkung erzielt. Zu diesem Zweck greift Brahms auf ein besonders klares, in der historischen Entwicklung des Sonatenrondos aber eher früh anzusiedelndes Formmodell zurück, das lediglich dadurch modifiziert ist, daß der dem II. Cou-

plet folgende Refrain (der der Reprise entspräche) ausgelassen ist; und das
I. Couplet, das vom III. in der Tonika wiederholt wird, ist nicht in der Domi-
nante als Kontrasttonart, sondern in E-Dur, gleichsam also nur in diatonischer
Verschiebung, exponiert: T. 1 Refrain, T. 49 Überleitung, T. 57 I. Couplet, T. 93
Refrain, T. 120 II. Couplet, T. 143 Überleitung, T. 150 dem I. gleiches III. Cou-
plet, T. 187 Refrain, T. 222 Coda mit Stretta ab T. 267.

Konzert für Violine und Violoncello mit Orchester a-Moll op. 102

> Komponiert im Sommer 1887 in Thun; Uraufführung am 18. Oktober 1887
> in Köln durch Joseph Joachim und Robert Hausmann unter Leitung von
> Brahms. Druck Juni 1888. – Klavierauszug (mit Violine und Violoncello) vom
> Komponisten.

> I Allegro, c – II Andante D-Dur, ¾ – III Vivace non troppo a-Moll – A-Dur,
> ²⁄₄, ¾ und c

Das **Doppelkonzert**, das nicht nur die letzte Konzertkomposition, sondern das
letzte Orchesterwerk von Brahms überhaupt ist, bündelt die Erfahrungen, die er
in der Konzertkomposition gesammelt hatte, auf dem kompositorischen Stand
des Spätwerks. Wie im Violinkonzert ist der Schlußsatz ein übersichtliches
Rondo (T. 1 Refrain, T. 70 I. Couplet, T. 101 Refrain, T. 119 dreigliedriges II.
Couplet, T. 218 Refrain = Reprise, T. 274 dem I. gleiches III. Couplet, T. 297
Coda), wie dort wird das II. Couplet durch eigenständige Themen besetzt, und
durchführende Arbeit ist vor allem in der ausgedehnten Coda zu finden. Der
Anfang des I. Satzes dagegen schließt an den Beginn des 2. Klavierkonzerts an;
die Solo-Introduktion nämlich eröffnet nicht die Soloexposition, sondern ist der
Orchesterexposition vorangestellt, wobei Brahms hier die expositorische Funk-
tion dieses Formteils so weit ausbaut, daß nicht nur das Hauptthema angespielt
(T. 1 ff.), sondern auch das Seitenthema (T. 26 ff.) vorbereitend herangezogen
wird.

Das Seitenthema ist es auch vor allem, um das das die konventionelle Themenfolge
der Sonatenform eines Konzertkopfsatzes erweitert wird. In der Orchesterexposition entspricht die Abschnittsreihung noch der Konvention: T. 57 Hauptsatz, T. 77 Überleitungsgruppe, T. 90 Seitensatz, T. 102 Schlußgruppe; die Soloexposition dagegen – und analog dazu die Reprise – ist um zwei Abschnitte
erweitert: Die Überleitungsgruppe (T. 172 bzw. T. 305) substituiert die aus der
Orchesterexposition, ihr folgt der Seitensatz (T. 153 bzw. 323), dann die Überleitung der Orchesterexposition (T. 193 bzw. 363) und schließlich nochmals das
Seitenthema (T. 206 bzw. 376), das hier als Schlußgruppe fungiert (vgl. dazu den
I. Satz der 2. Symphonie). Das Seitenthema wird in den erweiterten Formteilen
also insgesamt dreimal präsentiert, zunächst jeweils von einem der Solisten,
dann vom Orchester. Das verweist auf ein durch die Besetzung gegebenes
Grundproblem, hinsichtlich dessen man Zweifel haben kann, ob Brahms zu
einem befriedigenden Ergebnis gelangt ist. Sollen die drei konstitutiven Klang-
schichten, die beiden Solisten einerseits und das Orchester andererseits, mit glei-

chen Rechten am musikalischen Geschehen teilhaben – das gebieten die kompositorische Ökonomie und der Anspruch der Spieler –, so wird die dreifache Präsentation des thematischen Materials zur naheliegendsten, ja sich aufdrängenden Verfahrensweise. Sie bringt für die formale Entfaltung des Rondos, das ohnehin zur Reihung tendiert – und so hat Brahms auch den Schlußsatz komponiert –, vergleichsweise wenige Schwierigkeiten mit sich. In der Sonatenform des Kopfsatzes dagegen führt sie durch die Häufigkeit der Ausführung des Gleichen zu beträchtlicher Ausdehnung sowie zur übergroßen Dominanz des Tonsatzzustandes der thematischen Präsentation und stellt damit die Stringenz des musikalischen Diskurses in Frage. Dem könnte – in Annäherung an das Reihungsprinzip – durch große Prägnanz der thematischen Gestalten begegnet werden. Die Themen des musikalischen Spätwerks von Brahms aber gehen aus kleinster und zum Zwecke der übergreifenden motivischen Integration einfachster Substanz hervor (vgl. dazu S. 115 f.) und haben daher nur selten die Qualität eines »zündenden« musikalischen Einfalls.

Die Absicht, den Tonsatz aufgrund kleinster intervallischer Substanz zu vereinheitlichen, wird namentlich im Mittelsatz des Konzertes deutlich. Denn hier ist diese kompositorische Ausrichtung nicht erst durch umständliche strukturalistische Ableitungen nachzuweisen, sondern Brahms präsentiert das zugrundeliegende Material ganz unverstellt und an prominentem formalem Ort: als Signal und am Anfang. Materiale Grundlage ist das einfache Intervall der Quarte, thematische Qualität indes wächst ihr erst in der verkettenden Doppelung von a–d und e–a zu. Sie liegt dem Anfangssignal ebenso zugrunde wie – in Diminution – dem Anfang der thematischen Melodie, der seinerseits zum Ausgangspunkt der vielfältigen motivischen Variation in den Hauptteilen der dreiteiligen Liedform mit Coda wird (T. 1–30 A; T. 31 B; T. 79 A'; T. 100 Coda oder B'). Doch Brahms webt namentlich das Signal auch in den Tonsatz der kontrastierenden B-Teile ein. In der originalen Gestalt und Tonhöhe kontrapunktiert es in T. 69–73 den Ausklang des Mittelteils, ist hier aber gleichzeitig Ansatz zur anschließenden Kadenz und solchermaßen analog zu T. 1–2, wenn auch in größerem Abstand Doppelpunkt vor der in T. 79 einsetzenden Hauptmelodie. Deutlich kadenzierende Funktion dagegen erhält die Variante des Quartendoppels, wenn ihre Hälften vertauscht werden, aus der einrichtlichen Figur mithin eine gezackte wird. Diese Variante begleitet in T. 100–103 in Transposition (a–d und d–g) den Anfang der auf den B-Teil bezogenen Coda und führt in T. 112–117 mit den ursprünglichen Tonhöhen (e–a und a–d) den Satz zu seinem Ende.

Kammermusik

Die Auffassung, Kern des Brahmsschen Komponierens sei die Kammermusik, kann sich auf treffende, aus dem Œuvre selbst abgeleitete Argumente stützen. Kompositionen dieser Gattung – um zunächst den Aspekt der Quantität ins Auge zu fassen – durchziehen das gesamte Werk von allem Anfang an bis ganz an sein Ende in vergleichsweise regelmäßiger Verteilung. Schon als Brahms im Oktober 1853 in Düsseldorf den Schumanns seine bis dahin vollendeten Werke vorstellte, waren darunter »Sonaten für Violine und Clavier« sowie »Quartette für Saiteninstrumente«; und die vorletzten Kompositionen, die der Komponist selbst veröffentlichte, die Klarinettensonaten op. 120, waren Kammermusikwerke. Jene Stücke, von denen Schumann in seinem prophetischen Artikel »Neue Bahnen« spricht, sind allesamt verloren, und man kann mit einigem Recht davon ausgehen, daß Brahms' rigorose Selbstkritik im Bereich der Kammermusik besonders viele Opfer gefunden hat. Das bestätigt er selbst, wenn er seinem Jugendfreund Alwin Cranz anvertraut, daß er vor der Publikation der beiden Streichquartette op. 51 »bereits über zwanzig Streichquartette« komponiert habe, von denen aber keine Note überliefert ist. Die Beschäftigung mit dem Genre war also sicherlich weit intensiver, als sich an der ohnehin schon beträchtlichen Zahl veröffentlichter Werke erkennen läßt.

Qualitativ ist das besondere Gewicht der Kammermusik mit Brahms' introvertierter Haltung zu begründen, seiner Neigung zum Hervorkehren des Artifiziellen und zur reichen Durchbildung des Tonsatzes – Momente, die im 19. Jahrhundert als Merkmale von Kammermusik galten. Selbst seine Symphonien sind daher nicht ganz zu Unrecht in die Nähe von Kammermusik gerückt worden: »eine nach innen gekehrte Musik, die eher zur Zurücknahme neigt, als daß sie zur Emphase drängt« (Carl Dahlhaus), entsprach dem Begriff von kammermusikalischer Intimität, dem eines Dialogs unter Kennern, und stand quer zur extrovertierten Geste einer öffentlichen Rede, wie sie von einer Symphonie erwartet wurde (vgl. dazu S. 44 ff. die Bemerkungen von Elisabet von Herzogenberg zur 4. Symphonie).

Die einseitige Akzentuierung der zentralen Rolle von Kammermusik im Œuvre von Brahms indes, welche das Schrifttum wie ein roter

Faden durchzieht, ist aus dem Werk selbst nicht begreifbar; sie läßt schon den Klavierkomponisten außer acht, vernachlässigt aber ganz besonders den kaum hoch genug einzuschätzenden Stellenwert der Liedkomposition. Sie wird nur verständlich, wenn man darin ein Moment der Rezeption erkennt, und das in zweierlei Hinsicht: Zu Lebzeiten von Brahms konnte im Blick auf die Kammermusik seine Gegenposition zu den Neudeutschen auf den Punkt gebracht werden; und für seine historische Wirksamkeit, also die kompositorische Rezeption vor allem durch Schönberg, war die kammermusikalische Komplexität der Faktur das ausschlaggebende Moment.

Der Gegensatz zwischen Brahms und den Neudeutschen beruht auf einem substantiellen Unterschied der geschichtsphilosophischen Konzeption: Letztere wollten – erfüllt von einem für das 19. Jahrhundert bezeichnenden Fortschrittsglauben – Zukunftsmusik schreiben, die Entwicklung der Musik also mit Entschiedenheit vorantreiben; Brahms dagegen richtete seine Arbeit auf das Schaffen »dauerhafter Musik«, die dem historischen Wandel durch ihre Qualität überhoben sei. Und diese Differenz des Geschichtsbildes kommt in nur wenigen Aspekten so handgreiflich zum Ausdruck wie in dem Unterschied der Gattungen, die für die Kontrahenten als zentral galten: Auf der einen Seite eine Kammermusik, die sich introvertiert und gleichsam systematisch aufs musikalische Material allein konzentriert, auf der anderen Seite die deutlich extrovertierten Gattungen des Musikdramas und der Symphonischen Dichtung, mit denen in der Überzeugung eines historisch notwendigen Handelns die absolute Musik »aufgehoben« werden sollte. Den Neudeutschen galt die Kammermusik als Inbegriff des Überholten, als »ein Reservat von Konservativen, die sich ans Überlieferte klammerten, weil das Neue sie verwirrte« (Carl Dahlhaus).

Die Musikgeschichte indes hat gerade diese Auffassung widerlegt: Beim Übergang zur Neuen Musik am Anfang des 20. Jahrhunderts wurde die Kammermusik mit all ihren im 19. geprägten Merkmalen zur entscheidenden Plattform. Für Arnold Schönberg (1874–1951) war zwar die schon für die Neudeutschen geltende Verpflichtung zum Vorantreiben des musikalischen Materials noch immer verbindlich, in der Sache dagegen knüpfte er substantiell an Brahms und insbesondere an dessen Kammermusik an. Das betrifft zunächst die kompositionstechnischen Verfahren, namentlich die Art der motivisch-thematischen Verarbeitung, die Schönberg später als »entwickelnde Variation« bezeichnen sollte und für die er wesentliche Vorstufen bei Brahms fin-

den konnte. Und es waren Kammermusikwerke, in denen Schönberg
den Übergang zur Neuen Musik vollzog, die Kammersymphonie
op. 9 und das 2. Streichquartett op. 10.

Exkurs: Motivisch-thematische Vermittlung

Auf die historische Verbindung seiner Art der motivisch-thematischen Verarbeitung zu Brahms hat Schönberg selbst in einem für die
Brahms-Rezeption entscheidenden Artikel hingewiesen. Anläßlich des
Brahms-Zentenariums 1933 verfaßte er für den Frankfurter Rundfunk
den Vortrag »Brahms, der Fortschrittliche«, der allerdings erst 14 Jahre
später, 1947, in einer überarbeiteten englischen Fassung als »Brahms
the Progressive« gedruckt und einer breiteren Öffentlichkeit bekannt
wurde. Erst jetzt hatte der Aufsatz auch seine historische Wirkung für
das Brahms-Bild; unwiderleglich war klar geworden, daß Brahms'
Kompositionen nicht allein Reflex der Vergangenheit sind, er selbst
mithin nicht mehr nur als konservativ, als Traditionalist angesehen
werden konnte, wie das in der vorangehenden Brahms-Rezeption gängig war. Vielmehr wiesen seine Werke so tiefgreifende Neuerungen des
kompositionstechnischen Handwerks auf, daß ein Komponist wie
Schönberg sie aufgreifen und produktiv weiterentwickeln konnte.
Kern der Schönbergschen Argumentation und aller an ihn anschließenden Brahms-Analyse (die diesen Aspekt bis heute besonders
akzentuiert) ist die Erkenntnis, daß für die Gestaltbildung und die
Konstituierung der Form in Brahms' Kompositionen der Ausprägung
diastematischer Modelle, d. h. Modelle, die sich allein auf *Tonhöhen*
gründen, eine zentrale Bedeutung zukommt. Mit der Beschränkung
auf wenige Tonhöhenkonstellationen als Ausgangspunkt der motivischen Arbeit zielt Brahms zum einen auf Ökonomie des kompositorischen Prozesses, zum anderen und vor allem auf die Vereinheitlichung
des musikalischen Verlaufs im Großen wie im Kleinen: Die Gestalt der
thematischen Einzelheit kann aus geringster motivischer Substanz herausgetrieben, das Formganze durch ein Netzwerk positiver diastematischer Beziehungen zusammengehalten werden.
Dieses Verfahren ist zwar gattungsübergreifend, und so werden von
Schönberg wie in den hier folgenden Ausführungen Beispiele auch aus
Werken gegeben, die anderen Gattungen zugehören. Eigentlicher Ort
solch subtiler Ausarbeitung aber, die bis in die feinsten Verästelungen
des Tonsatzes reicht, ist im System der ästhetischen Gattungen des

19. Jahrhunderts die Kammermusik, und auch Brahms hat sie in dieser Gattung qualitativ am weitesten vorangetrieben. (Dies ist auch der Grund, warum der vorliegende Exkurs in das Kapitel ›Kammermusik‹ eingerückt ist.)

Zwar hat Schönberg erst 1947 den Blick eines breiteren Kreises von Rezipienten auf das Verfahren der motivisch-thematischen Vermittlung bei Brahms gelenkt und damit einen merklichen Wandel des Brahms-Bildes bewirkt, gänzlich neu waren seine Beobachtungen aber schon 1933 nicht mehr, als er die Erstfassung seines Artikels schrieb. Sie stellen vielmehr eine – freilich nicht sehr vordergründige – Konstante der Brahms-Betrachtung seit Lebzeiten des Komponisten dar. Bereits 1869 wies Adolf Schubring, ein feinsinniger Kenner und Beschreiber der Brahmsschen Musik, am Beispiel des III. Satzes auf die thematische Vereinheitlichung in dem ein Jahr zuvor uraufgeführten Deutschen Requiem op. 45 hin (*Allgemeine Musikalische Zeitung*, Leipzig, 13. 1. 1869, S. 10):

»Sämmtliche Melodien aller acht Abschnitte sind aus folgenden drei im dreifachen Contrapunkte erfundenen Hauptthemen durch Umkehrung, Diminution, Vor- und Nach-Zusätze u. s. w. entstanden:

Bsp.13

Sogar das Fugen-Thema:

Bsp. 14

lässt deutlich seinen Ursprung aus Thema III erkennen. Selbstverständlich kann indessen an diesem Orte nicht der strikte Beweis meiner Behauptung der thematischen Einheit sämmtlicher acht Abschnitte geführt werden.«

Von der Tatsache jedoch, daß keines der drei Themen exakt so, wie von Schubring notiert, im Notentext der Komposition aufzufinden ist,

wird weder die Klarheit der Aussage noch deren Triftigkeit einge-
schränkt. (Er zitierte wohl aus dem Gedächtnis, nicht aufgrund von
Noten; zum I. Thema aber vgl. T. 3–4 bzw. 19–20, zum II. in Transposition T. 129, zum III. T. 105–106.) Bemerkenswert ist nun, daß
Brahms auf diese Darstellung – dies ist einer der ganz seltenen Fälle, in
denen er sich auf eine gleichsam analytische Diskussion eines seiner
Werke eingelassen hat – kritisch reagiert hat; im Februar 1869 schreibt
er an Schubring (BBW VIII, S. 216 f.):

> »Als ich Deinen letzten Aufsatz las (ich schweige von der Freude, die er mir,
> und alles, was Du schreibst, machte) habe ich mir lächelnd denken müssen: Du
> habest Deine Theorie von der Ausbildung und Umformung der Motive nur
> sehr schüchtern angewandt.
> Wenige eilige und flüchtige Worte davon. Ich streite, daß in Nr. 3 [III. Satz]
> die Themen der verschiedenen Sätze [Abschnitte] etwas miteinander gemein
> haben sollen. (Ausgenommen das kleine Motiv $\overbrace{\quad}$) Ist es nun
> doch so (ich rufe mir absichtlich nichts ins Gedächtnis zurück): So will ich
> kein Lob dafür, sondern bekennen, daß meine Gedanken beim Arbeiten nicht
> weit genug fliegen, also unabsichtlich öfter mit demselben zurückkommen.
> Will ich jedoch dieselbe Idee beibehalten, so soll man sie schon in jeder Ver-
> wandlung, Vergrößerung, Umkehrung deutlich erkennen. Das andere wäre
> schlimme Spielerei und immer ein Zeichen armseligster Erfindung. Leider ist
> die Fuge in Nr. 6 [»Herr, du bist würdig«] ein Beweis, daß ich (dem ›Schwung‹
> zu Gefallen?) nicht gerade streng bin.
> Im ›Rinaldo‹ fällt mir ein drolliges Beispiel von Umwandlung auf. Armida
> zaubert zu Anfang lieblich, und dasselbe Motiv beschreibt hernach die Zerstö-
> rung der Gärten und Paläste.«

Die von Brahms selbst stammenden Hervorhebungen (Sperrungen)
sind überaus bedeutungsvoll. Zum einen wird durch sie der Gedankengang plastisch gegliedert, zum anderen erhält der Satz »Ich strei-
te . . .« durch die Hervorhebung von »sollen« überhaupt erst seinen
spezifischen Sinn. Denn Brahms stellt nicht die Existenz der Beziehung als solche in Abrede, sondern zieht lediglich deren Intentionalität
innerhalb des kompositorischen Prozesses in Zweifel. Und er räumt
ein, daß sich derartige Beziehungen sehr wohl auch ohne die bewußte
Kontrolle des Komponisten ergeben können.
Mit der anschließenden Argumentation indes, in der Brahms pole-
misch auf der Deutlichkeit intentionaler Beziehungen insistiert, begibt
er sich auf unsicheren Grund. Denn die Deutlichkeit einer Beziehung
ist nur relativ zu ermessen – das belegt er selbst durch das folgende Bei-

spiel. Max Kalbeck jedenfalls, der Herausgeber des in Frage stehenden Briefwechsel-Bandes und sicher nicht der schlechteste Kenner der Brahmsschen Musik, fügt eine erläuternde Anmerkung hinzu, in der er zwar nicht die Verbindung der Motive in T. 4–6 und T. 946–947 von op. 50 an sich bestreitet, wohl aber davon spricht, daß man in der Umwandlung die dramatische Bedeutung der Ausgangsformulierung – und die Wortwahl ist in diesem Kontext sicher nicht zufällig – »kaum wiedererkennt«:

T. 4-6
1. Klarinette

T. 946-947
(Streicher, mehrfach oktaviert)

Bsp. 15

Aus dem Gedankenaustausch zwischen Schubring und Brahms ergibt sich eine Feststellung, der besondere Bedeutung zukommt: Brahms war sich über die theoretischen Grundlagen der Arbeit mit diastematischen Modellen vollkommen im klaren. Sein Verfahren der Vereinheitlichung durch mannigfache Umwandlung einer Tonhöhenkonstellation, in seinen Worten »desselben Motivs«, verdankt sich somit nicht bloß der kompositorischen Intuition, sondern ist Resultat rationaler Verfügung.
Voraussetzung der Konzeption diastematischer Modelle ist die Abstraktion der Tonhöhenkonstellation aus ihrer konkreten Einbindung in eine rhythmische Erscheinungsform (s. Bsp. 15, Brahms' »drolliges Beispiel« aus Rinaldo); und Inhalt des Begriffs der diastematischen Modellbildung ist es, daß die mannigfachen konkreten Erscheinungsformen eines – diastematischen – Motivs auf ein Gemeinsames, auf eine übergeordnete, potentiell nicht im Tonsatz erscheinende Tonhöhenkonstellation als Bezugspunkt zurückgeführt werden.
Zentrales Mittel diastematischer Transformation ist die althergebrachte Bildung der kontrapunktischen Varianten Krebs, Umkehrung (vgl. S. 109 Schubrings Ausführungen) und Umkehrungskrebs. So verbindet (vgl. Bsp. 13 und 14) der erste Takt des Fugenthemas den Krebs

und die Umkehrung der Unterstimme des von Schubring als I. Thema gegebenen Beispiels; und das von Brahms zitierte kleine Motiv, das in Schubrings III. Thema den zweiten Takt eröffnet, weist sich als Umkehrungskrebs der Oberstimme aus dem I. Thema aus.

Schon bei diesen Beispielen aber zeigt sich, daß die Umwandlung nicht stets an die exakte Intervallgröße gebunden ist: Nur die Umkehrung in der zweiten Dreitongruppe des Fugenthemas stimmt mit der Ausgangsgestalt im I. Thema durch große Sekund und kleine Terz genau überein, bei den anderen entsprechen einander große und kleine Sekund oder aber große und kleine Terz. In atonaler Musik mag das Erfordernis der exakten Distanz für die Identität diastematischer Varianten bedeutungsvoll sein, insoweit jeder der zwölf Intervallklassen eigenständiger Wert zuerkannt wird. In tonaler Musik jedoch wäre eine solche Forderung unangemessen, weil jede diastematische Konstellation in das Bezugssystem der diatonischen Skala und der harmonischen Normen eingebettet ist: Die Intervalle repräsentieren nicht die Distanz in Halbtoneinheiten, sondern den Abstand zwischen Stufen der Skala. Und die Gleichheit einer intervallischen Konstellation wird nicht dadurch in Frage gestellt, daß – um nur zwei einfache Beispiele zu nennen – eine Transposition oder der Wechsel zwischen den Tongeschlechtern zur Änderung in der Größe der Intervalle führt.

Brahms' Beispiel aus Rinaldo zeigt eine andere Art der Variation diastematischer Konstellationen: die Vergrößerung bzw. Verkleinerung einzelner Intervalle. In jenem Beispiel wird die fallende kleine Terz der Ausgangsgestalt in der Wiederaufnahme zur verminderten Quart gespreizt. Das Moment des Identischen beruht in diesem Fall nicht auf der diatonisch bestimmten Größe, sondern auf der richtungsmäßigen Zuordnung der Intervalle, anders gesagt: auf der Kontur der diastematischen Konstellation.

Eine Kombination der beiden vorgenannten Arten der Transformation, der kontrapunktischen Variantenbildung und der Spreizung bzw. Raffung einzelner Bestandteile, bietet das Hauptthema des I. Satzes aus dem Klavierquartett op. 25:

Bsp. 16

Diastematisches Modell ist die viertönige Konstellation: fallende Quart + steigende Terz + fallende Sekunde, auf der die Takte 2 und 3 insistieren. Die Figur des Taktes 1, die durch ihre Kontur unverkennbar auf das Modell bezogen ist, kehrt die Konstellation um und weitet das erste Intervall in beiden Richtungen um eine Sekunde, d. h., aus der Quart wird eine Sext.

Das Thema aus op. 25 belegt indes noch eine weitere Möglichkeit der Variantenbildung, nämlich die Reduktion des Modells durch Aussparung einzelner Elemente. In T. 4 werden die beiden mittleren Elemente zur Gleichzeitigkeit zusammengezogen: Die Zahl der horizontal entfalteten Elemente reduziert sich auf drei, die Intervallfolge wandelt sich zum Terzzug (was die Abspaltung in der Fortspinnung ab T. 11 vorbereitet), und die melodische Kontur zieht sich von mehrfachen Richtungswechseln auf die in *eine* Richtung verlaufende Linie zusammen.

Die Reduktion und die Abspaltung gehören zu einer Kategorie der Variierung diastematischer Konstellationen, die man als mengenmäßige Veränderung der Elementzahl beschreiben kann; die Konstellation wird entweder durch Subtraktion verkürzt oder durch Addition neuer Elemente erweitert. Auf letztere Möglichkeit spielt Schubring in dem S. 109 gegebenen Zitat durch »Vor- und Nach-Zusätze« an; doch die Erweiterung durch neue Elemente kann sich in vielfältigerer Weise realisieren als durch bloße Addition am Anfang oder Ende einer hinsichtlich der Intervallfolge bewahrten Konstellation. Möglich ist gleichermaßen, die neuen Elemente in den Verlauf der Ausgangskonstellation selbst einzufügen; das Modell kann so als Rahmen dienen, es kann Gerüstfunktion übernehmen (man denke an die diminuierte Choralbearbeitung, deren Verfahren vielleicht auch Schubring mit »Diminution« meint) oder sich mit anderen gleichberechtigten Elementfolgen verschränken.

Es lassen sich mithin drei Grundtypen der Variation eines diastematischen Modells festhalten: die kontrapunktische Transformation, die Modifikation der Intervallgröße innerhalb der Konstellation selbst und die mengenmäßige Veränderung der Elementzahl. Die drei Typen sind zwar deutlich unterschieden, schließen einander aber nicht aus; und ihre Kombinationen geben Brahms ein reiches Instrumentarium zur Gewinnung gestalterischer Vielfalt an die Hand.

Zu erörtern indes ist noch eine grundsätzlichere Frage, die sich der Brahms-Analytik noch nicht in hinreichender Deutlichkeit gestellt hat: Brahms' Intervallbegriff. Für die atonale Musik ist der Begriff der Intervallklasse angemessen, der nicht nur die kontrapunktischen Varianten in sich faßt, sondern – angesichts der Oktavverschiebbarkeit der

Tonhöhen – auch diejenigen Intervalle, von welchen die jeweiligen Ausgangsintervalle zur Oktave komplementiert werden; als zusammengehörige Varianten gelten mithin beispielsweise fallende Sekund und steigende Septime, steigende Terz und fallende Sext etc. Die traditionelle Musik kennt dieses potentielle Füreinandereintreten von Intervallen, die einander zur Oktave ergänzen, vorab beim finalen Baßschritt der Kadenz; steigende Quart und fallende Quint sind hier – wenigstens harmonisch – gleichwertig. Die Frage stellt sich nun, inwieweit diese Möglichkeit der diastematischen Variantenbildung schon bei Brahms angetroffen werden kann, ob sie Bestandteil seines Intervallbegriffs sind. Ohne nähere Untersuchungen zu diesem Aspekt vorgreifen zu wollen, läßt sich die Hypothese aufstellen, daß Brahms zur Gleichwertigkeit oktavkomplementärer Intervalle nur in gegenständlich und zeitlich begrenztem Maße vorstieß, daß sie also für seinen Intervallbegriff nicht konstitutiv ist. Die gegenständliche Beschränkung läßt sich am Komplementpaar Sekunde/Septime als negatives bzw. am Paar Terz/Sexte als positives Beispiel belegen. Diese Differenz hängt unverkennbar – wenn auch nicht allein – mit der Einbindung in die Normen der tonalen Harmonik zusammen. Daß sich eine Sekunde, deren Fortschreitung in der tonalen Akkordprogression am strengsten geregelt ist (man denke nur an den Leitton), bei der diastematischen Variantenbildung zur Septime wandelt, dürfte unvermittelt kaum je in Brahms' Kompositionen zu finden sein. Die Terz dagegen ist hinsichtlich ihrer Fortschreitung relativ frei; und bei ihr greift Brahms auch zur Variantenbildung durch die Sexte aus.

Der dritte der Vier ernsten Gesänge op. 121 setzt mit einer dreigliedrigen fallenden Terzenkette in den imitatorisch aufeinander bezogenen Stimmen des Gesangs und des Basses an. In T. 19–20 eröffnet die Singstimme den zweiten Teil mit einer steigenden Sexte, die durch ihre Tonqualitäten, den metrischen Platz, den Text und den formalen Ort ohne jeden Zweifel als Variante auf das Anfangsintervall des Liedes bezogen ist. Zuvor schon, in T. 18, variiert der Baß seine in T. 1–2 exponierte Terzenkette insofern, als das erste und dritte Intervall zur steigenden Sexte umgeklappt werden. Diese Beobachtungen geben die theoretische Legitimation, auch die Melodie des Hauptthemas im I. Satz der 4. Symphonie op. 98 auf Terzenketten zurückzuführen:

Bsp. 17

Beglaubigt wird diese Rückführung durch die Rolle, die fallende, vom Vordersatz des Themas abgeleitete Terzenketten im weiteren Verlauf der Symphonie spielen: Im Seitenthema des I. Satzes (ab T. 57) wird die intervallische Gestalt der zweitaktigen Begleitfigur von vier fallenden Terzen bestimmt; und im IV. Satz erhalten die XXIX. und XXX. Variation (T. 233–252) durch fallende Terzenketten ihr charakteristisches Gepräge.

Es ist nicht zufällig, daß die beiden Beispiele für die Transformation in Komplementärintervallen aus Brahms' Spätwerk stammen. Tatsächlich gehört dieses Verfahren, soweit bislang zu überblicken, erst in dieser Zeit so deutlich und unmißverständlich zum Repertoire der motivischen Arbeit bei Brahms.

Das führt zu der Frage, inwieweit sich hinsichtlich der diastematischen Variation eine Entwicklung im Fortgang des Brahmsschen Komponierens erkennen läßt. Gegenstand der konstruktiven Überlegungen stellt die motivisch-thematische Vermittlung von Anbeginn seines Schaffens an dar; so ist Carl Dahlhaus recht zu geben, wenn er schreibt, daß Liebestreu op. 3/1, das erste von Brahms publizierte Lied, »wie ein kompositorisches Programm anmutet«: »Das dreitönige Motiv, das die Substanz der Melodie wie des Basses bildet, wird imitiert, gedehnt und umgekehrt, und es gibt, außer dem Füllwerk der Akkorde, keine Note, die nicht thematisch wäre.« (*Neues Handbuch der Musikwissenschaft*, Bd. VI, Wiesbaden 1980, S. 213 f.). Doch Brahms' kompositorische Entwicklung tendiert zu immer größerer Verdichtung des motivischen Bereichs, zu immer umfassenderer Verwirklichung der Idee der diastematischen Vereinheitlichung, und das Spätwerk stellt den Höhepunkt dieser Entwicklung dar. Die Verfahren der diastematischen Variation aufgrund kleinster Substanz sind in dieser Periode bis aufs äußerste verfeinert und greifen dank der komplexen Verschränkung der Transformationsverfahren bis in die feinsten Verästelungen des Tonsatzes hinein. Nahezu jede der späten Kompositionen könnte lohnender Gegenstand einer auf die Diastematik bezogenen Strukturanalyse sein.

Aufmerksamkeit aber verdient auch die Tatsache, daß Brahms die motivische Variation nicht auf eine Gattung beschränkt – etwa auf die Kammermusik, namentlich das Streichquartett, in dem solche subtilen Verfahrensweisen traditionell ihren Platz hatten. Wie bei den kontrapunktischen Techniken und in begrenztem Maße bei den formalen Konzeptionen läßt sich bei der diastematischen Vermittlung – und hier in besonderem Maße – konstatieren, daß sie nicht nur in allen instrumentalen Gattungen, sondern auch – wie das oben genannte Lied dokumentiert – in vokalen Kompositionen grundlegende Bedeutung gewinnt. Das berührt die Frage nach Brahms' Begriff des musikalischen Materials. Die die Gattungsgrenzen überschreitende Verwendung von kompositorischen Verfahrensweisen, die traditionell an bestimmte Gattungen gebunden waren, könnte ein Indiz dafür sein, daß Brahms nicht von mehreren, jeweils für eine Gattung spezifischen Beständen musikalischer Mittel ausging, die er im Einzelfall durch Übertragung bereicherte, sondern vielmehr von einem Gesamtrepertoire des ihm verfügbaren Materials, aus dem er bei der kompositorischen Arbeit – zuweilen ohne Rücksicht auf die Gattungsnormen – eine Auswahl traf.

Die zentrale Rolle indes, die der motivisch-thematischen Vermittlung für das Brahmssche Œuvre insgesamt – ungeachtet der Gattungsdifferenzen – zukommt, bestätigt die Kammermusik als den eigentlichen Kern seines Komponierens gleichsam von innen heraus: Ein Verfahren, das in seiner Introvertiertheit, Komplexität und Subtilität traditionell als nur dieser Gattung angemessen angesehen wurde, breitet sich über das Gesamtwerk eines Komponisten aus und läßt hinsichtlich dieser Merkmale die Gattungsgrenzen vergessen.

* * *

Wichtigste Repräsentanten von Kammermusik waren im 19. Jahrhundert die Violinsonate mit ihrer etwas im Hintergrund stehenden Schwester, der Violoncellosonate, und besonders das hinsichtlich des

ästhetischen Anspruchs herausragende Streichquartett. Bestimmungs-
merkmal der introvertierten Gattung war mithin die Festlegung auf
Streichinstrumente mit oder ohne Klavier. Die Beteiligung von Blas-
instrumenten empfand man als gattungsfremd, als Koloristik, als
Übergreifen des orchestralen Instrumentationsprinzips, das unangemessen wäre in einer Gattung, die sich durch Stereotypie und Askese
der Besetzung auszeichnete.

Solcher Stereotypie, anders gesagt: der Festlegung auf eine Besetzung
als Inbegriff der Gattung, entspricht die Fixierung auf die Violinsonate
als dem »eigentlichen« Vertreter der klavierbegleiteten und dem
Streichquartett als dem der Kammermusik ohne Klavier. Streichtrio,
Streichquintett oder Streichsextett haben ebensowenig eine eigene
Geschichte wie Klaviertrio oder Klavierquartett. Sie wurden – vergleichbar den an das Sololied gebundenen Duetten oder Quartetten im
vokalen Bereich – als Reduktionen oder Erweiterungen des Modells
angesehen, erstere im Blick auf das Quartett, letztere auf die Violinso-
losonate. Wenn also – dies zur Erläuterung – Brahms ein Klaviertrio
schrieb, richtete er sich nicht an den Werken gleicher Besetzung etwa
von Beethoven aus, sondern nahm den Entwicklungsstand der Violinsonate als Maßstab; und wenn er sich an die Komposition eines Streichquintetts machte, diente ihm nicht etwa das C-Dur-Quintett von
Schubert als Anhaltspunkt, sondern die zu seiner Zeit entwickelten
Ausdrucksformen des Streichquartetts.

Im Kammermusikwerk manifestiert sich eine Gewohnheit von
Brahms mit besonderer Deutlichkeit, nämlich diejenige, etwa zur gleichen Zeit an zwei Werken einer bzw. benachbarter Gattungen zu
arbeiten. Nur hier hat er diese kompositorisch überaus interessante
Neigung, sich einem Problem gleichsam von zwei Seiten zu nähern,
auch insofern zum Ausdruck gebracht, daß er die betreffenden Werke
unter *einer* Opuszahl veröffentlicht hat; das belegen die beiden
Streichquartette des Opus 51 ebenso wie die beiden Klarinettensonaten des Opus 120. Paare bilden schon die beiden Serenaden op. 11 und
16 (1857 bis 1859) und die Klavierquartette op. 25 und 26 (Herbst
1861), später dann die 1. und 2. Symphonie sowie die Ouvertüren
op. 80 und 81. Verengt man den Blick nicht auf die Besetzung allein, so
kann man etwa auch die Violoncellosonate op. 99 und die Violinsonate
op. 100, die beide im Sommer 1886 in Thun komponiert wurden, als
Doppelkonzeption betrachten. Und wie sich Brahms' kompositorische Arbeit im Sommer 1878 auf Geigenkompositionen konzentriert –
er vollendete das Violinkonzert op. 77 und begann die Violinsonate

op. 78 –, so läßt die zeitliche Nachbarschaft des 1886 entstandenen
Klaviertrios op. 101 und des 1887 beendeten Doppelkonzerts op.
102 als Kompositionen für Geige und Cello mit Begleitung des Klaviers
(für das an mehreren Stellen ein orchestraler Satz charakteristisch ist)
bzw. des Orchesters die Annahme eines Werkpaars begründet erscheinen.

In der Klassik hatte sich bei Klaviersonate, Kammermusik und Symphonie eine Norm für die Zahl der Sätze, deren Form, Charakter und
Aufeinanderfolge herausgebildet. Gewöhnlich bestand ein Werk der
genannten Gattungen aus vier Sätzen: Dem Kopfsatz in Sonatenform
folgten zunächst als Mittelsätze der Langsame Satz in Liedform oder
als Variationenfolge, sodann ein tänzerisch ausgerichteter Satz, der bei
Haydn vorab als Menuett, bei Beethoven als Scherzo charakterisiert
war; den Schluß bildete ein rasches Finale, dem in einem früheren Stadium als Rondo die Funktion eines Kehraus zukam, dem aber mit der
zunehmenden Übernahme von Sonatenelementen als Sonatenrondo
bzw. Rondosonate mehr und mehr Gewicht zuwuchs. Bemerkenswert
und bislang kaum hinreichend erklärt ist die Tatsache, daß einerseits
die Klaviermusik seit etwa den dreißiger Jahren des 19. Jahrhunderts
aus der Bindung an diese formale Disposition gleichsam ausscherte –
die Klaviersonate mithin obsolet wurde (auch für Brahms war ja nach
seiner ersten Schaffensperiode diese Gattung nicht mehr Gegenstand
kompositorischer Bemühung) –, die Symphonie und Kammermusik
dagegen nach wie vor auf die Norm bezogen blieben. (Auch dieser
Aspekt ist ein Grund für den erwähnten Konservatismus-Vorwurf,
den die Neudeutschen wie gegen die Symphonie, so vor allem gegen
die Kammermusik erhoben.)

Angesichts des Repertoires von 24 mehrsätzigen Kammermusik-
Kompositionen, die von Brahms auf uns gekommen sind, lohnt sich
ein allgemeiner Überblick hinsichtlich der Frage, in welchem Maße
und auf welche Art er die auch für ihn unverkennbar verbindliche
Norm der formalen Satzdisposition modifizierte.

Nur in fünf Kompositionen, und zwar mehrheitlich solchen aus seinen
reifen Jahren, reduziert Brahms die Satzzahl auf drei: in op. 38, op. 78,
op. 88, op. 100 und op. 120/2. Mit Ausnahme des Streichquintetts
op. 88 handelt es sich dabei um klavierbegleitete Sonaten für ein Soloinstrument – ein erstes Anzeichen für die Vermutung, daß Modifikationen der Norm spezifisch auf die Besetzung bezogen sind. Allerdings ist die konkrete Reduktion durchaus nicht gleichartig, ja realisiert sich in fast systematischer Vielfalt. In drei Fällen kann man davon

sprechen, daß einer der Satzcharaktere – der Kopfsatz als Sonatensatz
ist freilich unverzichtbar – entfällt; in der Violoncellosonate op. 38 ist
es der langsame Satz, in der Violinsonate op. 78 der tänzerische, in der
Klarinettensonate op. 120/2 der Finalsatz; allerdings ist bezüglich des
III. Satzes dieser Klarinettensonate vorwegnehmend zu erwähnen, daß
Brahms – wenn auch nicht häufig – den Finalsatz auch viersätziger
Kompositionen wie hier als Variationensatz (vgl. 3. Streichquartett
op. 67) und überdies als langsamen (vgl. Klarinettenquintett op. 115)
ausführt. Im Streichquintett op. 88 und der Violinsonate op. 100 dagegen verbindet der Mittelsatz die langsame und rasche Bewegung sowie
gerade und ungerade Taktarten und kombiniert damit deutlich die
kennzeichnenden Merkmale beider traditioneller Mittelsätze.

Die größte Stabilität hinsichtlich der Form und Bewegung kommt den
Kopfsätzen zu; sie entfalten sich fast immer in mittelschneller Bewegung und stehen in der Sonatenform. Die einzige wirkliche Ausnahme
stellt der Anfangssatz des Horntrios op. 40 dar; Rudolf Stephan hat in
diesem Satz zu Recht die Tendenz zur Formauflösung erkannt (*Fischer
Lexikon Musik*, S. 100) – die außergewöhnliche Besetzung geht zusammen mit einer exzeptionellen Form. Ähnliche, wenn auch nicht so gra-
vierende Modifikationen des Formkonzepts liegen auch im I. Satz der
Violinsonate op. 108, dessen Durchführung auf einen Orgelpunkt
fixiert ist, und in dem des Klarinettentrios op. 114 vor, in dem die
Reprise des Hauptsatzes bis zur Bedeutungslosigkeit verkürzt ist.

Im Rahmen der grundsätzlichen Stabilität der Kopfsätze jedoch verdient die Frage Aufmerksamkeit, ob Brahms dem älteren Konzept
gefolgt ist, die Exposition des Sonatensatzes wiederholen zu lassen,
oder ob er den formalen Verlauf in einem Zuge durchkomponierte;
diesem Aspekt kommt – in Widerspruch zum Usus der musikalischen
Praxis – eminente Bedeutung für die Proportionierung der Einzelteile
im Formganzen zu. Und hier zeichnet sich erneut eine bemerkenswerte Relation zu der konkreten Besetzung ab. Die repetitionslose
Sonatenform findet sich erstens ausschließlich in klavierbegleiteten
Werken; sie überwiegt zweitens bei den Klavierquartetten (op. 25 und
op. 60, bei dem allerdings die Sonatensatzexposition des Finales wiederholt werden muß); sie gilt drittens mit nur einer Ausnahme (dem
frühen op. 8) für alle Trios einschließlich des Horn- und des Klarinettentrios (op. 40, op. 87, op. 101 und op. 114); und sie ist schließlich
maßgebend für sämtliche Sonaten mit hohen Melodie-Instrumenten,
d. h. die Violin- bzw. Klarinettensonaten (op. 78, op. 100 und op. 108
bzw. op. 120/1 und 2).

Eine langsame Einleitung – wie etwa in der 1. Symphonie op. 68 – ist keinem der Kopfsätze vorangestellt. Sie findet sich aber, und nur dort, im Finalsatz des Klavierquintetts op. 34, der ebenfalls der Sonatenform folgt.

Den Kopfsätzen hinsichtlich der Festlegung auf ein bestimmtes Formkonzept am nächsten stehen die Schlußsätze; allerdings ist hier – ganz der Tradition, wie sie sich in der ersten Hälfte des 19. Jahrhunderts herausgebildet hatte, folgend – die Spielbreite weit größer als bei den Anfangssätzen. Sie hält sich zwischen den Extremen der Rondoform auf der einen und der Sonatenform auf der anderen Seite; Mischformen, in denen die Implikationen der einen oder anderen Formkonzeption überwiegen, sind mithin der Normalfall. Die meisten der Finalsätze in den Kammermusikwerken von Brahms sind dementsprechend gefügt: entweder als Sonatenrondo (in dem das Gerüst der an die Tonika gebundenen Refraineinsätze dominant ist, das erste und dritte Couplet jedoch die Funktion eines Seitensatzes in der Sonatenform übernehmen: Der gleiche thematische Gedanke vertritt innerhalb der grundlegenden harmonischen Disposition in der Exposition die Entfernung vom tonalen Zentrum und in der Reprise durch seine Versetzung in die Tonika die Lösung des harmonischen Konflikts) – oder aber als Rondosonate (die sich nur dadurch von einer Sonate mit ausgeprägt verarbeitendem Durchführungsteil unterscheidet, daß die Wiederkehr des Hauptthemas am Beginn des Verarbeitungsteils gleichsam als Refrain in der Tonika steht und damit an jenes auf das tonale Zentrum fixierte Gerüst des Rondos erinnert). Direkt als Rondo bezeichnet hat Brahms nur den Finalsatz des Streichsextetts op. 18 sowie den des Klavierquartetts op. 25, der »Rondo alla Zingarese« heißt; der Rondoform besonders nahe steht aber auch der Schlußsatz des Streichquintetts op. 111. Reine Sonatensätze dagegen sind die letzten in der Violoncellosonate op. 38, im Streichquartett op. 51/1, im Streichquintett op. 88, im Klaviertrio op. 101, im Klavierquintett op. 34 (hier mit der erwähnten langsamen Einleitung), im Streichsextett op. 36, im Horntrio op. 40 und im Klavierquartett op. 60, bei denen sogar die Wiederholung der Exposition gefordert ist. Ganz deutlich ist damit die Tendenz, den Schwerpunkt der Gestaltungsmöglichkeiten des Finalsatzes innerhalb der von Rondo und Sonate eingegrenzten Bandbreite zwischen der Mischform und der Sonate zu sehen und nicht – wie noch die frühere Klassik – zwischen Rondo und der Mischform. Brahms setzt damit die schon von Beethoven eingeleitete Entwicklung fort, die darauf zielt, den Schlußsatz nicht mehr nur als Kehraus zu gestalten, sondern ihn als Außensatz des Gesamtwerkes in Balance zum Kopfsatz zu bringen (diese formale Konzeption ist auch bei Brahms' Symphonien verwirklicht).

Eine gewisse Ausnahmestellung nehmen die Finalsätze ein, die sich als Variationensätze entfalten (op. 67, op. 115, op. 120/2). Auch diese Gestaltungsform hat Vorbilder in der Klassik, namentlich bei Beethoven (man denke an dessen 3. Symphonie op. 55 oder an die letzte Klaviersonate op. 111). Bei Brahms läßt sich – zumal wenn man die 4. Symphonie op. 98 mit einbezieht, deren IV. Satz eine Passacaglia ist – die merkwürdige Beobachtung machen, daß die Werke, deren Schlußsatz Variationen bietet, einen Schlußpunkt unter die jeweils betroffene Gattung setzen: Op. 67 ist das letzte Streichquartett, op. 98 die letzte Symphonie, op. 115 das letzte Kammermusikwerk größerer Besetzung und ohne Klavier, op. 120/2 das letzte Kammermusikwerk mit Klavier und damit die letzte Komposition der Kammermusik überhaupt. (Man sollte solchen – vielleicht auf bloßem Zufall beruhenden – Erscheinungen sicher nicht zuviel Gewicht beimessen. Brahms jedoch stand einer derartigen Sinnbildlichkeit – auch wenn es um sein Komponieren und besonders wenn es um »das Ende« ging – durchaus nicht fremd gegenüber; das zeigen – vgl. S. 36 – seine eigene Interpretation der Doppelverwendung von »Verstohlen geht der Mond auf« und die Tatsache, daß er sein letztes vollendetes Opus mit dem Choral »O Welt, ich muß dich lassen« abschloß. Es ist also nicht gänzlich von der Hand zu weisen, daß er in Anlehnung an Beethovens op. 111 mit Variationenfolgen in Finalsätzen bewußt einen Schlußstrich ziehen wollte. Das scheint bei op. 98, 115 und 120/2 als späten Kompositionen einigermaßen plausibel; bei op. 67 scheint dem die vergleichsweise frühe Vollendung durch den im Jahre 1875 zweiundvierzigjährigen Komponisten zu widersprechen. Doch bleibt die wahrlich rätselhafte Frage bestehen, warum Brahms in seiner vollen kompositorischen Reife zwar Werke höchsten Anspruchs – wie die Symphonien – und auch weiterhin Kammermusikwerke selbst für Streicher allein – wie die Streichquintette – schrieb, sich aber nie wieder dem Streichquartett zuwandte, in dem sich Gattungsbestimmung und ästhetischer Anspruch hätten verbinden können.)

Die geringste Verbindlichkeit wies die traditionelle Norm des viergliedrigen Satzzyklus hinsichtlich der beiden Mittelsätze auf. Das betrifft schon ihre Aufeinanderfolge. Zwar folgt Brahms mehrheitlich der »normalen« Anordnung: Langsamer Satz – Tänzerischer Satz, doch ist die Reihenfolge in immerhin sechs der neunzehn viersätzigen

Kompositionen vertauscht. Die Form des Langsamen Satzes ist konventionell am wenigsten festgelegt; sie kann als dreigliedrige Liedform,
in Anlehnung an die Sonatenform, als kleines Rondo oder als Variationsfolge ausgeführt sein. Dem entspricht die Vielfalt der Gestaltung
bei Brahms; Variationsfolgen sind die langsamen Sätze in op. 36, op. 87
und op. 120/2 (hier am Ende des Werkes). Zur größten Gestaltungs-
breite endlich findet Brahms hinsichtlich des konventionell III. Satzes.
Er wurde zuvor mit Bedacht »Tänzerischer Satz« genannt, weil die
Festlegung auf die beiden traditionellen Typen Menuett bzw. Scherzo
bei Brahms nicht als ausschließlicher Bezugspunkt genommen werden
kann; immerhin nennt er noch acht Sätze »Scherzo«, zwei – in op. 38
und 51/2 – sind als »quasi Menuetto« charakterisiert. Und selbst die
Bindung an den Tripeltakt gilt ihm – wie op. 51/1 und op. 101 zeigen –
nicht mehr als verbindliche Maßgabe.

Kammermusik ohne Klavier

Brahms hat drei Streichquartette und je zwei Streichquintette und -sex-
tette veröffentlicht. Auffällig ist die Verteilung dieser Kompositionen
innerhalb seines Œuvres. Der, um mit James Webster zu reden, »first
maturity« gehören die Sextette op. 18 und 36 an, die Mitte des Schaffens bezeichnen die beiden Quartette des op. 51 und das als op. 67
publizierte, dem späteren Werk sind die Quintette op. 88 und vor
allem op. 111 zuzurechnen; und in dieser – chronologischen – Reihenfolge sind sie hier besprochen. Die Vermutung scheint plausibel, daß
die Sextette Beleg sind für die Inhibitionen des so überaus selbstkritischen Brahms, sich mit einer Gattung so emphatischen Anspruchs wie
dem Streichquartett in die Öffentlichkeit zu wagen, und er es daher
vorzog, in direktem gedanklichem Zusammenhang mit den beiden
Serenaden für Orchester an die Tradition des Divertimento anzuschließen. Immerhin wissen wir (vgl. S. 17), daß Brahms bereits 1853
Streichquartette vorlegen konnte, und daß die mehr als zwanzig Werke
dieser Gattung, die er nach eigenem Bekunden vor op. 51 geschrieben
hatte, vernichtet wurden, unterstreicht die Höhe der Hürden, die
sich gerade vor einem so sensiblen Komponisten wie Brahms auf-
bauten, wenn er sich mit einem Werk höchsten ästhetischen Anspruchs
wie einem Streichquartett – oder einer Symphonie oder einer Violinsonate – exponieren wollte.

Mögen also die Sextette Ausdruck eines subjektiv empfundenen Unvermögens sein und dokumentieren die Quartette die mittlerweile erreichte volle Souveränität in der Instrumentalkomposition (durch sie und mit den Haydn-Variationen op. 56a war der Weg zur Symphonie freigemacht), so kommt in den Quintetten eine individuelle Neigung des Komponisten unverhüllt zum Vorschein. Sie sind kennzeichnend für seine Klangvorstellung, in welcher der Alt- und Tenorlage eine besondere Bedeutung, ja Vorliebe zukommt; um diese Klangregion zu unterstreichen, verdoppelt er in beiden Quintetten die Bratsche. Brahms' Bevorzugung der Mittellage zumal bei den Streichern (vgl. aber auch das Horntrio op. 40) hatte sich schon ganz früh in der Serenade op. 16 abgezeichnet, wo der Streicherchor allein aus Bratschen, Violoncelli und Kontrabässen zusammengesetzt ist. Dieses Experiment – von außen der wohl auffälligste Orchestrierungseffekt von Brahms – hat er im I. Satz des Deutschen Requiem op. 45 wiederholt.

1. Streichsextett B-Dur op. 18

Vollendet Sommer 1860. Druck Dezember 1861. – Arrangement für Klavier zu vier Händen sowie Arrangement des II. Satzes für Klavier zu zwei Händen vom Komponisten.

I Allegro ma non troppo, ¾ – II Andante ma moderato d-Moll, ¾ – III Scherzo: Allegro molto / Animato F-Dur, ¾ – IV Rondo: Poco Allegretto e grazioso, ¾

Das 1. Streichsextett präsentiert sich auf den ersten Blick als eine gleichsam normale Ausprägung der traditionellen Norm eines viersätzigen Sonatenzyklus: Kopfsatz in Sonatenform, Langsamer Satz als Variationenfolge, Scherzo, Finalsatz als Rondo. Dennoch zeigen sich innerhalb des vordergründig konventionellen Rahmens mehrere Besonderheiten des Brahmsschen Komponierens.
Auffällig ist zunächst das vergleichsweise langsame Tempo des Schlußsatzes; er ist kein Kehraus, sondern gibt sich als ein eher besinnliches Allegretto, das »grazioso« gespielt werden soll. (Auch beim I. Satz ruft die gängige Aufführungspraxis den Eindruck hervor, er sei im Verhältnis zum traditionellen Bewegungscharakter zu langsam; wie beim Kopfsatz der 2. Symphonie op. 73 indes und dem des Violinkonzerts op. 77, die den gleichen Satztyp entfalten und dementsprechend mit »Allegro non troppo« bezeichnet sind, scheint hier historisch eine der Sache unangemessene Verschiebung der Tempovorstellung stattgefunden zu haben, eine Verschiebung, die hier und bei op. 73 regelmäßig dazu führt, daß die obligatorische Wiederholung der Exposition ausgelassen wird.) Des weiteren zeigt die Formanlage des letzten Satzes die gerade in den fünfziger Jahren hervortretende Neigung von Brahms, auf Modelle eines früheren Entwicklungs-

standes – hier etwa den der Frühklassik – zurückzugreifen. Denn der Satz ist ein wirkliches Rondo, dem die Implikationen der Sonate eher äußerlich sind. Zwar werden das erste (T. 78 ff.) und dritte Couplet (T. 323 ff.), die thematisch gleich sind, harmonisch wie der Seitensatz in einer Sonate der Dominante bzw. Tonika zugeordnet. Das zweite Couplet jedoch (T. 180 ff.) ist thematisch eigenständig gefügt, und seine Verarbeitung, die auf eine Durchführung deuten könnte, ist nur graduell unterschieden von der, welcher die Themen der anderen Formteile unterworfen werden. Zudem ist der vierte Einsatz des Hauptthemas (nach achttaktiger Vorbereitung T. 389 ff.) als vollgültiger Refrain gefügt, und nicht etwa als Anfang der Coda. Diese beginnt erst danach (T. 468) in leicht beschleunigtem Tempo und erfüllt die Funktion eines – allerdings nicht unthematischen – Epilogs.

Auf spätere Sonatensätze deutet die Anlage der Exposition im I. Satz voraus (man sieht dafür wohl zu Recht Schubert als Vorbild an). Das betrifft sowohl die Thematik als auch die harmonische Anlage. Außer dem Hauptthema und dem Seitenthema (T. 85 ff.) werden nämlich in der Überleitungsgruppe zwei charakteristische Gedanken exponiert (T. 43 ff. und T. 61 ff.). Der erste geht deutlich vom Hauptthema aus, bietet aber mit der Triolenfiguration seines zweiten Viertakters eine motivische Gestalt, der im 2. Abschnitt der Durchführung (T. 173 ff.) wesentliche Bedeutung zukommen wird. Der zweite Gedanke bereitet mit der »punktierten« Füllung des Dreiertaktes (punktierte Viertel, Achtel, Viertel) eines der das Seitenthema prägenden Elemente vor. Hier setzt eine Entwicklung an, die auf rhythmischen Prägungen beruht: Jenes punktierte Motiv wird in der Melodie des Seitenthemas mit seiner Variante, die das Viertel in zwei Achtel zerlegt (also: punktierte Viertel, drei Achtel), horizontal kombiniert, in der Schlußgruppe dann (T. 115 ff.) sind die beiden Varianten kontrapunktisch übereinandergeschichtet.

Bemerkenswert hinsichtlich der harmonischen Anlage ist die Tatsache, daß Brahms auf dem konventionellen Weg von der Tonika B-Dur zur Dominante F-Dur mit dem A-Dur des zweiten Überleitungsgedankens noch eine Zwischenstufe einschiebt, und das, obwohl er am Ende des ersten Durchspiels des ersten Überleitungsgedankens (T. 51) die Dominante bereits erreicht hat. Das deutet (und hier ist die Beziehung zu Schubert ganz klar) darauf hin, daß Brahms bereits in diesem frühen Stadium seines Komponierens für die formale Bewegung des Sonatensatzes nicht ausgeht von dem dualen harmonischen Konflikt der Exposition (hier wie in den meisten Dur-Sätzen Tonika/Dominante), der nach der spannungssteigernden Entwicklung der Durchführung in der tonalen Gleichstufigkeit der Reprise gelöst würde. Tatsächlich erscheint jener zweite Überleitungsgedanke in der Reprise (T. 287 ff.) nicht in der Tonika, sondern mit D-Dur in der gleichen Terzrelation zum folgenden Seitensatz wie in der Exposition. (Ohne allzuweit in die Untiefen der harmonischen Theorie einsteigen zu wollen, könnte das A-Dur der Exposition freilich als doppelter Leittonwechselklang von F-Dur gedeutet werden – und entsprechend das D-Dur von B-Dur der Reprise –: f/a/c wäre in chromatischer Verschiebung der beiden Außentöne zu e/a/cis lediglich modifiziert; damit wäre der direkte Weg von der Tonika zur

Dominante nicht verlassen, sondern im Interesse der harmonischen Vielfalt dessen Ziel lediglich gefärbt.)

Zurückzukommen ist indes nochmals auf den Aspekt der rhythmischen Gestaltung, hinsichtlich derer Brahms schon im Hauptthema des I. Satzes die zwar traditionelle, für sein weiteres Schaffen aber besonders kennzeichnende hemiolische Zusammenfassung von zwei ¾-Takten zu einem ½-Takt ausführt (T. 5/6 und 7/8). Die Aufmerksamkeit, die ihr im vorliegenden Satz geschenkt wird, ist z. B. in der Durchführung des I. Satzes erkennbar, wenn beim Wechsel von T. 181 zu T. 182 das aus dem Seitensatz stammende Motiv (jene Variante der Taktfüllung aus punktierter Viertel und drei Achteln) und das Achteltriolenmotiv aus dem ersten Überleitungsgedanken ihre rhythmische Prägung einfach vertauschen. Formbildend wird die Rhythmik im II. Satz: Bei gleichbleibendem Tempo wird der kleinste konstitutive Notenwert von der Achtel (Thema) über Sechzehntel (I. Variation), Sechzehnteltriole (II. Variation) bis hin zur Zweiunddreißigstel (III. Variation) beschleunigt. Und der bewegungsmäßige Rückgriff zur Achtel als kleinstem Wert geht in der IV. Variation zusammen mit dem Wechsel von Moll nach Dur.

Der II. Satz ist aber vor allem der Ort, an dem Brahms seinen Sinn für gleichsam orchestrale Farbigkeit, die Merkmal der gesamten Komposition ist, besonders eindrucksvoll zur Darstellung bringt. Seine Neigung zum mittleren und tiefen Register (vgl. S. 123) kommt hier schon im Thema zum Ausdruck, das ebenso wie das Hauptthema des I. und IV. Satzes unter Ausschluß der Geigen exponiert wird (die freilich stets antworten). Doch Brahms weiß auch den hohen Klangbereich in charakteristische Beleuchtung zu rücken, indem er die V. Variation als gleichsam baßlosen Satz ausführt. Weitere Maßnahmen, den der Kammermusik eigentlich fremden Aspekt der Klanglichkeit zu akzentuieren, sind die häufig mehrgriffige Setzung zumal der Violoncelli und der Rückzug aufs bloße Pizzicato im Epilog des I. Satzes.

2. Streichsextett G-Dur op. 36

Komponiert September 1864 (I. bis III. Satz) und Mai 1865 (IV. Satz). Druck April 1866. – Arrangement für Klavier zu vier Händen vom Komponisten.

I Allegro non troppo, ¾ – II Scherzo: Allegro non troppo / Presto giocoso g-Moll/G-Dur, ²/₄ und ¾ – III Adagio e-Moll – E-Dur, 𝄴 – IV Poco Allegro, ⁶/₈

Das 2. Streichsextett, das in vielerlei Hinsicht gleichsam als Gegenstück zum ersten angesehen werden kann, unterscheidet sich von diesem vor allem durch den hohen Grad an Introvertiertheit, die in der Absage an orchestrale Klangbreite und in der Tendenz zur weitgehenden Vereinheitlichung des Materials innerhalb der Sätze und im Werkganzen zum Ausdruck kommt. Zwar sind auch hier – in vertauschter Reihenfolge – die Mittelsätze ein Scherzo und ein Variationensatz. Letzterer indes ist nicht wie der vergleichbare in op. 18 von der Absicht geprägt, durch vorwiegend figurative Abwandlung die Instrumente bzw. deren klangliche Möglichkeiten in Vereinzelung und Kombination vorzuführen, son-

dern in ihm ist jede Variation durch eine mehr oder weniger eng an das harmonische Gerüst des Themas gebundene charakteristische motivische Idee
bestimmt, angesichts deren Bedeutung der instrumentale Klang lediglich als
Darstellungsmittel fungiert. Das Scherzo, von dessen Form noch näher zu
reden sein wird, entfernt sich von aller Konventionalität, die noch in dem des
op. 18 vorherrschend ist: Der Hauptteil steht im Zweiertakt und schlägt – ganz
gegen die Tradition – eher einen Intermezzo-Ton an; erst das Presto giocoso
entspricht dem Capriccio-Charakter eines Scherzos. Und selbst der Kopfsatz
steht im Gegensatz zu dem in op. 18; ist dort mit der harmonischen und thematischen Vielfalt die eine Seite des Brahmsschen Komponierens vorgeführt, so
hier mit der extremen Bezugnahme auf ein enges Repertoire thematischer
Gestalten die andere. Die Überleitungsgruppe (T. 95 ff.) erwächst aus den
Begleitfiguren der Hauptthema-Fortspinnung (vgl. dort etwa T. 41 ff.), sie
selbst wiederum wird in der Schlußgruppe weitergesponnen (T. 163 ff.). (Um
die von einer Biographie und Werk zu Recht oder Unrecht in eins setzenden
Rezeption ausgehende Lesererwartung nicht zu enttäuschen, sei auf die Phrase
aus den Tönen a – g – a – h – e hingewiesen, auf der die sechs Anfangstakte der
Schlußgruppe insistieren; sie soll für den Vornamen von Brahms' ehemaliger
Verlobten Agathe von Siebold stehen, ihr gleichsam als Huldigung, wohl eher
als Entschuldigung – vgl. S. 21 – gewidmet sein. Allerdings ist die Konfiguration
ohnehin in den hier verarbeiteten Motivbereich eingebunden, bleibt im Werkganzen episodisch und verliert in der Reprise – T. 497 ff. – durch die Transposition ohnehin ihren potentiellen Sinn). Die einzige wirklich charakteristisch
kontrastierende Gestalt ist mithin das Seitensatzthema (T. 135 ff.). Aber auch
dieses bleibt in der Durchführung, die sich ganz auf das Hauptthema konzentriert, unerwähnt.

Mit anderen Mitteln überspannt die Vereinheitlichung auch das Werkganze. So
wird der Themenkopf des Scherzos d – es – d durch die Insistenz auf diesen
Tönen am Ende des vorangehenden I. Satzes vorbereitet (T. 595–603); und die
Anfangsphrasen im I. und III. Satz sind als motivische Varianten gleichartiger,
durchweg nach oben gerichteter Kontur ausgewiesen: Das Zentralintervall der
Sekunde wird im I. durch Quinten und im III. durch Quarten eingerahmt.
Schließlich trägt zur Integration des Ganzen auch die prominente Rolle bei, die
– und das ist bemerkenswert in einem Kammermusikwerk – der Kontrapunkt
spielt. Sie deutet sich bereits am Anfang der Durchführung des I. Satzes an
(T. 217b), wo der Kopf des Hauptthemas nicht nur in gerader Richtung, sondern
auch in Umkehrung imitiert wird. Ganz in den Vordergrund tritt Kontrapunkt
indes im Seitenthema des II. Satzes (T. 17 ff.), der ebenso als reguläre Fuge ausgeführt ist wie der Anfang der Durchführung im IV. Satz (T. 52 ff.). Und selbst
im III., dem Variationensatz, wird auf polyphone Techniken nicht verzichtet,
wie namentlich die III. Variation (T. 37 ff.) zeigt, die als mehrstimmiger Kanon
anhebt.

Ganz außergewöhnlich ist die Form des II. Satzes. Der Hauptteil des Scherzos,
der – wie gesagt – keinen Scherzo-Charakter hat, entfaltet sich als reguläre
Sonate mit Seitensatz (jener Fuge; zu beachten ist auch das Kontrasubjekt beim

dritten Fugeneinsatz T. 25–28, das nichts anderes ist als die Umkehrung des Hauptthemavordersatzes), Durchführung und Reprise in regulärer harmonischer Disposition. Und das Finale erweitert den Sonatensatz durch ein Motto, das zwar nicht die wesentlichen Stationen der Form besetzt, aber dennoch zur zentralen thematischen Idee wird: Es eröffnet den Satz ebenso wie die Überleitungsgruppe (T. 15 ff.) und prägt weite Teile sowohl der Durchführung (T. 52 ff.) als auch der Coda (T. 135 ff.). Der Satz bietet mithin ein relativ frühes Beispiel einer typisch Brahmsschen Ausweitung der Sonatenform (vgl. dazu etwa die I. Sätze der 3. Symphonie op. 90, des Klarinettenquintetts op. 115 und der 1. Klarinettensonate op. 120/1).

1. Streichquartett c-Moll op. 51/1

Vollendet Sommer 1873 in Tutzing. Theodor Billroth gewidmet. Druck November 1873. – Arrangement für Klavier zu vier Händen vom Komponisten.

I Allegro, ½ – ¢ – II Romanze: Poco Adagio As-Dur, ¾ – III Allegretto molto moderato e comodo / Un poco più animato, f-Moll / F-Dur, ⅜ und ¾ – IV Allegro, ¢

Es wurde bereits darauf hingewiesen (vgl. S. 30), welche einschneidende Bedeutung das Jahr 1873 innerhalb der kompositorischen Entwicklung von Brahms hatte: Mit der Vollendung der beiden Streichquartette des op. 51 war es ihm endlich gelungen, in der ästhetisch anspruchsvollsten Gattung der Kammermusik zwei Werke zu schaffen, die auch seiner rigorosen Selbstkritik standhielten; und mit den Haydn-Variationen op. 56a war der Weg zur Symphonie offen. Das 1. Streichquartett hat indes noch eine andere, inhaltliche Beziehung zur späteren Symphonie von Brahms; es gibt gleichsam die Relation zwischen den Sätzen vor, wie sie dann in allen Symphonien die Regel ist: Das Gewicht liegt akzentuiert auf den Außensätzen (in op. 51/1 noch betont durch die überaus enge motivische Verwandtschaft), die Mittelsätze dagegen sind kürzer und prätentionsloser, schlagen zuweilen sogar einen Intermezzoton an (wie hier deutlich die Romanze des langsamen II. Satzes und im III. vor allem der graziös verhaltene Hauptteil des Tanzsatzes, der dynamisch kaum je über die Piano-Ebene hinausgeht).
Aber auch für zwei grundsätzliche Formaspekte kann das 1. Streichquartett – ganz seiner Bedeutung innerhalb der individuellen Entwicklung seines Komponisten gemäß – als Beispiel dienen: für die Art der musikalischen Entfaltung im Zeitverlauf (besonders in der Durchführung des Sonatensatzes) sowie für die Auskomposition des Reprisenbeginns als des Brennpunktes der Sonatenform, die im ganzen 19. Jahrhundert das formale Denken beherrschte.
Brahms' Kompositionen tendieren – je später sie geschrieben wurden, desto mehr – zu einem musikalischen Verlauf, der sich nicht als dynamisch drängender Fortgang in der Zeit, sondern in stufenweiser Strukturierung entfaltet. Maßge-

Autograph des Streichquartetts c-Moll op. 51/1, I. Satz

bend für die Organisation der horizontalen Dimension des Tonsatzes wird
zunehmend ein architektonisch-statisches Bauprinzip: die Aneinanderreihung
von relativ geschlossenen Taktgruppen. Entwicklungen des motivisch-thematischen Materials können sich auf dieser Grundlage nicht unmittelbar und im Vordergrund realisieren (wie häufig in Beethovens Sonatendurchführungen), sondern erscheinen auf eine abstrakte Ebene gerückt (eine Tatsache im übrigen, die
die Anwendung des Schönbergschen Begriffs »entwickelnde Variation« auf
Brahms' Kompositionen so problematisch macht). Da jede Taktgruppe bei einer
Phase der Entwicklung verharrt, vollzieht sich diese in Stufen, von einer zur
nächsten Taktgruppe.

Im I. Satz von op. 51/1 werden die beiden Verlaufsformen – die Beethovensche
und die zunehmend für Brahms charakteristische – noch unmittelbar miteinander konfrontiert. Die statische Gliederung in festgefügte Taktgruppen schlägt
um in einen zielgerichteten, drängenden Fortgang in der Zeit.

Tatsächlich könnte die Steigerung am Ende der Durchführung (von T. 118 an)
auch in einem Sonatensatz von Beethoven der Reprise vorangehen. Und das
motivische Material, das diese Steigerung trägt, ist Beethovenschen Verfahren

der durchführenden Arbeit unterworfen: Sequenzierung, Verdichtung der zeitlichen Abfolge und Abspaltung. So wird das dreitönige Kopfmotiv aus dem Hauptthema sequenziert (T. 118–120 Bratsche, Violoncello bzw. T. 122–124 1. und 2. Geige) und zu einer aus Abspaltung bzw. Überlagerung hervorgehenden Motivkette verdichtet (T. 120 bzw. 124). Wichtiger noch innerhalb des Steigerungskomplexes ist das auftaktige Achtelmotiv aus dem Seitensatz (T. 33 ff., das Motiv zuerst T. 35), das nicht allein hier am Ende der Durchführung in vielfältiger Sequenzierung und mit Bezug vorab auf seine rhythmische Qualität verarbeitet ist, sondern das im Verlauf des Formteils durch fortschreitende Abspaltung erst gewonnen wird. Dieser Abspaltungsprozeß jedoch – und das macht die Differenz zu Beethoven aus – verläuft weder geradlinig noch in unmittelbarem Nacheinander seiner Phasen, sondern stufenweise in getrennten Taktgruppen. Der erste Viertakter des Seitensatzes (T. 33–36) erscheint zunächst in T. 96–99, dann nochmals unverkürzt in T. 104–107. Ihm wird für T. 109 bzw. 111 allein der vierte Takt entnommen. Wieder zwei Takte aus dem Seitensatz treten in T. 114–115 bzw. 116–117 zusammen; der vierte Takt des Modells von T. 96–99 geht nun dem dritten voran. Zweck dieser Vertauschung ist die unmittelbare Verknüpfung mit dem in T. 118 abgespaltenen Achtelmotiv, das von der letzten Figur des dritten Seitensatztaktes abgezogen ist. Erst an dieser Stelle, beim Übergang von T. 117 zu T. 118, folgen zwei Phasen der Liquidation des Seitensatzviertakters unmittelbar aufeinander und provozieren dadurch den Umschlag von der gestuften Gliederung der aneinandergereihten Taktgruppen zur Steigerung.

Primär innerhalb der Durchführung ist jedoch eine andere Entwicklung, ist die fortschreitende Verlagerung des Gewichts von Motiven aus dem Hauptthema, mit denen der Formteil ansetzt, auf Motive des Seitenthemas, die am Ende die ersteren fast gänzlich verdrängen. Und diese Entwicklung vollzieht sich in klar voneinander abgehobenen Taktgruppen; Wiederholungen ganzer Gruppen – transponiert oder untransponiert – verstärken den Eindruck eines architektonisch-statisch strukturierten Verlaufs. Ja die Durchführung ist sogar in zwei annähernd gleich lange Sektionen untergliedert (24 und 25 Takte), die in ihren ersten beiden Abschnitten direkt aufeinander bezogen sind.

Der erste Achttakter (T. 84–91) verarbeitet die erste zweitaktige Phrase des Hauptthemas. Im zweiten Achttakter (T. 92–99), der im dritten (T. 100–107) um eine Quinte höher wiederaufgenommen wird, sind Motive aus dem Haupt- und Seitenthema in Sukzession zusammengestellt: Der erste Viertakter entfaltet das dreitönige Kopfmotiv des Hauptthemas in vielfältiger Kontrapunktik, der zweite führt den Vordersatz des Seitenthemas ein. Der erste Abschnitt der zweiten Sektion (T. 108–117) ist durch die Wiederholung seiner letzten zwei Takte auf zehn erweitert; er bezieht sich wiederum auf die erste Hauptthemaphrase und schließt damit an den ersten Achttakter der Durchführung an. Hier nun werden die Motive aus dem Seitensatz auch simultan mit denen des Hauptthemas verbunden. Im folgenden Viertakter (T. 118–121), der durch die Verwendung des dreitönigen Hauptthema-Kopfmotivs auf den zweiten Achttakter der Durchführung bezogen ist, hat das zunehmende Gewicht der hinzutretenden

Seitensatzmotive schließlich auch Konsequenzen für die Verarbeitung des Materials aus dem Hauptthema: Der reichen kontrapunktischen Variantenbildung dort steht hier die einstimmige Sequenzierung gegenüber. Die Wiederholung des Viertakters (von T. 122 an) mündet nach drei Takten in eine nun unverkennbar drängende Fortspinnung, in der mit Ausnahme von T. 126–127 ausschließlich das Achtelmotiv aus dem Seitensatz bestimmend ist.

Die Steigerung, der dynamische Fortgang in der Zeit beherrscht also nicht die ganze Durchführung, sondern lediglich deren letzten Komplex. Sie ist nicht Konsequenz aus der Gesamtanlage des Formteils, sondern überhöht – gleichsam in Erinnerung an eine konventionelle Ausdrucksform – dessen Ende. Und das emphatische Drängen wird auch sogleich zurückgenommen; der Reprisenbeginn nämlich ist nicht als Ziel einer Steigerung ausgeführt.

Solche emphatische Bedeutung als Brennpunkt der Form zog der Reprisenbeginn bei Beethoven wesentlich aus zwei Momenten: aus der Wiedergewinnung des Hauptthemas in seiner integralen Gestalt und aus dem Wiedererreichen der Tonika nach der harmonisch schweifenden, aber zielgerichteten Entwicklung in der Durchführung; sein Einsatz erfolgte in der Regel nach einer betont drängenden Steigerung am Ende der Durchführung. Brahms hat aus der Tatsache, daß bei seiner Konzeption des musikalischen Verlaufs diese Ausprägung des Reprisenbeginns Probleme aufwirft, schon in frühester Zeit (vgl. die Klaviersonate op. 1, S. 163) die Konsequenz gezogen. Er hat ihn nicht als Ziel einer Entwicklung nach außen gekehrt, sondern suchte ihn zu verunklaren, zu verstecken, zu verschleiern. Um die Reprise gleichsam unmerklich eintreten zu lassen, bediente er sich mehrerer Mittel; genannt seien nur die auffälligsten: die extreme Verlangsamung der Bewegung, die Dissoziierung von thematischer und harmonischer Reprise, die Umgestaltung des Tonsatzes in den ersten Reprisenabschnitten und schließlich die Tilgung ganzer Abschnitte aus der Exposition.

Die extreme Verlangsamung der Bewegung kann besonders sinnfällig im I. Satz der 4. Symphonie op. 98 studiert werden. Hier steigert sich die Musik nicht zum Reprisenbeginn, sondern sie versickert, bleibt fast stehen und hebt dann auf neue an. Zwar setzt die Reprise in T. 246 nach auskomponiertem Ritardando mit den Tonhöhen des Thema-Anfangs an, sie sind jedoch rhythmisch stark gedehnt; der vierte und achte Ton werden sogar in einem Klangfeld auf jeweils vier Takte ausgebreitet. Erst mit dem neunten Ton, der zum Leitton alteriert ist, beginnt die Musik wieder in der Anfangsbewegung zu schwingen.

Im I. Satz von op. 51/1 sind mehrere Mittel zur Verunklarung des Reprisenbeginns kombiniert. Das Hauptthema tritt in T. 133 ein; sein Beginn jedoch läßt die Musik gleichsam stocken. Dreimal setzt das Anfangsmotiv an, beim dritten Mal ist es überdies stark gedehnt, und erst der fünfte Takt der Reprise (T. 137) findet zur Bewegung der Exposition zurück. Zudem ist die tonale Reprise von der thematischen getrennt. Das Hauptthema erscheint zwar in den exponierten Tonhöhen, es ist aber nicht in der Tonika c-Moll, sondern in dessen Submediante As-Dur harmonisiert. Die tonale Reprise wird erst mit der zweiten Themengruppe in T. 151 erreicht.

Im I. Satz der Klarinettensonate op. 120/1 begegnen die gleichen Verfahren der Reprisenverschleierung wie bei den zuletzt genannten Beispielen auf den engen Raum von acht Takten zusammengedrängt. In T. 130 setzt als thematische Reprise die Einleitungsgruppe ein, die schon in der Exposition dem Hauptthema vorangeht (T. 1–4); sie steht aber nicht in der Tonika f-Moll, sondern um einen Halbton höher in fis-Moll. Die Einleitungsgruppe mündet in ein auskomponiertes Ritardando, das zusammengeht mit einer auf die Tonika zielenden Modulation. Der Beginn des Hauptthemas (T. 138) markiert die tonale Reprise.
Außergewöhnlich im Œuvre von Brahms ist die Reprise im I. Satz des Klarinettentrios op. 114. Wohl treten hier in T. 126 tonale und thematische Reprise gemeinsam ein und auch die Bewegungsart ist unverändert beibehalten. Dennoch wird die Reprisenwirkung in hohem Maße geschwächt, weil die thematischen Gestalten nicht in der exponierten Form restituiert werden. Der gesamte Hauptsatz der Exposition wird durch einen Abschnitt ersetzt, der sich zwar auf das dort eingeführte thematische Material stützt, nicht aber die integrale Gestalt der Themen und deren sukzessiven Zusammenhang wiederherstellt: Die Themen werden variiert – das Hauptthema beispielsweise erscheint in rhythmischer Vergrößerung – und in umgekehrte Reihenfolge gebracht (T. 126 ff. entsprechen T. 34 ff., T. 131 ff. T. 17 ff., T. 138 ff. T. 1 ff.). Erst mit dem Einsatz des Seitensatzthemas in T. 150 (entsprechend T. 44) mündet die Reprise in einen mit der Exposition übereinstimmenden Verlauf.

2. Streichquartett a-Moll op. 51/2

Vollendet Sommer 1873 in Tutzing. Theodor Billroth gewidmet. Druck November 1873. – Arrangement für Klavier zu vier Händen vom Komponisten.

I Allegro non troppo, ¢ – **II** Andante moderato A-Dur, c – **III** Quasi Minuetto, moderato / Allegretto vivace, a-Moll / A-Dur, ¾ und ¾ – **IV** Finale: Allegro non assai – Più vivace, ¾

Der Kopfsatz des 2. Quartetts (regulärer Sonatensatz: Exposition mit Hauptthema T. 1 und Seitensatz T. 46; Durchführung T. 129, Reprise T. 183 mit Hauptthema ebenda und Seitensatz T. 214; Coda T. 290) ist von Arnold Schönberg in seinem bahnbrechenden Artikel »Brahms the Progressive« besonders eingehend unter dem Aspekt analysiert worden, wie Brahms die musikalischen Gestalten und Figuren aller Satzebenen aus kleinster Tonhöhensubstanz heraustreibt und damit eine größtmögliche Vereinheitlichung des Tonsatzes erreicht. Der Satz zeichnet sich aber auch durch eine besonders subtile Ausarbeitung des rhythmischen Bereichs aus. Durch sie sind zum einen die formtragenden thematischen Gedanken voneinander unterschieden, zum anderen stellt die rhythmische Ausformung eine der wesentlichen Ebenen des entwickelnden Diskurses in der Durchführung dar.
Das Hauptthema (T. 1–20) ist durch eine große Vielfalt rhythmischer Prägungen charakterisiert. Die ersten sechzehn Takte der Melodie (bzw. des Oberstimmen-

paars), die sich über einer gleichförmigen Begleitung aus Ganzen Noten bzw.
Vierteltriolen ausbreiten, beziehen alle rhythmischen Werte zwischen Halber
Note und Sechzehntel mit ein, bieten diese in gleichförmiger Reihung (wie die
Halben in T. 1–2, die Viertel in T. 10 und 12, die Achtel in T. 4 und 6) oder in
Kombination unterschiedlicher Werte (das Extrem stellen T. 5–7 dar, wo Achtel,
augmentierte Viertel, Sechzehntel, Viertel und Halbe in einer Phrase verbunden
sind) und greifen schließlich auch zu synkopischer Setzung (die Halben in
T. 6–7) aus. Gespielt wird überdies mit dem Gegensatz zwischen Niedertaktig-
keit und Auftaktigkeit der Phrasen (T. 1–4 und T. 5–8 sowie T. 9 und 10 ff.).
Demgegenüber ist der Seitensatz (T. 46 ff.) in der Horizontale zunächst einfach
gefügt. Seine Melodie hält sich im wesentlichen an die Figur aus punktierter
Viertel + Achtel, der Anfang allerdings und die Zäsur in T. 49–50 – formal wichtige Punkte – sind durch das Innehalten auf einer Halben Note markiert. In der
Vertikale, im Verhältnis der Stimmen zueinander dagegen herrscht wiederum
rhythmische Vielfalt: Das melodieführende Oberstimmenpaar der Geigen wird
in der Bratsche durch Vierteltriolen, im Violoncello durch Viertel begleitet.
Der Unterschied zwischen Haupt- und Seitenthema hinsichtlich der Rhythmik
beruht somit nicht auf der Andersartigkeit der Gestalten selbst: Alle Prägungen
des letzteren sind in ersterem bereits vorgebildet. Er ergibt sich vielmehr aus der
ausbalancierten Gegenüberstellung von Vielfalt und Einförmigkeit einerseits
und deren differenzierter Verteilung auf die vertikale bzw. horizontale Dimension andererseits.
Die entwickelnde Ausfaltung des rhythmischen Aspekts ließe sich bereits in dem
Abschnitt demonstrieren, der in T. 62 mit der vorab rhythmisch-figurativ variierten Seitenthemawiederholung ansetzt. Sie wird aber noch wichtiger im Verlauf der
– weitgehend kontrapunktisch ausgearbeiteten – Durchführung (ab T. 129).
Sie nimmt ihren Ausgang von der Bewegung in Halben (vgl. T. 1–2), die allerdings auch die kontrapunktische Diminution zu Vierteln (T. 132) einbezieht; ihr
entgegengestellt wird die Auftaktfigur aus zwei Sechzehnteln (T. 133–137, vgl.
T. 3), die ab T. 137 bei gleichartiger diastematischer Führung in Vierteltriolen
überführt wird; und Vierteltriolen beherrschen die Bewegung bis T. 147.
Ist in dem beschriebenen ersten Abschnitt der Durchführung die sukzessive Verbindung unterschiedlicher rhythmischer Gestalten ausgeführt, so geht der
zweite ab T. 148 zur simultanen Kombination über. Deren Gegenstand sind
auch zunehmend andere rhythmische Motive, nämlich vor allem die Achtelbewegung (vgl. T. 4) und die Figur aus punktierter Viertel + Achtel (vgl. T. 9). Der
dritte Abschnitt (T. 165) schließlich rundet den Formteil durch die Zusammenfassung von Rhythmen und Kombinationsformen der beiden vorangegangenen
ab; Signal dafür sind T. 165–166 mit der Übereinanderschichtung der ruhigen
Bewegung in Halben vom Anfang des ersten (vgl. T. 129–130) und der aufgereg-
ten Geste vom Anfang des zweiten Durchführungsabschnitts (vgl. T. 147–149
2. Geige und Bratsche). Auf den ersten Abschnitt wird überdies durch das Verfahren verwiesen, die rhythmische Bewegung auf der Grundlage gleicher Ton-
höhenfiguren zu verlangsamen: Es betrifft hier den Dreiachtel-Auftakt in
T. 168, der in der Folge zu Vierteln geweitet ist.

Der II. Satz lehnt sich an die dreiteilige Liedform an (A: T. 1–43, B: T. 43–76, A':
T. 77–110, Coda T. 111–124). Der Mittelteil indes ist nur in seinem Anfangsabschnitt (bis T. 60) als vor allem expressiver Kontrast ausgeformt und wendet sich
danach in gleichsam durchführender Entfaltung wieder der Sphäre und dem
Material des A-Teiles zu; und die thematische Reprise steht nicht in der Tonika
A-Dur, sondern in der Untermediante F-Dur. Sowohl Mittelteil als auch Rekapitulation also werden auf unterschiedliche Weise zweigeteilt.
Der III. Satz ist bei oberflächlicher Betrachtung vom Alternieren zwischen
gemächlichem ¾- und raschem ²⁄₄-Takt, also zwischen Ausgestaltungen eines
Menuetts in a-Moll und eines kapriziösen Scherzos in A-Dur bestimmt. Tatsächlich aber ist die Zuordnung der Charaktertypen zu den Formteilen in
bemerkenswerter Weise gegeneinander verschoben, so daß eine einfache Fest-
schreibung der formalen Disposition stets unscharf bleiben muß. Beide Ansätze
des Scherzos nämlich (T. 40 bzw. 79) münden in eine besonders auffällig ausgearbeitete Taktgruppe im Tempo di Minuetto – auffällig insofern, als beide mit
motivischem Material des A-Teils einen Doppelkanon zwischen den Ober- und
Unterstimmen bieten. Die erste Taktgruppe im Doppelkanon (T. 74–78) steht in
cis-Moll, gehört also durch die Differenz seiner Tonstufe zur Tonika zum Mit-
tel- oder Kontrastteil; die zweite dagegen (T. 123–133) nimmt mit a-Moll die
tonale Reprise der in T. 134 folgenden Rekapitulation vorweg.
Das auszeichnende Merkmal eines Sonatenrondos, d. h. des Formtypus, dem
der Finalsatz folgt, ist die hinsichtlich der Tonstufe dem Seitensatz eines Sona-
tensatzes angeglichene Doppelung des Themas im I. und III. Couplet. Dem
Formgerüst, das die Einsätze des Refrains in der Tonika darstellen (hier T. 1,
T. 116, T. 198 und – im Tempo beschleunigt und figurativ variiert – als Coda
T. 334), werden somit nicht durchweg unterschiedliche, sondern an erster und
dritter Stelle (hier T. 45 in der Durparallele C-Dur sowie T. 238 in der Dur-
Tonika) gleiche Couplets gegenübergestellt. Im vorliegenden Finale treibt
Brahms die Vereinheitlichung – in seinem Werk singulär und auch allgemein
überaus ungewöhnlich – noch weiter: Auch das II. Couplet (T. 144 ff.) präsentiert den im I. exponierten Gedanken, freilich mit F-Dur wiederum auf einer
neuen Tonstufe.

3. Streichquartett B-Dur op. 67

Komponiert 1875 in Ziegelhausen bei Heidelberg. Theodor Wilhelm Engelmann gewidmet. Druck November 1876. – Arrangement für Klavier zu vier
Händen vom Komponisten.

I Vivace, ⁶⁄₈ und ²⁄₄ – II Andante F-Dur, 𝄴 – III Agitato (Allegretto non troppo)
d-Moll/a-Moll – D-Dur, ¾ – IV Poco Allegretto con Variazioni – Doppio
Movimento, ²⁄₄ und ⁶⁄₈

Das 3. und letzte Streichquartett dokumentiert die volle Souveränität, die
Brahms Mitte der siebziger Jahre nicht nur in der Auskomposition des viersätzigen Sonatenzyklus, sondern auch hinsichtlich der klanglichen Disposition von

Instrumentalstimmen erlangt hatte. Die Behauptung, daß gerade die Bewältigung der Streichquartettkomposition einen entscheidenden Schritt auf dem Weg zur Symphonie bedeutete, ist sicher zutreffend; die weitergehende These allerdings, daß Brahms danach, eben weil ihm die erste Symphonie gelang, keine Streichquartette mehr geschrieben hat, scheint wenig tragfähig zu sein.

Ausgangspunkt des musikalischen Diskurses ist nicht nur des Kopfsatzes, sondern des ganzen Werks ist die Exposition des I. Satzes. Sie besteht aus insgesamt fünf Abschnitten: dem Hauptsatz (T. 1–21), einer Überleitungsgruppe (T. 21–31), dem zweigeteilten ersten Abschnitt der Seitensatzgruppe (T. 31–39 und 39–58) und dem zweiten Abschnitt der Seitensatzgruppe (T. 58 ff.), der bruchlos in die Schlußgruppe (T. 85 ff. oder T. 91 ff.) übergeht. Die in der Literatur unterschiedlich beantwortete Frage, ob der Seitensatz nun mit T. 31 oder T. 58 anzusetzen sei (T. 31 ff. wäre dann Überleitungsthema), erscheint akademisch. Zu erkennen gilt es vielmehr, daß Brahms durch die Vervielfachung der Formabschnitte – ein bei ihm häufiges Verfahren – die Grundlage zur Einführung unterschiedlicher Gegengedanken gewinnt, daß er so gewissermaßen den gedanklichen Raum des musikalischen Diskurses absteckt. Als wesentliche Aspekte stehen dabei vor allem die harmonische Disposition und die rhythmische Entfaltung im Vordergrund; und der erste Abschnitt der Seitensatzgruppe vertritt die Kontrastbildung hinsichtlich der Harmonik, der zweite die der Bewegungsform.

Harmonisch bietet die Exposition nicht nur den bei einem Sonatensatz in Dur üblichen Wechsel von der Tonika des Hauptsatzes zur Dominante im Seitensatz, sondern blendet dazwischen zwei weitere Tonarten ein: C-Dur, d. h. die Doppeldominante, in T. 31 ff. sowie f-Moll, d. h. die Molldominante, in T. 39 ff. (gestaltlich ist die zweite Taktgruppe des ersten Seitensatzabschnittes die geweitete Umkehrung der ersten). Erst der zweite Seitensatzabschnitt hält sich an die reguläre Dur-Dominante. Für das ganze Werk wichtig sind dabei weniger die Stufen, wohl aber das Tongeschlecht der exponierten Stufen: Die Reihenfolge Dur – Dur – Moll – Dur nämlich findet sich auf höherer formaler Ebene in den Tonarten der vier Sätze wieder.

Die zentrale Rolle der Rhythmik unterstreicht Brahms bereits im Hauptsatz: Wie so häufig bei ihm in Dreiertakten wird die Bewegung durch gegen den Takt gesetzte Akzente (schon T. 1–4), durch Wechsel von der im ⅜-Takt regulären Gliederung 2 × 3 zu 3 × 2 (T. 9 ff.), ja sogar durch die Unterteilung 2+4 (T. 21 ff.) differenziert. Der erste Abschnitt der Seitensatzgruppe nivelliert diese Vielfalt zu einer dem Metrum einigermaßen kongruenten Bewegung. Der zweite aber (T. 58 ff.) setzt binäres Metrum und binäre Detailrhythmik gegen den zuvor herrschenden Tripeltakt und exponiert damit den für das ganze Werk grundlegenden Kontrast. Nochmals ist hier eine Übertragung von einer niederen auf eine höhere Formebene zu konstatieren: Die vier Sätze alternieren zwischen ternärem und binärem Metrum. Gerade unter diesem Gesichtspunkt ist die Rückkehr zur Hauptsatz-Thematik in der VII. Variation des IV. Satzes (T. 95) bemerkenswert. Brahms nähert durch diesen Rückgriff auf den Dreiertakt die offene Reihung der alternierenden Metren einer symmetrisch geschlossenen Disposition an.

Der Schlußsatz stellt eine jener Variationenfolgen dar (vgl. S. 121), mit denen Brahms in Finalposition das letzte Werk in einer Gattung bzw. einem Besetzungstyp zu beschließen pflegt. Angemerkt wurde auch schon, daß der Satz gegen Ende, d. h. von der VII. Variation (T. 95) an, durch Bewegung und motivisches Material gleichsam in den Anfang des I. Satzes einmündet und solchermaßen das Werkganze abrundet. In diesem Zusammenhang von besonderem Interesse ist nun die Tatsache, daß auch die Anlage des Themas der Variationsfolge selbst eine deutliche Tendenz zur Geschlossenheit, und zwar wiederum einer symmetrischen (vgl. oben), aufweist. Es ist – ungewöhnlich genug – zehntaktig und besteht aus fünf Zweitaktern, von denen der erste und letzte durch Motivik und tänzerischen Charakter klar aufeinander bezogen sind. Gerade hinsichtlich des Tones stellen sie namentlich zum dritten, d. h. dem mittleren Zweitakter einen Kontrast dar, während der zweite und vierte Zweitakter auf unterschiedliche Art zwischen ihren Nachbarn vermitteln. Solche Themenbildung kann exzeptionell genannt werden, weil Formprinzipien höherer Ebene wie Kontrast und Symmetrie auf die Ebene der musikalischen Einzelheit übertragen werden. Allerdings verunklart Brahms für die klangliche Realisierung die im Notentext eindeutigen Verhältnisse. Er faßt nämlich die ersten vier und die letzten sechs Takte durch Wiederholungsvorschrift als Abschnitte zusammen.

Wie später in den Symphonien sind die Mittelsätze eher kurzgefaßt. Als Episode wirkt namentlich das Andante, das sich formal an die dreiteilige Liedform anlehnt; es bietet aber einen harmonischen Reichtum in zum Teil feinsten Nuancierungen. Und im III. Satz, einem Tanzsatz mit Trio, der weder ganz Menuett noch Scherzo ist, demonstriert Brahms seinen nun voll entwickelten Sinn für die Dimension der Klangfarbe. Der Satz wird mit Dämpfer gespielt, und ganz gezielt ist die Differenz zwischen arco- und pizzicato-Spiel ausgenutzt. Die Bratsche trägt in beiden Formteilen die thematische Melodie vor; allerdings wird im Trio zunächst die Begleitung für sich ausgebreitet, bevor die Bratsche die Führung übernehmen kann.

1. Streichquintett F-Dur op. 88

Komponiert Mai 1882 in Ischl. Druck November 1882. – Arrangement für Klavier zu vier Händen vom Komponisten.

I Allegro non troppo ma con brio, ¢ – II Grave ed appassionato / Allegretto vivace / Presto cis-Moll / A-Dur, ¾, ⁶⁄₈ und ¢ – III Allegro energico – Presto, ½ und ⁶⁄₈

In dem nur dreisätzigen F-Dur-Quintett kommt dem Mittelsatz eine bemerkenswerte Mittlerfunktion zu, und das in dreierlei Hinsicht: Er stellt eine Beziehung zu einer ganz frühen Phase des Brahmsschen Komponierens her, ist Kern einer überaus auffälligen Tonartendisposition des Werkganzen und setzt schließlich die beiden herkömmlichen Typen von Mittelsätzen, den langsamen und den tänzerischen, in eins.

Wie Brahms die Geschichte allgemein nicht als einen Prozeß ansah, der frühere

Kunstprodukte als überholt hinter sich ließ, so galten ihm auch die Resultate der eigenen kompositorischen Tätigkeit aus vergangenen Jahren stets als Material, auf das – soweit es nicht bereits in veröffentlichte Kompositionen eingegangen war – zurückgegriffen werden konnte. Das zeigt sich namentlich im Spätwerk, etwa bei den Sammlungen von Klavierstücken der Opera 116 bis 119, vielleicht bei den Choralvorspielen des op. 122, ganz sicher aber bei den Kanons op. 113. Im vorliegenden Satz greift er nun direkt auf thematische Gedanken zurück, die er 1854 bzw. 1855 zwei Klavierstücken zugrunde gelegt hatte: Das Anfangsthema stammt aus der Sarabande a-Moll (WoO 5/1), das des Presto (T. 117 ff.) aus der Gavotte A-Dur (WoO 3/2).

Bsp. 18

Bsp. 19

Vielleicht hat die Tonartenkonstellation der beiden Eigenzitate sogar die besondere Rolle des Satzes innerhalb der Tonartendisposition von op. 88 angeregt: Der Großterzabstand von a-Moll bzw. A-Dur zur Tonika F-Dur der beiden Außensätze bzw. das Gegeneinander von Dur und Moll, das in dem Sarabandenthema selbst nochmals wirksam wird. Tatsächlich schwankt der Satz mehrfach nicht nur zwischen Moll und Dur, sondern zwischen cis-Moll und A-Dur: Im Gegensatz zu dem Presto-Thema wird mithin das aus der Sarabande anfangs terztransponiert übernommen und erscheint erst zu Beginn des letzten Formteils (T. 164 ff.) in den ursprünglichen Tonhöhen. Angesichts der Eigenschaft des Sarabandenthemas indes, daß sein erster Viertakter in Dur steht, bewerkstelligt Brahms durch jene Transposition eine überaus sinnvolle, aber in tonaler Musik ungewöhnliche Tonartendisposition: Er verbindet nämlich das F-Dur des I. mit dem F-Dur des III. Satzes in gleichgerichteten Großterzschritten, die den Oktavraum gleichmäßig unterteilen: F – Cis (= Des) – A – F. Und die Intentionalität dieser Disposition wird dadurch unterstrichen, daß der Satz nicht etwa nur vorübergehend nach A-Dur wechselt, sondern auch in dieser Tonart schließt.

Die Kombination von langsamem und tänzerischem Satztyp ist zunächst am Tempo der fünf Formteile abzulesen: Die ungeraden stehen im langsamen Sarabandentempo Grave, rasch sind der zweite (Allegretto vivace) und vierte (Presto). Beide sind in den Rahmen der Grave-Teile so eingebettet wie zwei Trios, die mit diesen und miteinander nichts gemein haben. Vom Charakter her repräsentieren die Grave-Teile unverkennbar den eines langsamen Satzes – und doch entstammen sie einem Tanzsatz (allerdings mit der Sarabande einem, der kaum je den tänzerischen Satz innerhalb eines Sonatenzyklus vertreten hat); scherzoartig kapriziös dagegen gibt sich der zweite Formteil, d. h. der einzige des Stükkes, über dessen Herkunft aus einem wirklichen Tanzsatz nichts bekannt ist.

Die Außensätze bestätigen die oben beschriebene Rolle der harmonischen Großterzbeziehung insofern, als Passagen beträchtlicher Ausdehnung in A-Dur der Tonika F-Dur gegenübergestellt werden; im I. Satz wird sogar der Seitensatz statt im erwarteten C-Dur in dieser Tonart exponiert (das hat beträchtliche Konsequenzen in der Reprise, wo das Seitenthema T. 173 ff. zunächst in D-Dur und erst beim zweiten Ansatz in T. 185 ff. in F-Dur wiederaufgenommen wird).

Man kann den I. und III. Satz von op. 88 in mancherlei Hinsicht als auf die 3. Symphonie op. 90 bezogen ansehen, die ein Jahr später vollendet wurde. Dafür spricht weniger die Tonart als vielmehr die wohl unbewußte Neigung, in der rhythmisch-metrischen Prägung der musikalischen Gestalten zu ähnlichen Formulierungen zu gelangen (bereits 1869 hatte Brahms Schubring gegenüber bekannt, daß – vgl. S. 110 – seine »Gedanken beim Arbeiten nicht weit genug fliegen, also unabsichtlich öfter mit demselben zurückkommen«). Paradigmatisch dafür sind die Themen und Themenvarianten in Vierteltriolen, die das Seitenthema des Finales in op. 90 ebenso bestimmen wie das entsprechende im Kopfsatz von op. 88 (T. 46 ff.) und im Finale – nach der Vorbereitung der Takte 37 ff. – die Hauptthemavariante in T. 64 ff.

Greift Brahms im II. Satz vermittelt übers eigene Frühwerk durch Tanzsatztypen auf »alte Musik« zurück, so verweist er im Finale durch ein tonsatztechnisches Verfahren auf die musikhistorische Vergangenheit. Er eröffnet den Satz als Fuge und wiederholt damit ein Experiment, das er bereits in der Violoncello-Sonate op. 38 unternommen hatte. Denn eine derartige Fügung des Haupt-

themas wirft notwendigerweise das Problem auf, in welcher Weise der Reprisenbeginn als logische Konsequenz des Vorangehenden gestaltet werden kann.
Mehr noch als in op. 38 macht Brahms im Finale von op. 88 aus dieser Not eine
Tugend. Wie dann im Finale von op. 90 findet er zu einer weitgehend individuellen Formgestalt, die den Reprisenbeginn nicht nur verschleiert und zurück-
nimmt, sondern auf dessen Präsentation gänzlich verzichtet.

2. Streichquintett G-Dur op. 111

Komponiert Frühjahr und Sommer 1890. Druck Februar 1891. – Arrangement für Klavier zu vier Händen vom Komponisten.

I Allegro non troppo, ma con brio, ⅜ – II Adagio d-Moll, ¾ – III Un poco
Allegretto g-Moll/G-Dur, ¾ – IV Vivace ma non troppo presto, ¾

Tendiert op. 88 sowohl durch die besondere Funktion des Mittelsatzes als auch
durch die Tatsache, daß der letzte Satz als Fuge anhebt, zu einer durchaus
unkonventionellen Gestaltung, so nähert sich das G-Dur-Quintett in Form und
Ton wieder weitgehend der Norm. Der I. Satz ist ein vergleichsweise knapp
gefaßter Sonatensatz, der II. eine Liedform, der III. ein eher introvertiertes
Scherzo, dem sich im IV. Satz ein ganz nach außen gekehrtes und selbst
Momente des lärmenden Kehraus nicht verschmähendes Rondo anschließt. In
Annäherung kann man die Differenz der beiden Quintette wohl so bestimmen,
daß op. 88 eher ein instrumental erweitertes Streichquartett, op. 111 dagegen ein
reduziertes Streichsextett darstellt. Tatsächlich kommt die Neigung zum großen,
ja orchestralen Klang, wie er vor allem im 1. Sextett op. 18 zu beobachten war,
im G-Dur-Quintett wieder voll zur Geltung. Das gilt namentlich für den I. Satz,
in dem die reiche Verwendung von Mehrfachgriffen, vor allem aber die dichten
Klangflächen (die in erster Linie das Hauptthema begleiten) dem Begriff von
intimer Kammermusik einigermaßen entgegenstehen. Ausladend und in besonderer Weise klanglich konzipiert ist auch die Gestik des II. Satzes. Der III. Satz
wirkt unter diesem Gesichtspunkt wie ein retardierendes Moment, von dessen
klanglicher, gestischer und dynamischer Zurückgenommenheit sich der Kehraus
des letzten Satzes in charakteristischer Handgreiflichkeit abheben kann.

Quintett für Klarinette (oder Bratsche), 2 Violinen, Bratsche und Violoncello h-Moll op. 115

Komponiert Sommer 1891 in Ischl. Druck März 1892.

I Allegro, ⅜ – II Adagio H-Dur, ¾ und ¢ – III Andantino / Presto non assai,
ma con sentimento, ¢ und ¾ – IV Con moto, ¾ und ⅜

Ein besonders plastisches Beispiel für die hohe Variationskunst, die Brahms in
seinem Spätwerk erreichte, gibt das **Klarinettenquintett** op. 115. Die Verfahren
auf den verschiedenen Ebenen sind hier gleichsam paradigmatisch zusammengefaßt.

Der letzte Satz besteht aus einer strengen Variationenfolge, die in die Wiederaufnahme von Motiven aus dem I. Satz mündet; das Quintett wird also – ähnlich
wie die 3. Symphonie – durch die Wiederkehr des Anfangs am Ende als formales
Ganzes zusammengehalten. Variationenfolgen hatte Brahms schon zuvor mehrmals an den Schluß einer mehrsätzigen Komposition placiert (vgl. dazu S. 121);
und auch von dem Kunstgriff, in die Variationen Motive des Kopfsatzes einzu-
weben, hatte er etwa im Streichquartett op. 67 schon Gebrauch gemacht. Sie sind
also keine Besonderheit des Spätstils. Spezifisch ist vielmehr die immense Verdichtung der Beziehungen auf Grundlage kurzer, relativ allgemeiner Modelle,
was zumal am I. Satz des Klarinettenquintetts gezeigt werden kann.

Der Satz beginnt mit einer vierzehntaktigen Einleitungsgruppe, die der normativen Abschnittfolge des Sonatensatzes vorangestellt ist. Solche Einleitungs-
gruppen begegnen im Spätwerk häufiger, etwa im I. Satz des Doppelkonzerts
op. 102 oder am Anfang der Klarinettensonate op. 120/1. Sie haben aber nicht
nur Einleitungsfunktion, sondern exponieren zugleich wesentliches thematisches Material.

Die ersten vier Takte stellen jeweils in sukzessiver Doppelung zwei unterschiedliche Motive vor; Motiv a jedoch ist, wie T. 2 deutlich macht, durch Umspielung
von Motiv b abgeleitet:

Bsp. 20

Modell ist somit, will man die kürzeste Gestalt abstrahieren, die Folge fallende
Sekund + fallende Terz + steigende Sekund, die T. 3 in den Tönen d – cis –
ais – h Gestalt annimmt. (Auf dieses Modell ist im übrigen auch der Anfang des
Variations-Themas aus dem IV. Satz bezogen; zunächst wird es durch Zwi-
schentöne erweitert: d – cis – [h –] ais – [cis –] h – [fis], dann umgekehrt: gis –
ais – cis – h.)

Das Hauptthema des Satzes (T. 14–25) erwächst aus der Kombination der
Motive a und b, und zwar in den gleichen Tonqualitäten wie bei ihrer Exposition. Für den Verlauf von T. 14–16 ist T. 3–4, d. h. Motiv b maßgebend, dann in
T. 16–17 ist a bestimmend, wobei T. 17 als Variante von T. 16 anzusehen ist. Die
beiden Takthälften von T. 16 sind auch rhythmisch auf die Exposition von a bezogen; beide Bestandteile sind auf die Hälfte verkürzt (s. Bsp. 21).

In der Überleitungsgruppe (T. 25–36) steht zunächst die Quarte als Intervall ein
für den Quartraum, in dem sich alle wesentlichen Motive des Satzes entfalten.

Bsp. 21

Die Fortsetzung der Melodie indes kehrt ein weiteres Verfahren der motivischen Vermittlung hervor: Eine melodische Gestalt, die zunächst Begleitung war, wird in Variation zur Hauptstimme eines anderen Komplexes. Die Melodie der Takte 26–27 ist Umkehrung der Hauptthema-Begleitung von T. 15–17:

Bsp. 22

Und schließlich ist auch der Anfang des Seitensatzthemas mit den exponierten Motiven verbunden. Die erste Phrase (T. 38) bezieht sich auf den Schlußtakt des Hauptthemas, also auf eine Variante von a, die zweite (T. 39) verknüpft den einfachen Quartgang mit der Umkehrung von b:

Bsp. 23

Andere Züge des Brahmsschen Spätstils rücken den II. und III. Satz in den Vordergrund. Dem Mittelteil des Adagios ist eine außerordentliche instrumental-klangliche Charakteristik zu eigen, zu der sich Brahms nur in seinen letzten

Kammermusik-Kompositionen (vgl. etwa auch das Streichquintett op. 111) vorgewagt hat: In allen Lagen werden die spezifische Klanglichkeit der Klarinette und deren Möglichkeit zu improvisatorisch-virtuoser Entfaltung genutzt; die Widerschlagsfiguration der Streicher bildet einen von T. 58 an fast durchgängigen wabernden Klanghintergrund. Geht es hier um den individuellen Ton – die formale Disposition des II. Satzes folgt aufs einfachste dem Schema A – B – A mit Coda –, so ist der III. Satz durch die Form in ganz eigentümlicher Art geprägt.

Das Andantino der ersten 33 Takte wirkt im ersten Zugang wie der Hauptteil einer dreiteiligen Liedform, das Presto non assai ab T. 34, das im Satztyp deutlich an das Presto ma non assai im III. Satz der 2. Symphonie erinnert, wie der Mittelteil jenes Formtyps, der durch »kontrastierende Ableitung« mit dem Hauptteil verbunden ist. Tatsächlich aber stellen erst die Takte 34 ff. den Kern der Formdisposition dar, der wie ein – freilich kurzgefaßter – Sonatensatz gefügt ist (T. 54 Seitensatz, T. 76 Durchführung, T. 122 Reprise, T. 140 Seitensatz der Reprise, T. 162 Coda). Allerdings wird das Andantino durch die geschlossene Form des Prestos nicht zur bloßen Einleitung. Innerhalb einer betont doppeldeutigen formalen Anlage behält es vielmehr seine Bedeutung als eigenständiger Anfangsteil eines Formtyps, dessen Implikationen im weiteren Verlauf des Satzes aus dem Blickfeld geraten. Dem entspricht, daß am Ende des Satzes Takt und Tempo des Anfangs überhaupt nicht wiederkehren und dessen gestaltliche Prägung nur »wie aus weiter Ferne« (T. 184 ff.) an- und verklingt.

Kammermusik mit Klavier

Die Kammermusik, die Brahms mit Beteiligung des Klaviers schrieb, läßt sich nicht wie die ohne Klavier in eine Ordnung bringen, die chronologische und besetzungsmäßige Aspekte gleichermaßen berücksichtigt. Deshalb wird die Disposition des folgenden Kapitels zunächst von der Qualität der Besetzung bestimmt (die in solcher Kammermusik normale Kombination Klavier/Streicher wird vor ungewöhnlichen instrumentalen Verbindungen behandelt), danach von der Größe der Besetzung in fallender Richtung: Quintett – Quartett – Trio – (Duo-)Sonate.

Klavierquintett f-Moll op. 34
(Fassung für zwei Klaviere: op. 34 bis)

Komponiert 1862 und 1864. Prinzessin Anna von Hessen gewidmet. Druck
Dezember 1865.

I Allegro non troppo, **c** – II Andante, un poco Adagio As-Dur, ¾ –
III Scherzo: Allegro c-Moll/C-Dur, ⁶⁄₈ und ²⁄₄ – IV Finale: Poco sostenuto –
Allegro non troppo – Presto non troppo, **¢**, ²⁄₄ und ⁶⁄₈

Das Klavierquintett op. 34 ist eines der klanglich und zeitlich größtdimensio-
nierten Kammermusikwerke von Brahms. In dieser Hinsicht übertrifft es von
den früheren Kompositionen das Quartett op. 25, von den späteren nähert sich
ihm allenfalls das Trio op. 101. Ursprünglich war das Werk als Streichquintett
geplant, letztlich aber arbeitete Brahms den Text einerseits als Klavierquintett,
andererseits als Sonate für zwei Klaviere um, die er unter der Opuszahl 34 bis
veröffentlichte. Man kann freilich mit Clara Schumann der Meinung sein, daß
auch durch diese Besetzungen den inhaltlichen Größenordnungen nicht voll
Rechnung getragen ist; im Juli 1864 brachte sie in einem Brief an Brahms die
Überzeugung zum Ausdruck, daß »die Gedanken über ein ganzes Orchester
ausgestreut werden müßten« (Schumann/Brahms, Briefe I, S. 461).
Die große, gleichsam symphonische Dimension weist vor allem der Finalsatz
auf. Zwar teilt er mit den anderen den dichten Klaviersatz und – zumal mit dem
I. – die eminente Dichte der motivisch-thematischen Beziehungen, die Ausdehnung indes, die im Unterschied zu den voraufgehenden Sätzen mit einer unkonventionellen Formgebung zusammengeht, sprengt den Rahmen von kammermusikalischer Konzentration. Angesichts der gewählten Größenordnung
freilich war der Vorsatz einer langsamen Einleitung (T. 1–41) sinnvoll, auf die
Brahms in Finalsätzen sonst nur noch in der Klaviersonate op. 2 sowie in der
1. Symphonie op. 68 (und auch in Kopfsätzen selten genug) rekurrierte.
Musikalische Idee des Satzes ist die Vermittlung zweier thematischer Bereiche,
die in T. 42 ff. bzw. 93 ff. exponiert werden. Zwar wird auf formale Muster wie
die Sonatenform (der zweite Bereich entfaltet sich zunächst in der Dominante,
dann ab T. 251 in der Tonika) bzw. das Rondo Bezug genommen (der erste
Bereich steht sowohl in T. 42 ff. als auch bei seiner Wiederkehr in T. 184 ff. in der
Tonika); beiden Mustern zuwider läuft indes die Tatsache, daß es vor allem um
die alternierende und in unterschiedlichen Graden variierte Präsentation gegen-
sätzlicher Gedanken geht: des anfangs eher altväterischen (zwinkernd widerborstigen), von dem der erste, und des überaus expressiven (melancholischen), von
dem der zweite Themenbereich ausgeht. Sie werden zunächst jeder für sich breit
entwickelt, und vor jeder Wiederkehr zum ersten Gedanken (T. 161–183 bzw.
T. 321–341) ist – wieder in aller Gelassenheit hinsichtlich der zeitlichen Ausdehnung – ein Rückführungs- bzw. Überleitungsabschnitt eingeblendet. Ziel jener
zweifach alternierenden Präsentation von Gegensätzen indes ist deren Vermittlung bzw. Übereinanderblendung; sie gelingt allerdings erst durch die eingrei-
fende Modifikation des ersten Gedankens, durch dessen Glättung in der Bewe-

gung des raschen ⁶⁄₈-Taktes (T. 342 ff.). Zwar wird zunächst die alternierende Reihung fortgesetzt, d. h. auch der zweite Gedanke für sich allein ins neue Metrum eingepaßt (T. 394 ff.). In T. 423 aber ist mit der simultanen Kombination beider Hauptgedanken endlich das Ziel der gesamten formalen Bewegung erreicht.

1. Klavierquartett g-Moll op. 25

Nach Kompositionsanfängen wohl schon 1855 vollendet Herbst 1861. Reinhard von Dalwigk gewidmet. Druck Spätsommer 1863. Arrangement für Klavier zu vier Händen vom Komponisten.

I Allegro, ¢ – II Intermezzo: Allegro ma non troppo / Animato, c-Moll/As-Dur, ⁶⁄₈ – III Andante con moto – Animato Es-Dur, ¾ – IV Rondo alla Zingarese: Presto / Meno Presto – Poco più Presto – Molto Presto, ²⁄₄

2. Klavierquartett A-Dur op. 26

Nach Kompositionsanfängen wohl schon 1855 vollendet Herbst 1861. Dr. Elisabeth Rösing gewidmet. Druck Juni 1863. Arrangement für Klavier zu vier Händen vom Komponisten.

I Allegro non troppo, ¾ – II Poco Adagio E-Dur, ¢ – III Scherzo: Poco Allegro A-Dur/d-Moll, ¾ – IV Finale: Allegro, ¢

3. Klavierquartett c-Moll op. 60

Nach früheren Kompositionsanfängen am I. (1855) und II. Satz vollendet Winter 1873/74. Druck November 1875.

I Allegro non troppo, ¾ – II Scherzo: Allegro, ⁶⁄₈ – III Andante E-Dur, ¢ – IV Finale: Allegro comodo, ¢

Die beiden ersten Klavierquartette scheinen die allgemein zu konstatierende Neigung von Brahms zu bestätigen, sich zur gleichen Zeit mit Kompositionen ähnlicher Anlage bzw. solchen der gleichen Gattung zu beschäftigen. Hier indes ging er wohl über die Doppelung hinaus: Trotz des späten Erscheinungsdatums ist auch das 3. Klavierquartett op. 60 in weiten Teilen bereits Mitte der fünfziger Jahre konzipiert worden.

Dafür spricht neben dokumentarischen Belegen namentlich die Tatsache, daß Brahms selbst die Komposition mit seiner Leidenszeit, als die man wohl nur die fünfziger Jahre ansehen kann, in Verbindung gebracht hat, freilich in der für ihn typischen, ironisch verklausulierten Form einer Anspielung auf Goethes *Werther*. Im August 1875 schreibt er an seinen Verleger Simrock (BBW IX, S. 201): »Außerdem dürfen Sie auf dem Titelblatt ein Bild anbringen. Nämlich einen Kopf – mit der Pistole davor. Nun können Sie sich einen Begriff von der Musik machen! Ich werde Ihnen zu dem Zweck meine Photographie schicken! Blauen

Frack, gelbe Hosen und Stulpstiefeln können Sie auch anwenden, da Sie den Far-
bendruck zu lieben scheinen.« Selbst bei einem Komponisten mithin, der als
besonders emphatischer Vertreter der absoluten Musik gilt, können Implikationen der Biographie aus der Betrachtung seiner Werke nicht gänzlich ausgeschlossen werden (man denke auch an das Anagramm a–g–a–h–e, das für Agathe
von Siebold stehen soll, im Streichsextett op. 36, hinsichtlich dessen sich Brahms
laut Josef Gänsbacher geäußert haben soll: »Da habe ich mich von meiner letzten
Liebe losgemacht«). Inwieweit freilich solche Implikationen die ästhetische Existenz eines Kunstwerks berühren, wäre in jedem Einzelfall näher zu unter-
suchen. Im Falle des Sextetts op. 36 sind sie für die Komposition wohl eher
äußerlich, bei op. 60 dagegen mögen sie dafür verantwortlich sein, daß sich das
Quartett mit einer ungewöhnlichen Insistenz an c-Moll und damit an eine
Tonart hält, die im 19. Jahrhundert als eine der düstersten galt; nur der III. Satz
hellt sich – analog zum 3. Klavierkonzert von Beethoven (vgl. auch Brahms'
1. Symphonie op. 68) – nach E-Dur auf.

Das 1. Klavierquartett op. 25, das – wie auf S. 112 f. dargestellt – Brahms' Fähigkeiten zur Ausnutzung »aller Möglichkeiten motivisch-thematischer Umformung schon in seiner »first maturity« exemplarisch belegt, weist eine – vielleicht
sogar über den kammermusikalischen Bereich hinausgehende – Vielfalt an Cha-
rakteren auf, so daß Arnold Schönberg Grund genug dafür sah, die Komposition mit immensem instrumentatorischem Geschick für großes Orchester zu
setzen (eine 5. Symphonie von Brahms wurde allerdings, trotz entsprechender
Hoffnungen, damit nicht geboren). Gelegenheit zu einer differenzierten Präsentation des Orchesterapparats bot dabei vor allem der letzte Satz, das »Rondo alla
Zingarese«, mit dem Brahms schon im Titel auf einen Musikbereich hinweist,
der ihn weniger als seriös kompositorischer denn vielmehr als Charakter, als Ton
sein ganzes Leben lang fasziniert hat. Im instrumentalen Bereich stehen dafür
die für Brahms' Erfolgsweg so wichtigen Ungarischen Tänze, im vokalen etwa
die Zigeunerlieder op. 103. Ganz offenkundig ist die Tatsache, daß er mit dieser
Musikart namentlich durch Eduard Reményi bekannt wurde (das Thema der
Klaviervariationen über ein ungarisches Lied op. 21/2 notierte er sich in der Zeit,
als das Verhältnis zu Reményi noch ungetrübt war); die Faszination der ungarischen oder Zigeuner-Musik überdauerte indes die Beziehung zu dem ungarischen Geiger und hat – wie besonders die Konzerte ausweisen – mehrere
Finalsätze Brahmsscher Instrumentalkompositionen geprägt. Brahms' kompositorische Anpassungsbereitschaft bezog sich somit nicht nur auf historisch
fernliegende Kompositionsweisen wie den Kontrapunkt Palestrinas (Geistliche
Chöre op. 37) bzw. Bachs (Motetten op. 29, vgl. auch die Werke für Orgel) oder
ihm direkt voraufgehende Vorbilder wie Schumann (Klaviervariationen op. 9
und op. 23), sondern sogar auf gleichsam exotische Musikarten wie die des
angrenzenden Südosteuropas, die allerdings schon durch frühere Übernahmen
etwa durch Beethoven (IV. Satz der 9. Symphonie) nobilitiert waren.

Beim 2. Klavierquartett op. 26 bietet sich die bei Brahms nur ganz seltene Gelegenheit, Einblick in den konkreten Produktionsprozeß zu nehmen. Denn für den II. Satz sind – entgegen Brahms' testamentarischer Verfügung – zwei Skizzen überliefert, die nicht bloße Entwürfe zu später näher ausgeführten Passagen darstellen, sondern eine bedeutende Revision der formalen Disposition erkennen lassen.

Der Satz ist ohnehin einer der gestisch reichsten von Brahms. Ein lyrisch verhaltener Charakter (A: T. 1–14) wird zunächst durch einen dramatisch rezitativischen (B: T. 15–23), dann durch einen expressiv schmerzlichen (C: T. 42–57) kontrastiert; letzterer geht in einen kontrapunktisch geprägten Abschnitt über, der sich hinsichtlich der emotionalen Wirkung wieder dem Anfangsabschnitt annähert (D: T. 58–85). Diese Abschnitte sind im Gesamtsatz in folgenden Tonstufen, auf die es bei den weiteren Überlegungen wesentlich ankommt, folgendermaßen verteilt:

Abschnitt	Takte	Tonart
A	1–14	E-Dur
B	15–23	schweifend, in einem C-Dur-Akkord endend
A	24–41	E-Dur
C	42–57	h-Moll
D	58–85	H-Dur
A	86–99	E-Dur
B	100–108	schweifend, in einem C-Dur-Akkord endend
C	109–126	f-Moll
A	127–140	E-Dur
Coda	141–155	E-Dur

Die beiden Skizzen, die die Takte 75–86 bzw. 106–109 betreffen, weisen nun eindeutig aus, daß die – im übrigen im wesentlichen unveränderten – Wiederaufnahmen von A und B in T. 86–99 bzw. 100–108 später eingefügt wurden. Die ursprüngliche Form beruhte somit hinsichtlich der Disposition der thematischen Abschnitte auf einer einfachen Vervielfachung der dreiteiligen Liedform: A – B – A | C – D – C | A – Coda. Probleme aber scheint in der angenommenen ursprünglichen Version der Tonartenverlauf bereitet zu haben, namentlich das f-Moll, das zwar zu E-Dur eine analoge Relation hat wie h-Moll bzw. H-Dur zum C-Dur-Akkord, dessen direkte Verbindung mit H-Dur aber wohl unbefriedigend war. Und so fügte Brahms jene Abschnitte oder besser: die Tonarten jener Abschnitte ein und erreichte damit einerseits die doppelte dominantische Verbindung (H nach E und C nach f), andererseits aber die gespiegelte Analogie der Folge C – E – h in E – C – f (vgl. dazu S. 203 die Anmerkungen zur Tonartendisposition in op. 45).

1. Klaviertrio H-Dur op. 8

1. Fassung vollendet 1854, 2. Fassung Sommer 1889. Druck November 1854 bzw. Februar 1891.

I Allegro con brio [1. Fassung: Allegro con moto], ¢ – II Scherzo: Allegro molto / Meno Allegro [1. Fassung: Più lento], h-Moll/H-Dur, ¾ – III Adagio [1. Fassung: Adagio non troppo], ¢ – IV Finale: Allegro [1. Fassung: Allegro molto agitato], ¾

2. Klaviertrio C-Dur op. 87

Komponiert 1880 (I. Satz) bis Juni 1882. Druck Dezember 1882.

I Allegro, ¾ – II Andante con moto a-Moll, ¾ und ⁶⁄₈ – III Scherzo: Presto / Poco meno presto, c-Moll/C-Dur, ⁶⁄₈ – IV Finale: Allegro giocoso, ¢

3. Klaviertrio c-Moll op. 101

Komponiert Sommer 1886 in Thun. Druck April 1887.

I Allegro energico, ¾ – II Presto non assai c-Moll/f-Moll, ¢ und ¢ – III Andante grazioso C-Dur, ¾ (²⁄₄), ⅞ (⁶⁄₈) und ⁶⁄₈ – IV Allegro molto c-Moll/C-Dur, ⁶⁄₈

Mit dem H-Dur-Trio liegt der exzeptionelle Fall vor, daß Brahms eine frühe Komposition in seiner reifen Zeit eingreifend überarbeitet hat. Zwar sind bei vielen der Stücke seiner ersten Periode zu dem Zeitpunkt, als es Simrock gelang, sie den ursprünglichen Verlegern abzukaufen und in sein Verlagsprogramm aufzunehmen, kleinere Korrekturen vorgenommen worden. Beim H-Dur-Trio indes handelt es sich um eine grundlegende Revision, die das Stück vollkommen neu faßt: Nur das Scherzo ist einigermaßen unverändert geblieben, in allen anderen Sätzen hat Brahms Nebengedanken durch neue ersetzt, vor allem aber wurde die Durchführung des I. Satzes einschneidend, z. B. um den Fugato-Abschnitt, gekürzt. Man mag es auf der einen Seite bewundern, in welchem Maße es Brahms gelungen ist, in der neuen Fassung alte mit neuen musikalischen Gedanken in Einklang zu bringen und zu einem wirklich geschlossenen Ganzen zu gelangen. Man kann aber auf der anderen Seite auch den Verlust an formaler Unbekümmertheit, an spontaner Erfindung und rhapsodisch weitem Atem bedauern, die der ersten Fassung zu eigen sind und in der zweiten einer gleichsam klassizistischen Strenge geopfert wurden. Die Werturteile hinsichtlich der beiden Fassungen sind somit – und das zu Recht – geteilt.

Auffällig ist immerhin, daß Brahms nach Vollendung der ersten Fassung von op. 8 nahezu dreißig Jahre verstreichen ließ, bis er sich wieder dem Klaviertrio zuwandte. Vielleicht war das Unbehagen, das er – wie die Neufassung belegt – dem Werk aus seiner allerersten Kompositionsperiode gegenüber empfand, älteren Datums als 1889 und hinderte ihn daran, beispielsweise in seiner »first maturity«, die ja zwei Klavierquartette und ein Klavierquintett entstehen ließ, auch ein Klaviertrio zu schreiben. Die extreme Sensibilität Gattungen gegenüber – ein entscheidendes, bislang aber kaum hinreichend bedachtes Moment der Komponistenpersönlichkeit von Brahms – bezog sich, das wenigstens kann auch hier gefolgert werden, nicht nur auf die anspruchsvollen der Symphonie, des Streichquartetts oder der Violinsonate.

Erst als diese »anspruchsvollen« Gattungen bewältigt waren, kam Brahms mit op. 87 wieder auf das Klaviertrio zurück; es deutet auf die Neigung zur kleineren Besetzung der klavierbegleiteten Kammermusik voraus, die sein Spätwerk bestimmen sollte. Nach op. 87 nämlich entstanden nur noch Sonaten (für Violine, Violoncello und Klarinette) sowie ein weiteres Klaviertrio; op. 101 indes ist in unmittelbarem zeitlichen und inhaltlichen Zusammenhang mit dem Doppelkonzert op. 102 entstanden – ein Konnex, der auf die komplexe Vielfältigkeit des Brahmsschen Gattungsbegriffs hinweist.

Hinsichtlich der Satzzahl sind die Klaviertrios deutlich an die entsprechenden Kammermusikwerke größerer Besetzung gebunden; sie alle weisen wie die Klavierquartette und das Klavierquintett vier Sätze auf; ausgeschlossen ist somit die Reduktion auf drei Sätze, die namentlich in Sonaten realisiert ist, und damit auch die Verschränkung der herkömmlichen Satztypen beider Mittelsätze innerhalb eines einzigen Satzes.

Die tänzerischen Sätze in op. 8 (II. Satz) und op. 87 (III. Satz) sind – auch als solche bezeichnete – Scherzi. In beiden wird das rasche Tempo im Trio zurückgenommen, und in beiden bildet dieser Mittelteil durch melodische Gebundenheit einen deutlichen Kontrast zu dem in op. 8 kapriziös-getupften bzw. dem in op. 87 gespenstisch-flüchtigen Charakter des Scherzo-Hauptteils. Der den tänzerischen Typus vertretende II. Satz in op. 101 dagegen zieht sich in einfacher Dreiteiligkeit auf die emotional zurückgenommene Haltung eines Intermezzos zurück – ein Ton, mit dessen tiefgründiger, aber doch empfindsamer Nachdenklichkeit Brahms wie in so manchen der Charakterstücke für Klavier auch hier sicher seinen individuellsten Ausdruck gefunden hat.

Ganz unterschiedlich gestaltet sind die langsamen Sätze. Dem Adagio des III. Satzes in op. 8 (2. Fassung) liegt die Dreigliedrigkeit der Liedform zugrunde, die hier durch bewegungsmäßige Beschleunigung im Mittelteil, aber auch durch die harmonische Komplikation bei der Wiederkehr des Anfangsteils eine spezifische Kontur erhält. Der II. Satz von op. 87 setzt als Variationenfolge an, mündet aber nach nur vier Variationen in einen Schlußteil (T. 136), dessen formales Gewicht mit dem nichtssagenden Begriff Coda kaum hinreichend bezeichnet ist. Das Andante grazioso des III. Satzes in op. 101 schließlich spielt innerhalb einer übergreifenden Dreiteiligkeit auf bemerkenswerte Weise zwischen dem Dreier- und Zweiertakt, und das sowohl auf der untergeordneten binären Ebene des ¾- bzw. ¼-Taktes im A-Teil als auch auf der ternären des ⁶⁄₈- bzw. ⁹⁄₈-Taktes im B-Teil; die gestaltliche, hier vor allem metrisch-rhythmische Differenzierung wird also nicht nur für den Kontrast der Formteile bestimmend, sondern spielt innerhalb dieser selbst eine prägende Rolle.

Als nicht so nebensächlich einzuschätzen, wie heute allgemein angenommen, ist die Fassung, die Brahms vom Konzert für Violine und Violoncello mit Orchester a-Moll op. 102 für die Besetzung eines Klaviertrios angefertigt hat.

1. Violinsonate G-Dur op. 78

Komponiert Sommer 1878 und 1879. Druck November 1879.

I Vivace ma non troppo, 6/4 – II Adagio / più andante, Es-Dur, 2/4 – III Allegro molto moderato – Più moderato, g-Moll/G-Dur, ¢

2. Violinsonate A-Dur op. 100

Komponiert Sommer 1886. Druck April 1887.

I Allegro amabile, 3/4 – II Andante tranquillo / Vivace, F-Dur, 2/4 und 3/4 – III Allegretto grazioso (quasi Andante), ¢

3. Violinsonate d-Moll op. 108

Komponiert Sommer 1886. Hans von Bülow gewidmet. Druck April 1889.

I Allegro, ¢ – II Adagio D-Dur, 3/8 – III Un poco presto e con sentimento fis-Moll, 2/4 – IV Presto agitato, 6/8

Unter den etablierten Gattungen des 19. Jahrhunderts stellt die Violinsonate diejenige dar, der Brahms sich am spätesten zugewandt hat. Man kann hier – anders als beim Streichquartett oder der Symphonie – wohl kaum kompositionstechnische Schwierigkeiten in Anschlag bringen. Immerhin hatte Brahms bereits 1853 für eine Gemeinschaftskomposition mit Albert Dietrich (I. Satz) und Robert Schumann (II. und IV. Satz), die sogenannte »F.A.E.[frei, aber einsam]«-Sonate, als durchaus gelungenen, wenn auch etwas weitschweifigen III. Satz das **Scherzo c-Moll (WoO 2,** Druck 1906) verfaßt; und 1866 war die Violoncellosonate op. 38 erschienen, die zwar nicht den hohen ästhetischen Anspruch der Violinsonate vertreten konnte, satztechnisch aber kaum andere Probleme bot. Auffällig ist die Tatsache, daß alle Violinsonaten in engem Konnex mit Werken anderer, aber in unterschiedlicher Weise vergleichbarer Gattung entstanden. Die G-Dur-Sonate op. 78 wurde in direktem Zusammenhang mit dem Violinkonzert op. 77 geschrieben, und op. 100 bildet – schon an der Opuszahl ablesbar – ein Paar mit der 2. Violoncellosonate op. 99. Nur op. 108 scheint hinsichtlich des Kompositionsprozesses für sich zu stehen; tatsächlich aber wurde die Sonate gleichzeitig mit op. 99 und 100 komponiert. Neben den analogen instrumentalen Gattungen haben die Brahmsschen Violinsonaten aber auch eine deutliche Affinität zu einer vokalen Gattung, dem Sololied. Brahms dokumentiert das hinlänglich, wenn er dem Finalsatz der G-Dur-Sonate als Hauptthema die Melodie zugrunde legt, die er bereits in dem *Regenlieder*-Paar

Autograph der Violinsonate op. 78, Anfang des III. Satzes

op. 59/3 und 4 verwendet hatte (s. Bsp. 24 und 25). Weniger plausibel mag Brahms' brieflicher Hinweis auf eine Verbindung zwischen op. 100 und dem Groth-Lied *Wie Melodien zieht es mir* op. 105/1 erscheinen; doch dokumentiert er deutlich, wie bewußt sich der Komponist dieser gattungsübergreifenden Beziehungen war.

Hinsichtlich der Satzanlage ist in der Reihe der drei Violinsonaten eine direkte Linie zu erkennen. Op. 78 verzichtet auf einen zweiten Mittelsatz, um der

Bsp. 24

Sanft bewegt

Re - gen - trop - fen aus— den— Bäu - men

Bsp. 25

grundlegend dreiteiligen Disposition des Werkganzen Kontur zu verleihen: Die Außensätze beziehen sich durch Tonhöhe und Rhythmus des Anfangsmotivs deutlich aufeinander, und der langsame Mittelsatz ist in sich wiederum dreiteilig. Op. 100 kombiniert die beiden traditionellen Mittelsätze in einem einzigen, der dreimal zwischen Andante tranquillo im ¾- und Vivace im ¼-Takt alterniert. Nur op. 108 mithin bietet alle vier Sätze des Sonatenzyklus in der normativen Aufeinanderfolge.

Ganz singulär dagegen breitet op. 108 die Sonatenform des Kopfsatzes aus. Es wurde bereits mehrfach darauf hingewiesen, wie problematisch der Begriff einer dramatischen oder dynamischen Sonatenform bei Brahms ist, welche vielfältigen und diesem Begriff entgegengesetzten Ausarbeitungen er sowohl für die Durchführung als auch – und dies von allem Anfang an – für den Reprisenbeginn ersann. Hier jedoch greift er zu einem Extrem, das den steigernden und zielgerichteten Verlauf der Durchführung gänzlich außer Kraft setzt. Haupt- und Seitensatz sind in T. 1 ff. bzw. 48 ff. in der normalen tonartlichen Differenz (d-Moll bzw. F-Dur) exponiert und werden einander in der Reprise auf der Tonikaebene angeglichen (T. 130 d-Moll, T. 186 D-Dur). Die Durchführung jedoch ist weder der Vermittlung der motivisch-thematischen Gestalten gewidmet – sie beruht fast ausschließlich auf Material des Hauptsatzes – noch führt sie die Rückkehr zur Tonika am Reprisenbeginn durch eine intensive harmonische Bewegung herbei; ja harmonische Entwicklung als solche wird geradezu verweigert: Die gesamte Durchführung entfaltet sich über dem Orgelpunkt des Dominantgrundtones A.

Vom Violinkonzert op. 77 hat Brahms selbst eine Fassung für Klavier und Violine angefertigt, mithin für die Besetzung einer Violinsonate.

1. Violoncellosonate e-Moll op. 38

Komponiert 1862 (I. und II. Satz) und 1865 (III. Satz). Josef Gänsbacher gewidmet. Druck Juni 1866.

I Allegro non troppo, ₵ – II Allegretto quasi Menuetto a-Moll/fis-Moll, ¾ – III Allegro, ₵

2. Violoncellosonate F-Dur op. 99

Komponiert Sommer 1886. Druck April 1887.

I Allegro vivace, ¾ – II Adagio affettuoso Fis-Dur, ⅔ – III Allegro passionato f-Moll/F-Dur, ⅚ – IV Allegro molto, ₵

Eine auffällig große zeitliche Distanz zwischen zwei Vertretern derselben Gattung im Kammermusik-Œuvre von Brahms weisen die beiden Violoncellosonaten auf; sie wird nur noch durch diejenige zwischen dem 1. und 2. Klaviertrio übertroffen. Die Sonate in e-Moll gehört der »first maturity« an, die in F-Dur vertritt mit besonderer Deutlichkeit den konzessionslosen Spätstil von Brahms.

Ursprünglich sollte op. 38 vier Sätze umfassen; das an zweiter Stelle geplante Adagio jedoch, das sowohl Clara Schumann als auch der Widmungsträger Josef Gänsbacher gekannt und dessen Tilgung beide überaus bedauert haben, wurde aus unbekannten Motiven vom Komponisten ausgeschieden. Die Parallelität zum Violinkonzert op. 77, bei dem Brahms ein bereits fertiggestelltes Scherzo aus dem definitiven Opus ausgesondert hat, liegt auf der Hand; weniger plausibel allerdings ist die These Max Kalbecks (II/1, S. 190 ff.), daß Brahms den Satz dann als langsamen in op. 99 aufnahm. Ebenso wie seine Vermutung, daß jenes Scherzo des Violinkonzerts zu dem des Klavierkonzerts op. 83 geworden sein soll – wogegen auch inhaltliche Erwägungen sprechen –, entbehrt auch diese jeglicher dokumentarischer Belege.

Die ersten beiden Sätze von op. 38 halten sich als Sonatensatz bzw. als stilisiertes Menuett weitgehend an die Konvention. Aus deren Rahmen dagegen fällt der Schlußsatz. Dies freilich weniger, weil er kein Rondo, sondern eine klare Sonatenform ausprägt (ungewöhnlich allerdings ist der Reprisenbeginn, der in T. 123 ff. zunächst eine Passage aus dem Seitensatz aufgreift – vgl. T. 61 ff. – und erst in T. 132 zu Material des Hauptsatzes gelangt). In hohem Maße auffällig ist vielmehr die Tatsache, daß der Hauptsatz sich als Fugenexposition entfaltet, mithin in einer Satztechnik, die in der klassisch-romantischen Periode eher in der Durchführung ihren Platz hatte. Und das Subjekt der Fuge hat ein konkretes gestaltliches Vorbild: den »Contrapunctus 13« aus Bachs *Kunst der Fuge* BWV 1080.

Die beiden Violoncellosonaten gelten bei Cellisten als Herausforderung all ihren technischen Vermögens und bei Pianisten als Paradigma des – wohl allzu oft apostrophierten – dicken Klaviersatzes bei Brahms. Große Ansprüche stellt aber namentlich op. 99 auch an die Auffassungsmöglichkeiten des Hörers; es ist

wahrhaft »Musik für Erwachsene«, nimmt keine Rücksicht auf leichte Faßlichkeit und repräsentiert solchermaßen die Konzessionslosigkeit des Spätwerks
von Brahms in besonderer Deutlichkeit. Arnold Schönberg hat das in seinem
1931 verfaßten Rundfunkvortrag über seine eigenen Orchestervariationen
op. 31 mit einer analytisch eindrucksvollen Passage demonstriert. Er bezieht
sich dabei auf das Hauptthema des I. Satzes.

»Als Beispiel eines rasch entwickelten Themas – Sie erwarten gewiß nun, daß
ich Ihnen ein extrem modernes Thema nennen werde, aber Sie irren – ich
nenne Brahms, F-Dur-Cellosonate.
Es wird den jüngeren Hörern gewiß unbekannt sein, daß diese Sonate noch
bei Brahms' Tod sehr unbeliebt war und als ungenießbar galt.
Ältere Hörer werden sich gewiß noch erinnern, daß das Violinkonzert
20 Jahre lang als unspielbar, als nicht geigenmäßig gegolten hat – trotz Joachims Eintreten dafür.

Bsp. 26

Der ungewöhnliche Rhythmus ist in diesem ¾-Takt, die Synkopierungen, die
glauben machen, daß die dritte Phrase im ⁴⁄₄-Takt steht,

Bsp. 27

und die ungewöhnlichen Intervalle,

Bsp. 28

die None, die hierin liegt, erschwerte damals die Auffassung. Ich habe das
noch mitempfunden und weiß darum, wie ernst es zu nehmen ist!

Und dieses Thema entwickelt sich zu allem Unglück zu rasch, und seine Motivik ist fast nicht durch das Ohr, sondern erst auf dem Papier zu enträtseln. Dort erst sieht man, daß die Anfangs-Quart

Bsp. 29

sich in der Umkehrung als Quint

Bsp. 30

wiederfindet, [. . .] aber mit dem Ohr ist das schon deswegen schwer zu erfassen, weil die Phrasierung, die zuerst Zweiton-Gruppen zusammenfaßt, dann auf Dreiton-Gruppen springt.

Bsp. 31

Trio für Violine, Horn (oder Violoncello bzw. Bratsche) und Klavier Es-Dur op. 40

Komponiert Mai 1865 in Baden-Baden. Druck November 1866.

I Andante / Poco più animato, ¾ und ⁹⁄₈ – **II** Scherzo: Allegro / Molto meno Allegro, Es-Dur/as-Moll, ¾ – **III** Adagio mesto es-Moll, ⁶⁄₈ – **IV** Finale: Allegro con brio, ⁶⁄₈

Über die Entstehungsgeschichte des **Horntrios** ist so gut wie nichts bekannt. Das ist angesichts der wahrhaft ungewöhnlichen Besetzung (die Alternativen, die Brahms bei der Veröffentlichung konzediert hat, gehen an der Substanz des Werks vorbei) erstaunlich und hat die Biographen zu mancherlei Vermutungen hinsichtlich des Kompositionsmotivs angeregt: Brahms habe sich an sein jugendliches Hornspiel erinnert, damit im Adagio mesto einen Klagegesang über den Tod der Mutter verbunden und die Trauer nochmals mit dem Anklang an den Choral »Wer nur den lieben Gott läßt walten« im Hauptthema des Finales zum Ausdruck gebracht (das Rondothema hat aber eine ebenso große Ähn-

lichkeit mit dem Volkslied »Dort in den Weiden steht ein Haus«, das Brahms insgesamt viermal bearbeitet hat).
Entsprechen die Sätze II bis IV als Scherzo, Liedform und Sonatenform mit Rondocharakter weitgehend der Norm, so steht der I. hinsichtlich seiner formalen Anlage im gesamten Brahmsschen Kammermusikwerk für sich: Er ist der einzige Kopfsatz, der sich nicht in der Sonatenform entfaltet. Es handelt sich bei ihm vielmehr um eine Reihungsform, die zwischen zwei auch in der Taktart unterschiedenen thematischen Bereichen alterniert. Kennzeichnend ist die graduelle Verjüngung, d. h. die Verkürzung der Formteile, die erst in der Coda wieder aufgefangen wird: A (T. 1–76) 76 Takte, B (T. 77–130) 54 Takte, A (T. 130–166) 37 Takte, B (T. 167–199) 33 Takte und Coda aus A (T. 200–266) 67 Takte. Bleibt der B-Teil jedoch auch bei seiner Verkürzung einigermaßen intakt, so verändert der A-Teil seine formale Anlage, verzichtet sogar auf einen bei der Exposition bedeutsamen Gedanken: Er, der in den Takten 29–55 des ersten Teils den recht ausgedehnten Mittelabschnitt einer Bogenform bildet, wird an keiner Stelle des Satzes wiederaufgenommen und bleibt solchermaßen – ganz außergewöhnlich bei Brahms – Episode.

Werke mit Klarinette

Daß Brahms sich gegen Ende seines Lebens einer neuen und für die Kammermusik des 19. Jahrhunderts durchaus ungewöhnlichen Besetzung zuwandte, ist dem Klarinettisten des Meininger Hoforchesters Richard Mühlfeld zu verdanken. Dessen Ton muß Brahms eminent fasziniert haben – wie vielleicht zuvor nur der Baß Julius Stockhausens (ihm sind die »Magelone-Romanzen« op. 33 zugedacht) und später die Altstimme von Alice Barbi; jedenfalls weckte die klangliche Qualität von Mühlfelds Klarinettenton die kompositorische Phantasie von Brahms zu neuem Leben (er hatte 1891 sein Testament an Simrock geschickt) und regte ihn zur Komposition von immerhin vier Werken mit Beteiligung dieses Blasinstruments an – einer vergleichsweise durchaus beträchtlichen Zahl: dem Trio op. 114, dem Quintett op. 115 (s. S. 138) und den beiden Sonaten des op. 120. Mit der Klarinette konnte Brahms seine immer schon auf die satte Mittellage gerichtete Klangphantasie voll entfalten, und daß deren Verwendung den gattungsspezifischen Normen der Zeit widersprach, war ihm jetzt, im Spätwerk, mit dem er insgesamt zur konzessionslosen Verwirklichung der eigenen musikalischen Intentionen tendierte, gleichgültig (man denke an die gleichsam anachronistische Hinwendung zum Choralvorspiel für Orgel in op. 122).

Richard Mühlfeld.
Bleistiftzeichnung
von Ludwig
Michalek, 1899

Trio für Klarinette (oder Bratsche), Violoncello und Klavier a-Moll op. 114

Komponiert Sommer 1891 in Ischl. Druck März 1892.

I Allegro, ¢ – II Adagio D-Dur, ¢ – III Andantino grazioso A-Dur/D-Dur, ¾ – IV Allegro, ²⁄₄(⁶⁄₈), ⁶⁄₈ und ⁹⁄₈

Angesichts von Brahms' überaus subtilen Verfahren der im wesentlichen auf Tonhöhenkonfigurationen gegründeten motivisch-thematischen Vermittlung und der immer wieder individuell gestalteten formalen Anlage von Sätzen und ganzen Stücken tritt ein Aspekt leicht in den Hintergrund, der doch besondere Aufmerksamkeit verdient: Die rhythmisch-metrische Auskomposition. Zwar gilt gerade die vielfältige Ausformung von Tripeltakten, namentlich Hemiolen, als Merkmal des Brahmsschen Komponierens (vgl. etwa S. 55 die Anmerkungen zum Kopfsatz der 2. Symphonie), die formbildende Funktion rhythmischer Bildungen indes wird nur selten gebührend berücksichtigt. Das **Klarinettentrio**, dessen I. Satz – wie bereits auf S. 131 ausgeführt – eine so bemerkenswerte

Modifikation der Sonatenform aufweist, dokumentiert in seinem Finalsatz, welche prägende Rolle diesem kompositorischen Bereich zukommen kann: Die formale Anlage, die eine in der Reprise um die Wiederkehr des Hauptthemas verkürzte Sonatenform darstellt, läßt sich ohne Einbuße an Klarheit allein im Blick auf die rhythmisch-metrischen Bildungen beschreiben.

Die Vielfalt der rhythmischen Gestaltung wird bewerkstelligt zum ersten durch die Füllung des gleichbleibenden Zweiertaktes (¾) durch einerseits sechs (Achteltriolen) und andererseits acht Werte (Sechzehntel), zum zweiten durch die Weitung des Taktes auf drei Zählzeiten, der sich in dieser Form stets an die untergeordnete Aufteilung in neun Achtel hält. Schon das Hauptthema (T. 1–9 bzw. T. 9–17) wird vom Gegensatz zwischen sechs bzw. acht Werten pro Takt bestimmt, die für den Vorder- bzw. Nachsatz maßgebend sind. Die Überleitungsgruppe (T. 17–37) bewegt sich durchweg in Sechzehnteln.

Vom Unterschied der metrischen Dimension erhält der Seitensatz (T. 38 ff.) Kontur: Zwei vorbereitend innehaltende Takte insistieren in beiden Gliedern des Themas auf den nicht unterteilten Zählzeiten des Zweiertaktes, und erst nach dem Wechsel zum ⅝-, d. h. Dreiertakt, kommt die Musik in Bewegung. Die Schlußgruppe kehrt – nach zögerndem Beginn (T. 54–56) – zur Bewegungsform der Überleitungsgruppe zurück, beruht mithin auf Sechzehnteln des Zweiertaktes. Mit der Einblendung der triolischen Bewegung ab T. 66 wird ein neuer Zustand signalisiert, wird in kontinuierlichem Zug zur Durchführung hingeführt, deren Kern (T. 74) sich ausschließlich an den Zweiertakt mit Unterteilungen in sechs hält. Eine exakte Festlegung des Durchführungsbeginns ist angesichts der zäsurlosen Bewegung in diesen Formteil hinein weder möglich noch sinnvoll; deutlich bestimmt indes ist ihr Ende durch den untransponierten Rückgriff auf T. 17 ff. in T. 116 ff. Und wieder wird unmittelbar zuvor der neue Formteil – die Reprise – angekündigt, indem ab T. 105 Taktgruppen in acht bzw. sechs Werten alternieren. Die Coda schließlich geht wie die Durchführung bruchlos aus der Schlußgruppe hervor; hier werden nun sporadisch auch simultane Kombinationen der unterschiedlichen Füllungen des Zweiertaktes angedeutet, und als Steigerungsmittel wird sogar zu dessen Unterteilung in zwölf ausgegriffen (T. 182–184). Wesentlicher noch ist die subtil auskomponierte Verlangsamung zum Schluß hin: Von T. 173 an gewinnt ein Gedanke, der sich akzentuiert in Vierteln und Achteln bewegt, gleichsam thematische Kontur, und er wird zum Kern der Schlußtakte (T. 188–193), die nach der bereits in T. 187 schlüssig erreichten Tonika einer auskomponierten Fermate gleichen.

1. Sonate für Klarinette (oder Bratsche bzw. Violine) und Klavier f-Moll op. 120/1

Komponiert Sommer 1894. Druck Juni 1895.

I Allegro appassionato, ¾ – II Andante un poco Adagio As-Dur, ¾ – III Allegretto grazioso As-Dur/f-Moll, ¾ – IV Vivace F-Dur, ¢

2. Sonate für Klarinette (oder Bratsche bzw. Violine) und Klavier Es-Dur op. 120/2

Komponiert Sommer 1894. Druck Juni 1895.

I Allegro amabile, ¢ – II Allegro appassionato / Sostenuto, es-Moll/H-Dur, ¾ – III Andante con moto – Allegro – Più tranquillo, ⁶⁄₈ und ¾

Die beiden **Klarinettensonaten** sind die letzten Kammermusikwerke, die Brahms geschrieben hat, und zugleich die letzten, zu denen er sich von dem instrumentalen Ton des Klarinettisten Richard Mühlfeld hat anregen lassen. Und die Tatsache, daß er schon im Originaldruck die alternative Besetzung durch eine Bratsche zugestand und sich sogar zu einer eigenen Fassung für Violine bereitfand, sollte nicht darüber hinwegtäuschen, daß die Stücke ganz und gar im Blick auf den spezifischen Klang der Klarinette erfunden worden sind: Die instrumentale Farbe von deren unterschiedlichen Registern gehört zur Substanz der Sonaten.

Sind das Klarinettentrio op. 114 und das Klarinettenquintett op. 115 für eine Klarinette in A konzipiert, so spielt in beiden Sonaten eine Klarinette in B. Dementsprechend liegen die Tonarten der Sätze, deren Disposition sich sinnfällig und einfach an den Terzabstand hält, alle im B-Bereich. Die erste Sonate wechselt in den Mittelsätzen von der Tonika f-Moll zu deren Durparallele As-Dur (das Trio des III. Satzes kehrt zur Tonika zurück) und hellt sich im Finale zur Durtonika F-Dur auf. In der zweiten Sonate steht der Tonika Es-Dur, die in beiden Außensätzen gilt, im Hauptteil des Mittelsatzes deren Mollvariante es-Moll gegenüber; das Trio greift zu deren Untermediante H-Dur, eigentlich Ces-Dur, aus.

Man kann diese beiden letzten Kammermusikwerke in mehrerer Hinsicht als gleichsam bündelnden Rückblick auf Brahms' gesamtes Komponieren betrachten. Was die Form angeht, so bietet der letzte Satz von op. 120/1 eine ähnlich komplizierte Verschränkung von Sonaten- und Rondoform wie etwa der Finalsatz der 3. Symphonie op. 90; im I. Satz ist die Sonatenform – wie im I. von op. 90, aber auch schon op. 115 – durch eine gerüstgebende Mottogruppe erweitert (s. Bsp. 32 auf S. 158).

Die Fügung des Hauptthemas im I. Satz von op. 120/1 beruht (wie in dem der 4. Symphonie und im dritten der *Vier ernsten Gesänge*) auf Terzenketten (vgl. S. 114 f.). Im selben Satz dokumentiert der Reprisenbeginn aufs neue, welche Schwierigkeiten Brahms mit diesem formalen Ort hatte (vgl. dazu näher S. 131). Wie ein Nachklang eines technischen Verfahrens, dem Brahms immer wieder seine Aufmerksamkeit zugewandt hat, wirkt die Coda im I. Satz derselben Sonate: Sie bietet einen strengen Umkehrungskanon zwischen den Oberstimmen. Für zwei weitere substantielle Aspekte der Brahmsschen Musik stehen der III. Satz von op. 120/1 und der letzte von op. 120/2, auf die etwas näher eingegangen werden soll: Ersterer vertritt den Aspekt der Vermittlung zwischen dem Einfachheitsideal von Volkslied bzw. Volksmusik und Kunstanspruch, der das gesamte Lied-Œuvre, aber nicht nur dieses, prägt; letzterer insistiert nochmals auf dem so zentralen Dispositionsprinzip der Variationenfolge.

Bsp. 32

Das Thema des III. Satzes in op. 120/1 steht in seiner einfachen Fügung, der for-
melhaften Melodik und der harmonisch unkomplizierten Begleitung einem
Tanz nahe, dem Ländler. Es ist als reguläre Periode mit deutlicher Zäsur im vier-
ten Takt gegliedert, und der Nachsatz ist harmonisch wie melodisch Variante des
Vordersatzes. Trotz dieser Einfachheit ist das Thema in das alles umspannende
Beziehungsnetz der Sonate eingewoben, ist den Verfahren der motivisch-thema-
tischen Integration unterworfen. Es versammelt in sich die zentrale motivische
Substanz von einleitender Mottogruppe, Hauptthema und Seitenthema des
I. Satzes. Das wird belegt durch die seine Formulierung entscheidend prägenden
Elemente: Die ineinandergeschachtelten Terzenketten, die Bezug nehmen auf
das Hauptthema des I. Satzes (T. 5 ff.), werden durch den Auftakt zu T. 1 signal-
artig angekündigt; für die Folge zweier Quarten, die an den Seitensatz (I. Satz
T. 53 ff.) anknüpfen, stehen wie dort die Taktschwerpunkte; und schließlich
wird der Gesamtumriß von T. 1–3 wie in der Mottogruppe des I. Satzes von
einer absteigenden Sekundfolge bestimmt.

Wie so viele Gattungsreihen (vgl. S. 121) beschließt Brahms sein gesamtes
Kammermusikwerk im Schlußsatz von op. 120/2 mit einer Variationenfolge in
Finalposition. Und er kehrt dabei in bewußter Reduktion wesentlich eine der
für Variationenfolgen grundlegenden Entfaltungsformen hervor; sie beruht auf
der Einbindung der Einzelvariationen in eine stufenweise Modifikation der
Bewegungsart, zumeist wie hier als Beschleunigung. Bei gleichbleibender
Taktart und unverändertem Tempo ist sie an den kleinsten, einigermaßen
durchgehaltenen Notenwerten abzulesen. Das Thema des Satzes bewegt sich in
Achteln, Sechzehnteln und Zweiunddreißigsteln. Bei der I. Variation, die auf
Zweiunddreißigstel verzichtet, setzt der Beschleunigungszug an, der über die
Sechzehnteltriolen der II. Variation bis zu den fast durchgehenden Zweiunddreißigsteln der III. Variation reicht. Hier bricht die Beschleunigung ab; gleichsam als retardierendes Moment – als der schnellsten Bewegung folgend nicht
ungewöhnlich in Brahmsschen Variationenfolgen – sinkt die IV. Variation
auf die langsamste Bewegung des ganzen Satzes in Achteln ab. Dagegen stellt
die V. Variation, deren Allegro bei Taktartwechsel als »doppio movimento«

zu verstehen ist, nun in Sechzehnteln wieder die schnellste Bewegungsart. Die Coda greift für sich – gleichsam als Variationenfolge innerhalb der Variationenfolge (vgl. op. 56) – nochmals das Moment der zunehmenden Steigerung auf: Achteltriolen – Sechzehntel – Sechzehnteltriolen – Zweiunddreißigstel.

Klavier- und Orgelwerke

Werke für Klavier zu zwei Händen

Brahms' Komponieren für Soloklavier vollzieht sich in drei inhaltlich deutlich voneinander geschiedenen Phasen, die von den Genres Sonate, Variationenfolge und Charakterstück bestimmt sind. Auf Sonaten bzw. Sonatensätze wie op. 4 (Scherzo) konzentrierte er sich bis 1854, d. h. am Anfang seiner kompositorischen Tätigkeit. Danach wandte er sich für neun Jahre, in der Zeit also, die James Webster seine »first maturity« genannt hat, der Klaviervariation zu; mit Ausnahme der Balladen op. 10 sind bis 1862/63, d. h. bis zu den Paganini-Variationen op. 35, allein Werke entstanden, die als Variationenfolgen ausgeführt sind. Die dritte Phase beginnt – folgt man Brahms' eigenem Werkverzeichnis – mit dem Jahr 1878; von dieser Zeit an, tatsächlich aber wohl schon früher, richtete er sein Interesse allein auf das Lyrische Klavierstück. Dieses Genre prägt mithin die Mitte, namentlich aber das Ende seines Schaffens.

Überaus bemerkenswert an dieser dreifachen Gliederung des Brahmsschen Klavierwerks ist die Entschiedenheit, mit welcher der – wenn man so will – Paradigmenwechsel vollzogen wurde, daneben aber auch, wie genau die individuelle Entwicklung bei Brahms gleichsam in Verkleinerung mit der allgemeinen Geschichte der Klavierkomposition im 19. Jahrhundert übereinkommt. Auch in ihr ist – bis zum Tod von Schubert 1828 – die Sonate vorherrschend; mehr und mehr aber verblaßt deren Geltung, und in den Vordergrund rückt das Lyrische Klavierstück oder Charakterstück als die »zeitgemäße« Ausdrucksform romantischer Klaviermusik.

Sonaten und Sonatensätze

»Am Clavier sitzend, fing er an wunderbare Regionen zu enthüllen. Wir wurden in immer zauberischere Kreise hineingezogen. Dazu kam ein ganz geniales Spiel, das aus dem Clavier ein Orchester von wehklagenden und lautjubelnden Stimmen machte. Es waren Sonaten, mehr verschleierte Symphonien …«, so schreibt Robert Schumann in dem am 28. Oktober 1853 in der *Neuen Zeitschrift für Musik* veröffentlichten prophetischen Artikel »Neue Bahnen« über Brahms, und er faßt damit den Eindruck zusammen, den der junge Hamburger seit seiner Ankunft am 30. September des Jahres in Düsseldorf mit der Präsentation seiner Klavierwerke gemacht hatte. Tatsächlich war die Wirkung, die gerade diese Kompositionen hervorgerufen hatten, so groß, daß von den sechs Opera, die Brahms – von Schumann bei den Verlegern empfohlen und sicher auch inhaltlich beraten – bis zum Februar 1854 als seine ersten veröffentlichen konnte, vier dem Genre Klaviersonate angehören.

Was Brahms den Düsseldorfer Freunden tatsächlich vorgespielt hat, kann nur noch teilweise rekonstruiert werden. Ganz gewiß ist, daß die 2. Sonate fis-Moll op. 2 dazugehörte, die bereits seit November 1852 vollendet vorlag und die Brahms als Dank für die vielfältige Unterstützung und als Zeichen des Beginns einer langjährigen Freundschaft beim Druck Clara Schumann widmete. Als ebenso gesichert kann gelten, daß er auch die C-Dur-Sonate op. 1 vorführte, deren Komposition im Frühling 1853 abgeschlossen war. Daß diese Sonate jedoch im Manuskript »Vierte« heißt, deutet darauf hin, daß Brahms im Oktober 1853 bereits mehr Kompositionen zu bieten hatte, als uns überliefert sind. Als eine der vorangehenden drei Sonaten ist zweifellos die fis-Moll-Sonate gemeint; was dagegen die beiden anderen betrifft, so sind wir auf Vermutungen angewiesen: Wahrscheinlich ist erstens, daß das schon im August 1851 abgeschlossene Scherzo es-Moll, das später als op. 4 publiziert wurde, Teil einer im übrigen vernichteten Sonate ist, die in jene Zählung einbezogen wurde; denkbar ist zweitens, daß die beiden langsamen Sätze der f-Moll-Sonate op. 5, die sicher vor der Reise nach Düsseldorf komponiert waren, entweder Teile einer ansonsten verworfenen Sonate waren oder den Beginn einer Anfang 1853 noch nicht weiter ausgeführten Planung von op. 5 bedeuteten; möglich aber ist drittens auch, daß in jener Zählung auf Stücke Bezug genommen wird, von denen wir überhaupt keine Kenntnis haben.

Als wichtig geht aus alledem hervor, daß die Opuszahl 1 bei der Sonate C-Dur nicht ihren chronologischen Ort angeben will. Wenn mithin Brahms die Reihe seiner gedruckten Werke mit ihr eröffnet, so muß es dafür einen anderen, einen inhaltlichen Grund geben, der mit der spezifischen Prägung der Komposition zusammenhängt. Diese individuelle Prägung läßt – deutlicher als die aller anderen Sonaten – ein ästhetisches Konzept hervortreten, das für Brahms' gesamtes Œuvre bestim-

mend werden sollte und das er mit der Auszeichnung von op. 1 gleichsam programmatisch verkündet: die Verschränkung von klassischer
Ausgewogenheit und satztechnischer Strenge einerseits mit romantischer Ausdrucksfülle und Versenkung ins musikalische Detail andererseits.

1. Klaviersonate C-Dur op. 1

Komponiert April 1852 (II. Satz) und Frühling 1853; Druck Dezember 1853;
Joseph Joachim gewidmet.

I Allegro, **c** – II Andante (Nach einem altdeutschen Minneliede: *Verstohlen
geht der Mond auf*. . .), c-Moll – C-Dur, ¾ – III Scherzo: Allegro molto e con
fuoco / Più mosso, e-Moll/C-Dur, ⅜ und ¾ – IV Finale: Allegro con fuoco –
Presto non troppo ed agitato, ⅜ und ⅚

Die verpflichtende Beziehung zur Klassik unterstreicht Brahms mit Hinweisen
auf Beethoven als den Komponisten, der nicht nur kompositorische Leitfigur
des 19. Jahrhunderts allgemein war, sondern auch das Genre der Klaviersonate
zu höchster Blüte gebracht hatte. Unverkennbar sind die Anspielungen auf dessen Waldsteinsonate op. 53, vor allem aber auf die Hammerklaviersonate
op. 106, die von Brahms mit dem Kopfthema des I. Satzes gleichsam zitiert
wird. Am klassischen Modell angelehnt ist aber auch die Form der Einzelsätze
und deren Disposition: Sonatensatz – Langsamer Variationensatz – Scherzo –
schnelles Finale mit Sonatensatz- und Rondoelementen. Für die romantische
Haltung dagegen stehen das breite Ausspinnen des lyrisch rhapsodischen Charakters schon im I. Satz, die Einbettung der Instrumentalmusik in einen von der
Literatur geprägten kulturellen Gesamtzusammenhang (II. Satz; auch die
a-Moll-Episode in T. 107 ff. des IV. Satzes soll – laut einem Bericht des Brahms-
Freundes Albert Dietrich – mit »My Heart is in the Highlands« von Robert
Burns einen literarischen Text reflektieren) und mit besonderer Deutlichkeit das
Gewicht, das dem Volkslied beigemessen wird: Die Tatsache, daß der II. Satz das
altdeutsche Minnelied *Verstohlen geht der Mond auf, blau, blau Blümelein* zum
Thema hat, wird durch den Abdruck des Textes in den Noten unterstrichen.

Bsp. 33

Der I. Satz folgt, wie gesagt, der Anlage des Sonatensatzes, füllt sie indes in ganz spezifisch Brahmsscher Manier aus. Das Hauptthema, das aus einem vor allem rhythmisch prägnanten Kern von zwei Takten herausgetrieben ist, erscheint zweimal, zunächst T. 1–8 in der Tonika, dann aber T. 9 ff. in B-Dur. Das schon deutet auf eine harmonische Flexibilität hin, die das normative Schema der Sonate aufweicht und die harmonische Disposition als formstiftendes Element in den Hintergrund treten läßt. Dem entspricht, daß die Seitensatzgruppe, die wie häufig bei Brahms zwei Themen umfaßt (T. 39 ff. und T. 51 ff.), nicht der Norm entsprechend in der Dominante, sondern in der Tonikaparallele a-Moll steht. Welch klares Bewußtsein Brahms bereits in diesem frühen Stadium von der Problematik des normativen harmonischen Baus der Sonate hatte, zeigt vor allem der Reprisenbeginn – ein formaler Ort, für den der Komponist sein ganzes Werk hindurch immer neue, individuelle Lösungen erdacht hat (vgl. hierzu auch die I. Sätze von op. 2 und op. 5, wo die Sonderung von thematischer [T. 123 bzw. T. 119] und tonaler Reprise [T. 131 bzw. T. 137] eine eindeutige Festlegung dieses formal so wesentlichen Punkts unmöglich macht). Hier (T. 173) läßt Brahms das Hauptthema nicht in klarem C-Dur einsetzen, sondern färbt dessen Anfang – in Anlehnung an die erwähnte Wiederaufnahme ab T. 9 – durch die Septime b dominantisch. Erst im vierten Takt, wo auch bei der Exposition das b erscheint, mündet das Thema in die ursprüngliche Version; und die Wiederaufnahme (T. 181 ff.) geht nun – in Vorbereitung der Tonart der Seitensatzreprise (T. 198 bzw. T. 210) – von c-Moll aus, wird aber – auch dies anders als in der Exposition – durch modulatorische Sequenzierung der Entfaltungsart der Überleitung angeglichen. Schon hier wird erkennbar, daß Brahms sich nicht mehr auf die Tragfähigkeit des herkömmlichen harmonischen Schemas verläßt, sondern die formale Festigkeit durch individuelle kompositorische Maßnahmen zu erreichen bestrebt ist. Dafür stützt er sich in erster Linie auf die Ebene der motivisch-thematischen Arbeit: Die Überleitungsgruppe (T. 17 ff.) bezieht ihr Material in zunächst kanonischer Führung ausschließlich aus dem Hauptthema; die Durchführung beginnt (T. 88 ff.) und endet (T. 153 ff.) mit Passagen, die der Verarbeitung der Seitensatzthemen gewidmet sind, konzentriert sich aber in ihrem Kern (von T. 100 an) auf die simultane bzw. sukzessive Kombination von Motiven aus dem Haupt- und Seitensatz sowie deren Verschmelzung.

Beim Stand des Komponierens um 1850 ist dies nichts Außergewöhnliches, weist aber schon hier nachdrücklich auf einen kompositionstechnischen Aspekt hin, der zentral für die Konstitution der Musik von Brahms und entscheidend für deren historische Wirksamkeit werden sollte: die allumfassende motivisch-thematische Integration der musikalischen Gestalten. Dies ist bereits in der fis-Moll-Sonate zu verfolgen, die ja vor op. 1 vollendet war. Wie in op. 1 und 5 präsentiert auch hier der langsame Satz eine Variationenfolge; die thematische

Transformation bleibt jedoch nicht auf den Satzzusammenhang beschränkt, sondern greift auf das Scherzo über, dessen Themakopf eine neuerliche Umformung des Variationsthemas darstellt.

2. Klaviersonate fis-Moll op. 2

Komponiert Herbst 1852; Druck Februar 1854; Clara Schumann gewidmet.

I Allegro non troppo ma energico, ¾ – II Andante con espressione h-Moll – H-Dur, ¾ – III Scherzo: Allegro / Poco più mosso, h-Moll/D-Dur, ⁶⁄₈ – IV Finale: Introduzione. Sostenuto – Allegro non troppo e rubato – Animato – a tempo – Poco sostenuto – in tempo – Molto sostenuto, fis-Moll/Fis-Dur, ¢

Schumanns Charakterisierung: »Es waren Sonaten, mehr verschleierte Symphonien« trifft auf fast alle überlieferten Sonatensätze von Brahms zu. Gemeint sind damit zunächst der immer wieder erwähnte vollgriffige Klaviersatz und der unüberhörbare orchestrale Gestus, von dem namentlich die Ecksätze und die Scherzi der Sonaten geprägt sind. Angekündigt aber wird, bewußt oder unbewußt, auch einer der das Gesamtœuvre von Brahms charakterisierenden Züge, nämlich die Vermischung der Gattungscharakteristika. Diese Eigentümlichkeit der kompositorischen Poetik von Brahms führt zur kammermusikalischen Anlage der Symphonien, zur Verwendung motivisch-thematischer oder kontrapunktischer Arbeit in Liedern, zu Formexperimenten in lyrischen Klavierstücken wie der Sonatenform in der Rhapsodie op. 79/2. Solche Vermischung tritt in der Sonate fis-Moll mit besonderer Deutlichkeit hervor, und das namentlich in der Form des letzten Satzes, die zahlreiche Analogien zum Finale der 1. Symphonie op. 68 zeigt.

Der Kern des IV. Satzes, der – gegen die Tradition – keinerlei Rondoimplikationen aufweist, entfaltet sich als knappe und vergleichsweise einfache Sonatenform: T. 25 Hauptthema in der Tonika fis-Moll, T. 71 Seitenthema in der Parallele A-Dur, T. 143 Durchführung, T. 204 Reprise mit dem Seitenthema nun in Fis-Dur (T. 225), T. 253 Coda. Erweitert indes ist die Form durch vier Abschnitte in langsamer Bewegung, die zentrale formale Punkte besetzen. Sie bilden in T. 1–24 bzw. T. 268–280 den äußeren Rahmen des Ganzen und setzen in T. 93–142 die Exposition und Durchführung bzw. in T. 197–203 diese und die Reprise durch deutliche Zäsuren voneinander ab. In den Rahmenteilen und vor der Reprise, wo sich die Musik in Halben bewegt, ist das langsame Tempo durch »Sostenuto«, »Poco sostenuto« und »Molto sostenuto« bezeichnet, vor der Durchführung, wo das Haupttempo Bezugspunkt bleibt, vollzieht sich die Bewegung in Ganzen Noten. Nun waren langsame Einleitungen sowohl in Kopf- als auch Schlußsätzen nichts Ungewöhnliches, daß aber solch langsame Passagen noch dreimal an Nahtstellen der Form wiederkehren, stellt eine Besonderheit dar (die sich allerdings wiederum auf Beethoven, nämlich auf den I. Satz der Klaviersonate op. 13 zurückführen ließe). Schon sie entfernt den Satz von der herkömmlichen Bildung eines Sonatensatzes, verschiebt ihn in Richtung auf eine freie Form. Das wird unterstrichen durch die interne Gestaltung: Zwar bereitet die Einleitung (wie die zur Reprise, vgl. auch T. 268–271 des Schlußabschnitts) das motivische Material des folgenden Hauptsatzes vor, sie wird aber auch geprägt durch klavieristisch virtuose Figuration, die an eine freie Fantasie denken läßt. Noch stärker tritt dieses Element im Schlußabschnitt hervor, der den Satz wie eine Konzertkadenz beschließt. Ganz im Gegensatz dazu zieht sich beim Übergang von der Exposition zur Durchführung der Tonsatz ganz auf Akkordik zurück und bildet eine Klangfläche, die zu wahrem Leben nur durch die Farben des Orchesters gebracht werden könnte, d. h. in einer – hier noch »verschleierten« – Symphonie.

Scherzo es-Moll op. 4

Komponiert August 1851; Druck Februar 1854; Ernst Ferdinand Wenzel gewidmet.

Dieses einzelne Scherzo ist die am frühesten entstandene Klavierkomposition, die Brahms hat drucken lassen. Es steht wie alle anderen Scherzi der Klaviersonaten in raschem ¾-Takt, der hier mit der Tempovorschrift »Rasch und feurig« bezeichnet ist. In einer anderen Hinsicht allerdings unterscheidet sich op. 4 gravierend von den Parallelsätzen der Sonaten, nämlich in der Dimension. Umfaßt das Scherzo in op. 1 360, in op. 2 gar nur 131 und in op. 5 343 (klingende) Takte, so ist das es-Moll-Scherzo mit 858 Takten sogar länger als die drei anderen zusammen. Das hat nicht nur darin seinen Grund, daß hier – im Unterschied zu den Parallelsätzen – zwei Trios geboten werden, auch der Hauptteil selbst ist ausladender konzipiert als dort. Es wurde bereits S. 161 die Möglichkeit erwogen, daß die Komposition ursprünglich als Satz einer Sonate geplant gewesen sein könnte; angesichts seiner Ausdehnung freilich stellt sich die Frage, wie denn ein ausgewogenes Gewichtsverhältnis zwischen den Sätzen einer solchen Sonate hätte bewerkstelligt werden können. Vielleicht liegt hier ein Fingerzeig auf den Grund vor, warum Brahms den Plan jener präsumtiven Klaviersonate aufgab und das es-Moll-Scherzo als Einzelkomposition veröffentlichte.

3. Klaviersonate f-Moll op. 5

Komponiert Herbst 1853, II. und IV. Satz früher; Druck Februar 1854; Gräfin Ida von Hohenthal, geb. Gräfin von Seherr-Thoss, gewidmet.

I Allegro maestoso f-Moll – F-Dur, ¾ – II Andante (Motto: »Der Abend dämmert, das Mondlicht scheint . . .« [Sternau]): Andante espressivo / Poco più lento – Andante molto – Adagio, As-Dur/Des-Dur, ¾, ⁴⁄₁₆ und ¾ – III Scherzo: Allegro energico f-Moll/Des-Dur, ¾ – IV Intermezzo (Rückblick): Andante molto b-Moll, ¾ – V Finale: Allegro moderato ma rubato – Più mosso – Presto – Tempo primo, f-Moll – F-Dur, ⁶⁄₈

Die Sonate f-Moll op. 5, durch welche die diesem Genre gewidmete erste Phase des Brahmsschen Komponierens für Soloklavier abgeschlossen wurde, ist zugleich die erste Sonatenkomposition, die unter dem Einfluß von Joseph Joachim und dem Ehepaar Schumann vollendet worden ist. Auf letztere hat Brahms erst in späteren Kompositionen, namentlich in den Klaviervariationen op. 9 und op. 23 Bezug genommen, von Joachim dagegen findet sich schon hier eine deutliche musikalische Spur: Das Kopfmotiv des ersten lyrischen Gedankens im Finale (T. 39–40) beruht auf dem Motto f-a-e, das Brahms mit dem Freunde teilte: »frei, aber einsam«. Betont weist Brahms aber auch auf die schon bei den anderen Sonaten beobachtete Bindung der langsamen Sätze an literarische Vorlagen hin, welche hier beim II. Satz durch Sternaus Gedicht

> »Der Abend dämmert, das Mondlicht scheint,
> Da sind zwei Herzen in Liebe vereint
> Und halten sich selig umfangen.«

gegeben ist. Um sie zu akzentuieren, erweitert Brahms die klassische Viersätzigkeit der Sonate, an der er zuvor festgehalten hatte, durch die Einfügung eines Satzes an vorletzter Stelle, der das poetisch geprägte Material des II. nochmals aufgreift. Und die Tatsachen, daß dieser IV. Satz wie ein lyrisches Klavierstück »Intermezzo« heißt und im Untertitel, romantisierend und zugleich die formale Beziehung zum II. Satz aufzeigend, als »Rückblick« charakterisiert ist, unterstreichen aufs deutlichste, wie sehr die kompositorische Poetik des jungen Brahms aus einer Vielfalt von Facetten kompositionstechnischer, ästhetischer und literarischer Art sowie von solchen persönlicher Neigung gemischt ist.

Variationen

Das formale Konzept der Variationenfolge, das man wegen der funktionalen Unverbindlichkeit nicht als Form im emphatischen Sinne bezeichnen sollte, stellt für Brahms eine Gestaltungsgrundlage bereit, deren Tragweite in seinem Œuvre kaum überschätzt werden kann. Er verwendet es nicht nur oft und durch sein ganzes Werk hindurch immer wieder, sondern auch auf unterschiedlichen formalen Ebenen: als Teil eines Satzes (etwa in einer Durchführung oder einem Abschnitt davon), als Satz innerhalb einer Sonaten- oder Symphoniekomposition oder auch als für sich stehende Komposition. Gattungsprägend indes ist die Variationenfolge bei Brahms – wie bei vielen anderen Komponisten – nur als Klaviervariation geworden, und dies verdient bei ihm um so mehr Aufmerksamkeit, als das spezifische Formkonzept – wie bereits ausgeführt – eine ganze Phase, die zweite der Komposition für Soloklavier bestimmt hat. Berücksichtigt man überdies, daß in diese Phase, die Jahre 1854 bis vor 1878, auch die vierhändigen »Varia-

tionen über ein Thema von Robert Schumann« op. 23 sowie die
»Variationen über ein Thema von Joseph Haydn« fallen, die in zwei
gleichrangigen Versionen (für Orchester als op. 56a und für zwei Klaviere als op. 56b) gedruckt wurden, so wird das Gewicht, das das formale Konzept in dieser Zeit für Brahms und für seine weitere kompositorische Entwicklung hatte, besonders deutlich.

Es gibt wenige kompositionstechnische Aspekte, über die sich Brahms
in Briefen so ausführlich und seriös geäußert hat wie über die Variationenfolge, und bemerkenswert genug fallen diese Äußerungen genau in
seine »Variationenphase«. Die erste findet sich in einem Brief vom Juni
1856 an Joseph Joachim (BBW V, S. 150):

> »Ich mache manchmal Betrachtungen über die Variationenform und finde, sie
> müßten strenger, reiner gehalten werden.
> Die Alten behielten durchweg den Baß des Themas, ihr eigentliches Thema,
> streng bei.
> Bei Beethoven ist die Melodie, Harmonie und der Rhythmus so schön vari-
> iert.
> Ich muß aber manchmal finden, daß Neuere (wir beide!) mehr (ich weiß nicht
> rechte Ausdrücke) über das Thema wühlen. Wir behalten alle die Melodie
> ängstlich bei, aber behandeln sie nicht frei, schaffen eigentlich nichts Neues
> daraus, sondern beladen sie nur. Aber die Melodie ist deshalb gar nicht zu
> erkennen.«

Selbst wenn man berücksichtigt, daß diese Ausführungen im ersten
Zugang als Kritik an einer Komposition von Joachim formuliert sind
und Brahms sich selbst – um die Einwände zu entschärfen – mit einbe-
zog, so können sie doch auch – mit der gebotenen Vorsicht – als Kommentar zu den eigenen und zu diesem Zeitpunkt vorliegenden Varia-
tionenwerken interpretiert werden. Sicher ist, daß sie den theoretischen Ausgangspunkt für die Entwicklung von Brahms' individueller
Konzeption der Variationenfolge darstellen.

Gedruckt zum Zeitpunkt der zitierten Äußerung waren lediglich die
Variationen über ein Thema von Robert Schumann op. 9 (komponiert Sommer 1854; Druck November 1854), komponiert waren überdies – vielleicht zur gleichen Zeit oder etwas früher – die »Variationen
über ein ungarisches Lied«, die dann als op. 21/1 veröffentlicht werden
sollten. Nimmt man die Briefstelle also wirklich als Kommentar zum
eigenen Werk, so muß sie in erster Linie auf op. 9 bezogen werden.
Und in der Tat fallen diese Variationen aus dem Rahmen eines genuin
Brahmsschen Begriffs des formalen Konzepts. In ihnen verschränken

sich vielmehr – auf produktive und höchst gelungene Weise – die unterschiedlichsten Antriebskräfte zur künstlerischen Produktion, die Brahms zur Entstehungszeit arbeiten ließen.

Das Stück, das aus einem Thema (Ziemlich langsam, fis-Moll, ¾) 16 Variationen heraustreibt, steht zunächst ganz im Zeichen von Robert und Clara Schumann; Brahms weist darauf schon durch die Überschrift des Autographs hin: »Kleine Variationen über ein Thema von Ihm. Ihr zugeeignet«. Im Kompositionstext stammt das Thema, das bereits Claras Variationen op. 20 zugrunde liegt, aus dem 1. der fünf »Albumblätter« in Schumanns *Bunten Blättern* op. 99; die 9. Variation paraphrasiert das 2. Albumblatt aus demselben Opus; und in T. 30–32 der 10. Variation (Mittelstimme) erscheint der letzte Viertakter des Themas, das Clara in ihrer Romance variée op. 3 und Robert in seinen Impromptus op. 5 Variationswerken zugrunde gelegt hatten und auf das Clara jüngst (1853) in der letzten Variation ihres op. 20 zurückgekommen war. Mehr aber noch als durch diese Übernahmen dokumentiert Brahms seine Hinwendung an das verehrte Paar dadurch, daß er seine Komposition – wie sonst nur noch in op. 23 – dem Schumannschen Stil annähert und weniger das integrale Thema oder den Baß variiert als dessen Motive in immer anderer Gestalt und Beleuchtung vorführt.

Die persönliche Ausrichtung des Werkes indes überdeckt nicht die Grundkonstellation des Brahmsschen Komponierens: den Gegensatz zwischen klassischer Strenge und romantischer Freiheit – zwei Haltungen, deren Verschmelzung er schon in der Sonate op. 1 propagiert hatte und die er gern mit zwei Seiten seines Wesens identifizierte. Das wird nirgends so handgreiflich deutlich wie im Autograph von op. 9, wo er die strengeren, vor allem die kontrapunktischen Variationen (4, 7, 8, 11, 14, 16) mit »B.«, d. h. Brahms, die kapriziösen, leichteren

Var. 14

Andante

stacc. e legg.

Bsp. 34

Var. 5

Allegro capriccioso

Bsp. 35

und virtuoseren (5, 6, 9, 12, 13) mit »Kr.«, d. h. Kreisler, signiert. Die strengere Seite seiner selbst setzt Brahms mithin mit seinem eigenen Namen gleich, die romantisch schweifende dagegen in Anlehnung an E. T. A. Hoffmanns *Kater Murr* mit »Kreisler« oder »Kreisler junior«.

Die beiden D-Dur-Variationenfolgen des **op. 21** (Druck März 1862) sind zweifellos die prätentionslosesten, die Brahms veröffentlicht hat, und das betrifft sowohl die Ausdehnung als auch den pianistischen und kompositorischen Anspruch. Letzteres läßt sich namentlich an der lokkeren Fügung der Schlußteile erkennen, die weniger das Vorangehende resümierend zusammenfassen und zu einem gleichsam logischen Ende führen als vielmehr den Faden romantischen Phantasiereichtums ohne erkennbares Ziel weiterspinnen. Das Thema der **Variationen über ein ungarisches Lied op. 21/2** (Allegro D-Dur), das so prägnant vom Wechsel zwischen ¾- und ⁴⁄₄-Takt lebt und das Vorlage für 14 Variationen und eine Coda ist, hat Brahms höchstwahrscheinlich im Frühjahr 1853 von dem ungarischen Geiger Eduard Reményi erhalten, mit dem er die erste von seiner Heimatstadt Hamburg wegführende Konzertreise unternahm (daher auch die Vermutung, daß das Stück bereits im Frühjahr 1854 entstanden ist). Die **Variationen über ein eigenes Thema op. 21/1** dagegen, die dem Thema (Poco larghetto D-Dur, ⅜) 11 Variationen und eine Coda folgen lassen, wurden erst Anfang 1857 komponiert. Das Stück ist das einzige Variationenwerk für Klavier, das Brahms über ein eigenes Thema geschrieben und veröffentlicht hat. Seine Entstehung schließt sich also der zitierten Äußerung vom Juni 1856 über die Theorie der Variationenform chronologisch relativ eng an; wenn man auch nicht sagen kann, daß hier das kompositorische Paradigma für die theoretische Beschreibung geliefert würde, so ist doch nicht auszuschließen, daß Brahms sich nur deshalb zur Formulierung eines eigenen Themas entschloß, um dem Sinn jener Ausführungen gerecht werden zu können.

Seinen Begriff der Variationsfolge präzisiert er – was die Klaviervariationen betrifft, eher aus der Retrospektive – in einem Brief vom
Februar 1869 an Adolf Schubring (BBW VIII, S. 217):

> »[. . .] bei einem Thema zu Variationen bedeutet mir eigentlich, fast, beinahe
> nur der Baß etwas. Aber dieser ist mir heilig, er ist der feste Grund, auf dem
> ich dann meine Geschichten baue. Was ich mit der Melodie mache, ist nur
> Spielerei oder geistreiche – Spielerei [. . .]. Variiere ich die Melodie, so kann ich
> nicht leicht mehr als geistreich oder anmutig sein oder, zwar stimmungsvoll,
> einen schönen Gedanken vertiefen. Über den gegebenen Baß erfinde ich wirk-
> lich neu, ich erfinde ihm neue Melodien, ich schaffe.«

Nimmt man beide Zitate zusammen, so ist die Akzentuierung des
Aspekts »Schaffen« besonders auffällig, die im ersten (s. S. 167) als
Ziel, im zweiten als gegebene Tatsache erscheint. Das steht in bemerkenswerter Übereinstimmung mit der kompositorischen Leistung,
die Brahms in der Zeit zwischen den beiden Briefstellen, namentlich
mit **Variationen und Fuge über ein Thema von Händel op. 24**,
vollbracht hatte. Tatsächlich hatte er hier die Verwirklichung seines
Variationen-Ideals erreicht, etwas – was er immer anstrebte – an
»dauerhafter Musik« geschaffen: Die Händel-Variationen stellen
den Höhepunkt der Brahmsschen Variationenkunst für Klavier dar
und fügen sich bruchlos der Reihe großer Klaviervariationen ein,
die etwa von Bachs Goldberg-Variationen BWV 988 und Beethovens
Diabelli-Variationen op. 120 gebildet wird.
Auch diese im Jahre 1861 entstandene Komposition (Druck Juli 1862)
ist – als Geburtstagsgeschenk – für Clara Schumann geschrieben, also
für die Frau, zu der Brahms die wohl innigste, sicher aber dauerhafte-
ste freundschaftliche Beziehung unterhielt. Das dokumentiert die
Überschrift des Autographs »Variationen für eine liebe Freundin«.
Und der Anspruch der Komposition entspricht der Intensität der
Beziehung, freilich nun – im Gegensatz zu op. 9 – als Werk eines
Autors, der als Person und Komponist gereift, zu sich selbst gekommen war und seine eigene Vorstellung des formalen Konzepts exemplarisch verwirklichte.
Das Thema (Aria B-Dur, 𝄴), das schon Händel selbst zu fünf Variatio-
nen angeregt hatte, entnahm Brahms der Suite B-Dur aus dem 1733
erschienenen 2. Band von Händels *Suites de Pièces pour le Clavecin*.
Über diesem in jeder Hinsicht einfachen Thema entfaltet Brahms in 25
Variationen und einer ausgedehnten Schlußfuge seinen schier uner-
schöpflichen Einfallsreichtum bei der thematisch-, vor allem aber baß-

gebundenen Prägung neuer Gestalten und Charaktere, wobei die Subjektivität individuellen Ausdrucks und die Objektivität satztechnischer Strenge in einem so ausgewogenen Verhältnis zueinander stehen, daß man davon sprechen kann, das in op. 1 verkündete Programm sei nun ganz und gar eingelöst.

Von allen Werken für Soloklavier dokumentieren die **Variationen über ein Thema von Paganini op. 35**, die im Winter 1862/63 komponiert wurden (Druck Januar 1866), am deutlichsten Brahms' Interesse auch an den spieltechnischen Aspekten seines Instruments und bringen damit das biographische Faktum in Erinnerung, daß er nicht nur der introvertierte Schöpfer großer Musik war, sondern sich auf zahlreichen Konzertreisen als Pianist und Dirigent auch direkt ans Publikum wendete. Das Thema (Non troppo presto a-Moll, ¾) stammt aus Paganinis Capriccio op. 1, Nr. 24 für Violine solo, und Brahms führt es in zwei Reihen zu je vierzehn Variationen und Coda ganz und gar dem Ruf gemäß aus, der dem Namen Paganini vorausgeht, d. h. im Zeichen der Entfaltung höchster Virtuosität. Ohne auf den kompositionstechnischen Anspruch zu verzichten, rückt Brahms damit einen Aspekt in den Vordergrund, der zu seiner Zeit als der Musik äußerlich galt: die Spieltechnik, die Virtuosität und damit den Interpreten selbst. Die Variationen op. 35 wollen nicht nur individuelle Kunstwerke sein, sondern gleichzeitig Etüden – eine Tendenz, die schon daran ablesbar ist, daß Brahms hier zwei Variationsfolgen über dasselbe Thema nebeneinanderstellt. Und wie bewußt ihm diese Tendenz war, zeigt die Tatsache, daß er sie unter dem Obertitel *Studien für Pianoforte* veröffentlichte. Sie stehen in dieser Hinsicht in Zusammenhang mit den »5 Studien« (Bearbeitungen) und mit den »51 Übungen« für Klavier (WoO 6), die Brahms ohne Opuszahl drucken ließ (s. S. 182).

Charakterstücke

Das Charakterstück oder Lyrische Klavierstück stellt diejenige Gattung dar, in der die romantische Klaviermusik seit dem zweiten Drittel des 19. Jahrhunderts emphatisch verwirklicht wurde. Es handelt sich dabei zumeist um mehr oder minder kurze Einzelstücke, bei denen weniger die diskursive oder logische Ausarbeitung eines formalen Konzepts als vielmehr die Präsentation einer charakteristischen Stimmung im Vordergrund steht. Die Form solcher Stücke hält sich daher häufig auch an die Liedform A – B – A mit Coda, womit zugleich auf die Nähe zum – historisch parallelen – Genre des Liedes hingewiesen ist. Lyrische Klavierstücke sind oft genug »Lieder ohne Worte«.

Brahms' erstes Charakterstücke-Opus, die Balladen op. 10, fällt mit der Entstehungszeit Sommer 1854 zwar noch in die Frühzeit seines Œuvre, der Schwerpunkt seiner Beschäftigung mit dem Genre liegt jedoch in der mittleren und späten Periode und kennzeichnet – wie bereits S. 160 ausgeführt – die dritte Phase seines Komponierens für Soloklavier. Die Publikationsform der Einzelstücke besteht bei Brahms – ganz der Tradition gemäß – in ihrer Zusammenstellung zu Sammel-Opera, bei denen ein zyklischer Zusammenhang entweder überhaupt nicht besteht oder nur in subtilen Detailaspekten angedeutet ist. Schon hier kommt die Parallelität zur Gattung Lied erneut zum Ausdruck; sie wird indes durch Brahms' ökonomischen Umgang mit seinen Kompositionen noch unterstrichen. Wie er oftmals in seiner Produktion mehrere Opera Lieder bzw. Gesänge – häufig genug im Rückgriff auf früher Entstandenes – zusammenstellte und am Ende seines Schaffens diese ordnende Revision dem Volkslied angedeihen ließ, so bildet das Charakterstück das einzige weitere Genre, mit dem er auf eben diese Weise verfuhr. Das zeichnet sich schon bei op. 76 ab, für dessen Publikation im März 1879 er auf Kompositionen aus den acht vorangegangenen Jahren zurückgriff. In noch höherem Maße gilt diese für Brahms typische Art der systematischen Sichtung für die vier Opera 116 bis 119 der Jahre 1892 und 1893, deren Einzelstücke – so läßt sich allerdings nur vermuten – teilweise wohl sehr viel früher konzipiert worden waren.

Überblickt man die Brahmsschen Charakterstücke insgesamt, so ist die Einheitlichkeit in der Benennung der Einzelstücke bemerkenswert: Dominant sind die Namen Intermezzo, Capriccio, Ballade und Rhapsodie. Das rückt aber – angesichts der kompositorischen Vielfalt und der individuellen Charakteristik der Einzelstücke – das Problem ins Blickfeld, inwieweit diese Namen als sachliche, d. h. vom musikalischen Inhalt her begründete Bestimmungen genommen werden dürfen oder ob sie nicht vielmehr als vage verbale Umschreibungen von kaum deutlich gegeneinander abgegrenzten Bedeutungsfeldern angesehen werden müssen. In der Tat wird man konkrete Bestimmungsmerkmale für jene Bezeichnungen nur gewaltsam festlegen können und ist auf allgemeine Umschreibungen angewiesen: Ein Intermezzo ist eher introvertiert, besinnlich, ein Capriccio eher lebhaft, scherzando gehalten; die Rhapsodie tendiert zur großen Form, die Ballade weist auf einen poetischen Hintergrund hin.

Für die geringe Verbindlichkeit jener Benennungen gibt es auch konkrete Quellenbelege. Ursprünglich sollte der Gesamttitel von op. 10
»Balladen und ein Intermezzo« lauten; doch hat Brahms in der endgültigen Fassung auch das mit »Intermezzo« überschriebene 3. Stück
unter den Begriff Ballade subsumiert, was schon zu dieser Zeit auf eine
gewisse Vagheit der Benennung hindeutet. Und auch später war sich
Brahms – wie der Briefwechsel mit Elisabet von Herzogenberg zeigt –
dieser Schwierigkeit bewußt. Auf seine Anfrage bezüglich op. 79 (dessen 1. Stück im Autograph noch »Capriccio« heißt): »Wissen Sie einen
besserenTitel als: ›Zwei Rhapsodien für das Pianoforte‹?« (BBW I,
S. 114) antwortet sie im Mai 1880: »Was Ihre Frage anbelangt, so wissen Sie, daß ich für das nichtssagende Wort ›Klavierstücke‹ immer am
meisten eingenommen bin, eben weil es nichts sagt; aber das geht
wahrscheinlich nicht, und da ist denn die Benennung Rhapsodien wohl
die passendste, obwohl die geschlossene Form der beiden Stücke beinahe dem Begriffe des Rhapsodischen zu widersprechen scheint«
(BBW I, S. 115 f.).

Balladen op. 10

Komponiert Sommer 1854; Druck Februar 1856; Julius Otto Grimm gewidmet.

1. Nach der schottischen Ballade »Edward« in Herders »Stimmen der Völker«, Andante/Allegro (ma non troppo), d-Moll/D-Dur, ¢
2. Andante/Allegro non troppo (doppio movimento), D-Dur/h-Moll/
   H-Dur, ¢ und ⁶⁄₄
3. Intermezzo: Allegro h-Moll, ⁶⁄₈
4. Andante con moto / Più lento H-Dur, ¾ und ⁶⁄₄

Der Titel »Balladen« für op. 10 rührt zweifellos vom literarischen Text her, den
das 1. Stück musikalisch interpretiert und den Brahms im ersten der Duette
op. 75 nochmals als Vorlage herangezogen hat: die schottische Ballade
»Edward« aus Johann Gottfried Herders Volksliedersammlung *Stimmen der
Völker in Liedern*; der Anfang der Komposition von lyrischen Klavierstücken
bei Brahms setzt mithin eine Facette aus seiner Sonatenzeit fort, nämlich die
ideelle Bezogenheit auf literarische Vorlagen, zumal auf Volkslieder. (Solchen
Bezug hat Brahms in den Charakterstücken nur noch einmal, bei op. 117/1, auch
im Druck bekannt.)
Bemerkenswert in op. 10 – wie auch später in op. 118 – ist die überaus sinnreiche
Tonartendisposition der hintereinander geordneten Einzelstücke. Das deutet
darauf hin, daß Brahms, auch ohne den Anspruch eines zyklischen Zusammen-
hangs erheben zu wollen, die Möglichkeit einer vollständigen praktischen Reali-

Brahms am Flügel. Kohlezeichnung von Willy von Beckerath, 1899

sierung des Opus sehr wohl ins Auge faßte. Maßgabe ist zunächst der Schritt von der Moll- zur Dur-Variante derselben Tonhöhe in benachbarten Stücken: d-Moll/D-Dur; h-Moll/H-Dur; des weiteren gilt die Terzbeziehung von Paralleltonarten, welche die beiden Paare verknüpft: Dem D-Dur des 2. Stücks folgt seine Mollparallele h-Moll im 3. Stück.

Die im März 1879 bzw. Juli 1880 veröffentlichten Charakterstücke:

8 Klavierstücke op. 76

Komponiert im Sommer 1871 (Nr. 1) bzw. im Sommer 1878 oder früher.

1. Capriccio: Un poco agitato fis-Moll, ⁶⁄₈
2. Capriccio: Allegretto non troppo h-Moll, ²⁄₄
3. Intermezzo: Grazioso As-Dur, ℭ
4. Intermezzo: Allegretto grazioso B-Dur, ²⁄₄
5. Capriccio: Agitato, ma non troppo presto cis-Moll, ⁶⁄₈ und ²⁄₄
6. Intermezzo: Andante con moto A-Dur, ²⁄₄
7. Intermezzo: Moderato semplice a-Moll, ₵
8. Capriccio: Grazioso ed un poco vivace C-Dur, ⁶⁄₄

2 Rhapsodien op. 79

Komponiert Sommer 1879; Elisabet von Herzogenberg gewidmet.

1. Agitato h-Moll, ₵
2. Molto passionato, ma non troppo allegro g-Moll, ℭ

Mit den Klavierstücken op. 76 eröffnet Brahms die ausschließlich dem Genre des Charakterstücks gewidmete Phase seines Komponierens für Soloklavier. Mit ihnen und den ein Jahr später erschienenen Rhapsodien op. 79 legt er einerseits den Rahmen der kompositorischen Entfaltung innerhalb der Gattung fest: Die Klavierstücke, namentlich die Intermezzi unter ihnen, vertreten den introvertierten und auf musikalische Miniatur gerichteten Bereich, die Rhapsodien dagegen die Möglichkeit breiter Entfaltung, mit welcher die Grenze zum Sonatensatz berührt wird. Andererseits ist nun nach den Balladen op. 10 mit den Intermezzi und Capricci des op. 76 und den Rhapsodien des op. 79 das Repertoire der normalen Benennung von lyrischen Klavierstücken bei Brahms fixiert – er wird davon nur noch bei der Romanze op. 118/5 abweichen.

Als Beispiel für die Neigung zur musikalischen Miniatur, die aber doch im Detail so überaus reich gestaltet ist, mag das *Intermezzo op. 76/3* stehen. Das Stück ist zunächst in überaus sinnfälliger Einfachheit gegliedert: Seine 30 Takte umfassen zwei Teile zu je 15 Takten und sechs Gruppen zu je fünf Takten, wobei allerdings schon hier anzumerken ist, daß die letzten vier Takte zur Schlußverbreiterung vom ℭ-Takt in den ½-Takt wechseln. Der Schein der Simplizität wird durch die Tatsache verstärkt, daß vier der sechs Gruppen in gleicher Weise anhe-

ben: T. 1–10 nämlich und T. 16–25 präsentieren jeweils ein Thema, dessen Hälften (Vordersatz und Nachsatz) analog beginnen. Und innerhalb dieses Themas
bleibt die rhythmische Entfaltung der Satzbestandteile – mit Ausnahme des
Schlußtaktes – gleich: Die Oberstimme schreitet in Viertelsynkopen fort, die
Begleitung bildet eine durchgehende Achtelbewegung. Und doch ist auch hier
schon der Klangeindruck ein anderer als derjenige, den das Notenbild vermittelt: Durch spieltechnische Mittel, namentlich Arpeggien, und das Gegenüber
unterschiedlicher Schwerpunkte in beiden Satzschichten ist das Metrum derart
verschleiert, daß sich dem Hörer ein schwebender, nur am Ende Halt gewähren-
der Eindruck ergibt. Dazu trägt freilich auch die harmonische Entwicklung bei,
die von chromatischen Linien verunklart wird und deutlich dominantische, d. h.
zielstrebige Fortschreitungen vermeidet.

Selbst in einem so kurzen und scheinbar einfachen Stück jedoch verzichtet
Brahms nicht auf die bereichernde Wirkung des Gegensatzes. Er exponiert ihn
aber nicht formbildend als kontrastierenden Mittelteil, wie das in einer A – B –
A-Form üblich war, sondern als Schlußgruppe der beiden Teile; sie führt
zunächst im Aufstieg zum dynamischen Höhepunkt des Stückes (T. 14), dann –
beim zweiten Teil – in durchgängigem Abstieg zum Ausklang (T. 26–30).
Bemerkenswert ist vor allem, daß der Gegensatz nicht etwa durch Präsentation
neuen und charakteristischen motivischen Materials bewerkstelligt wird, sondern auf einer abstrakteren Ebene durch den Grad an Deutlichkeit des vorge-
zeichneten Metrums. Zwar hält sich die thematische Synkopenbildung im Baß
durch, die Oberstimme jedoch, die als neue Elemente lediglich rhythmische,
nämlich Triolen und punktierte Viertel, aufzuweisen hat, macht das Metrum
ohne jeden Zweifel klar und bewirkt solchermaßen und ganz ohne ostentativen
Gestus den Kontrast.

An dem Beispiel mag klar werden, welches Maß an Subtilität, an Versenkung ins
Detail Brahms in diesem und ähnlichen Charakterstücken zu erreichen vermochte. Sie sind nicht mit den Kategorien einer traditionellen und auf große
Formen gerichteten Analyse zu fassen, sondern allein mit Betrachtungsweisen,
die etwa den Miniaturen Anton Weberns angemessen wären. Daran aber zeigt
sich ihre Qualität, die in besonderem Maße dem ästhetischen Anspruch jener
Zeit entspricht und die Geltung des lyrischen Klavierstücks als der wahren Ausdrucksform romantischer Klaviermusik begründet: Die Qualität eines individuellen und geschlossenen Kunstwerks, das allein in sich und auf sich selbst
beruht.

Im Gegensatz zur Miniatur des Intermezzos op. 76/3 nähert sich Brahms in der
Rhapsodie g-Moll op. 79/2 der großen Form eines Sonatenecksatzes. Er geht
damit sowohl hinsichtlich des ästhetischen Anspruchs als auch der Dimension –
das Stück umfaßt 155 klingende Takte – bis an die Grenzen des Genres Charakterstück; überdies steht die subtil ausgearbeitete Form quer zum – jedenfalls
dem traditionellen – Begriff des Rhapsodischen (wie schon Elisabet von Herzogenberg bemerkt hat, s. S. 173).

Dabei ist die Ausprägung des Sonatensatzes, die hier vorliegt, ganz dem
Brahmsschen Typus verpflichtet, wie er auch in anderen Genres, der Symphonik

und Kammermusik, beobachtet werden kann. Der Hauptsatz präsentiert drei Gedanken (T. 1 ff., 9 ff. und 14 ff.) und bezieht von vornherein motivisch-thematische Arbeit in seine Gestaltung mit ein. Solchermaßen verschränkt sich beim dritten Gedanken die Funktion einer thematischen Präsentation mit der einer Überleitung, und selbst bei der Periode der Takte 1–8, die im weiteren unzweifelhaft als thematischer Hauptgedanke ausgewiesen wird, ist die harmonische Stabilität, der Bezug zu g-Moll als Tonika, so schwach ausgeprägt, daß paradigmatisch erkennbar wird, wie weit die Harmonik als formtragende Ebene im Brahmsschen Komponieren an Kraft verloren hatte. In Umkehrung zu den Verhältnissen in einem klassischen Sonatensatz ist der Tonsatz des Seitenthemas (T. 21 ff.) sogar weit fester als der des Hauptsatzgedankens; und auch die Tonart des Formteils weicht mit d-Moll (statt B-Dur) deutlich von der Tradition ab.

In der Durchführung zeigt sich Brahms' Neigung zur variativen Verarbeitung innerhalb klar umrissener Abschnitte, die an Stelle einer emphatisch steigernden Ausarbeitung Beethovenscher Provenienz tritt: Die Außenabschnitte (T. 33–53 und 65–85) haben den Hauptgedanken, der Mittelabschnitt (T. 54–64) das Seitenthema zum Gegenstand. Die Reprise endlich (von T. 86 an) gleicht sich der herkömmlichen Norm an; sie entspricht – freilich mit den harmonischen Modifikationen, die zur traditionellen Versetzung des Seitensatzes in die Tonika führen – dem Verlauf der Exposition weitgehend.

Die im November 1892 bzw. November 1893 veröffentlichten Charakterstücke:

Fantasien op. 116

1. Capriccio: Presto energico d-Moll, ⅜
2. Intermezzo: Andante / Non troppo presto, a-Moll, ¾ und ⅜
3. Capriccio: Allegro passionato / Un poco meno allegro, g-Moll/Es-Dur, ¢
4. Intermezzo: Adagio E-Dur, ¾
5. Intermezzo: Andante con grazia ed intimissimo sentimento, e-Moll, ⁶⁄₈
6. Intermezzo: Andantino teneramente E-Dur, ¾
7. Capriccio: Allegro agitato d-Moll, ¾ und ⁶⁄₈

Drei Intermezzi op. 117

1. (Motto: »Schlaf sanft, mein Kind, schlaf sanft und schön … « [Schottisch: aus Johann Gottfried Herders *Stimmen der Völker in Liedern*]) Andante moderato – Più Adagio – Un poco più Andante, Es-Dur/es-Moll, ⁶⁄₈
2. Andante non troppo e con molta espressione, b-Moll, ⅜
3. Andante con moto / Più moto ed espressivo, cis-Moll/A-Dur, ¾

Klavierstücke op. 118

1. Intermezzo: Allegro non assai, ma molto appassionato, a-Moll, ¢
2. Intermezzo: Andante teneramente A-Dur, ¾
3. Ballade: Allegro energico g-Moll, ¢
4. Intermezzo: Allegretto un poco agitato f-Moll, ¾
5. Romanze: Andante / allegretto grazioso, F-Dur/D-Dur, ⁶⁄₄ und ¢
6. Intermezzo: Andante, largo e mesto, es-Moll, ³⁄₈

Klavierstücke op. 119

1. Intermezzo: Adagio h-Moll, ³⁄₈
2. Intermezzo: Andantino un poco agitato / Andantino grazioso, e-Moll/ E-Dur, ¾
3. Intermezzo: Grazioso e giocoso C-Dur, ⁶⁄₈
4. Rhapsodie: Allegro risoluto Es-Dur, ¾

Die Opera 116 bis 119 stellen die vier Sammlungen dar, mit denen Brahms in den frühen neunziger Jahren seine kompositorische Arbeit am Genre des lyrischen Klavierstücks sichtend, ordnend und vollendend zum Abschluß brachte. Wann die Kompositionen tatsächlich konzipiert und entstanden sind, ist bei den meisten durchaus ungewiß. Wohl kennen wir bei einigen das Abschlußdatum; das besagt allerdings nicht, daß Brahms bei der für ihn typischen Arbeitsökonomie nicht auf frühere Entwürfe oder Fassungen zurückgegriffen hätte und diese nun lediglich für die Drucklegung einer letzten Durchsicht unterzog. Das gilt in erster Linie für die Stücke des op. 116: Brahms, der sein kompositorisches Œuvre mehrfach und mit vollem Bewußtsein abzuschließen trachtete, wollte sein Haus in geordnetem Zustand und der Nachwelt an Werken nur das hinterlassen, was seiner selbstkritischen Prüfung standhielt.

Bei einem Stück allerdings sprechen alle stilistischen Merkmale dafür, daß es erst ganz spät geschrieben wurde: Das *Intermezzo es-Moll op. 118/6* bezeichnet nicht nur einen expressiven Höhepunkt in der Gattung des lyrischen Klavierstücks, sondern gibt auch ein hervorragendes Beispiel für Brahms' Spätstil. Seine motivische Ähnlichkeit mit dem Hauptgedanken im I. Satz des Klarinettenquintetts op. 115 ist bekannt; mit dessen letztem Satz teilt es die unendliche Traurigkeit, die schon im Tempotitel durch »largo e mesto« zum Ausdruck kommt; und schließlich paraphrasiert sein Hauptmotiv das liturgische »Dies irae« (s. Bsp. 36).

Bsp. 36

Die drei Intermezzi, die Brahms als op. 117 zusammengestellt hat, vertreten die introvertierte Ausprägung des Genres Charakterstück und stehen insofern op. 76 sehr nahe. Das wird klar, wenn man hinsichtlich von Dimension und Anspruch die Stücke aus op. 76 mit den Rhapsodien op. 79 einerseits und die Intermezzi aus op. 117 mit der Rhapsodie op. 119/4 andererseits vergleicht; illustriert wird diese Haltung durch Brahms' Konfession, die Stücke des op. 117 seien die »Wiegenlieder seiner Schmerzen«. Und wie in vielen Kompositionen seiner Spätzeit weiß Brahms auch bei diesem Opus eine sein Gesamtœuvre umspannende, bedeutungsträchtige Beziehung zu stiften. Reflektierte op. 10/1, sein als erstes publiziertes Charakterstück, die schottische Ballade »Edward«, so steht hier dem ersten Intermezzo ein anderer schottischer Text aus Herders *Stimmen der Völker* als Motto voran: »Schlaf sanft, mein Kind, schlaf sanft und schön! | Mich dauert's sehr, dich weinen sehn.«

Ein anderer Aspekt, der schon bei op. 10 begegnet, tritt auch bei den Opera 118 und 119 hervor, nämlich die sinnreiche Anordnung der Stücke innerhalb eines Opus bzw. Brahms' Berücksichtigung der Kategorie der formalen Funktion auch in der grundsätzlich lockeren Reihung der Stücke. Wie in op. 10 stehen in op. 118 jeweils zwei Stücke im Moll- bzw. Durgeschlecht derselben Tonhöhe nebeneinander (1. a-Moll / 2. A-Dur; 4. f-Moll / 5. F-Dur); hier jedoch, wo es mehr als zwei Stufen zu verbinden gilt, kommt als weiteres Anordnungsprinzip die fallende Großsekundfolge hinzu: a (1./2.) – g (3.) – f (4./5.) – es (6.).

In den Klavierstücken op. 119 sind drei Intermezzi mit einer abschließenden Rhapsodie zusammengestellt, d. h. dem Typus des Brahmsschen Charakterstücks, der zur großen Form tendiert. Von dieser Charakteristik der Rhapsodie wird hier eine formale Qualität abgeleitet: Sie wird zum Höhe- und Schlußpunkt einer gleichsam zielgerichteten Reihung von Einzelstücken. Das läßt sich besonders deutlich an der geradlinig zunehmenden Bewegung der Stücke ablesen (Adagio –

Andantino – Grazioso e giocoso – Allegro), aber auch an der gestuften
Entwicklung, mit der die Ausarbeitung des grundlegenden Formsche-
mas A – B – A vom Einfachen zum Mannigfaltigen fortschreitet (einfach – mannigfaltiger – einfach – sehr mannigfaltig). Indem die Rhapsodie in allen Dimensionen – Formniveau, Tempo, Dynamik – den
Höhepunkt des Opus bildet, trägt sie der Tatsache Rechnung, daß sie
zugleich auch den Schlußpunkt des Brahmsschen Klavierwerks insgesamt darstellt.

Bearbeitungen, Tänze und anderes

Legt man strengste ästhetische Maßstäbe an, geht man also davon aus,
bei welchen Werken von Anspruch die klanglichen und technischen
Bedingungen der Besetzung mit der musikalischen Substanz der Komposition unlösbar verbunden sind, so wäre das Brahmssche Werk für
Soloklavier auf die drei Genres: Sonaten bzw. Sonatensätze, Variationenfolgen und lyrische Klavierstücke einzugrenzen. Bei allen anderen
Kompositionen nämlich, die er für Soloklavier geschrieben, zum Teil
auch veröffentlicht hat, entfallen – zuweilen in Kombination – wesentliche Momente dieser Bestimmung: sei es, daß Brahms die Kompositionen nicht als eigene Produkte gelten lassen wollte (wie bei den Bearbeitungen fremder Kompositionen); sei es, daß er den ästhetischen
Anspruch aus unterschiedlichen Gründen und in unterschiedlichem
Maße als reduziert ansah (wie bei den frühen Tänzen, bei den Bearbeitungen eigener Werke, bei den Kadenzen, bei den Übungen und Studien); sei es schließlich, daß er den sehr wohl erhobenen ästhetischen
Anspruch nicht an die Besetzung band (wie bei den Walzern op. 39
oder den Ungarischen Tänzen). Und der Wert, den er den jeweiligen
Kompositionen beimaß, spiegelt sich in dem Entschluß, sie mit einer
Opuszahl zu versehen, in geringerem Maße auch in der Bereitschaft,
sie zu publizieren.

Die zu jener Zeit übliche Bearbeitungspraxis für Klavier zielte in erster
Linie auf zwei Spieler, d. h. auf vier Hände an einem oder zwei Klavieren. Bei Brahms hingegen, der solche Bearbeitungen auch für eigene
Konzerte verfertigte, tritt daneben die für zwei Hände (so etwa die
bedauerlicherweise verschollene Bearbeitung der Bachschen Orgel-
Toccata F-Dur BWV 540, die er in den frühen Jahren oft in Konzerten
gespielt hat). In der Mehrzahl der Fälle jedoch sind Bearbeitungen für

beide Besetzungen bekannt. Das gilt für die 16 Ländler D 366 und 4 Ländler D 814 von F. Schubert (Entstehungszeit unbekannt; Druck der Fassungen für zwei bzw. vier Hände 1869) ebenso wie für das Scherzo aus dem Klavierquintett Es-Dur op. 44 von R. Schumann (Druck 1983), das Brahms wohl 1854 für zwei Hände und im Jahr darauf mit den anderen Sätzen des Quintetts für Klavier vierhändig bearbeitete (diese Fassung ist verschollen). Die einzige Bearbeitung, die nur für Klavier zu zwei Händen überliefert ist (vgl. aber auch im folgenden die »5 Studien für das Pianoforte«), ist die der Gavotte A-Dur aus der Oper »Iphigénie en Aulide« von C. W. Gluck, die wahrscheinlich im Herbst 1868 entstand, am 11. November 1868 von Brahms in einem Konzert in Hamburg gespielt wurde und im Winter 1871 mit einer Widmung für Clara Schumann im Druck erschien.

Für Clara Schumann – und wiederum als Geburtstagsgeschenk wie die Händel-Variationen op. 24, aber ein Jahr früher – entstand 1860 die Bearbeitung des II. Satzes aus dem Streichsextett op. 18 (Druck GA 1927); es ist das einzige Arrangement, das Brahms von einem Instrumentalwerk größerer Besetzung für Klavier zu zwei Händen anfertigte, und muß wohl als Gelegenheitskomposition eingestuft werden.

Im Zusammenhang mit Brahms' zahlreichen Aktivitäten als Konzertpianist ist auch die Ausarbeitung der folgenden sieben *Kadenzen* zu sehen, die alle erst postum veröffentlicht wurden:

Kadenz zum III. Satz von J. S. Bachs Cembalokonzert d-Moll BWV 1052 (WoO 11; Kompositionszeit ungewiß, Druck GA 1927);

Kadenzen zum I. und II. Satz von W. A. Mozarts Klavierkonzert G-Dur KV 453 (WoO 13; komponiert wahrscheinlich zwischen 1857 und 1859, Druck GA 1927);

Kadenz zum I. Satz von W. A. Mozarts Klavierkonzert d-Moll KV 466 (WoO 14; komponiert wahrscheinlich Winter 1855/56, Druck GA 1927);

Kadenz zum I. Satz von W. A. Mozarts Klavierkonzert c-Moll KV 491 (WoO 15; komponiert Ende der fünfziger oder Anfang der sechziger Jahre, Druck GA 1927);

Kadenzen zum I. und III. Satz von L. v. Beethovens 4. Klavierkonzert G-Dur op. 58 (WoO 12; komponiert wahrscheinlich 1855, Druck 1907).

Die Verfertigung eigener Kadenzen deutet an, welche Konzerte von welchen Meistern Brahms in eigenen Aufführungen bevorzugte. Wann

er sie tatsächlich auch gespielt hat, ist indes nur für die Beethovenka-
denzen (20. November 1855 in Hamburg) und die zu Mozarts d-Moll-
Konzert (26. Januar 1856 ebenda) bekannt.

Mehrere Stränge des nicht ausschließlich aufs autonome Kunstwerk
gerichteten Produzierens laufen in den *5 Studien für das Pianoforte*
zusammen, Bearbeitungen, die Brahms in zwei Folgen im April 1869
(Nr. 1, 2) und Dezember 1878 (Nr. 3–5) drucken ließ.

1. F. Chopin, Etude op. 25 Nr. 2 (komponiert nach Herbst 1862)

2. C. M. v. Weber, Rondo aus der Klaviersonate op. 24 (komponiert
   1852)

3. J. S. Bach, Presto aus der Sonate für Violine solo BWV 1001 (1. Bearbeitung; komponiert wohl Frühjahr 1877)

4. J. S. Bach, Presto aus der Sonate für Violine solo BWV 1001 (2. Bearbeitung; komponiert wohl Frühjahr 1877)

5. für die linke Hand: J. S. Bach, Chaconne aus der Partita für Violine
   solo BWV 1004 (komponiert wohl Frühjahr 1877)

Sie sind – zum ersten – Bearbeitungen von Werken anderer Komponi-
sten, und zwar für Klavier zu zwei Händen (bzw. bei Nr. 5 für eine
Hand allein). Das verweist – zum zweiten – auf die Konzertpraxis von
Brahms, auf die Möglichkeit, daß er sie – wenigstens zum Teil und
abgesehen von anderen Motiven – für den eigenen praktischen
Gebrauch verfertigt hat; allerdings wissen wir nur bei Nr. 1 sicher, daß
es von ihm selbst, und zwar im November 1868 in Hamburg, in einem
Konzert aufgeführt wurde. Zum dritten aber unterstreichen sie
Brahms' Interesse am spieltechnischen Aspekt seines Instruments, des
Klaviers, aufs neue – ein Interesse, das schon bei den Paganini-Variationen op. 35 deutlich wurde und wohl letztlich auch zur Drucklegung
der fünf Bearbeitungen geführt hat. Wie die Variationen op. 35 heißen
sie *Studien*; und wie dort zwei Variationenreihen über ein Thema
geboten werden, so legt Brahms hier in Nr. 3 und 4 zwei unterschiedliche Bearbeitungen einer fremden Komposition vor.

Das didaktische Moment, das in op. 35 noch mit dem Anspruch des
autonomen Kunstwerks verbunden war und in den 5 Studien auf die
gezielte Bearbeitung zurückgenommen wurde, tritt in den *51 Übungen
für das Pianoforte (WoO 6)* (Druck Dezember 1893) ganz unverstellt
hervor. Ganz unabgesichert durch kompositorische Qualität oder
durch das Renommée einer mehr oder minder akzeptierten Vorlage

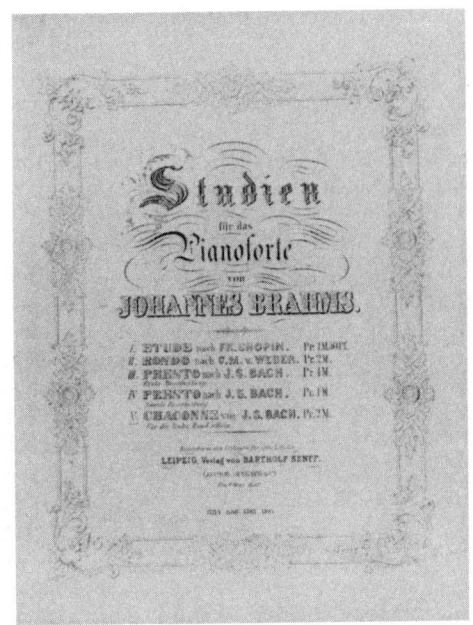

*Titelblatt des alle
5 Bearbeitungen
umfassenden
Erstdrucks der
»Studien für das
Pianoforte«*

bekennt sich Brahms hier zu der Wichtigkeit, die er der Fingerfertig-
keit, dem spieltechnischen Vermögen eines Pianisten, mithin dem
Rang der interpretatorischen Praxis beimaß. Dieser Aspekt, dem in der
Literatur auffällig wenig Beachtung geschenkt worden ist, muß im
Zusammenhang mit Brahms' Haltung in den neunziger Jahren insgesamt betrachtet werden. Wie er als Komponist sein Werk, namentlich
sein Klavierwerk, zu einem zusammenfassenden Abschluß brachte
und seine ästhetischen Auffassungen in der Publikation der Volkslieder zu einer definitiven Sentenz führte, so sagte er hier sein letztes
Wort als Praktiker, als Pianist.

Am anderen Ende von Brahms' Laufbahn stehen die drei Paare von
Tänzen des 18. Jahrhunderts, die er vermutlich in den Jahren 1854 und
1855 verfertigte; auch sie wurden erst postum veröffentlicht: zwei
Gavotten (WoO 3): a-Moll und A-Dur (Druck 1979); zwei Giguen
(WoO 4): a-Moll und h-Moll (Druck GA 1927); zwei Sarabanden

(WoO 5): a-Moll und h-Moll (Druck 1917). Sie stellen gleichsam Studien im alten Stil dar; wie wenig Brahms sie als eigenständige Kunstprodukte, sondern vielmehr als Übungen, aus denen man für Späteres schöpfen konnte, angesehen hat, zeigt die Tatsache, daß er die erste der Sarabanden und die zweite der Gavotten im II. Satz seines Streichquintetts op. 88 (zuerst T. 1 ff. bzw. T. 117 ff.) innerhalb eines größeren Ganzen miteinander verbunden hat.

Als Fassungen eigenständigen Gewichts sind die Versionen der ersten zehn **Ungarischen Tänze (WoO 1/1–10)** und der **Walzer op. 39** für Klavier zu zwei Händen zu werten. Wie bei den Werken für Klavier vierhändig näher zu erläutern sein wird, gehören beide Sammlungen der Gruppe von geselligen Tanzkompositionen hohen Anspruchs an, welche offen ist für jede Art von Arrangement. In beiden Fällen stehen am Anfang die Fassungen für Klavier vierhändig, wobei aber wohl schon bei deren Konzeption Versionen anderer Besetzung ins Auge gefaßt wurden. Bei den Ungarischen Tänzen folgt die Ausgabe zu zwei Händen, die Februar 1872 erschien, der Erstausgabe knapp dreieinhalb Jahre später, bei op. 39 waren es sogar nur 14 Monate, bis im November 1867 die Ausgabe für Klavier zu zwei Händen erschien. Und sie erschien in zwei Fassungen, von denen die zweite als »erleichterte« charakterisiert ist; Brahms dachte die Kompositionen mithin einem sehr breiten Publikum zu, sah in ihnen Gesellschaftsmusik, die selbst für einen technisch nicht besonders gewandten Spielerkreis zugänglich sein sollte. (Bemerkenswert im Blick auf die Tonartendisposition ist die Tatsache, daß in den Ausgaben beider Sammlungen für Soloklavier einige Stücke transponiert sind; bei den Walzern op. 39 sind die Nummern 13 bis 16 um einen Halbton nach unten transponiert, bei den Ungarischen Tänzen steht Nr. 4 in fis- statt f-Moll und Nr. 7 in F- statt A-Dur.)

Werke für Klavier zu vier Händen und für zwei Klaviere

Es ist nicht ganz zutreffend, wenn in dieser Überschrift von Werken – im Plural – für die angegebene Besetzung, die wiederum schon aus satz- bzw. spieltechnischen Gründen zweierlei bedeuten kann, gesprochen wird. Denn es liegt von Brahms mit den Variationen op. 23 nur

ein einziges Werk vor, das für diese und nur für diese Besetzung von
zwei Klavierspielern, hier an einem Instrument, geschrieben wurde.
Alle anderen einschlägigen Kompositionen, oder besser und allgemeiner gesagt: Produkte seiner im weiteren Sinne kompositorischen
Arbeit stehen mit anderen klanglichen Darstellungsformen des selben
musikalischen Gegenstandes in Beziehung, und das in allen der möglichen Spielarten. Sie sind erstens Arrangements von Originalwerken
anderer Besetzung, sie stehen zweitens als gleichwertige Fassungen
neben solchen anderer Besetzung, sie sind drittens Ausgangspunkt für
die Erstellung von Arrangements oder gleichwertigen Fassungen. Die
Intensität indes, mit der sich Brahms diesem Bereich seiner kompositorischen Arbeit zugewandt hat, zeigt an, welcher Stellenwert ihm im
Musikleben der Zeit zukam: Er stellte einerseits das normale Medium
dar, um wenigstens die Substanz von Kompositionen größerer Besetzung zu verbreiten, und kam andererseits der Neigung des gebildeten
Bürgertums entgegen, sich in der häuslichen Intimität allein oder wie
hier zu zweit in die Schönheiten der Musik zu versenken oder sich
deren Sinn durch genaueres Studium zu nähern: Die Hausmusik – ein
Phänomen, das ganz und gar ans 19. Jahrhundert gebunden ist –
erfüllte sich keineswegs auf dem Niveau der schwärmenden höheren
Tochter und spielte bei professionellen Musikern eine ebenso große
Rolle wie bei Dilettanten (damals noch ein Begriff ohne ausschließlich
pejorative Bedeutung). Und Kern der Hausmusik war das vierhändige
Musizieren, freilich schon aus ökonomischen Gründen – wer hatte
schon zwei Klaviere – an einem Instrument.

Man kann sich in der heutigen Zeit, in der ein blühendes Konzertleben
und vor allem die technische Reproduktion von Musik nahezu alles
jederzeit zugänglich macht, kaum eine angemessene Vorstellung von
den Schwierigkeiten machen, die im 19. Jahrhundert der Verbreitung
besonders von Werken größerer Besetzung entgegenstanden. Ein
regelmäßiges Konzertleben oder ein Opernbetrieb von einiger Perma-
nenz bestanden nur in den größeren Städten bzw. Residenzen kunstlie-
bender Fürsten, und erst die zunehmende Verbesserung der Reisemög-
lichkeiten durch die Eisenbahn ließ den Gedanken an Tourneen von
größeren Ensembles wie eines Orchesters (s. S. 32 f. diejenige des Meininger Hoforchesters mit Brahms' 4. Symphonie) überhaupt erst
ernsthaft in Erwägung ziehen. (Um ein freilich peripheres Beispiel für
die Situation zu geben: Die erste Orchesteraufführung einer Beetho-
ven-Symphonie in Brandenburg an der Havel fand im Jahre 1896
statt.) Um der mangelhaften Verbreitung entgegenzuwirken, die den

Verlegern aus ökonomischen und den Komponisten aus künstlerischen Rücksichten nicht recht sein konnte, wurde eine – historisch gesehen durchaus paradoxe – Publikationsform entwickelt, die noch im 18. Jahrhundert unvorstellbar gewesen wäre und die überhaupt nur im Blick auf die Existenz eines in großen Teilen klavierspielenden Rezipientenkreises erdacht werden konnte (sie ist daher im Lauf des 20. Jahrhunderts auch wieder weitgehend verschwunden: Man stelle sich – von dem Mißverhältnis zur strukturellen Komplikation einmal abgesehen – vor, daß Stockhausen einen Klavierauszug von *Gruppen* oder Ligeti einen von *Atmosphères* publizieren würde): Vokalwerke wie Opern und Oratorien wurden als Klavierauszüge, Instrumentalwerke größerer Besetzung wie namentlich Symphonien als Arrangements für Klavier zu vier Händen veröffentlicht. Und es kann kein Zweifel bestehen, daß beispielsweise die Symphonien von Beethoven durch Liszts Klavier-Bearbeitungen zu zwei oder vier Händen einen weit größeren Rezipientenkreis erreicht haben als durch Orchesteraufführungen. Mit diesen reduzierten Publikationsformen indes beschnitt man die Kompositionen nicht nur hinsichtlich ihres klanglichen, eines häufig genug substantiellen Aspekts, sondern wechselte auch – um einen Gedanken von Michael Zimmermann aufzugreifen – den Modus der Öffentlichkeitswirkung: Aus einer »öffentlichen« Musik, die in erster Linie durch ihre Darbietung vor einem Publikum Realität gewinnt (wie etwa die Kantaten von Bach und später alle Symphonien), wurde eine »veröffentlichte« Musik, die vor allem als Text der lesenden und spielenden Vergegenwärtigung zugänglich ist (wie die Klavierübungen von Bach und im Kern auch die Klaviersonaten von Beethoven). Der damit zwangsläufig verbundene ästhetische Verlust wurde entweder nicht bemerkt oder aber stillschweigend in Kauf genommen.

Brahms hat solche Klavierreduktionen in großer Anzahl selbst hergestellt (oder – worauf im folgenden nicht mehr eingegangen wird – bei eigenen Kompositionen von kompetenten Helfern, namentlich von Robert Keller, verfertigen lassen). Sie sind in der alten Gesamtausgabe sämtlich nicht publiziert, was das Gesamtbild von Brahms – auch hinsichtlich der erwähnten ästhetischen Problematik – einer wichtigen Facette beraubt. Gänzlich dem Vergessen anheimgefallen sind davon die Arrangements von Werken Joseph Joachims, die Brahms zwischen 1853 und 1856 wohl hauptsächlich mit der Absicht ausarbeitete, dem Freund Arbeit abzunehmen: Ouverture zu Shakespeares »Hamlet« op. 4 für Klavier zu vier Händen; Ouverture zu Hermann Grimms

»Demetrius« op. 6 für 2 Klaviere; Ouverture zu Shakespeares »Heinrich IV« op. 7 für 2 Klaviere. Von ihnen ist bislang lediglich die letztgenannte Bearbeitung im Druck erschienen (1902), und das im Gegensatz zu Joachims Originalkomposition, die ungedruckt blieb.

Viel wichtiger freilich sind die Arrangements, die Brahms von eigenen Werken angefertigt und veröffentlicht hat; sie sind im folgenden den Opuszahlen entsprechend angeordnet (vgl. dazu auch die hier nicht angeführten Reduktionen der Konzerte bzw. die Klavierauszüge der Vokalwerke mit Orchester):
Für Klavier zu vier Händen: Serenade D-Dur für großes Orchester op. 11; 1. Klavierkonzert d-Moll op. 15; Serenade A-Dur für kleines Orchester op. 16; 1. Streichsextett B-Dur op. 18; 1. Klavierquartett g-Moll op. 25; 2. Klavierquartett A-Dur op. 26; 2. Streichsextett G-Dur op. 36; 1. Streichquartett c-Moll op. 51/1; 2. Streichquartett a-Moll op. 51/2; 3. Streichquartett B-Dur op. 67; 1. Symphonie c-Moll op. 68; 2. Symphonie D-Dur op. 73; Akademische Festouvertüre op. 80; Tragische Ouvertüre op. 81; 1. Streichquintett F-Dur op. 88; 4. Symphonie e-Moll op. 98; 2. Streichquintett G-Dur op. 111.
Für zwei Klaviere: 1. Klavierkonzert d-Moll op. 15; 2. Klavierkonzert B-Dur op. 83; 3. Symphonie F-Dur op. 90; 4. Symphonie e-Moll op. 98. – Zu op. 34 bis und op. 56b siehe im folgenden.

Daß die Reduktionspraxis bei allen Orchesterwerken Anwendung fand, liegt nach dem oben Gesagten auf der Hand. Weniger selbstverständlich ist, daß Brahms auch für alle Kammermusikkompositionen ohne Klavier (mit Ausnahme des Klarinettenquintetts) und für die mit Klavier von der Quartettbesetzung an aufwärts (mit Ausnahme des 3. Klavierquartetts op. 60) auf sie rekurrierte.
Angesichts der freilich geringeren Rolle, die der Besetzung zwei Klaviere schon bei den Arrangements größerer Opera zukommt, ist auf deren Unterschied zum vierhändigen Spiel an einem Instrument einzugehen. Grundsätzlich kann man davon ausgehen, daß das vierhändige Musizieren eher dem häuslichen Bereich zugeordnet ist und das an zwei Klavieren eher zur öffentlichen Darbietung, also zum Konzert tendiert. Daß das nicht durchgängig gilt, zeigen weniger die Bearbeitungen der beiden Klavierkonzerte, die nichts anderes als Klavierauszüge sind, wohl aber die Arrangements der letzten beiden Symphonien, bei denen man kaum annehmen kann, daß Brahms sie einer Konzertdarbietung zugedacht haben soll.

Letzteres trifft aber sehr wohl für die Klavierfassungen zu, die Brahms sogar mit eigenen Opuszahlen versehen und als gleichwertig neben das Klavierquintett op. 34 bzw. die Haydn-Variationen für Orchester op. 56a gestellt hat: die **Sonate in f-Moll op. 34 bis** und die **Variationen über ein Thema von Joseph Haydn op. 56b**, beide für zwei Klaviere gesetzt.

Unter den Werken für zwei Klavierspieler stehen die **Variationen über ein Thema von Robert Schumann für Klavier zu vier Händen op. 23** (Thema – Leise und innig, Es-Dur, ¾ – und zehn Variationen) ganz und gar für sich. Sie wurden im November 1861 komponiert (Druck April 1863) und haben Schumanns angeblich »letzten musikalischen Gedanken« (vgl. aber den langsamen Satz von dessen Violinkonzert) zum Gegenstand der variativen Umformung. Von Form und kompositionstechnischer Substanz her betrachtet, die hier kaum von der Besetzung tangiert wird, ist das Werk der Variationenperiode des Brahmsschen Komponierens für Soloklavier zuzurechnen. Und mit einem konkreten Werk dieser Periode teilt es auch die stilistische Ausrichtung: Wie in den anderen Schumann-Variationen op. 9 richtet sich Brahms – freilich ohne so viele nachweisbare Detailbeziehungen – bewußt am Komponieren des so verehrten Vorgängers aus.

Alle anderen Kompositionen für Klavier zu vier Händen sind auf *einen* Formtypus bezogen, auf den Tanz:

– **Walzer op. 39** für Klavier zu vier Händen (vollendet Anfang 1865, Eduard Hanslick gewidmet; Druck September 1866): Nr. 1 Tempo giusto H-Dur – Nr. 2 E-Dur – Nr. 3 gis-Moll – Nr. 4 Poco sostenuto e-Moll – Nr. 5 E-Dur – Nr. 6 Vivace Cis-Dur – Nr. 7 Poco più Andante cis-Moll – Nr. 8 B-Dur – Nr. 9 d-Moll – Nr. 10 G-Dur – Nr. 11 h-Moll – Nr. 12 E-Dur – Nr. 13 C-Dur – Nr. 14 a-Moll – Nr. 15 A-Dur – Nr. 16 d-Moll
– davon Nr. 1, 2, 8, 11, 14, 15 für zwei Klaviere (Nr. 14 und 15 sind, wie bei den Fassungen für Klavier zu zwei Händen, im Verhältnis zu der ursprünglichen Fassung für Klavier vierhändig um einen Halbton nach unten transponiert)
– **Ungarische Tänze (WoO 1)** für Klavier zu vier Händen (Nr. 1–10 komponiert Herbst 1868 [Druck Februar 1869], Nr. 11–21 März 1880 [Druck Juni/Juli 1880]). Alle ¾: Nr. 1 Allegro molto g-Moll – Nr. 2 Allegro non assai / Vivo, d-Moll/D-Dur – Nr. 3 Allegretto F-Dur –

Nr. 4 Poco sostenuto / Vivace / Molto Allegro, f-Moll/F-Dur – Nr. 5 Allegro/Vivace, fis-Moll/Fis-Dur – Nr. 6 Vivace / Molto sostenuto, Des-Dur/cis-Moll – Nr. 7 Allegro non troppo / Poco sostenuto, A-Dur – Nr. 8 Presto a-Moll – Nr. 9 Allegretto e-Moll – Nr. 10 Presto E-Dur – Nr. 11 Poco Andante d-Moll – Nr. 12 Presto / Poco meno presto, d-Moll/D-Dur – Nr. 13 Andantino grazioso / Vivace, D-Dur – Nr. 14 Un poco Andante d-Moll – Nr. 15 Allegretto grazioso, B-Dur / b-Moll – Nr. 16 Con moto / Presto / Poco meno presto, f-Moll/F-Dur – Nr. 17 Andantino/Vivace / Meno presto, fis-Moll/Fis-Dur – Nr. 18 Molto vivace D-Dur – Nr. 19 Allegretto / Più Presto, h-Moll/H-Dur – Nr. 20 Poco Allegretto / Vivace, e-Moll/E-Dur – Nr. 21 Vivace / Più presto, e-Moll/E-Dur
- **Liebeslieder. Walzer für Klavier zu vier Händen op. 52a** (Fassung von op. 52 ohne Gesang)
- **Neue Liebeslieder. Walzer für Klavier zu vier Händen op. 65a** (Fassung von op. 65 ohne Gesang).

Die oben erwähnte Tatsache, daß das vierhändige Musizieren vor allem als dem häuslichen Bereich zugehörig empfunden wurde, hat sich auch auf die Werke von Brahms niedergeschlagen, die man – wie namentlich die *Walzer op. 39* und die *Ungarischen Tänze* – als seine eigentlichen Kompositionen für Klavier zu vier Händen ansehen kann. Sie alle sind Gesellschaftsmusik und für die Unterhaltung von Anspruch gedacht; und tatsächlich hat Brahms mit dem ersten Heft der Ungarischen Tänze den Durchbruch bei dem Teil des gebildeten Bürgertums geschafft, der nicht nur passiv der Tonkunst hohen Stils lauschen, sondern sich auch durch häusliches Zusammenspiel aktiv an Musik erfreuen wollte. Und gleichsam als rechne Brahms die unterschiedlichen Entfaltungsmöglichkeiten von Hausmusik mit ein, hat er alle diese Kompositionen durch eigene Arrangements für andere Besetzungen geöffnet. Die Walzer op. 39 existieren neben den beiden genannten noch in zwei Fassungen (die eine ist als »erleichtert« qualifiziert!) für Klavier zweihändig; vom ersten Heft der Ungarischen Tänze (Nr. 1–10) liegt eine Fassung für Klavier zweihändig vor, Nr. 1, 3 und 10 hat Brahms auch für Orchester bearbeitet. Die *Liebeslieder* op. 52a und op. 65a schließlich stellen die Beziehung zur zweiten wesentlichen Art häuslichen Musizierens in jener Zeit, dem Singen, her; die Kompositionen können mit oder ohne Gesang, dieser wiederum solistisch oder chorisch ausgeführt werden. Nichts aber wäre verfehlter, als aus solcher Flexibilität der Besetzung auf einen verminderten ästhetischen Anspruch, auf geringere musikalische Qualität zu schließen. Gerade mit den Walzern op. 39 etwa kommt Brahms dem Walzerkönig Johann Strauß, wenn schon nicht im »Weanerischen« Ton, so doch in Einfallsreichtum und Spritzigkeit so nahe wie kaum ein anderer (daß er das Werk ausgerechnet dem zuweilen sehr, ja zu seriösen Theoretiker und Kritiker Eduard Hanslick widmete, wirkt jedenfalls aus heutiger Sicht als eine gelungene Pointe Brahmsschen Humors).

Nicht bekannt sind Anlaß und Zweck zweier Bearbeitungen für Klavier vierhändig: Franz Schuberts 16 Ländler D 366 und 4 Ländler D 814 (Entstehungszeit unbekannt; Druck 1869) und Robert Schumanns Klavierquartett Es-Dur op. 47 (1855; Druck Januar 1887).

Orgelwerke

Die Orgelwerke von Brahms markieren einerseits eine relativ frühe Phase seines Komponierens, andererseits das Ende seiner künstlerischen Tätigkeit. Die frühen Kompositionen entstanden Mitte der fünfziger Jahre, als Brahms kompositorisch zu sich selbst finden wollte und seine handwerklichen Defizite abzubauen bestrebt war, und sie schließen direkt an die Kontrapunktstudien an, die Brahms zunächst mit Clara Schumann, dann aber vornehmlich im Briefwechsel mit Joseph Joachim trieb. Aus dieser Zeit stammen in chronologischer Reihenfolge die **Fuge as-Moll (WoO 8**, April 1856), **Präludium und Fuge a-Moll (WoO 9**, Mai 1856), **Präludium und Fuge g-Moll (WoO 10**, Februar 1857) sowie **Choralvorspiel und Fuge a-Moll über »O Traurigkeit, o Herzeleid« (WoO 7**, wahrscheinlich Frühjahr 1858).
Ist die Hinwendung zu den im 19. Jahrhundert durchaus unzeitgemäßen Gattungen – wenn man überhaupt für Orgel schrieb, so waren es zumeist Sonaten oder Fantasien – in der frühen Phase als Bestandteil der Beschäftigung mit älterer Musik, die zur Vervollkommnung im kompositorischen Metier beitragen sollte, unmittelbar verständlich, so liegt der Grund, warum sich Brahms im letzten Jahr seines Lebens nochmals mit Choralvorspielen für Orgel befaßte, nicht so offen zutage. Der Versuch einer Erklärung wird allerdings von der Auffassung hinsichtlich der Entstehungszeit der *Elf Choralvorspiele* des op. 122 beeinflußt. Folgt man dem Brahms-Biographen Max Kalbeck, der davon ausgeht, daß mehrere der Stücke früher als 1896 entstanden

sind, so könnte man als Motiv für die Sammlung Brahms' Intention in Anschlag bringen, gegen Ende seines Lebens sein Haus in Ordnung zu bringen und alles, was ihm bewahrenswert erschien, sichtend und revidierend für die Publikation vorzubereiten – ein Verfahren, das bei den Sammlungen von Charakterstücken op. 116 bis 119 bekannt ist. Stimmt man dagegen Eusebius Mandyczewski zu, Brahms' Vertrautem der letzten Jahre, der bekundet hat, daß alle elf Choralvorspiele im Mai und Juni 1896 entstanden seien, so müssen inhaltliche Motivationen vorliegen, die es Brahms als gerechtfertigt erscheinen ließen, so betont auf eine unzeitgemäße Gattung zurückzugreifen. Sie wären auch unschwer in Brahms' geschichtsphilosophischer Konzeption zu finden. Er war nie ein Anhänger des im 19. Jahrhundert so weit verbreiteten Fortschrittsglaubens, vertrat mithin auch nicht die Überzeugung, daß Werke oder Gattungen durch die Geschichte überholt würden, solange sie nur durch ihre Qualität »dauerhafte Musik« repräsentierten. So wäre es durchaus plausibel, daß Brahms am Ende seines Werkes durch die Choralvorspiele nochmals ein deutliches Zeichen für seine – ebenfalls unzeitgemäße – Geschichtsauffassung setzen wollte. (Zusätzlich wäre es freilich möglich, daß Brahms bei seiner so oft belegten Neigung zu Sinnbildern auf J. S. Bach verweisen wollte: Auch dem Thomaskantor nahm der Tod bei der Komposition eines Choralvorspiels die Feder aus der Hand.)

Berichtenswert sind bei den Orgelwerken auch die Umstände ihrer Publikation. Brahms selbst hat nur zwei zum Druck gegeben, in beiden Fällen aber als Beilagen zu Zeitschriften und ohne Opuszahl: Die Fuge as-Moll (WoO 8) erschien Juli 1864 in der *Allgemeinen musikalischen Zeitung*, das Choralvorspiel »O Traurigkeit, o Herzeleid« (WoO 7) Juli 1882 im *Musikalischen Wochenblatt*. Selbst die Choralvorspiele des op. 122, die sicherlich für den Druck gedacht waren, hat Brahms nicht mehr selbst veröffentlichen können; sie erschienen – ganz seiner testamentarischen Verfügung entsprechend, daß alles »Druckfertige« in seinem Nachlaß Simrock zu übergeben sei – im April 1902 in diesem Verlag. Alle anderen Orgelwerke wurden erst durch die Gesamtausgabe 1927 der Öffentlichkeit zugänglich.

Es ist kaum zu bestreiten, daß Bach den zentralen Bezugspunkt für Brahms' Beschäftigung mit der Orgelmusik darstellt. Der einseitige Vergleich mit dessen Werken indes, der die Literatur beherrscht, verstellt den Blick dafür, daß Brahms sich wohl auch von Kompositionen anderer Meister der norddeutschen Orgelkunst um 1700 – was bei seiner weitreichenden Kenntnis alter Musik nicht verwunderlich wäre –

hat anregen lassen. Der Anfangsgedanke des a-Moll-Präludiums (aus WoO 9) könnte genauso gut wie von Bach auch von Dietrich Buxtehude stammen, und eine fantasieartige Anlage wie die des g-Moll-Präludiums (aus WoO 10), die mehrere Satz- und Bewegungstypen hintereinander stellt, ist der der Präludien von Nikolaus Bruhns durchaus vergleichbar. Gänzlich unterschieden allerdings von der norddeutschen Orgelmusik am Anfang des 18. Jahrhunderts – und auch von der Bachs – sind Brahms' Kompositionen durch die geringe Rolle, die er dem Pedal zuteilt.

Elf Choralvorspiele op. 122

1. *Mein Jesu, der du mich*, e-Moll, c
2. *Herzliebster Jesu*, Adagio g-Moll, c
3. *O Welt, ich muß dich lassen*, F-Dur, ¢
4. *Herzlich tut mich erfreuen*, D-Dur, ⁶⁄₄
5. *Schmücke dich, o liebe Seele*, E-Dur, c
6. *O wie selig seid ihr doch, ihr Frommen*, Molto Moderato F-Dur, ¹²⁄₈
7. *O Gott, du frommer Gott*, a-Moll, ¢
8. *Es ist ein Ros entsprungen*, F-Dur, ⁶⁄₄
9. *Herzlich tut mich verlangen*, a-Moll, c
10. *Herzlich tut mich verlangen*, a-Moll, ⁶⁄₄
11. *O Welt, ich muß dich lassen*, F-Dur, c

Anders als die frühen Orgelwerke, die trotz aller Qualitäten auch den Charakter von Studien haben, sind die Choralvorspiele des op. 122 als vollgültige Werke gedacht und – wie gesagt – von Brahms zur Drucklegung vorbereitet worden. Sie verdienen mithin besondere Aufmerksamkeit.

Hinsichtlich der Dimension entsprechen die Stücke etwa denen, die Bach in seinem *Orgelbüchlein* (BWV 599–644) vorgelegt hat, nicht etwa den großen Choralbearbeitungen aus dessen Leipziger Zeit. Die Choralmelodie ist – wie schon in WoO 7 – durchweg nur einmal durchgeführt, und zwar in Nr. 2, 3, 4, 5, 6, 9 und 11 in der Oberstimme, in Nr. 1 und 10 im Baß und schließlich in Nr. 7 und 8 in wechselnder Stimmverteilung. Mehrheitlich wird der Choral auch als Cantus firmus, d. h. langsamer als die Grundbewegung, und plan, d. h. ohne Auszierung, vorgetragen. In dieser Hinsicht allerdings bieten Nr. 3, 4, 8 und 9, wo dies nicht der Fall ist, gleichsam eine Entwicklung, die bei der simplen Einfügung von Durchgangs- und Zwischennoten ansetzt und zu einer dem bewegungsmäßigen Gesamtgestus des Tonsatzes angepaßten Figuration führt.

Auffällig ist die Tatsache, daß Brahms – anders als Bach in seinem Orgelbüchlein – auf jede kanonische Doppelung des Cantus firmus verzichtet, wohl aber, wie bereits bei Bach vorbereitet, die Begleitstimmen von der Choralmelodie ableitet. Das kennzeichnet, im Zusammenhang mit Brahms' Verfahren der motivisch-thematischen Integration, seinen gewandelten Begriff von Kontrapunkt, der zwar in vielen seiner Werke erkennbar wird, in den Choralvorspielen aber mit besonderer Deutlichkeit hervortritt. In älterer Musik zielt Kontrapunkt darauf, einen in sich ausgewogenen Tonsatz durch gleichwertige, selbständige Stimmen zu realisieren, die – wie vorab im Kanon oder in der Fuge – gleichsam additiv kombiniert werden. Für Brahms dagegen geben die kontrapunktischen Verfahren ein Mittel an die Hand, die beibehaltenen Intervallkonstellationen zu variieren – sie werden zu einer Technik der motivisch-thematischen Verarbeitung. Ziel ist nicht die Strukturierung des Tonsatzes in rhythmisch selbständigen Stimmen, sondern die Vereinheitlichung des Tonsatzes durch Stimmen, die zwar durch jene Verfahren variiert, vor allem aber in der Intervallkonfiguration verbunden sind. Brahms verabsolutiert damit einen möglichen Aspekt des Kontrapunkts: die Gleichheit der Stimmen hinsichtlich ihrer diastematischen Gestalt; die rhythmische Selbständigkeit dagegen, ein konstitutives Element von Kontrapunkt, tritt in seinen Kompositionen in den Hintergrund.

Solche diastematische Übereinstimmung zeigt sich besonders deutlich in Nr. 4 und 7, wo der Kopfgedanke der Einleitung direkt vom Choralanfang abgeleitet ist, oder auch in Nr. 5, wo die Begleitstimme in Sechzehnteln von der doppelten Diminuierung des Cantus-firmus-Kopfes ausgeht. Das Prinzip der motivisch-thematischen Integration bestimmt auch die Fügung der Zwischenspiele, die bei den vorliegenden Stücken eine wichtige Rolle spielen. Sie sind häufig als Imitation oder Echo (vgl. namentlich Nr. 11), oft aber auch – wie die Einleitungen – als Vorbereitung auf die anschließenden Choralzeilen ausgearbeitet (etwa in Nr. 4).

Chorwerke

Chorwerke mit Orchester

Brahms' Chorwerke mit Orchester sind – wie bei *Rinaldo* op. 50 im vollständigen Werktitel zum Ausdruck kommt – Weltliche Kantaten, ein Genre, das sich wegen der tragenden Rolle großer Chöre im Musikleben jener Zeit beträchtlicher Beliebtheit erfreute. Wesentlich für die Gattung ist die zentrale Rolle des Chores, zu dem Solisten hinzutreten können, aber nicht müssen. Bei Brahms ist in dieser Hinsicht eine vielfältige Differenzierung zu erkennen: in op. 54, 82 und 89 fehlen die Solisten ganz, in op. 55 ist dem Bariton eine nur ganz geringe, in op. 45 dem Sopran bzw. Bariton immerhin in drei Sätzen eine wichtige, freilich wiederum abgestufte Rolle zugeteilt. Gleichwertig nebeneinander stehen Tenor und Männerchor in op. 50, dominant schließlich ist der Alt, dem sich nur im Schlußteil der Männerchor hinzugesellt, in op. 53.

Bezeichnend für die Werkgruppe bei Brahms ist das überaus hohe literarische Niveau der vertonten Texte: dreimal Goethe, zweimal die Bibel in Luthers Übersetzung, und je einmal Schiller und Hölderlin. Solche Qualität und das ausschließliche Festhalten daran findet sich in keinem anderen Genre; diese Tatsache verweist auf den ästhetischen Anspruch, den Brahms mit den Kompositionen erhob, und auf die Erwartungshaltung, die das gebildete Bürgertum als die Zielgruppe der Werke mit der Weltlichen Kantate als Gattung verband. Ohnehin sind die Chorkompositionen von Brahms insgesamt (neben den quantitativ geringer vertretenen Werken für Klavier vierhändig) diejenigen, die am ehesten dem sozialen Umfeld der Entstehungszeit verhaftet sind. Deshalb sei mit Blick auf *Ein deutsches Requiem* kurz das geistesgeschichtliche Ambiente gestreift, in dem diese Komposition entstand; erklärt werden kann damit zugleich, warum es berechtigt ist, ein Werk religiösen Inhalts wie op. 45 dem Genre der Weltlichen Kantate zuzuordnen.

Eine der wichtigen Überzeugungen der die Musik hohen Stils im 19. Jahrhundert tragenden sozialen Schicht war es, daß die Substanz von Religion in der Kunst aufgehoben sei. Solche Kunstreligion

ermöglichte es zum einen, daß nicht-liturgische, außerkirchlich-religiöse Musik entstehen konnte (und als solche galten nicht nur op. 45, sondern auch das *Schicksalslied* op. 54 und der *Gesang der Parzen* op. 89); sie bot zum anderen die Grundlage dafür, daß sowohl religiöse Musik im Konzertsaal als auch nicht-liturgische in der Kirche aufgeführt werden konnte, daß mithin das Publikum des Konzertsaals als Gemeinde angesprochen und die Kirche zum Konzertsaal gemacht wurde. Diese Geisteshaltung kommt in *Ein deutsches Requiem* ungeschmälert zum Ausdruck; mit keinem anderen Werk hat Brahms den Geist seines Zeitalters so genau getroffen wie mit diesem – ein Moment, das entscheidend zu dem überwältigenden Erfolg der Komposition beigetragen hat. Sie versammelt in sich exemplarisch das Gefühl der allgemein menschlichen Religiosität, die nicht allein dem strengen liturgischen Rahmen ausweicht, sondern auch die Festlegung auf spezifisch christliche Glaubensinhalte vermeidet. An die Stelle des christlichen Glaubens, der an Gottesdienst und Gemeinde gebunden ist, tritt das persönliche Bekenntnis des einzelnen, in dem sich ein individuell religiöses Gefühl mit der subjektiven Entscheidung über die Glaubensinhalte paart. (Es ist freilich daran zu erinnern, daß solche gewissermaßen verweltlichte, oder besser: verbürgerlichte Haltung ihre Fundierung sehr wohl in der zeitgenössischen protestantischen Theologie etwa von Friedrich Schleiermacher fand.) Daher rührt die Freiheit, die Brahms sich nahm, die Texte der Komposition (wie in op. 45 auch in op. 55 und später in den *Vier ernsten Gesängen* op. 121) in eigener Verantwortung aus der Bibel zusammenzustellen. Ähnlich wie die besondere Auswahl der Textstellen sich zur Bibel als allgemeinem Hintergrund verhält, so hebt sich auch die Musik vom Traditionszusammenhang der Totenmesse ab. Zwar erinnert der VI. Satz in einigen Zügen an das »Dies irae«, und auch in den fugierten Abschnitten mag man eine Verbindung zum traditionellen Requiem sehen, im Vordergrund steht jedoch die Differenz zur lateinischen Totenmesse, auf die Brahms auch durch das Epitheton »deutsch« – mit kleinem Anfangsbuchstaben! – hinweist. (Aus heutiger Sicht allerdings mag man es bedauern, daß Brahms seinen späteren Erwägungen, das Werk »Ein menschliches Requiem« zu taufen, nicht gefolgt ist.)
Ganz »deutsch« gemeint dagegen ist die zweite große Chorkomposition mit Texten aus der Bibel, das *Triumphlied* op. 55. In dieser als Siegesfeier nach dem Deutsch-Französischen Krieg geschriebenen Komposition brachte Brahms nicht allein religiöse und ästhetische, sondern auch politische Momente zusammen. Daß das Werk heute so gut wie

vergessen ist, dürfte allerdings weniger auf eine innere Problematik dieser Vermischung zurückzuführen sein als vielmehr darauf, daß es in unserem Jahrhundert kaum einen Anlaß und noch weniger eine Rechtfertigung zum Hervorkehren solch hymnisch patriotischer Euphorie gegeben hat. Das Werk, das an kompositorischer Qualität den anderen Chorwerken von Brahms gewiß nicht nachsteht, ist Opfer des Bereichs geworden, auf den es sich eingelassen hat.

Rinaldo. Kantate für Tenor-Solo, Männerchor und Orchester op. 50

Komponiert Sommer 1863 und 1868 (Schlußchor). Text: Johann Wolfgang Goethe (nach einer Episode aus Torquato Tassos *Befreites Jerusalem*). Druck August 1869. – Klavierauszug vom Komponisten.

T. 1 Einleitung und Chor: »Zu dem Strande! Zu der Barke!« Allegro Es-Dur, ¢
199 Rinaldo: »O laßt mich einen Augenblick noch hier«. Recit. Allegro, ¢
223 Rinaldo: »Ihr wart so schön«. Allegro Es-Dur, ¢
283 Rinaldo: »Stelle her der goldnen Tage«. Poco Adagio As-Dur, ¾
309 Rinaldo: »Bunte, reichgeschmückte Beete«. Un poco Allegretto As-Dur, ¾
443 Chor, Rinaldo: »Sachte kommt!«. Moderato E-Dur, ¾
496 Rinaldo (am Ende Chor): »Aber Alles verkündet«. Allegro C-/E-/C-Dur, ¢
624 Chor: »Nein, nicht länger ist zu säumen«. Allegro non troppo c-Moll, ½
654 Rinaldo (später Chor): »Weh! was seh ich?« Poco sostenuto Des-Dur, ½
683 Rinaldo (später Chor): »Ja, so seis!« (Poco sostenuto) fis-Moll, (½)
710 Chor: »Zurück nur! zurücke«. Allegretto non troppo A-Dur, ¾
830 Rinaldo (später Chor): »Zum zweitenmale«. Andante con moto e poco agitato, a-Moll, ⁶⁄₈
944 Rinaldo/Chor: »Und umgewandelt seh ich die Holde«. Allegro con fuoco c-Moll, ¢
1088 Chor/Rinaldo: »Schon sind sie erhöret«. Andante C-Dur, ¢
Schlußchor: *Auf dem Meere* »Segel schwellen!« Allegro – Vivace non troppo, Es-Dur, ¢ und ¾

Rinaldo ist – darüber dürfen die Opuszahl und das Erscheinungsdatum nicht hinwegtäuschen – mit Ausnahme des nachkomponierten Schlußchors das früheste der hier in Frage stehenden Werke. Es unterscheidet sich aber auch inhaltlich deutlich von den anderen. Nur hier hat Brahms eine dramatische Textvorlage vertont, und nur hier vertont er sie als Szene bzw. Szenenfolge; das bedeutet, daß er nirgendwo in seinem Komponieren der Gattung Oper so nahe kam wie in op. 50, der Gattung mithin, die als einzige große des 19. Jahrhunderts in seinem Œuvre fehlt. (Bei näherem Studium der Komposition ließe sich aber wohl auch die Frage beantworten, warum Brahms sich nie wieder ernsthaft Opernplänen zugewendet hat.)

Das Werk bietet einen zwar gegliederten, aber durchgehenden Verlauf von 1144 Takten – wenn man will, einen Opernakt –, dem sich der nachkomponierte Schlußchor mit 346 Takten anschließt. Brahms knüpft – so will es zunächst scheinen – nicht an den Typus der Nummernoper an, jedenfalls nicht an deren Spielart, die sich auf das Alternieren zwischen Rezitativen und festgefügten Abschnitten, vor allem Arien stützt. Zu Beginn nützt er noch alle Stufen der vokalen Darbietungsform, die die Oper bereitstellte; in der Abfolge der Abschnitte, die mit T. 199, 223, 283 und 309 beginnen, komponiert er sogar den Übergang aus zwischen freier und gebundener Fügung als Rezitativ, Arioso und zwei Arien wachsenden melodischen Flusses. Von Arien kann man auch im weiteren Verlauf sprechen, das Arioso dagegen spielt kaum, das Rezitativ überhaupt keine Rolle mehr. Die kompositorische Aufmerksamkeit wendet sich zunehmend der Ausarbeitung fester Komplexe von einiger Ausdehnung, wenn man will Nummern, zu, die entweder als Chorstücke (wie »Zurück nur! zurücke« T. 710) bzw. Arien gefügt sind (wie »Zum zweitenmale« T. 830) oder sich auf die Kombination der beiden Vokalstränge konzentrieren. Schon im Verlauf der kompositorischen Arbeit an op. 50 also scheint Brahms das Interesse an der Vielfalt der vokalen Darbietungsformen, wie sie die Oper – und zu jener Zeit namentlich das Wagnersche Musikdrama – auszeichnen, verloren zu haben.

Ein deutsches Requiem nach Worten der Heiligen Schrift für Soli, Chor und Orchester (Orgel ad libitum) op. 45

Vollendet in der ursprünglichen sechssätzigen Fassung Sommer 1866, der dann eingefügte V. Satz erst 1868. Erste Aufführungen: Sätze I–III am 1. Dezember 1867 in Wien unter Johann Herbeck; Sätze I–IV, VI und VII am 10. April (Karfreitag) 1868 in Bremen unter Brahms; vollständig: 18. Februar 1869 in Leipzig unter Karl Reinecke. Druck November 1868. – Arrangements für Klavier zu zwei und zu vier Händen vom Komponisten.

I Chor: »Selig sind, die da Leid tragen« (Matthäus 5,4) – »Die mit Tränen säen« (Psalm 126, 5–6). Ziemlich langsam und mit Ausdruck, F-Dur, ℃
II Chor: »Denn alles Fleisch, es ist wie Gras« (1. Petrus 1,24) – »So seid nun geduldig« (Jakobus 5,7) – »Aber des Herrn Wort« (1. Petrus 1,24) – »Die Erlöseten des Herrn« (Jesaja 35,10). Langsam, marschmäßig / Etwas bewegter – Un poco sostenuto – Allegro non troppo, b-Moll/Ges-Dur – B-Dur, ¾ – ℃
III Bariton-Solo und Chor: »Herr, lehre doch mich« (Psalm 39,5–8) – »Der Gerechten Seelen sind in Gottes Hand« (Weisheit Salomos 3,1). Andante moderato d-Moll – D-Dur, ¢ und ½
IV Chor: »Wie lieblich sind deine Wohnungen« (Psalm 84,2, 3 und 5). Mäßig bewegt, Es-Dur, ¾
V Sopran-Solo und Chor: »Ihr habt nun Traurigkeit« (Johannes 16,22) – »Sehet mich an« (Jesus Sirach 51,35) – »Ich will euch trösten« (Jesaja 66,13). Langsam, G-Dur, ℃

VI Bariton-Solo und Chor: »Denn wir haben hie keine bleibende Statt«
(Hebräer 13,14) – »Siehe, ich sage euch ein Geheimnis« (1. Korinther 15,51–
52 und 54–55) – »Herr, du bist würdig« (Offenbarung Johannis 4,11).
Andante – Vivace – Allegro, c-Moll – C-Dur, $\mathbf{C}$, ¾ und $\mathbf{\mathfrak{C}}$
VII Chor: »Selig sind die Toten« (Offenbarung Johannis 14,13). Feierlich,
F-Dur, $\mathbf{C}$

Einen vollkommen gesicherten Kenntnisstand hinsichtlich der Entstehung von
op. 45 haben wir nur für die Vollendung der sechs- bzw. siebenteiligen Version,
soweit sie aus den Aufführungs- bzw. Druckdaten hervorgeht. Nach der – inter-
pretatorisch mißglückten – Voraufführung der ersten drei Sätze am 1. Dezember
1867 in Wien erlangte die Aufführung der sechsteiligen Version am Karfreitag
1868 im Bremer Dom den Rang der Uraufführung im emphatischen Sinne (vgl.
dazu die Beschreibung von Karl Geiringer S. 29); Karl Reinthaler hatte die Ein-
studierung besorgt, Brahms dirigierte. Der V. Teil »Ihr habt nun Traurigkeit«
muß dann relativ schnell nach dieser Aufführung in Angriff genommen und
vollendet worden sein, denn der Erstdruck der Partitur, der bereits im November des Jahres erschien, bietet alle sieben Teile. Die erste vollständige Aufführung schließlich fand am 18. Februar 1869 unter Leitung von Karl Reinecke in
Leipzig statt.
Ungewisser schon ist der konkrete Gang der kompositorischen Arbeit. Wie
kompliziert die Entstehungsgeschichte ist und welche Kenntnislücken hier
bestehen, hat bereits Klaus Blum 1971 in seinem bemerkenswerten Buch über
das Werk deutlich gemacht, und diese Tatsache ist durch das 1984 erschienene
Brahms-Werkverzeichnis unterstrichen worden. Bezeugt ist immerhin, daß ein
Satz in anderem Werkzusammenhang und bereits in den fünziger Jahren konzipiert war: Der Hauptteil des II. Satzes war ursprünglich als Scherzo einer Sonate
für 2 Klaviere gedacht, die dann ihrerseits und ohne das Scherzo im 1. Klavierkonzert op. 15 ihre endgültige Form fand. Die Hauptarbeit am Requiem indes
wurde in den sechziger Jahren, möglicherweise schon von 1862 an geleistet.
Ganz und gar auf Vermutungen angewiesen sind wir jedoch hinsichtlich der
konkreten Motivation, die Brahms zur Komposition des Werkes veranlaßt hat.
Dabei sind diejenigen, die es wie auch immer auf Robert Schumann beziehen,
denjenigen gegenüber in der Minderheit, die es als Trauermusik des Sohnes für
die Mutter ansehen, welche im Februar 1865 gestorben war. Die Behauptung
einer Beziehung zu Schumann stützt sich – wohl irrig – auf eine Eintragung in
einem von dessen Projektbüchern, die auf den Plan, ein deutsches Requiem zu
komponieren, schließen lassen soll. Der Gedanke eines Bezugs auf die Mutter
andererseits wird durch den Text des nachkomponierten V. Satzes geradezu auf-
gedrängt, und Brahms hat selbst geäußert, bei der Komposition dieses Satzes
öfter an seine Mutter gedacht zu haben. Nun ist diese Assoziation bei einem lie-
bevollen Sohn, der Brahms immer war, so kurz nach dem Tod der Mutter nahezu
selbstverständlich. Der Übertragung auf das ganze Werk jedoch steht die – wenn
auch noch so ungewisse – Chronologie der Entstehung entgegen.

Der St. Petri-Dom in Bremen.
Lithographie, um 1868

In vielen Aufsätzen über das *Deutsche Requiem* wird das Wort/Ton-Verhältnis mehr oder minder ausführlich besprochen, es herrscht aber eine bemerkenswerte Uneinigkeit hinsichtlich der Frage, welche der beiden Ebenen dominant sei. Peter Petersen konstatiert im Begleitheft der Gesamtplattenedition der Deutschen Grammophon »den Vorrang, den das Wort hat«. Adolf Nowak dagegen betont (*Brahms-Analysen*), daß »die musikalischen Proportionen vorgehen und die Textdisposition bestimmen«. Nowak kann sich dabei auf eine Äußerung von Brahms stützen, der bekannt hat, daß er manche Bibelstelle ausgewählt habe, weil er Musiker sei, »weil er es gebrauche«. Fraglich indes ist, ob die Fragestellung überhaupt einen angemessenen Zugang erlaubt zu einem Werk, in dem beide Ebenen zu einem großen Gesamtzusammenhang verbunden sind. Friedhelm Krummacher hat solche Amalgamierung durch den Aufsatztitel »Symphonie und Motette« angedeutet (*Brahms-Analysen*) – freilich in leichter Verschiebung des Betrachtungswinkels. Denn es ist ja keineswegs selbstverständlich, daß die Verwendung von Ausdrucksformen der Instrumental- bzw. Vokalmusik wie Symphonie und Motette zugleich die Konsequenz nach sich zieht, daß Musik bzw. Text in den Vordergrund treten. Es kann nicht immer davon ausgegangen werden, daß instrumentale Techniken den· Vorrang der Musik und solche der Vokalmusik den des Textes begründeten. Das gilt zumal für die Ausdrucksformen der Vokalmusik; bedenkt man etwa die höchst entwikkelte kontrapunktische Satztechnik einer Chorfuge, so ist weit eher die Gefahr gegeben, daß der Text zumal hinsichtlich seiner Verstehbarkeit in den Hintergrund tritt zugunsten des komplizierten Stimmgewebes. Anders allerdings verhält es sich bei den Ausdrucksformen der Instrumentalmusik. Die satztechnischen und formalen Errungenschaften, die sich im Laufe des 18. und am Beginn des 19. Jahrhunderts herausbildeten – durchbrochene Arbeit, obligates Akkompagnement, Durchführungstechnik und formale Muster wie namentlich die Sonatenform –, waren eigens zur Etablierung und Befestigung der Autonomie von Instrumentalmusik entwickelt worden und wurden von einem Hörer des 19. Jahrhunderts auch in dieser Weise verstanden..

Der Schluß, der aus jenem Disput hinsichtlich des Übergewichts von Text oder Musik zu ziehen ist, lautet, daß Brahms offenkundig ein Werk von so großer Vielfalt der Satzformen geschaffen hat, daß es für jede der beiden Auffassungen Belege in reicher Fülle bietet. Der Reichtum an Ausdrucksformen macht weder an Gattungsgrenzen halt, noch läßt er sich durch Normen der historischen Angemessenheit einengen. Das können einige konkrete Beispiele verdeutlichen.

Krummacher apostrophiert in seinem Aufsatztitel »Motette« als Inbegriff vokaler Setzweise. Sie bedeutet, daß jeder Textabschnitt eine gesonderte musikalische Behandlung erfährt, die Reihung der Textteile sich mithin unmittelbar in der formalen Gestaltung der Musik niederschlägt. Dafür bietet der IV. Satz »Wie lieblich sind deine Wohnungen« in den Takten 46–62 ein besonders plastisches Beispiel, weil die Sonderung hier noch durch den Unterschied der Satztechnik unterstrichen wird: »Meine Seele« (T. 46–48) wird akkordisch vertont, »verlanget und sehnet sich« (T. 49–57) in imitatorischer Sequenz und schließlich »nach den Vorhöfen des Herrn« (T. 58–62) wieder in akkordischer Bündelung.

Althergebrachte Satzprinzipien der Vokalmusik sind des weiteren die Antiphonie und die Responsion; erstere bezeichnet das »Entgegenklingen« gleich großer Klang-, d. h. Chorgruppen, letztere die sukzessive Verbindung von Solo und Chor: Der Vorsänger hebt an, und die Gruppe antwortet.

Hinsichtlich der Antiphonie auffällig im ganzen Stück ist die Tatsache, daß der Chor durchweg vierstimmig gehalten ist und keine Chorgruppen als einander entgegenklingende auftreten. Brahms verzichtet aber dennoch nicht auf das Satzprinzip der Doppelchörigkeit; sie kommt aber nur in der Gegenüberstellung von Chor und Orchester zum Ausdruck.

Klar herausgestellt wird dies Verfahren am Anfang des IV. Satzes: Das Orchester gibt vor (T. 1–4), der Chor antwortet mit der Umkehrung, d. h. der vertikalen Spiegelung, und führt den musikalischen Gedanken weiter aus (T. 5–13); erneut setzt das Orchester an, nun aber in direkter Übereinstimmung mit der Anfangsphrase des vorangegangenen Chorsatzes (T. 13–16), und der einfallende Chor begnügt sich mit dessen Fortführung (T. 17–23).

Formbildend wird die Antiphonie am Anfang des I. Satzes: Sie ist Ziel einer gestuften Entwicklung. In gesonderten Abschnitten werden die beiden Klanggruppen des Orchesters (T. 1–15) bzw. Chores (T. 19–27) vorgestellt. Bereits zwischen diesen Expositionsabschnitten findet ein Wechselspiel zwischen den Gruppen statt (T. 15–19); es hat aber noch keine deutlich antiphonale Wirkung, weil der Chor durch seinen motivischen Inhalt vorausweist, das Orchester dagegen nachklingend auf die Einleitung bezogen ist. Erst von T. 27 an, wo die alternierenden Klanggruppen den gleichen Inhalt haben, tritt das Prinzip der Antiphonie ganz in den Vordergrund.

Der I. Satz belegt aber auch, wie bewußt Brahms den Unterschied zwischen antiphonaler und responsorialer Setzweise zur Charakterisierung der Abschnitte einsetzt. Der Text des Satzes exponiert die rhetorische Figur der ›contrapositio‹, der Antithese Trauer einerseits und Trost, Freude andererseits: »Selig sind, die da Leid tragen« gegen »denn sie sollen getröstet werden«. Und diese Antithese wird – freilich nicht in jedem Fall – durch die Differenz der Satztechnik akzentuiert; wird namentlich am Ende des ersten Chorabschnitts (T. 27–37) »Leid« antiphonal komponiert, so hebt der zweite Chorabschnitt (T. 37–47) responsorial an: Der Chor antwortet der Oboe als Vorsänger.

Wie bei der Antiphonie wird also auch hier das Orchester in die ursprünglich vokale Satztechnik einbezogen: Ein Instrument wird zum Vorsänger des responsorialen Verhältnisses. In überwiegendem Maße aber teilt Brahms die Glieder der Responsion vokalen Stimmen zu. Die Funktion des Vorsingens übernehmen vor allem die Solisten im III., V. und VI. Satz, zuweilen aber auch – wie in den Takten 25 ff. des V. Satzes – Chorstimmen.

Nicht weiter auszuführen ist die Tatsache, daß Brahms mit den großen Chorfugen namentlich in Finalfunktion an eine weit in die Vergangenheit zurückreichende Tradition anknüpft. Der Anfang des Fugensubjekts im II. Satz »Die Erlöseten des Herrn« indes, auf dem der vorbereitende Abschnitt T. 198–205 durch das Orchester mehrfach insistiert, kennzeichnet noch eine andere Facette seiner Traditionsbezogenheit. Das Motiv (steigende Terz – fallende Quint – steigende Oktav) gehört nämlich als Kreuzfigur in das Repertoire der rhetorischen Figuren, das bis ins 18. Jahrhundert hinein als selbstverständliches Instrumentarium der Textausdeutung diente. Doch Brahms benutzt dies – eigentlich kaum mehr zeitgemäße – Ausdrucksmittel nicht nur am Anfang der Fuge, einer gewissermaßen zeitgleichen Satztechnik, sondern nimmt es im VI. Satz an prominenter Stelle nochmals auf: Zu den bedeutungsvollen Worten »Siehe, ich sage euch ein Geheimnis« (T. 28–31) eröffnet es in nur leichter intervallischer Modifikation und gleichsam anachronistisch einen symphonischen Abschnitt. Erkennbar wird hier einerseits die historische Spannweite der Mittel, die in op. 45 verwendet sind, andererseits die Tendenz zu deren Amalgamierung. Und die gattungsmäßige Grenzüberschreitung selbst innerhalb der Vokalmusik – um dazu noch einen letzten Aspekt zu ergänzen – ist dadurch gegeben, daß Brahms innerhalb ein und desselben Werkes den eher altertümlichen Oratorienstil, für den namentlich die starre Chorfuge über dem berühmten Orgelpunkt im III. Satz steht, mit dem liedhaften Ton seiner Zeit zu verbinden weiß: Mehrere Abschnitte des IV. Satzes stehen dem Chorlied nahe, und auf die Nähe des nachkomponierten V. Satzes zum Sololied ist schon von mehreren Kommentatoren zu Recht hingewiesen worden.

Hinsichtlich der instrumentalen Ausdrucksformen sind zunächst zwei Formtypen zu nennen. Der erste wird vom Hauptteil des II. Satzes ausgeführt, dessen frühe Entstehung bereits erwähnt wurde: Er ist ein Scherzo in Sarabandenbewegung mit Trio, und der fugierte zweite Teil des Satzes – also ausgerechnet eine Fuge – nähert sich durch Tonartendisposition und Tonsatzzustand seiner Abschnitte der Sonatenform an.

Noch bezeichnender ist wohl, daß Brahms im VI. Satz zum Zweck der durchführend drängenden Füllung der Zeit eine Beethovensche Technik in das Werk einbezieht, die man als Inbegriff symphonischen Komponierens im 19. Jahrhundert ansehen kann. Sie beruht auf der sequenzierenden Verarbeitung eines Modells, das mit dramatisch finaler Zielrichtung verkürzt und beschleunigt wird. Das Modell wird in T. 34 vom Solo-Bariton exponiert und danach in zunächst gleichbleibender Viertelbewegung bis T. 62 mehrfach vom Orchester sequenziert. In T. 62 erfolgt die Verkürzung zu Achteln, und in dieser Form tritt das Motiv kurz vor dem Zielpunkt, dem Einsatz des Vivace »Denn es wird die Posaune erschallen«, ganz an die musikalische Oberfläche. (Und selbst danach noch, was freilich nicht mehr dem finalen Prozeß zuzurechnen ist, bleibt das Motiv als Begleitfiguration erhalten.)

Kein ausschließlich instrumentales Verfahren ist – namentlich bei Brahms – das der motivisch-thematischen Integration; doch kann man im historischen Rückblick konstatieren, daß die weitestreichenden Errungenschaften in dieser Hinsicht – jedenfalls bis hin zu Brahms – im instrumentalen Bereich, namentlich in der Kammermusik, verwirklicht wurden. Brahms hat sich, wie an anderer Stelle näher ausgeführt wurde (vgl. S. 110), gerade im Blick auf op. 45 zu diesem Aspekt geäußert. Er reagierte damit auf die Akzentuierung des Verfahrens durch Adolf Schubring, die sich in der gesamten Literatur über das Werk – wohl nicht zu Unrecht – durchhält: Kernmotiv der gesamten Komposition sei die gleichgerichtete Tonfolge Terz plus Sekunde, die vom Sopran beim ersten Choreinsatz exponiert wird. Welch weitreichende Konsequenzen dieses Motiv über die meist in den Vordergrund gestellte Melodie- bzw. Themenbildung hinaus hat, mag im folgenden angedeutet werden.

Der erste Choreinsatz im I. Satz exponiert – wie gesagt – im Sopran mit f' – a' – b' die Folge Terz und Sekunde. Die Umkehrung dieser Intervallkonstellation um f, d. h. um die I. Stufe der Tonika lautet f – des – c. In der instrumentalen Einleitung wird f – des – c aber nicht nur vom Baß abgeschritten, sondern die Tonfolge ist in dieser Passage die einzige Bewegung, die der Baß überhaupt ausführt; ansonsten verharrt er auf dem Orgelpunkt der I. Stufe f.

Die als Umkehrung aufeinander bezogenen Tonfolgen f – a – b bzw. f – des – c bilden auf zwei unterschiedlich gelagerten Ebenen die Vorgabe für den harmonischen Verlauf des Satzes. Die Akkorde über f und b, d. h. Tonika und Subdominante, sind die Harmonien des chorischen Anfangsgedankens, der Sextakkord mit a als Grundton stellt die erste nennenswerte harmonische Ausweitung an jener Stelle des Stückes dar (T. 37), wo – wie beschrieben – der Tonsatz von der antiphonalen zur responsorialen Setzweise wechselt. Und dieser Sextakkord wird in einer Art Trugschluß erreicht, dem auf höherer Ebene entscheidendes Gewicht zukommt.

Die großharmonischen Flächen des Satzes sind auf F-Dur bzw. Des-Dur bezogen, d. h. auf zwei Stufen der Umkehrung jener Tonfolge. Ihre Grundakkorde treten mit dem Akkord über C, der dritten Stufe der Umkehrung, in modellhaften Zusammenhang. Der Gang von F- nach Des-Dur erfolgt grundsätzlich über einen Akkord von C, d. h. Des-Dur wird regelhaft über einen Trugschluß erreicht (vgl. etwa T. 46–47). Und der Weg zurück – also von Des- nach F-Dur – führt vom übermäßigen Quintsextakkord mit Des als Baßton über den Quartsextvorhaltsakkord und dessen Auflösung über c zum Ziel der Tonika f (schon in T. 11–13, aber auch T. 101–106):

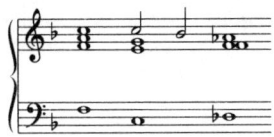

Bsp. 37

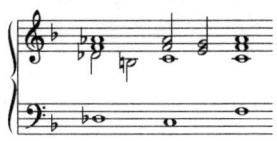

Bsp. 38

Auf noch höherer Ebene hat die Intervallkonfiguration große Terz – kleine Sekunde Konsequenzen: nämlich für den Zusammenhang der Tonarten aller sieben Sätze, d. h. für ein wesentliches Moment der Gliederung des ganzen Stückes. Dabei ist der Vergleich zwischen der sechsteiligen und der siebenteiligen Version besonders aufschlußreich:

I: F   II: B   III: D   IV: Es   [V: G]   VI: C   VII: F

Betrachtet man die endgültige Version, so läßt die Tonartendisposition zwei ineinander verschränkte, abwärts gerichtete Quintfolgen erkennen: Die eine geht von F aus: F – B – Es, die andere zielt auf F: D – G – C – F. An den Nahtstellen der beiden ineinander verschränkten Quintfolgen finden sich ausschließlich Varianten jener Intervallfolge aus großer Terz und kleiner Sekunde, nämlich die transponierte Ausgangsgestalt B – D – Es (als Transposition von f – a – b) sowie deren Umkehrungskrebs D – Es – G:

Bsp. 39

Bsp. 40

In der sechsteiligen Version waren zwar alle Komponenten dieser Tonartendisposition schon vorhanden, sie standen aber unverbunden nebeneinander. Die Quinte F – B am Anfang wurde durch die aus C – F am Ende beantwortet, und an B wurde jene modellhafte Tonfolge angeschlossen, ohne aber mit den Tonarten der letzten beiden Sätze eine sinnvolle Verbindung einzugehen. Die Einfügung des V. Satzes in G-Dur erlaubte nun zum einen die Zuordnung sämtlicher Tonarten zu einer der beiden Quintfolgen und schaffte zum zweiten durch die variative Doppelung der Tonkonstellation aus Terz und Sekund die Verkettung beider Tonfolgen.

Die Tonartenanordnung unterstreicht das, was in unterschiedlichen Akzentuierungen schon oft zur Gesamtanlage des Requiems festgestellt worden ist: Es handelt sich um eine verschoben symmetrische Anlage, deren unterschiedliche Aspekte – wie die Form der einzelnen Sätze, deren Besetzung und nun auch die Tonartendisposition – einander überlappen, ohne aber zusammenzufallen.

Die Tatsache, daß der letzte Satz durch den Text als Seligpreisung, durch die Form als mehr oder minder modifizierte A – B – A-Form und durch die Tonart F-Dur unverkennbar an den I. Satz anschließt, ist Grundlage für die Abrundung des in sich unterschiedlich gebauten symmetrischen Bogens. Diese formale Abrundung wird von Brahms noch dadurch akzentuiert, daß der letzte Satz in seinem Schlußabschnitt in den des I. mündet.

Triumphlied für Bariton-Solo, achtstimmigen Chor und Orchester (Orgel ad libitum) op. 55

Dem Deutschen Kaiser Wilhelm I. gewidmet. Druck November 1872. – Arrangements für Klavier zu zwei und vier Händen vom Komponisten.

Komponiert 1870 bis 1871. Text aus der Offenbarung Johannis, Kap. 19.

I Chor: »Hallelujah! Heil und Preis« (Vers 1) – »Denn wahrhaftig und gerecht« (Vers 2). Lebhaft, feierlich, D-Dur, ¢
II Chor: »Lobet unsern Gott, alle seine Knechte« (Vers 5) – »Hallelujah. Denn der allmächtige Gott« (Vers 6) – »Laßt uns freuen und fröhlich sein« (Vers 7). Mäßig belebt – Lebhaft – Ziemlich langsam, doch nicht schleppend, G-/D-/ G-Dur, ¾ – ¢
III Bariton-Solo und Chor: »Und ich sahe den Himmel aufgetan« (Vers 11) – »Und er tritt die Kelter des Weins« (Vers 15–16). Lebhaft – Etwas lebhafter – Feierlich, D-Dur – fis-Moll – D-Dur, ¢, ¾ und ¢

Das *Triumphlied*, auf dessen mehr als problematische politische Implikationen bereits hingewiesen wurde, dokumentiert noch einen weiteren wesentlichen Aspekt des Brahmsschen Komponierens, nämlich seine eminente Anpassungsfähigkeit an stilistische Modelle. Sie wird von der Brahms hochhaltenden Rezeption entweder übergangen oder aber ins Positive gewendet, etwa von Philipp Spitta, der in bezug auf die Übernahmen aus alter Musik (und das betrifft op. 55 in besonderer Weise) 1892 schreibt: »Alles, was er von den Alten gelernt hat, ist ihm grundeigen geworden und hat sich in seine höchst persönliche Tonsprache verflößt« (P. Spitta, »Johannes Brahms«, in: P. S., *Zur Musik*, Berlin 1892, S. 398). Bei unvoreingenommener Betrachtung indes, die auch in der jüngeren Brahms-Forschung mehr und mehr an Einfluß gewinnt, ist kaum zu leugnen, daß Richard Wagner – bei aller polemischen Verzerrung – mit den Beispielen seiner Invektive gegen Brahms von 1879 (vgl. S. 34 f.) einen empfindlichen Punkt traf (natürlich auch treffen wollte) und daß selbst Friedrich Nietzsche mit der

Behauptung, Brahms sei »ein Meister in der Kopie« (*Der Fall Wagner*, in: F. N., *Werke*, Bd. IV, München 1980, S. 934), so ganz unrecht nicht hatte. Wie Brahms sich in den Variationen op. 9 und op. 23 dem Schumannschen Stil der Klaviervariation näherte und in den Frauenchören op. 37 (mit lateinischem Text) bzw. den Motetten op. 29 (mit deutschem Text) den Motettenstil Palestrinas bzw. Bachs imitierte, so schließt er im *Triumphlied* – worauf ja schon Wagner hinweist – durch die vergleichsweise einfache Satztechnik, den langen Atem der formalen Entfaltung und den emotionalen Gestus unverkennbar an die Jubelchöre aus Händels Oratorien an, die zumal diesen Qualitäten ihre immense Beliebtheit im Repertoire der großen Musikfeste des 19. Jahrhunderts verdankten.

Rhapsodie für Alt-Solo, Männerchor und Orchester op. 53

Vollendet September 1869. Text von Johann Wolfgang Goethe (aus *Harzreise im Winter*). Druck Januar 1870. – Klavierauszug vom Komponisten.

»Aber abseits, wer ist's?« Adagio – Poco Andante – Adagio, c-Moll – C-Dur, c – ¾ – c

Die Anregung für die *Alt-Rhapsodie* erhielt Brahms durch eine Vertonung von Johann Friedrich Reichardt (1752–1814), die er 1868 bei Hermann Deiters kennengelernt hatte. Reichardt hatte für sein Lied ebenfalls eine Auswahl von Strophen aus Goethes Gedicht *Harzreise im Winter* getroffen, und Brahms übernahm nicht nur den Titel, sondern auch Tonart und Metrum.
Inhaltlich ist jede der drei Strophen – es sind die fünfte bis siebente des insgesamt elf Strophen ungleicher Länge umfassenden Gedichts, das 1777 entstanden war – auf ein Moment konzentriert: die Isolation des unglücklich Verliebten, dessen Seelenschmerz und endlich die Hoffnung auf Trost.
Brahms entspricht dieser Disposition und ordnet jeder Strophe einen eigenen Formteil zu; er überwölbt aber die bloße Reihung durch ein intern musikalisches Beziehungsgefüge, das die Komposition zu einem formal geschlossenen Ganzen werden läßt. Bemerkenswert zumal bei Brahms ist die Tatsache, daß dieses Beziehungsgefüge nicht auf dem motivisch-thematischen Inhalt beruht; dieser ist in jedem der drei Formteile deutlich unterschieden. Andere Elemente dagegen halten die Form zusammen, und bei ihrer Anwendung überwiegt das Prinzip der gestuften Entwicklung das der architektonischen Korrespondenz deutlich. Letzteres ist lediglich darin vertreten, daß der dritte Teil in Tempo und Metrum zu dem des ersten zurückkehrt, sich in dieser Hinsicht also eine Bogenform A – B – A ergibt.
Das prozessuale Moment ist – um beim Einfachsten und Sinnfälligsten zu beginnen – zunächst im Wechsel vom Moll der ersten beiden Teile zum Dur des dritten gegeben, der den Stimmungsumschlag des Textes direkt wiedergibt. Wichtiger noch ist das Verfahren, die Teile dem althergebrachten Prinzip der wachsenden Glieder gemäß zu disponieren und damit das Hauptgewicht des formalen Verlaufs dem Ende zuzuteilen. Das betrifft indes nicht nur die Länge

Bsp. 41

der einzelnen Teile (die wegen der unterschiedlichen Tempi nicht an der Taktmenge abgelesen werden kann), sondern auch die Vielfalt von deren Unterteilung in musikalisch formbildende Abschnitte. Die erste Anregung dazu mag Brahms durch den Umfang der Textstrophen erhalten haben: die fünfte umfaßt nur sechs, die beiden anderen acht Zeilen. Er erweitert die Textgrundlage aber noch insofern, als er im zweiten und dritten Teil den ersten Vierzeiler der Strophen nach dem zweiten nochmals vollständig aufgreift und überdies am Ende des dritten Teils mehrfach auf der vierten Zeile der Strophe insistiert: »So erquicke sein Herz!«

Aufgrund oder zum Zweck dieser Texterweiterung kann Brahms die Abschnittzahl von zwei im ersten über drei im zweiten auf vier im dritten Formteil steigern. Im ersten Teil handelt es sich um zwei parallele Glieder, die sich als Orchestervorspiel (T. 1–18) und Präsentation der ersten Textstrophe (T. 19–47) entfalten. Der zweite Teil gliedert die drei Abschnitte – immer in direkter Beziehung zu den Vierzeilern des Textes – in Bogenform (a: T. 48, b: T. 73, a: T. 90), der thematische Kontrast zwischen den Außenabschnitten einerseits und dem mittleren andererseits ist jedoch betont schwach gehalten. Deutlich in der thematischen Charakteristik dagegen unterscheiden sich die Abschnitte, die im dritten Formteil die Bogenform bilden (a: T. 116, b: T. 128, a: T. 146). Das eröffnet die Möglichkeit, die Coda als vierten Formteil klar vom vorangehenden abzusetzen; indem sie zunächst die Hauptphrase des b-Abschnitts aufgreift (T. 162–163) und sich erst danach wieder dem Material der a-Abschnitte zuwendet, wirkt sie nicht wie ein Ausklang des vorangehenden Abschnitts, sondern gewinnt die Qualität eines konstitutiven Formgliedes.

Hinzu kommt aber noch ein weiteres, nur scheinbar peripheres Moment, dessen Gestaltung Brahms hier seine besondere Aufmerksamkeit gewidmet hat: die gestufte Entwicklung von Gesang als solchem, gleichsam dessen Schöpfung. Die Einleitung entbehrt des Gesanges; die Präsentation der ersten Strophe bietet wenn schon keine rezitativische, so doch eine in kurzen Phrasen zersplitterte Stimme; gebundener schon ist der Gesang im zweiten Teil, noch immer aber entfaltet er sich nicht in gleichmäßigem Fluß, sondern in der Ambiguität der Zweier- bzw. Dreiunterteilung des Taktes (ein für Brahms überaus typisches Phänomen). Erst im dritten Teil singt die Musik in hymnisch gleichförmiger Bewegung, und sie singt nicht mehr in der Vereinzelung – oder, siehe den Text, Isolierung – des Individuums, sondern in der Geborgenheit des Kollektivs, zu der sich das Alt-Solo mit dem Männerchor zusammenfindet (s. Bsp. 41).

Schicksalslied für Chor und Orchester op. 54

Vollendet Mai 1871 in Baden-Baden. Text von Friedrich Hölderlin (aus *Hyperion*). Druck Dezember 1871.

»Ihr wandelt droben im Licht«. Langsam und sehnsuchtsvoll, Es-Dur, **c**
»Doch uns ist gegeben«. Allegro c-Moll, ¾
[Nachspiel] Adagio C-Dur, **c**

Das *Schicksalslied* eröffnet die Reihe von drei Weltlichen Kantaten kürzerer Ausdehnung, deren Text durch die Beziehung zur klassischen Antike gekennzeichnet ist – eine wesentliche Facette der Literatur und des Bildungsgutes im 19. Jahrhundert (man denke nur an die eminente Bedeutung des Humanistischen Gymnasiums im Erziehungssystem der Zeit). Freilich steht die Rückbesinnung auf die Antike hinsichtlich ihrer religiösen oder weltanschaulichen Implikationen häufig genug unvermittelt neben dem wie immer verbürgerlichten christlichen Glauben; der offenkundige Konflikt blieb ungelöst. Diese unvermittelte Spannung ist zwei der drei hier in Frage stehenden Kompositionen, op. 54 und op. 89, als kompositorisch-ästhetisches Problem eingeschrieben.

Man kann das einerseits so interpretieren, daß Brahms mit der Musik in offenen
Widerspruch zum Text treten, gleichsam Einspruch gegen dessen Aussage erheben wollte; nicht weniger plausibel ist andererseits die Auffassung, die Werke
seien ästhetisch mißlungen, weil Musik generell nicht in der Lage ist, religiös-
philosophische Konflikte zu lösen (ein Problem im übrigen, das später Schönberg daran gehindert hat, seine Oper *Moses und Aron* zu vollenden).
Hölderlins Schicksalslied des Hyperion akzentuiert die Antithese zwischen den
Himmlischen, deren Glückseligkeit in zwei (sechs bzw. neun Zeilen umfassenden) Strophen poetischen Ausdruck findet, und den leidenden Menschen, deren
Unsicherheit und Verlorenheit in einer Strophe von wiederum neun Zeilen
Länge bildreich zur Darstellung kommt. Brahms entspricht dieser Antithese
zunächst in vollkommener Übereinstimmung mit dem Text, indem er den
Oppositionen in sich geschlossene, in nahezu jeder Hinsicht kontrastierende
Formteile zuordnet. Der erste (T. 1–103) – in stabilem Es-Dur und in langsamer
und sehnsuchtsvoller Bewegung – besteht aus einer Orchestereinleitung (T. 1–
28 mit einem an Beethovens 5. Symphonie angelehnten Schicksalsmotiv in der
Pauke) und zwei motivisch analog ansetzenden und der Einteilung des Textes
parallelen musikalischen Strophen (T. 29 ff., T. 69 ff.); die Wiederaufnahme der
Einleitung (T. 96) rundet den Formteil ab. Der zweite Teil dagegen entfaltet sich
(mehrfach an »Tod, wo ist dein Stachel« aus op. 45 erinnernd) im Allegro und in
einer mehr oder minder schweifenden harmonischen Bewegung, die nur annä-
herungsweise auf c-Moll festzulegen ist. Auch er ist zweigliedrig, gleicht sich
damit aber nicht zwei zu vertonenden Textstrophen an, sondern doppelt mit der
dritten der Vorlage eine einzige. Und auch musikalisch ist er in größerer Differenzierung als der erste Formteil gestaltet. Der Wiederaufnahme des Anfangs
nämlich (T. 273 vgl. T. 112) geht ein dynamisch zurückgenommener Abschnitt
voran (T. 194), der zwar schon zum Textbeginn zurückgreift, musikalisch aber
für sich steht; und die Auskomposition der letzten Textstrophe, die im ersten
Abschnitt 26 Takte umfaßt (T. 154–179), ist im zweiten auf 51 Takte erweitert
(T. 314–364). Unverkennbar gilt das kompositorische Engagement von Brahms
dem Leid der Menschen, auf dessen poetischen Formulierungen er immer wieder insistiert und für dessen musikalische Darstellung er zu weit charakteristi-
scheren Ausdrucksformen findet (die Takte 312 ff. weisen auf manches bei
Gustav Mahler voraus, etwa auf den Schluß des *Liedes von der Erde*).
Das schwerwiegende Problem, das sich nun stellte, war das Ende der Komposition: Konnte das Werk im Negativen (»ins Ungewisse hinab« heißt es in der
letzten Textzeile) verharren und damit einerseits das auch für Brahms in dieser
Zeit noch gültige Postulat der Schlußwirkung als kompositorischer Abrundung
außer acht lassen (vgl. dagegen später den Schluß der 3. Symphonie), andererseits aber wie Hölderlin im Text jeder Hoffnung oder gar Heilsverheißung absa-
gen? Brahms hat sich mit der Entscheidung schwergetan, und auch das Ender-
gebnis noch mit Skepsis betrachtet (»Es ist eben – ein dummer Einfall« und »Es
mag so ein mißlungenes Experiment sein«); in der Tat wirkt die Wiederaufnahme der Einleitung als Coda des Werkes – und das in C-Dur – als bloße Konzession; als kompositorische Verwirklichung des Prinzips Hoffnung jedenfalls,

Aus der »Brahmsphantasie, Opus XII« von Max Klinger, worin er einund-
vierzig Radierungen und Steinzeichnungen zu Werken von Brahms zusam-
menfaßte

das Brahms – davon ist auszugehen – dem negativen Ende des Hölderlinschen
Gedichts entgegensetzen wollte, ist es ästhetisch gewiß nicht gelungen.

Nänie für Chor und Orchester (Harfe ad libitum) op. 82

Komponiert Sommer 1881 in Preßbaum bei Wien. Text von Friedrich Schiller.
Henriette Feuerbach gewidmet. Druck Dezember 1881. – Klavierauszug vom
Komponisten.

»Auch das Schöne muß sterben«. Andante / Più sostenuto / Tempo primo,
D-Dur/Fis-Dur/D-Dur, ⁶/₄ – ¢ – ⁶/₄

Probleme der inhaltlichen Aussage wie bei op. 54 stellten sich für Brahms bei
Schillers *Nänie* nicht. Ja man kann sogar sagen, daß das Gedicht gleichsam in sich
die Lösung für die dort angetroffene Schwierigkeit bietet: Das letzte der insgesamt sieben Distichen nämlich stellt der zuvor thematischen Klage über den Tod
auch des Schönen, die im fünften und sechsten Distichon kulminiert, das positive Moment der Hoffnung, des Weiterlebens im Gesang der Geliebten, entgegen. Freilich ist das Gedicht – sieht man vom Titel und der metrischen Gestal-

tung ab – auch nur insofern der Antike verbunden, als ihr Gegenstand an drei Beispielen aus der griechischen Mythologie (Orpheus/Euridike, Aphrodite/ Adonis, Achill/Thetis) exemplifiziert wird. Er selbst aber, die Klage über die Vergänglichkeit des Schönen und Vollkommenen, d. h. namentlich der Kunst, ist überzeitlich.

Brahms gliedert seine Komposition den Darstellungsformen des Gedichts gemäß in einer Bogenform: Die konstatierende und durch Beispiele erweiterte Exposition der ersten vier Distichen bildet den Text des A-Teils (nach dem gleichthematischen Orchestervorspiel T. 25–84); dem Bericht über die Aktion, die Klage von Thetis, der sich alle Götter anschließen, wendet sich der B-Teil zu (T. 85–140 in langsamerem Tempo und in der Mediante Fis-Dur); die verkürzte Rekapitulation des A-Teils (T. 141–181) akzentuiert die hoffnungsvolle Schlußsentenz des letzten Distichons. Daß der Text den Formteilen also in ungleicher Menge zugeordnet ist, führt zu einem Verfahren, das auf anderer Grundlage schon in op. 53 zu beobachten war: Ist der Text zu Anfang einigermaßen durchgängig und nur mit internen Wiederholungen vertont (hier entsprechen in motettisch gesonderter Behandlung die Abschnitte T. 25 ff., T. 47 ff., T. 65 ff. und T. 75 ff. dem ersten bis vierten Distichon), so wachsen die Text-Doppelungen im weiteren Verlauf der Komposition bis hin zu der fast regelhaften und dem Verlauf der Vorlage nicht mehr entsprechenden Wiederaufnahme ganzer Abschnitte an. Und auch im vorliegenden Fall hat dieses Verfahren einen inhaltlichen Sinn; es ermöglicht Brahms einerseits, im B-Teil die Klage aller Götter (sechstes Distichon) doppelt zu vertonen (T. 97 und T. 119), andererseits und vor allem aber die Komposition zur Akzentuierung des Positiven mit der wiederaufgenommenen vorletzten Zeile, namentlich mit deren mehrfach wiederholtem Schlußwort »herrlich«, zu beenden.

Gesang der Parzen für sechsstimmigen Chor und Orchester op. 89

Komponiert Sommer 1882 in Ischl. Text von Johann Wolfgang Goethe (aus *Iphigenie auf Tauris*). Herzog Georg von Sachsen Meiningen gewidmet. Druck Februar 1883. – Klavierauszug vom Komponisten.

»Es fürchte die Götter das Menschengeschlecht!« Maestoso d-Moll, c und ¾

Es scheint Brahms gereizt zu haben, sich gerade in einem Genre hohen Stils wie der Weltlichen Kantate mit Texten kompositorisch auseinanderzusetzen, deren Aussage er nicht voll teilen konnte. Denn wie ihn schon im *Schicksalslied* das im Negativen verharrende Ende nicht zur Ruhe kommen ließ, so konnte er sich offenkundig im *Gesang der Parzen* mit der fünften Strophe, mit der Verdammung ganzer Geschlechter, nicht identifizieren. Freilich schien ihn der Dichter hier nicht alleinzulassen. Denn in der dem eigentlichen fünfstrophigen Parzengesang nachgestellten und gleichsam kommentierenden sechsten Strophe läßt Goethe gerade hinsichtlich der »Kinder und Enkel« den lauschenden Alten seine kopfschüttelnden Zweifel äußern. Ob sich diese Skepsis bei Goethe nicht auf die gesamte Schreckensverheißung bezieht – die Erwähnung von Kindern und Enkeln also nur die Funktion einer *Pars pro toto* hätte –, mag dahinstehen; Brahms jedenfalls hat sie ausschließlich auf die fünfte Strophe bezogen. Das ist kompositorisch so bewerkstelligt, daß die Partie, die der fünften Strophe gewidmet ist (T. 116–161), so schroff vom Vorangehenden und Folgenden abgesondert ist, daß sie als dem Formverlauf exterritorial wirkt. Hinsichtlich ihrer Gestalt selbst könnte sie noch als kontrastierender zweiter Formteil interpretiert werden; der Formteil indes, der ihr vorangeht, ist so geschlossen, daß er keiner Ergänzung bedarf.

Die Behandlung der einzelnen Strophen in der »geschlossenen Form« der Takte 1–115 ist nach der Orchestereinleitung (T. 1–19) die schon bei op. 82 erprobte der motettischen Sonderung und Differenzierung hinsichtlich der Satztechnik: T. 20 I. Strophe, T. 36 II., T. 48 III. und T. 72 IV. Strophe. Anders aber als in den vorangehenden Weltlichen Kantaten ist der Grad der motivischen Beziehung aller Strophen, namentlich ihrer Anfänge zueinander, bemerkenswert groß und deutlich hervorgehoben. Faßt man den Begriff der Variationenfolge weit, so kann man ihn durchaus auf die vorliegende Reihung der Strophen anwenden. Ausgangspunkt der motivischen Entwicklung bzw. der immer neu ansetzenden variativen Ausspinnung ist das Kopfmotiv der Einleitung, dessen Varianten die Anfänge aller Strophen prägen.

Schon dies bewirkt ein hohes Maß an Geschlossenheit. Doch Brahms betont sie noch dadurch, daß er am Ende des Komplexes – gegen die Textvorlage – die erste Strophe nochmals aufnimmt (T. 104 ff.), gleichsam als Substitut des Themas, wie es so häufig am Ende von Variationenfolgen nochmals erscheint. Was fehlt, ist das eigentliche Thema, ist die Wiederaufnahme der Orchestereinleitung. Diese liefert Brahms beim skeptischen Kommentar der siebenten Strophe (T. 162–176); und sie behält auch ihren instrumentalen Gestus bei, denn der Text wird nicht eigentlich mehr gesungen, sondern vorwiegend in Tonwiederholungen deklamiert.

* * *

Zur Rubrik ›Chorwerke mit Orchester‹ gehören auch Brahms' Orchester-Arrangements der Nummern 1, 2, 4, 5, 6, 8, 9 und 11 seiner *Liebeslieder-Walzer op. 52* sowie der Nr. 9 der *Neuen Liebeslieder-Walzer op. 65*; ist bei den originalen Versionen offen gelassen, ob es sich um eine solistische oder chorische Vokalbesetzung handelt, so darf mit Rücksicht auf das klangliche Volumen des instrumentalen Parts bei diesen Arrangements letztere als sicher angenommen werden.

* * *

Da es sich um orchesterbegleitete Vokalwerke handelt, sollen hier –
selbst wenn das durch die Kapitelüberschrift nicht ganz gedeckt ist –
auch Brahms' Bearbeitungen von Schubert-Liedern angeführt
werden, die er (mit nur einer Ausnahme) im Jahre 1862 für eine Singstimme und Orchester angefertigt hat: *An Schwager Kronos* op. 19
Nr. 1 (D 369), *Memnon* op. 6 Nr. 1 (D 541), *Gruppe aus dem Tartarus*
op. 24 Nr. 1 (D 583, vielleicht aus dem Jahr 1871), *Geheimes* op. 14
Nr. 2 (D 719) und *Greisengesang* op. 60 Nr. 1 (D 778). Eigene Orche-
sterlieder hat Brahms nicht geschrieben (vgl. aber S. 276 seine Überlegungen zu den *Vier ernsten Gesängen* op. 121).

Chorwerke mit kleinerer Instrumental-, Klavier- oder Orgelbegleitung

Die in diesem Kapitel zusammengefaßten Produkte von Brahms'
kompositorischer Arbeit bezeichnen einen Mischbereich, innerhalb
dessen sich kein Typus von einiger Festigkeit erkennen läßt und in dem
kaum eine Komposition – sieht man von op. 13 und op. 93b ab – nicht
in unmittelbarer Beziehung zu Werken anderer Besetzung steht, die
eher gattungsmäßig bestimmt werden können.

Das liegt zunächst bei den Klavierauszügen, die Brahms vor allem von
eigenen Werken, aber auch von einem Werk eines anderen Komponisten
verfertigt hat, auf der Hand. Daß sie hier eigens aufgeführt werden, ist
angesichts ihrer (schon S. 185 f. näher dargelegten) eminenten Bedeutung für die Rezeption sehr wohl vertretbar. Von eigenen Werken liegen
von Brahms' Hand Klavierauszüge aller Chorwerke mit Orchester (mit
Ausnahme des *Schicksalslieds* op. 54) vor: *Ein deutsches Requiem* op. 45
(auch für Klavier vierhändig), *Rinaldo* op. 50, *Rhapsodie* op. 53, *Triumphlied* op. 55 (auch für Klavier vierhändig), *Nänie* op. 82 sowie
Gesang der Parzen op. 89, daneben auch von *Ave Maria* op. 12 und vom
Begräbnisgesang op. 13 (vgl. S. 216); und 1865 arbeitete Brahms einen
Klavierauszug von Franz Schuberts *Großer Messe in Es-Dur* (D 950)
aus, der noch im November des Jahres im Druck erschien.

Die Unbestimmtheit als Gattung, für deren Konstitution die Besetzung stets ein wesentliches Moment darstellt, zeigt sich auch an der
Vielfalt der instrumentalen Begleitung bzw. an den freilich in unterschiedlicher Wertigkeit gegebenen Möglichkeiten von Alternativbeset-

zungen. Nimmt man nur die Kompositionen, die Brahms mit Opuszahlen veröffentlicht hat, so steht lediglich bei op. 93b (Klavier) und
bei op. 17 (2 Hörner und Harfe) die Begleitung unmißverständlich
fest. Bei op. 13 bietet der Klavierauszug eine, sicherlich nicht für Aufführungen gedachte, Alternative. Gleichwertige Begleitungsmöglich-
keiten sind im Originaldruck von op. 12 (Orchester, Orgel – hier
kommt noch der Klavierauszug hinzu) sowie von op. 27 und 30
(Orgel, Klavier) festgeschrieben; für op. 27 ist überdies eine Fassung
für Orgel und Streichinstrumente überliefert.

Faßt man die begleitenden Instrumentalensembles ins Auge, so fällt
die Akzentuierung der Blasinstrumente, insbesondere der tieferen
Blechbläser auf: Nur für op. 12 ist ein wirkliches, wenn auch kleines
Orchester (zweifaches Holz, 2 Hörner und Streichquintett) vorgese-
hen; bei op. 13 (eine ursprünglich konzipierte Beteiligung von Streichern hat Brahms verworfen) bilden je zwei Oboen, Klarinetten,
Fagotte und Hörner, drei Posaunen, Baßtuba und Pauke die Begleitung, die bei op. 17 kammermusikalisch auf zwei Hörner und Harfe
beschränkt bleibt. Diese Tendenz, die den klanglichen Schwerpunkt
vor allem in die mittlere und tiefere Region verlegt und damit eine allgemein bei Brahms beobachtbare Neigung aufs neue bestätigt, wiederholt sich im übrigen in den beiden Bearbeitungen *Ellens Zweiter
Gesang*, die Brahms von Franz Schuberts Lied D 838 verfertigt hat; in
der ersten, unveröffentlichten, die wahrscheinlich 1862 entstand, wird
die Singstimme von drei Fagotten und vier Hörnern, in der zweiten,
vielleicht 1873 ausgearbeiteten (Druck 1906) ein Solosopran und der
Frauenchor von zwei Fagotten und vier Hörnern begleitet.

Nicht in einen gattungsmäßigen Beziehungszusammenhang, wohl
aber in den Kontext der kontrapunktischen Studien, die Brahms Mitte
der fünfziger Jahre zur Vervollkommnung im kompositorischen
Metier betrieb, gehört die früheste der hier in Frage stehenden Kompositionen: **Geistliches Lied op. 30** für vierstimmigen Chor mit Orgel
oder Klavier (komponiert April 1856, Text von Paul Fleming, 1660:
»Laß dich nur nichts nicht dauren«; Druck Juli 1864; Langsam, Es-
Dur, ¢ ¢). Abgesehen von den instrumentalen Vor- bzw. Zwischenspie-
len besteht das Stück wesentlich aus zwei Doppelkanons, in denen das
Stimmpaar aus Sopran und Alt mit dem aus Tenor und Baß im Nonen-
abstand imitatorisch kombiniert wird. Neben zweien der Drei geistlichen Chöre op. 37 (vgl. S. 219 f.) stellt op. 30 das einzige Resultat jener
kontrapunktischen Übungen dar, dem Brahms – mit zweifelhaftem
Recht – die Würde einer Opuszahl verlieh. Selbstkritischer war er

dagegen bei dem qualitativ kaum niedriger einzuschätzenden **Kyrie g-Moll (WoO 17)** für Chor und Basso continuo aus der gleichen Zeit (Druck 1984; Andante, ¢). »Das Kyrie, was ich Dir schicke«, so schrieb er im Juni 1856 an Joseph Joachim, »ist bloße Studie. Die andern Stücke gehören einer (nächsten) Messe in C dur für fünf Stimmen an« (BBW V, S. 151; vgl. dazu S. 218 f. die Missa Canonica, WoO 18).

Ganz direkt an die dirigentische Tätigkeit von Brahms in Detmold, namentlich aber an die beim Hamburger Frauenchor ist das Entstehen der Opera 12, 17, 27 und 44 gebunden. Die ersten drei stellen gewissermaßen die exzeptionelle Ausweitung der Begleitung innerhalb einer Werkgruppe größeren Umfangs für Frauenchor dar, die substantiell an die A-cappella-Besetzung bzw. das Akkompagnement durch das Klavier gebunden war. Und sowohl die Orchesterbegleitung von op. 12 als auch die mit Streichern bei op. 27 zeigen durch ihre Konventionalität und klangliche Blässe an, daß sich Brahms hier auf ein Gebiet begeben hatte, das er noch nicht ganz beherrschte. Ausdrucksvoller dagegen ist die Triobegleitung in op. 17, die – in Übereinstimmung mit den vertonten Texten – ganz der romantischen Harfen- und Hörnerseligkeit verpflichtet ist. Die vier Kompositionen belegen aber auch schon die inhaltliche Vielfalt – sie wird bei den A-cappella-Werken noch deutlicher werden –, mit der Brahms den Hamburger Frauenchor konfrontierte. Sie umfaßt geistliche Texte sowohl katholischer (op. 12 mit lateinischem Text) als auch protestantischer Provenienz (op. 27 mit deutschem Text) ebenso wie weltliche in der historischen Breite von Shakespeare über Ossian bis zu Eichendorff, die sich in besonderem Maße zur Vertonung als Chorlied eigneten. (Ein Verzeichnis der Textautoren mit vollen Namen und Lebensdaten siehe S. 240–242.)

Ave Maria für Frauenchor mit Orchester- oder Orgelbegleitung op. 12

Komponiert September 1858 in Göttingen. Text aus Lukas 1,28.42. Druck Januar 1861. – Klavierauszug vom Komponisten.

»Ave Maria, gratia plena, Dominus tecum.« Andante F-Dur, ⁶⁄₈

Gesänge für Frauenchor mit Begleitung von zwei Hörnern und Harfe op. 17

Vollendet Februar 1860 in Hamburg. Druck Januar 1861.

1. *Es tönt ein voller Harfenklang* (Ruperti). Adagio, con molt' espressione (C-Dur), ¢

2. *Lied von Shakespeare* »Komm herbei, komm herbei, Tod« (aus *Was ihr wollt* II, 4 in der Übersetzung von August Wilhelm Schlegel). Andante Es-Dur, ¾
3. *Der Gärtner* »Wohin ich geh und schaue« (Eichendorff). Allegretto Es-Dur, ⁶⁄₈
4. *Gesang aus Fingal* »Wein' an den Felsen der brausenden Winde« (Ossian, deutsch von Herder). Andante c-Moll, ¾

Der 13. Psalm für dreistimmigen Frauenchor mit Orgel oder Klavier op. 27

Komponiert in einer vorläufigen Fassung August 1859. Druck Mai 1864. – Fassung für Orgel mit Streichinstrumenten vom Komponisten.

»Herr, wie lange willst du mein so gar vergessen«. Non troppo lento – Allegro – Allegro non troppo, g-Moll – G-Dur, ⁶⁄₄ und ¢

Zwölf Lieder und Romanzen für vierstimmigen Frauenchor a cappella oder mit Klavier ad libitum op. 44

Komponiert wahrscheinlich 1859 und 1860. Druck Oktober 1866. Fassung von Nr. 1 für dreistimmigen Frauenchor, von Nr. 5 und 6 für gemischten Chor; Fassung des Tonsatzes von Nr. 9 für dreistimmigen Frauenchor mit dem Text »Dar geit en Bek de Wisch entlang« (Groth).

1. *Minnelied* »Der Holdseligen sonder Wank« (Voss). Con moto E-Dur, ⅜
2. *Der Bräutigam* »Von allen Bergen nieder so fröhlich Grüßen schallt« (Eichendorff). Allegro Es-Dur, ⁶⁄₈
3. *Barcarole* »O Fischer auf den Fluten« (Italienisches Volkslied). Allegretto grazioso E-Dur, ⁶⁄₈
4. *Fragen* »Wozu ist mein langes Haar mir dann« (Slawisches Volkslied). Sehr lebhaft und rasch, C-Dur, ⁶⁄₈
5. *Die Müllerin* »Die Mühle, die dreht ihre Flügel« (Chamisso). Allegro c-Moll, ⁶⁄₈
6. *Die Nonne* »Im stillen Klostergarten eine bleiche Jungfrau ging« (Uhland). Andante g-Moll, ¢

Vier Lieder aus dem *Jungbrunnen* von Heyse:
7. *Nun stehn die Rosen in Blüte.* Allegro E-Dur, ⅜
8. *Die Berge sind spitz.* Andantino a-Moll, ¾
9. *Am Wildbach die Weiden.* Angenehm bewegt, fis-Moll, ⁶⁄₈
10. *Und gehst du über den Kirchhof.* Andante e-Moll/E-Dur, ¾ ˣ⁾
11. *Die Braut* (Von der Insel Rügen) »Eine blaue Schürze hast du mir gegeben« (Müller). Andante espressivo d-Moll, ½ und ¢
12. *Märznacht* »Horch! wie brauset der Sturm« (Uhland). Poco Allegro b-Moll – B-Dur, ⁶⁄₄

x) motiv a g a e (Sextett op. 36) A.v. Siebold [Text!]

Op. 44 bildet das Verbindungsglied zu zwei weiteren Entfaltungsmöglichkeiten der Vokalmusik bei Brahms. Die Lieder verweisen zum einen auf das gesellige Musizieren im häuslichen Rahmen, das der Komponist nicht durch die Ausschließlichkeit der Besetzung einengen wollte; daher ließ er hier die Möglichkeit der Klavierbegleitung offen. Später in den *Liebesliedern* op. 52 und den *Neuen Liebesliedern* op. 65 (vgl. dazu S. 304 ff.) sollte er eine reine Instrumentalversion für Klavier zu vier Händen gleichwertig neben eine mit Vokalquartett stellen, bei dem aber die Entscheidung, es solistisch oder chorisch zu besetzen, den Interpreten überlassen blieb. Ohnehin wird die Frage nach der chorischen oder solistischen Besetzung der Vokalquartette mit Klavierbegleitung – und das ist die zweite der oben angesprochenen Entfaltungsmöglichkeiten – von der musikalischen Praxis mit Großzügigkeit und eher in Richtung auf chorische Darbietung behandelt, und das auch in den Fällen, in denen die Bezeichnung durch Brahms eindeutig ist. Sie reagiert damit freilich auf die gegenwärtige Situation des Musiklebens, in der sich kaum ein Sänger einigen Niveaus bereit findet, einen Liederabend lediglich als einer unter mehreren zu bestreiten.

Begräbnisgesang für Chor und Blasinstrumente op. 13

Komponiert November 1858 in Detmold. Text von Michael Weisse 1531. Druck Januar 1861. – Klavierauszug vom Komponisten.

»Nun laßt uns den Leib begraben«. Tempo di Marcia funebre c-Moll, ¢

Ganz für sich im Frühwerk von Brahms steht der »Begräbnisgesang« op. 13. Er bietet zwar auch jene individuelle Selektion der Instrumentalbegleitung, die bereits S. 213 angesprochen wurde und auf die Brahms später nie mehr zurückgekommen ist. Die Komposition dagegen ist ganz und gar eigenständig und nicht im Blick auf einen konkreten Kreis von Ausführenden konzipiert. Ihre Gliederung in sieben Teile, genauer gesagt: Strophen, sowie der Verzicht auf die höheren Instrumente in der ersten Strophe hat mehrfach den Vergleich zu *Ein deutsches Requiem* op. 45 provoziert; dessen Triftigkeit allerdings sollte nicht allzu hoch eingeschätzt werden (zumal op. 45 ja ursprünglich auf sechs Teile angelegt war und die Neigung zur mittleren und tiefen Lage beispielsweise auch in der etwa zeitgleich entstandenen Serenade op. 16 zu beobachten ist). Festgehalten werden kann aber, daß op. 13 den ersten größeren Beleg dafür bietet, wie wichtig der Gedanke an den Tod für Brahms auch als Motiv seiner kompositorischen Arbeit gewesen ist. Insofern steht op. 13 dann doch mit op. 45, aber ebenso – um nur die bedeutendsten Werke zu nennen – mit den *Vier ernsten Gesängen* op. 121 in Beziehung.

Tafellied (Dank der Damen) für sechsstimmigen Chor mit Klavier op. 93b

Komponiert wahrscheinlich Sommer 1884. Den Freunden in Krefeld gewidmet. Text von Joseph von Eichendorff. Druck Januar 1885.

»Gleich wie Echo frohen Liedern fröhlich Antwort geben muß«. Allegretto grazioso B-Dur, ¾

Das »Tafellied« ist eine Gelegenheitskomposition, was freilich gerade in der späteren Phase des Brahmsschen Komponierens keineswegs eine Einbuße an kompositorischer Qualität bedeutet. Wohl als Dank für eine Aufführung des *Gesanges der Parzen* op. 89 durch den Krefelder Singverein verfaßt, von der Brahms sehr angetan gewesen war, dokumentiert sie als eines der wenigen Beispiele in seinem kompositorischen Œuvre, wie weitgehend er sich dem gebildeten Bürgertum als kunsttragender Schicht des 19. Jahrhunderts verpflichtet wußte. Freilich war sein Entgegenkommen nicht stets so freiwillig und die Erfüllung der gesellschaftlichen Verpflichtungen geschah nicht stets aus so vollem Herzen wie hier, wo sie durch die freundschaftliche Beziehung zu den Familien Grüters und Beckerath eine Stütze fand. Zunehmend irritiert fühlte sich Brahms beispielsweise durch die häufig an ihn herangetragenen Wünsche nach Manuskripten von seiner Hand, nach »Albumblättern« namentlich von Liedern. Sie entsprachen durchaus dem Usus der Zeit, und Brahms ist der Nachfrage häufig genug nachgekommen. Als er aber vor 1885 um eine Faksimilevorlage für Emil Naumanns *Illustrierte Musikgeschichte* gebeten wurde, komponierte er einen Kanon, versah ihn lediglich mit dem Titel *Wann?* und übersandte ihn dem Besteller. Hinter der kargen Textierung verbirgt sich ein Zweizeiler von Ludwig Uhland: »Wann hört der Himmel auf zu strafen / mit Albums und mit Autographen?«

Obwohl im – auch inhaltlichen – Verbund mit Kompositionen anderer Besetzung veröffentlicht, seien hier noch die klavierbegleiteten Volksliedbearbeitungen erwähnt, denen Brahms das responsoriale Verhältnis zwischen Vorsänger und Chor zugrunde gelegt hat; sie halten von der Besetzung her die Mitte zwischen den Volksliedbearbeitungen für Chor a cappella und denen für eine Singstimme und Klavier (zu den Volkslied-Bearbeitungen insgesamt vgl. S. 283 ff.). Stellt innerhalb der 1858 erschienenen **Volks-Kinderlieder (WoO 31)** die Nr. 12 *Weihnachten* (»Es leuchtet heut der Freude Schein!«) einen Einzelfall dar, so wird die Sammlung der **49 deutschen Volkslieder** von 1893/94 (**WoO 33**, vgl. näher S. 282 f.) von sieben Bearbeitungen mit Vorsänger und Chor beschlossen:

43. *Es stunden drei Rosen.* Andante F-Dur, 𝄴
44. *Dem Himmel will ich klagen.* Andante d-Moll, ¾

45. *Es saß ein schneeweiß Vögelein*. Allegretto a-Moll, ¾
46. *Es war einmal ein Zimmergesell*. Allegro non troppo a-Moll, ¾
47. *Es ging sich unsre Fraue*. Andante con moto a-Moll, ¾
48. *Nachtigall, sag*. Andante sostenuto d-Moll, ⁶⁄₈
49. *Verstohlen geht der Mond auf*. Andante a-Moll, ¾

Geistliche Chorwerke a cappella

Die Beschäftigung mit älterer Musik und namentlich die Kontrapunkt-übungen, die Brahms Mitte der fünfziger Jahre vor allem zusammen mit Joseph Joachim trieb, haben kaum eine Gattung so entscheidend geprägt wie die geistlichen Chorwerke. Das früheste Resultat dieses Selbststudiums weist darauf schon durch den Titel hin: »Missa canonica«. Tatsächlich stellten Übungen zum kanonischen Tonsatz – weniger solche zur Fuge – den Kern der Kontrapunktübungen dar.
Es spricht einiges dafür, daß Brahms die drei Sätze der Missa, die erst vor wenigen Jahren an die Öffentlichkeit gelangten, höher eingeschätzt hat als das *Kyrie (WoO 17)*, das er – wie S. 214 zitiert – lediglich als Studie ansah. Immerhin stand er dem Plan seines Freundes Julius Otto Grimm, das Werk in Göttingen aufzuführen, im Grundsatz durchaus zustimmend gegenüber. Aufführungstechnische Probleme jedoch – Grimm monierte die tiefe Führung der Altstimmen, die er für nicht realisierbar hielt – ließen den Plan scheitern. Vielleicht war es Grimms Kritik, die Brahms seine noch unvollkommene Beherrschung des Chorsatzes zu Bewußtsein brachte und ihn – jedenfalls soweit wir wissen – davon abhielt, das Werk durch »Kyrie« und »Gloria« zu komplettieren.

Missa canonica für vier- bis sechsstimmigen Chor (WoO 18)

Komponiert in der ersten Hälfte 1856. Texte aus dem Ordinarium der Messe. Druck 1956 (Benedictus), 1984 (vollständig).

I *Sanctus*. Lento As-Dur, ¢
II *Benedictus*. Poco Adagio con espressione, F-Dur, ⁶⁄₄
III *Agnus Dei – Dona nobis pacem*. Adagio f-Moll – C-Dur, ¢

Schon der lateinische Text der Missa zeigt an, daß Brahms offen war für jede Art religiöser Musik und sich nicht etwa auf die protestantische beschränkte. Als Vorbild dienten ihm solchermaßen auch die Kompositionen Palestrinas – der Leitfigur der Erneuerungsbewegung katholischer Kirchenmusik im 19. Jahrhundert. Im Juni 1856 beispielsweise kopierte er sich dessen *Missa Papae Marcelli* (1567). Das kann als Fingerzeig dafür genommen werden, daß sich Brahms bei seinen Kontrapunktstudien nicht etwa an Lehrbüchern orientierte; Johann Joseph Fux etwa, dessen *Gradus ad parnassum* von 1725 im 19. Jahrhundert zu einem der beliebtesten Lehrwerke zählte, wird im Briefwechsel mit Joachim mit keinem Wort erwähnt. Vorbildfunktion hatten vielmehr konkrete Kompositionen aus früheren Jahrhunderten, die in jener Zeit durch die beginnende Edition von Gesamtausgaben auch in immer größerem Umfang zugänglich wurden.

Drei geistliche Chöre für Frauenchor op. 37

Komponiert Mai 1859 (Nr. 1, 2) und Dezember 1863 (Nr. 3). Druck September 1865.

1. *O bone Jesu miserere nobis* (alte kirchliche Gebetsformel nach Lukas 17,13 und 1. Petrus 1,19). Moderato espressivo F-Dur, ¢
2. *Adoramus te, Christe, et benedicimus tibi* (Versikel und Antiphon aus dem römischen Brevier für das Fest der Auffindung des Heiligen Kreuzes [3. Mai]). Allegro a-Moll, ¢
3. mit Alt- und Sopran-Solo: *Regina coeli laetare* (Marianische Antiphon für die österliche Zeit). Allegro F-Dur, ¢

Vom Einfluß Palestrinas sind vor allem die ersten beiden Chöre des wiederum lateinische Texte bietenden op. 37 bestimmt, die ebenfalls noch aus den fünfziger Jahren stammen. Der gleichmäßige rhythmische Fluß, die stufenmäßige Melodiebildung, der begrenzte Umfang der Stimmen sind unverkennbare Merkmale des Palestrinastils, der sich in einem durchimitierten motettischen Tonsatz verwirklicht. In *O bone Jesu miserere nobis* sind Sopran I und Alt I sowie Sopran II und Alt II als überwiegend homophon geführtes Stimmpaar aneinandergebunden; jenes geht voraus, dieses imitiert um eine Schlagzeit später in Gegenbewegung. Brahms hat diese Satztechnik im Autograph noch eigens beschrieben: »Canone per arsin et thesin, et per motum contrarium«; wichtig waren ihm also der Einsatz der Stimmpaare auf leichter und schwerer Zeit und die Gegenbewegung.

Mehrschichtiger noch ist der kontrapunktische Satz in *Adoramus te*. Zwar sind es wiederum zwei Stimmpaare, nun aus den beiden Sopran- bzw. Altstimmen gebildet, die im Einsatzabstand von drei Takten und der Intervalldistanz einer Unterquint die Imitation auf höherer Ebene darstellen. Die Stimmpaare selbst aber sind nochmals imitatorisch differenziert, die jeweils untere Stimme folgt der oberen nach einem Takt und in der Unterquart. Diese komplizierte Satzstruktur wird über 23 Takte streng beibehalten.

Auch bei *Regina coeli laetare* hat Brahms im Manuskript die kontrapunktische Satztechnik, das Prinzip der Umkehrungsimitation, bezeichnet: »Resoluzione per motum contrarium«. Allerdings sind diesem Chor, der ja auch erst viereinhalb Jahre nach den beiden anderen komponiert wurde, keinerlei Züge Palestrinas eingeschrieben. Die Rhythmik ist bemerkenswert vielfältig, und die imitatorische Technik betrifft zunächst nur die beiden Solostimmen. Der Chor beschränkt sich in den ersten 48 Takten auf homophone Alleluja-Einwürfe, die das Stück mit einiger Regelmäßigkeit gliedern, und beteiligt sich erst im Schlußteil am kontrapunktischen Spiel.

Marienlieder für gemischten Chor op. 22

Komponiert Sommer 1859. Druck Oktober 1862.

1. *Der englische Gruß* »Gegrüßet Maria, du Mutter der Gnaden« (Niederrheinisches Volkslied). Con moto Es-Dur, ¾
2. *Marias Kirchgang* »Maria wollt zur Kirche gehn« (Rheinisches Volkslied). Andante con moto es-Moll, ¢
3. *Marias Wallfahrt* »Maria ging aus wandern« (Niederrheinisches Volkslied). Con moto c-Moll, ¢, ¾ und ⁶⁄₄
4. *Der Jäger* »Es wollt gut Jäger jagen« (Volkslied). Allegro, ma non troppo, G-Dur, ¢
5. *Ruf zur Maria* »Dich, Mutter Gottes, ruf' wir an« (Volkslied). Poco Adagio B-Dur, ⁶⁄₄
6. *Magdalena* »An dem österlichen Tag« (Volkslied). Poco lento g-Moll, ¢
7. *Marias Lob* »Maria, wahre Himmelsfreud« (Niederrheinisches Volkslied). Allegro Es-Dur, ¢

»Ich habe mancherlei Chorsachen liegen«, so schreibt Brahms im September 1860 an P. J. Simrock, zu dem er eben erst Kontakt gefunden hatte und dessen Verlagshaus zu dem für ihn wichtigsten werden sollte: »u. a. 7 Marienlieder für Chor: 2 Soprane, Alt und Tenor. Die Gedichte sind alte schöne Volkslieder und die Musik etwa in der Weise der alten deutschen Kirchen- und Volkslieder.« (BBW IX, S. 23). Op. 22 belegt mithin eine andere Facette der Traditionsbezogenheit von Brahms. Hier ist von Kontrapunkt keine Spur, sondern die Lieder sind insofern archaisiert, als sie in einfachem Kantionalsatz mit Betonung der Oberstimme und in auffälliger Einbeziehung von modalen Wendungen vertont werden. Darüber hinaus stellen sie einen weiteren Beleg für Brahms' die Einbindung in einen Traditionszusammenhang betonende Neigung zum Volkslied dar (ihre Einordnung als »geistliche« Chorwerke ist also nicht ganz richtig); und angesichts seiner oben zitierten Qualifizierung der Gedichte nimmt es nicht wunder, daß er von dreien, nämlich von Nr. 1, 3 und 4, auch die originalen Volksliedmelodien bearbeitet hat (Nr. 1 in WoO 32/8 sowie Nr. 3 in WoO 32/22 bzw. WoO 33/14 zweimal für Gesang und Klavier, Nr. 4 in WoO 34/14 für gemischten Chor).

Die Besetzung, die Brahms Simrock gegenüber nennt, weist auf die Veränderungen hin, die er vor der Drucklegung in dieser Hinsicht vorgenommen hat (bei Volksliedern freilich ist die Besetzungsflexibilität allgemein kennzeichnend für Brahms). Ursprünglich hatte er einige der Lieder für Frauenchor geschrieben, alle dann in der oben angegebenen Besetzung konzipiert und erst im letzten Arbeitsgang für gemischten Chor umgeschrieben. Henry S. Drinker hat von Nr. 1, 2 und 4 bis 7 eine Rekonstruktion der vermeintlich ersten Fassung für Frauenchor versucht und 1940 publiziert; und von Franziska Lentz, einem Mitglied des Hamburger Frauenchors, ist eine wohl nicht autorisierte Fassung von Nr. 2 für Frauenchor überliefert. Erstaunlicherweise fehlen die Marienlieder in allen anderen Quellen des Hamburger Frauenchors.

Zwei Motetten für fünfstimmigen gemischten Chor op. 29

Komponiert Sommer 1860. Druck Juli 1864.

1. *Es ist das Heil uns kommen her* (Kirchenlied, Paulus Speratus 1523). Choral – Allegro E-Dur, c und ¢
2. I *Schaffe in mir, Gott, ein rein Herz* (Psalm 51,12). Andante moderato G-Dur, ¢ – II »Verwirf mich nicht von deinem Angesicht« (Psalm 51,13). Andante, espressivo, g-Moll, c – III »Tröste mich wieder« (Psalm 51,14). Andante – Allegro, G-Dur, ⁶⁄₄

Ist in op. 37 der Einfluß von Palestrinas Kontrapunkt unverkennbar, so wendet sich Brahms mit op. 29 deutlich dem protestantischen Motettenstil, genauer: der Bachschen Choralmotette zu.

Das kommt in *Es ist das Heil uns kommen her* besonders deutlich zum Ausdruck. Das Stück besteht aus zwei Teilen mit demselben Text; im ersten wird die Choralmelodie in einem Kantionalsatz vorgeführt, im zweiten zu einer Reihung von fugierten Abschnitten ausgebreitet. Stets entspricht das kontrapunktische Subjekt den Choralphrasen, und stets zielen die Abschnitte auf eine emphatische Präsentation der jeweils in Frage stehenden Choralphrase in Vergrößerung durch den I. Baß. Gegen Ende allerdings verdichtet sich die Aufeinanderfolge der Stimmen, und die Beziehung zum Modell des Chorals wird gelockert.

Anders als in »Es ist das Heil uns kommen her«, wo der Text zweimal durchlaufen wird, teilt Brahms in der zweiten Motette des op. 29, *Schaffe in mir, Gott, ein rein Herz*, jeweils ein Verspaar des Psalmtextes einem Satz zu. Von den drei Sätzen, die daraus resultieren, untergliedert er jedoch den dritten nochmals in zwei deutlich voneinander unterschiedene Teile, denen jeweils ein Vers zugrunde liegt. Man muß mithin musikalisch von insgesamt vier Formeinheiten ausgehen, von denen die ersten beiden als Sätze auf höherer, und die letzten beiden als Teile auf niederer Formebene angesiedelt sind. Doch Brahms stellt deutlich Beziehungen zwischen den beiden Formebenen her. Satz I und der 1. Teil von Satz III sind von kanonischen Verfahren bestimmt, Satz II und der 2. Teil von Satz III als Fuge ausgearbeitet. Und auch die Stimmenzahl, die im Werktitel nicht ganz zutreffend angegeben ist, wird spezifisch disponiert, dies allerdings in einer nun fünfgliedrigen symmetrischen Anordnung. Real fünfstimmig sind am Anfang der I. Satz und am Ende der zweite Abschnitt im 2. Teil des III. Satzes (T. 123 bis 137); vierstimmig gefügt ist der ganze II. Satz sowie der erste Abschnitt des Schlußteils; und der 1. Teil des III. Satzes greift – als Mitte der symmetrischen Entsprechung – sogar zur Sechsstimmigkeit aus.

Die schon anhand der genannten Aspekte zu beobachtende Mehrschichtigkeit der formalen Anlage, deren Charakteristik auf der Inkongruenz der unterschiedlichen formbestimmenden Ebenen beruht, wird noch weiter differenziert durch den Grad an Kunstfertigkeit der einzelnen Formeinheiten, deren Manifestation gerade im vorliegenden Stück von besonderem Gewicht ist. Der Einsatz kontrapunktischer Raffinesse kumuliert nämlich in der Mitte des Stückes. Der I. Satz ist vom Kanon zwischen den Außenstimmen bestimmt: Der Baß vergrößert die im Sopran vorgetragene Melodie zu doppelten Notenwerten, und dieser gleicht die längenmäßige Differenz durch Wiederholung der Kanonmelodie aus. Der intervallische Abstand des Kanons beträgt zwei Oktaven (es handelt sich also technisch gesprochen um einen Kanon in der Prim), und der Tonsatz insgesamt entfaltet sich in eher homophon gefügter Fünfstimmigkeit. Der 1. Teil des III. Satzes dagegen zielt auf die Präsentation einer wenn auch nur dreistimmigen Doppelchörigkeit. Auch hier bilden die Außenstimmen den Kanon, der mit dem intervallischen Abstand der Unterseptim weit höhere kontrapunktische Fertigkeiten verlangt. Die Dreistimmigkeit hat ihr Äquivalent in der dreigliedrigen Anlage des Formteils, die mit der Exposition des A-Abschnitts durch den Männerchor, dessen Wiederholung durch den Frauenchor und einem B- bzw. Schluß-Abschnitt einer Bar-Form entspricht.

Als Meisterstück kontrapunktischer Kunstfertigkeit könnte der II. Satz angesehen werden. Ostentativ führt Brahms hier alle Verfahrensweisen der Umformung innerhalb einer Fuge vor: Die Umkehrung (etwa T. 52 Sopran), die Augmentation (T. 60 Tenor, hier von der Umkehrung), die Engführung, und zwar sowohl von der Ausgangsgestalt des Fugensubjekts (etwa T. 70 Sopran/Alt) als auch von dessen Umkehrung (schon T. 55 Tenor/Alt), schließlich sogar die homophone Parallelführung von Ausgangsgestalt und Umkehrung (T. 65 Alt/Baß). Demgegenüber ist die Fuge im ersten Abschnitt des 2. Teils im Schlußsatz durchaus einfach gefügt; sie hat allerdings auch eine andere formale Funktion, soll als Steigerung den dynamisch betonten Schluß vorbereiten, der sich in einem zunehmend homophonen Akkordsatz erfüllt.

Zwei Motetten für gemischten Chor op. 74

Nach früheren Kompositionsanfängen vollendet 1877/78. Philipp Spitta gewidmet. Druck Dezember 1878.

1. I *Warum ist das Licht gegeben* (Hiob 3,20–23). Langsam und ausdrucksvoll, d-Moll, ¢ – II »Lasset uns unser Herz« (Klagelieder Jeremias 3,41). Wenig bewegter, F-Dur, 4/4 – III »Siehe, wir preisen selig« (Jakobusbrief 5,11). Langsam und sanft – Im vorigen Zeitmaß, C-Dur – F-Dur, ¢ – 4/4 – IV

Kopistenabschrift mit eigenhändigen Korrekturen von Brahms zur Motette
»Warum ist das Licht gegeben«

»Mit Fried und Freud ich fahr dahin« (Kirchenlied, Martin Luther 1524).
Choral d dorisch, ¢

2. *O Heiland, reiß die Himmel auf* (Kirchenlied, Friedrich von Spee 1631).
Tempo giusto – Adagio – Allegro, f dorisch, ½ – ¢ – ¢

Große Teile des musikalischen Materials, das Brahms in der ersten Motette des
op. 74 verarbeitet, stammen aus der erst in den fünfziger Jahren unseres Jahrhunderts wieder ans Licht getretenen *Missa canonica* (WoO 18, vgl. S. 218). Der
I. Satz bezieht sich auf das »Agnus Dei« der Messe, der III. übernimmt die
Oberstimmenmelodie des »Dona nobis pacem«, der II. endlich kann als Umtex-
tierung des »Benedictus« angesehen werden. Trotz des Rückgriffes auf kompositorische Resultate aus der Zeit seiner Kontrapunktstudien ist Brahms hier ein
großartiges Werk seiner Motettenkunst gelungen, das keinerlei Anzeichen von
Kompilation erkennen läßt und das nicht zu Unrecht so berühmt geworden ist.
Die kontrapunktischen Mittel treten ganz in den Dienst der Textausdeutung
und werden an keiner Stelle ostentativ oder zur Präsentation von Kunstfertigkeit hervorgekehrt.
Das zeigt sich schon im I. Satz, der durch ein Gerüst immer gleicher »Warum«-
Exklamationen in drei Teile gegliedert ist. Hier wechselt die Setzart je nach Ausdruckshaltung der Textphrasen: Nur der erste ist als strenge Fuge gearbeitet, die

beiden Abschnitte des zweiten Teils formen in frei imitatorischem Satz die Thematik gemäß der inhaltlichen Opposition »Die des Todes warten« bzw.
»die sich fast freuen und sind fröhlich«, der dritte Teil endlich, der thematisch auf das
Fugensubjekt der ersten zurückgreift, entfaltet sich als zweimalige Responsion
zwischen einer oktavierten Initialmelodie und einem antwortenden Satz des
Gesamtchores.

Der II. und III. Satz sind, anders als die vierstimmigen Außensätze, sechsstim-
mig komponiert. Ersterer bietet in zwei Abschnitten eine vierstimmige und eine
sechsstimmige Version des gleichen Kanons; letzterer ist nochmals untergliedert: Im ersten Abschnitt wird ein in Bogenform gefügter Cantus firmus im Dis-
kant fünfstimmig begleitet, der zweite wechselt vom Vierer- zum gedoppelten
Dreiertakt und schließt hinsichtlich seiner frei imitatorischen Fügung an den
Mittelteil des Kopfsatzes an. Ein Choralsatz in der Art des Bachschen Kantio-
nalsatzes beschließt die Motette.

Die zweite Motette des op. 74 steht innerhalb der Rezeption deutlich im Schatten der ersten. Sie stellt eine Choralpartita dar, die sich in allen fünf Strophen am
Cantus firmus orientiert und den jeweiligen Text durch Gestus und Begleitmoti-
vik verdeutlicht. Die Choralmelodie, die in den ersten beiden Strophen vom
Sopran vorgetragen wird, dann zum Tenor bzw. Baß wechselt und erst in der
Schlußstrophe wieder in die Diskantlage zurückkehrt, wird von der III. Strophe
an zunehmend koloriert, d. h. mit Zwischentönen versetzt. Solchermaßen bereitet Brahms die kanonisch gesetzte Coda vor, in der die einzelnen Phrasen des
Cantus firmus nun auch vertauscht werden.

Fest- und Gedenksprüche für achtstimmigen Chor op. 109

Komponiert 1888 bis 1889. Dem Hamburger Bürgermeister Carl Petersen
gewidmet. Druck Februar 1890.

I »Unsere Väter hofften auf dich« (Psalm 22,5 und 6) – »Der Herr wird seinem
Volk Kraft geben« (Psalm 29,11). Feierlich bewegt, F-Dur, ½

II »Wenn ein starker Gewappneter« (Lukas 11,21) – »Aber: Ein jeglich Reich«
(Lukas 11,17 entsprechend Matthäus 12,25). Lebhaft und entschlossen,
C-Dur, ¾ – ¢

III »Wo ist ein so herrlich Volk« (5. Mose 4,7) – »Hüte dich nur und bewahre
deine Seele wohl« (5. Mose 4,9). Froh bewegt, F-Dur, ¾ und ¢

Die drei Kompositionen des op. 109 gehören zwar auch der Gattung Motette
an, ihnen ist aber eine über die Gattungsspezifik hinausgehende Bedeutung eingeschrieben, die sie mit dem *Triumphlied* op. 55 verbindet. Wie dort hat Brahms
Texte aus der Bibel zusammengestellt, wie dort zielt deren Auswahl auf eine
politische Kundgabe, und wie dort wird die musikalische Ausarbeitung, welche
die subtile interne Strukturierung zugunsten einer extrovertierten Schlagkraft
eher in den Hintergrund treten läßt, unmittelbar von der hinzutretenden Bedeu-
tungsebene bestimmt. Brahms selbst hat darauf Hans von Bülow gegenüber

hingewiesen: »Es sind drei kurze hymnenartige Stücke für achtstimmigen Chor a cappella, die geradezu für nationale Fest- und Gedenktage gemeint sind, und bei denen recht gern gar ausdrücklich die Tage Leipzig, Sedan und Kaiserkrönung angegeben sein dürften. (Doch besser nicht!)« (Kalbeck IV/1, S. 184). Die Annahme, daß mit dem »starken Gewappneten« der von Brahms so überaus verehrte Bismarck gemeint sei, ist also nicht unwahrscheinlich. In jenem Zitat sind drei Anlässe zum patriotischen Feiern genannt, das Werk wurde im Dreikaiserjahr 1888 konzipiert, und Drei ist die grundlegende formale Maßgabe des Opus: Alle drei Stücke sind als dreiteilige Bogenform A – B – A' ausgeführt (Nr. I: T. 1–15, T. 16–29 und T. 30–51; Nr. II: T. 1–30, T. 31–51, T. 51–86; Nr. III: T. 1–42, T. 43–82, T. 82–105). Sie bilden überdies durch ihre Tonarten F-Dur – C-Dur – F-Dur einen harmonisch bestimmten zyklischen Zusammenhang.

Freilich ist die genannte Bogenform zumal hinsichtlich des Rekapitulationsteils A' überaus differenziert gestaltet, und das jeweils in Relation zu den verwendeten Texten. Nur die zweite Motette bietet in ihrem dritten Teil auch den Text des ersten, und nur hier ist auch die Musik dieses Teils, allerdings nach fünf vorbereitenden Takten mit Signalfunktion der Quartmelodik (T. 51–56), der des ersten nahezu gleich. In Nr. III wird nur ganz kurz (T. 82–96) auf den konkreten Satz des Anfangsteils zurückgegriffen, um danach die Einzelkomposition und zugleich den Zyklus insgesamt mit einer Amen-Coda zu beschließen.

Besonders aufschlußreich ist die Gestaltung – nicht nur des Schlußteils – in der ersten Motette, weil sie die Ausformung dualer und aufs engste mit der Struktur des Textes verbundenen Relationen innerhalb der übergreifenden Dreiteiligkeit zeigt. Im ersten Teil bietet das Wort »hofften« des zweiten und dritten Textgliedes den Ausgangspunkt für eine chiastische Anlage, die in der Richtung der im Grundsatz an Dreiklängen orientierten Melodik zum Ausdruck kommt: »Unsere Väter« am Anfang und »halfst du ihnen aus« am Ende sind fallende, »hofften auf dich« sowie »und da sie hofften« steigende Phrasen zugeordnet. Diese Anlage indes kollidiert mit der Struktur des für den Rekapitulationsteil gewählten Textes, der nur zwei Glieder aufweist: »Der Herr wird seinem Volk Kraft geben« und »der Herr wird sein Volk segnen mit Frieden«. Und so organisiert Brahms den Formteil in Parallelität zweier Glieder, deren Hälften von der fallenden bzw. steigenden Melodierichtung bestimmt sind; wie der Text, so wird auch die Musik von T. 30–37 in T. 37–60 freilich in weitender Variation wiederholt. Solcher *parallelismus membrorum* ist auch maßgebend für den Mittelteil, der sich von den Rahmenteilen durch seine Tendenz zur Stufenmelodik und durch die raschere Bewegung unterscheidet. Hier allerdings ist nicht die Wiederholung des Textes Grundlage der in T. 16 ff. bzw. 22 ff. analogen Musik, sondern zwei Phrasen mit gleichartiger Struktur: »Zu dir schrien sie, und wurden errettet« und »sie hofften auf dich, und wurden nicht zuschanden«.

Drei Motetten für vier- und achtstimmigen Chor op. 110

Vollendet Sommer 1889 in Ischl. Druck Februar 1890.

1. achtstimmig: *Ich aber bin elend* (Psalm 69,30) – »Herr, Herr Gott, barm-
   herzig und gnädig« (2. Mose 34,6–7) – »Herr, Herr Gott, deine Hilfe
   schütze mich« (Psalm 69,30). Andante con moto ed espressivo, e-Moll –
   G-Dur, ¢
2. vierstimmig: *Ach, arme Welt, du trügest mich* (Altes Kirchenlied eines
   unbekannten Dichters). Con moto f-Moll, ⁶/₄
3. achtstimmig: *Wenn wir in höchsten Nöten sein* (Kirchenlied, Paul Eber
   1566/67). Andante c-Moll, ¢

Die drei Motetten des op. 110 scheinen von den Tonarten her gesehen kaum
einen zyklischen Zusammenhang auszubilden; ihre direkten Anschlüsse jedoch
sind so konzipiert, daß sich bei der vollständigen Aufführung keinerlei Brüche
ergeben: Der Schlußklang von Nr. 1 kann als Dominante vor dem die Nr. 2
eröffnenden Akkord aufgefaßt werden, und beim Übergang zu Nr. 3 deutet sich
eine Kadenz nach c-Moll an. Zudem greift der Melodiebeginn in Nr. 3 direkt auf
denjenigen in Nr. 2 zurück.

Sinnvoll eingerichtet ist das Ganze auch hinsichtlich der formalen Anlage, die
sich als dreiteilige Bogenform zu erkennen gibt. Die Korrespondenz der
Außenglieder indes erschöpft sich nicht nur in der relativ zum Mittelstück größeren Dimension sowie in ihrer Achtstimmigkeit, die dem einfachen vierstimmigen Choralsatz von *Ach, arme Welt* gegenübersteht. Beide gehen zudem von
der gleichen inhaltlichen Opposition aus, der *contrapositio* von Klage und Lob-
preis, von *lamentatio* und *affirmatio*.

In Nr. 1 ist dieser Gegensatz als Anfang und Endpunkt einer gestuften gedanklichen Entwicklung innerhalb einer dreiteiligen musikalischen Form auskomponiert, in der sich – wie oft beim späten Brahms – Momente der architektonischen
und der logischen Formbildung miteinander verbinden. Ersterer verpflichtet ist
die Bogenform der dreiteiligen Anlage, die sich in der rhythmischen Bewegung
und der Deklamationsform niederschlägt: Die Außenteile sind als melodischer
Gesang aufgrund der Viertelbewegung, der Mittelteil als Psalmodie in Achteln
gestaltet. Das Moment der Entwicklung dagegen findet in der Satzbildung ihren
Ausdruck. Der erste Teil (T. 1–16) verzichtet noch auf Mehrchörigkeit und präsentiert eine durch jeweils vier Stimmen begleitete Hauptstimme, die zunächst
vom I. Sopran (begleitet vom Männerchor), dann vom II. Baß (begleitet vom
Frauenchor) vorgetragen wird. Am Mittelteil (T. 17–33) nehmen zwar beide
Chöre als Gruppen teil, die Differenz ihrer Funktion indes (psalmodierende
Textdarbietung bzw. akklamierende Einwürfe) verhindert noch den Reichtum
und die musikalische Schlagkraft realer Achtstimmigkeit. Sie kommt erst im
dritten Teil (T. 33–52) als Ziel und Höhepunkt der Motette voll zur Geltung.

Für die dritte Motette hat Brahms aus Paul Ebers Choral zwei Strophenpaare
ausgewählt, in denen die jeweils erste Strophe die *lamentatio*, die zweite die
affirmatio ausdrückt. Die Musik entspricht dem durch Identität von erstem und

drittem (T. 1–13 bzw. 31–43) bzw. Analogie zwischen zweitem und viertem Formteil (T. 14–30 und 44–73). Im Sinne einer angemessenen Schlußwirkung der Motette und damit des ganzen Opus hat Brahms mithin die *affirmatio* des vierten Formteils breit auskomponiert. Kompositionstechnisch ist das so bewerkstelligt, daß die Außenabschnitte der Bogenform, den die zweite Strophe ausbildet, in der vierten zwar unangetastet bleiben, der dort nur sechs Takte umfassende Mittelabschnitt jedoch (T. 19–25) aufs Dreifache (T. 49–67) gestreckt wird: »Gehorsam sein nach deinem Wort«.

Weltliche Chorwerke a cappella

Die Weltlichen Chorwerke ohne Begleitung lassen sich zunächst in zwei Gruppen einteilen. Die erste steht in Beziehung zu Brahms' Arbeit in Detmold und mit dem Hamburger Frauenchor; chronologisch ist sie mehr oder minder an die Jahre um 1860 gebunden, und hinsichtlich der Besetzung ist für sie Flexibilität kennzeichnend. Bei der zweiten Gruppe dagegen, die Teile von op. 62, WoO 20, op. 93a und op. 104 umfaßt, kann man zwar in dem einen oder anderen Fall eine frühe Konzeption vermuten, die Kompositionen gehören aber entweder als ganze oder hinsichtlich der endgültigen Fertigstellung im Blick auf den geplanten Druck einer späteren Zeit an; und für sie alle ist die Bindung an eine Besetzung kennzeichnend (daß Brahms Text und Melodie von op. 93a/2 nochmals in op. 95/1 verwendet hat, widerspricht dem ebensowenig wie die Tatsache, daß der Text von op. 93a/1 nochmals in den Volksliedbearbeitungen von WoO 33/36, 35/4 und 37/6 wiederkehrt).

Der ersten Gruppe gehören neben den im folgenden genannten Opera und den bereits S. 215 angesprochenen *Zwölf Liedern und Romanzen für vierstimmigen Frauenchor a cappella oder mit Klavier ad libitum* op. 44 noch zwei weitere Stücke zu:

– **Dein Herzlein mild** (Paul Heyse) für vierstimmigen Frauenchor (**WoO 19**); komponiert April 1860, Druck 1938. Con moto A-Dur, ¢ (musikalisch liegt keine Übereinstimmung mit der Vertonung desselben Textes in op. 62/4 vor)
– Fassung von *Sehnsucht* op. 14/8 [s. S. 247] für dreistimmigen Frauenchor; Druck 1968.

Fünf Lieder für vierstimmigen Männerchor op. 41

Komponiert 1861/62 (Nr. 2–5) und früher (Nr. 1). Druck November 1867.

1. *Ich schwing mein Horn* (Altdeutsch). Andante (Allabreve) B-Dur, ¢
2. *Freiwillige her!* (Lemcke). Allegro con fuoco c-Moll, ¾
3. *Geleit* »Was freut einen alten Soldaten« (Lemcke). Tempo di Marcia moderato Es-Dur, ¢
4. *Marschieren* »Jetzt hab ich schon zwei Jahre lang« (Lemcke). Im Marschtempo, c-Moll – C-Dur, ¢
5. *Gebt Acht!* (Lemcke). Etwas gehalten, c-Moll, ¢

Drei Gesänge für sechsstimmigen Chor op. 42

Komponiert Oktober 1859 (Nr. 1), April 1860 (Nr. 2) und Juni 1861 (Nr. 3). Druck Oktober 1869.

1. *Abendständchen* »Hör, es klagt die Flöte wieder« (Brentano). Langsam, g-Moll – G-Dur, ¢
2. *Vineta* »Aus des Meeres tiefem Grunde« (Müller). Con moto H-Dur, ⅜
3. *Darthulas Grabesgesang* »Mädchen von Kola, du schläfst« (Ossian: Herder). Moderato, ma non troppo, g-Moll/G-Dur, ¢ und ½

Sieben Lieder für gemischten Chor op. 62

Komponiert Frühjahr 1874 und früher. Druck September 1874.

1. *Rosmarin* »Es wollt die Jungfrau früh aufstehn« (aus *Des Knaben Wunderhorn*). Gehend, g-Moll, ¾
2. *Von alten Liebesliedern* »Spazieren wollt ich reiten« (aus *Des Knaben Wunderhorn*). Lebhaft, D-Dur, ¢
3. *Waldesnacht* »Waldesnacht, du wunderkühle« (Heyse). Etwas langsam, D-Dur, ¢
4. *Dein Herzlein mild* (Heyse). Andante grazioso A-Dur, ¾
5. *All meine Herzgedanken* (Heyse). Con moto F-Dur, ¢
6. *Es geht ein Wehen* (Heyse). Ziemlich langsam, e-Moll – E-Dur, ¢ und ¾
7. *Vergangen ist mir Glück und Heil* (Altdeutsches Volkslied). Andante d dorisch, ¢

Von op. 41/1 liegt sowohl eine Fassung für vierstimmigen Frauenchor als auch eine für Singstimme und Klavier vor, die Brahms mit dem Text *Ich schell mein Horn ins Jammertal* als op. 43/3 hat drucken lassen. Op. 42/2 ist ebenso wie op. 62/6 zusätzlich für vierstimmigen Frauenchor überliefert; der Tonsatz von op. 62/7 schließlich, den Brahms in op. 48/6 auch in einer Fassung für Singstimme und Klavier veröffentlicht hat, ist des weiteren Grundlage einer dritten Version für Sopran-Solo und Chor.

Die Kompositionen des op. 41 und 62 sind Chorlieder geringer Dimension, in denen sich Brahms weitgehend satztechnischer Komplikationen enthält. Ein Extrem freilich stellt der einfache Akkordsatz in op. 41/1 bzw. op. 62/7 dar, in denen mit dem Reprisen-Bar und der einfachen Bar-Form auch an althergebrachte Formtypen angeknüpft wird. Zumeist wird in einem freilich moderaten Rahmen die vorherrschende Strophenform mit – wenn man will – subtilen Maßnahmen differenziert. Das reicht von der unterschiedlichen Artikulation der Strophen (wie in op. 41/4) über die unterschiedliche Besetzung einzelner ansonsten gleicher Formglieder (wie in op. 62/3) bis hin zu der variativen Ausformung der Strophen, die bei der gleichen Anfangsphrase ansetzen (wie in op. 41/2). Der Satz ist überwiegend homophon, lockert sich aber häufig in der zweiten Strophenhälfte. Das gilt bei op. 41/5 für die ganze Komposition, weil Brahms hier die Kategorie der motivischen Bedeutsamkeit auf der Exklamation »Gebt acht!« durch einen Quart- bzw. Quintsprung hervorkehrt. Das gilt noch mehr für op. 62/1, 64/4 und 62/5, bei denen in unterschiedlichem Ausmaß und wechselnder Strenge zu imitatorischen Fügungen ausgegriffen wird.

Demgegenüber sind die drei Werke des op. 42 wirkliche Gesänge. Hat das erste bei überwiegender Aufteilung des sechsstimmigen Chores in Gruppen zu drei Stimmen und einer formalen Disposition, die zwei variativ aufeinander bezogene Strophen bietet, gleichsam noch eine introduktorische Funktion, so entfaltet das zweite den Aspekt der Form, das dritte den der Form und zugleich der Stimmdisposition mit gesteigertem ästhetischem Anspruch.

Besonders bemerkenswert in *Vineta* op. 42/2 ist die Art, wie Brahms die Reihung der sechs Textstrophen in einer mehrschichtigen Bogenform A – B – A zu einem geschlossenen musikalischen Zusammenhang überwölbt. Grundlage der formalen Disposition sind die Halbstrophen des Textes, die in musikalischen Gliedern zu zehn bzw. elf Takten komponiert sind. Sie folgen aufeinander in folgender Anordnung, wobei die beiden ersten als Musik zu den beiden ersten Textstrophen wiederholt werden:

A: a – a' – b – a''   B: b' – b''   A': a – a' – b – a''

Die Beistriche sollen deutlich machen, daß die aufeinander bezogenen Formteile keine bloßen Wiederholungen sind, sondern sich wie Varianten zueinander verhalten, ja sogar eine Entwicklung erkennen lassen. So greifen etwa die a-Abschnitte des A-Teils in analoger Stelle immer weiter nach oben aus: Der Spitzenton ist in a fis'' (T. 3), in a' g'' (T. 14) und in a'' a'' (T. 33). Aber auch hinsichtlich der Stimmdisposition ist eine deutliche Entwicklung zu erkennen. Kennzeichnend für die a-Abschnitte insgesamt ist der sechsstimmige Satz; demgegenüber setzt schon der kontrastierende b-Abschnitt des A-Teils in Dreistimmigkeit an. Dieser Stimmenreduktion wird – auf höherer formaler Ebene – am Anfang des B-Teils durch Vierstimmigkeit entsprochen; und daran wiederum, an die Vierstimmigkeit, knüpft der b-Abschnitt im A'-Teil an – dies ist der einzige wesentliche Unterschied des Rekapitulationsteils zum Anfangsteil.

Noch weiter ausgearbeitet sind Form und Chorsatz in *Darthulas Grabgesang* op. 42/3. Auch dieser Gesang ist als dreiteilige Bogenform komponiert: In den A-Teilen in g-Moll (T. 1–47 bzw. T. 80–107) ist die Aufteilung des sechsstimmigen Chores in zwei zu drei bzw. vier Stimmen Prinzip, dem kontrastierenden Mittelteil B in G-Dur liegt dessen Halbierung in Frauen- bzw. Männerchor zugrunde. Hinsichtlich der Form, deren vielfältige Facetten hier nicht annähernd ausgeführt werden können, ist immerhin auf das ingeniöse Spiel zwischen Gleichheit und Veränderung, zwischen Ausweitung und Reduktion hinzuweisen, das sich zunächst innerhalb des Anfangsteils und dann in dessen Verhältnis zur Rekapitulation entfaltet. Grundlage ist die Doppelung auf mehreren Ebenen: Der Anfangsteil besteht – sieht man vom Schlußabschnitt (T. 36 ff.) ab – aus zwei parallelen Gliedern: T. 1 ff. und T. 17 ff.; und jeder von diesen setzt mit zwei analogen Phrasen an (T. 1 und 8 bzw. T. 17 und 27), die jeweils unterschiedlich fortgeführt werden. Neben den Änderungen der Stimmzuordnung greift hier schon das Prinzip der Variation ein: Der dritte Ansatz, also der am Anfang des zweiten Abschnitts (T. 17 ff.), ist zu einem kontrapunktischen Gefüge geweitet und umfaßt nun statt dreier Takte (wie in T. 1–3, 8–10 und 27–29) sechs Takte.

Der Rekapitulationsteil ist gerafft und besteht – wiederum vom Schlußabschnitt T. 100 ff., der nun als Coda fungiert, abgesehen – aus nur einem Abschnitt. Die Variation der Anfangsphrasen dagegen wird fortgesetzt. Allerdings bestimmt jene kontrapunktische Erweiterung nun nicht wie in T. 17 ff. den ersten, sondern in T. 89 ff. den zweiten Ansatz innerhalb des Abschnitts; der erste dagegen ist durch Wiederholung eines Taktes (T. 82/83) geweitet.

Dem dunkeln Schoß der heilgen Erde, Lied für gemischten Chor (WoO 20)

Komponiert vor Februar 1880. Text: Friedrich Schillers *Lied von der Glocke*. Druck GA 1927. D-Dur, ¢

Lieder und Romanzen für vierstimmigen gemischten Chor op. 93a

Komponiert wahrscheinlich Frühjahr 1883. Druck November 1884.

1. *Der bucklichte Fiedler* »Es wohnet ein Fiedler zu Frankfurt am Main« (Rheinisches Volkslied). Lebhaft/Kräftig, G-Dur, ¢ und ⅜
2. mit Sopransolo: *Das Mädchen* »Stand das Mädchen, stand am Bergesabhang« (Serbisch: Kapper). Grazioso – Animato grazioso – Lebhaft, h-Moll, ¾, ¢ und ¾
3. *O süßer Mai!* »O süßer Mai, der Strom ist frei« (Arnim). Etwas gehalten, C-Dur, ¾
4. *Fahr wohl!* »Fahr wohl, o Vöglein« (Rückert). Sanft bewegt und sehr ausdrucksvoll, As-Dur, ⁶⁄₈
5. *Der Falke* »Hebt ein Falke sich empor« (Serbisch: Kapper). Lebhaft, F-Dur, ¾
6. *Beherzigung* »Feiger Gedanken bängliches Schwanken« (Goethe). Kräftig und lebhaft, d-Moll – D-Dur, ¾ – ²⁄₄

Fünf Gesänge für gemischten Chor op. 104

Komponiert 1886 (Nr. 5), wahrscheinlich 1888 (Nr. 1, 2) und früher. Druck Oktober 1888.

1. *Nachtwache I* »Leise Töne der Brust« (Rückert). Langsam, h-Moll, ₵
2. *Nachtwache II* »Ruhn sie? rufet das Horn des Wächters« (Rückert). Feierlich bewegt, Es-Dur, ½
3. *Letztes Glück* »Leblos gleitet Blatt um Blatt« (Kalbeck). Ziemlich langsam, f-Moll, ¾
4. *Verlorene Jugend* »Brausten alle Berge, sauste rings der Wald« (Böhmisch: Wenzig). Lebhaft, doch nicht zu schnell / Ein wenig gehalten, d-Moll/ D-Dur, ¾
5. *Im Herbst* »Ernst ist der Herbst« (Groth). Andante c-Moll – C-Dur, ⁶⁄₄

Zur Dimension der Gesänge des op. 42 hat Brahms in den späteren Chorgesängen nicht mehr zurückgefunden; und die Textwahl der ersten Lieder des op. 93a macht es verständlich, daß so manche Kommentatoren auch in den vorliegenden Kompositionen lediglich Revisionen früherer Konzeptionen sahen. Bei musikalisch verständigem Hören indes (und bei näherer analytischer Einsicht) ist unverkennbar, daß op. 93a und op. 104 zum Brahmsschen Spätwerk gehören. Die ganz außerordentliche Konzentration auf die Ausdeutung des Textes, die nur in den *Vier ernsten Gesängen* op. 121 ein Äquivalent findet, die Hinwendung aufs Innere der Musik, ja sogar die Auswahl der Texte in op. 104 weisen deutlich genug aus, daß die Kompositionen im näheren Umfeld der Zeit ihrer Drucklegung entstanden sind. Siegfried Kross hat wohl die zutreffendste Beschreibung für sie gefunden (in seinem Aufsatz »Kleinere Chorwerke«): »Nach den Kontrapunktstudien am Chorsatz und dem Weg zur Symphonie über die Chor-Orchesterwerke um op. 50 fällt auf, daß Brahms sich um die Zeit der Entstehung der Vierten Symphonie, in der Umorientierung zum Spätstil, erneut mit dem Chorsatz beschäftigte, seine Gewohnheit, neue Kompositionstechniken am Chorsatz zu entwickeln, bestätigend. Erste Frucht dieser erneuten Auseinandersetzung mit dem Chor sind die Lieder und Romanzen op. 93a, aus denen der Zug der Herbheit und Resignation des Spätwerks klingt. Aufhorchen lassen die ersten beiden Stücke durch ihre motivische Konzentration; Das Mädchen ist sogar aus einem einzigen Motiv gestaltet. An dem unscheinbaren Chorstück, das als einstimmiges Lied in op. 95 an exponierter Stelle noch einmal erscheint, hat Brahms das Prinzip der fortschreitenden Variation aus einem einzigen Kerngedanken zum ersten Male konsequent durchgeführt. Wie die Sololieder op. 94, so sind wohl auch die Gesänge op. 104 durch die resignierend-depressive Textwahl verbunden. Jedem einzelnen dieser Lieder müßte eine eigene Analyse seines spezifischen Wort-Ton-Verhältnisses gewidmet werden; man muß sich intensiv in diese Klänge hineinhören, um zu erfahren, wie sehr – in ihrem horizontalen wie vertikalen Bau – die Sätze textbezogen, dabei jedoch von einer großen Strenge der Mittel und des Ausdrucks bestimmt sind. Sie stehen auf einsamer Höhe in Brahms' Chorschaffen, aber einer Höhe, die frieren macht.«

* * *

Die kontrapunktische Satztechnik des Kanons stellt einen Aspekt des kompositorischen Handwerks dar, dem Brahms zeitlebens seine besondere Aufmerksamkeit gewidmet hat. Er ist der Kern der kontrapunktischen Übungen in den fünfziger Jahren, hat große Konsequenzen im geistlichen Vokalwerk und sogar – und das ist in der zweiten Hälfte des 19. Jahrhunderts bemerkenswert – im instrumentalen Schaffen von Brahms. Daß er auch eigenständige Stücke als Vokalkanons verfertigte, ist in jener Zeit nicht ungewöhnlich, solange man vom Status der Gelegenheitskomposition ausgeht: Kanons waren neben »Albumblättern« (d. h. autographen Abschriften zumeist von Liedern) die gängige Form der zweckbezogenen und wenig arbeitsaufwendigen gesellschaftlichen Kommunikation eines Komponisten, der Wünschen anderer entgegenkommen oder Präsente (etwa zu Geburtstagen) machen wollte; solcher Praxis hat selbst Arnold Schönberg noch entsprochen. Für wie wichtig dagegen Brahms die Kanonkompositionen hielt, zeigt die Tatsache, daß er dreizehn als eigenes Opus veröffentlicht hat. Man wird die Stücke sicher nicht als Kunstwerke im emphatischen Sinne ansehen wollen, wohl aber als eine Facette des Brahmsschen Komponierens, die ihm mehr bedeuteten als bloße Studien oder Resultate seines Bemühens, gesellschaftlichen Verpflichtungen nachzukommen.

Bei den meisten der Kanons ist die Entstehungszeit ungewiß, bei vielen indes spricht manches dafür, daß sie aus der Frühzeit, d. h. den fünfziger und sechziger Jahren stammen. Daher seien sie im folgenden dem *Brahms-Werkverzeichnis* entsprechend angeordnet (aus sachlichen Gründen wird hier auch WoO 27 aufgeführt, obwohl der Kanon von der Besetzung her nicht in den vorliegenden Zusammenhang gehört).

– **op. 113** **Dreizehn Kanons für Frauenstimmen** (Druck November 1891).
  1. a 4: *Göttlicher Morpheus* (Goethe). Andante espressivo e-Moll, ℂ
  2. a 3: *Grausam erweiset sich Amor* (Goethe). Andante con moto a-Moll, ¾
  3. a 4: *Sitzt a schöns Vögerl* (Volkslied). Allegretto F-Dur, ⅜
  4. a 3: *Schlaf, Kindlein, schlaf!* (Volkslied). Andante C-Dur, ⅔
  5. a 4: *Wille wille will* (Volkslied). Allegretto F-Dur, ¾
  6. a 4: *So lange Schönheit wird bestehn* (Hoffmann von Fallersleben). Con
     moto G-Dur, ℂ
  7. a 3: *Wenn die Klänge nahn und fliehen* (Eichendorff). Andante con moto
     g-Moll, ⅜
  8. a 4: *Ein Gems auf dem Stein* (Eichendorff). Risoluto B-Dur, ¾
  9. a 4: *Ans Auge des Liebsten* (Rückert). Andante B-Dur, ¢
  10. a 4: *Leise Töne der Brust* (Rückert). Andante espressivo a-Moll, ℂ
  11. a 4: *Ich weiß nicht, was im Hain die Taube girret* (Rückert). Andante con
     moto A-Dur, ℂ
  12. a 3: *Wenn Kummer hätte zu töten* (Rückert). Andante espressivo fis-
     Moll, ¾
  13. a 6: *Einförmig ist der Liebe Gram* (Rückert). Etwas langsam, a-Moll, ¾

– **WoO 24** **Grausam erweiset sich Amor** (Goethe) für vier Frauenstimmen
  (Druck GA 1927); h-Moll, ⁶⁄₄

– **WoO 25** **Mir lächelt kein Frühling** (Textquelle unbekannt) für vier
  gemischte Stimmen (Druck 1881); G-Dur (in GA für Frauenstimmen und um
  einen Halbton höher publiziert), ℂ

– **WoO 26** **O wie sanft die Quelle sich** (Daumer) für vier Frauenstimmen
  (Druck 1908); G-Dur, ¾

– **WoO 27** **In dieser Welt des Trugs und Scheins** (Hoffmann von Fallersleben) für eine Singstimme und Bratsche (Druck GA 1927); d-Moll, ℂ

– **WoO 28** **Töne, lindernder Klang** (Knebel) für vierstimmigen Frauenchor
  oder gemischten Chor (Druck 1938); g-Moll (Frauenchor) bzw. Andante,
  e-Moll (gemischter Chor), ⁶⁄₈

– **WoO 29** **Wann?** (Uhland) für Sopran und Alt (Druck 1885 als Faksimile,
  dann GA 1927); Allegro g-Moll, ¾

– **WoO 30** **Zu Rauch muß werden** (Rückert) für vier Stimmen (Druck der
  1. Fassung GA 1927); Mäßig, Es-Dur, ℂ, bzw. D-Dur, ℂ

Die vorliegenden 20 Kanons bieten zwar nicht das vollständige Repertoire, aber doch ein breites Spektrum der von Brahms verwendeten
kontrapunktischen Techniken. Wesentliche Gesichtspunkte sind dabei

der intervallische Abstand der Kanonstränge, deren kontrapunktische Beziehung als gerade oder gespiegelte, die Realisierung der Stränge durch eine oder mehrere Stimmen sowie die Relation der Stimmen innerhalb von mehrstimmigen Kanonsträngen zueinander (kontrapunktisch oder nicht kontrapunktisch).

Aus einzelnen Stimmen und im Einklang (bzw. in der Oktave) gefügt sind die Kanons von op. 113/1 bis 5, 7 und 10 bis 12 sowie die in WoO 24 und WoO 27. Andere intervallische Abstände weisen die Kanonstimmen mit dem Unterhalbton in WoO 25, mit der Unterquart in WoO 28 sowie der Unterquint in WoO 29 auf. In allen diesen Stücken erfolgt die Imitation in gerader Richtung.

In gerader Richtung entfalten auch alle vier Stimmen in op. 113/8 das kanonische Subjekt, die beiden Stimmpaare aus Sopran I und II bzw. Alt I und II sind in sich durch den Einklang, im Verhältnis zueinander durch die Unterquint bestimmt. Paarige Umkehrungskanons dagegen bieten op. 113/6 und WoO 26; auch hier antworten die Stimmen innerhalb der Sopran- bzw. Alt-Paare einander im Einklang.

Als Umkehrungskanons aus Stimmpaaren, die in sich nicht kontrapunktisch gefügt sind, mithin als Kanons aus frei gefügten zweistimmigen Strängen, sind op. 113/9 und WoO 30 gesetzt.

Die größte kanonische Kunst weist op. 113/13 auf, und es ist sicher nicht zufällig, daß Brahms mit diesem Stück sein einziges Kanon-Opus beschließt. Hier liegen gleichsam zwei unterschiedliche und motivisch kaum aufeinander bezogene kanonische Gefüge übereinander; der obere, den vier Sopranstimmen in rascherer Bewegung vorgetragen, wird von dem zweistimmigen ruhigeren der Altstimmen grundiert; für beide Kanonstränge ist der intervallische Abstand des Einklangs maßgebend.

* * *

Mitzuteilen sind schließlich die Sammlungen von Volksliedbearbeitungen für die hier in Frage stehende Besetzung, die von Brahms selbst – wie WoO 34 – oder innerhalb des *Brahms-Werkverzeichnisses* – wie WoO 35 bis WoO 38 – zusammengestellt wurden. Sie werden in größerem Zusammenhang im Kapitel ›Volkslied-Bearbeitungen‹ (S. 283 ff.) besprochen.

Vierzehn Deutsche Volkslieder für gemischten Chor (WoO 34)

Vollendet Sommer 1864. Druck Dezember 1864.

1. *Von edler Art.* Grazioso F-Dur, ¢
2. *Mit Lust tät ich ausreiten.* Allegro non troppo g-Moll, ¢
3. *Bei nächtlicher Weil.* In sanfter Bewegung, nicht zu langsam, As-Dur, ⅜
4. *Vom heiligen Märtyrer Emmerano* »Komm Mainz, komm Bayrn«. Allegro g dorisch, ¢ und ⁶⁄₄
5. *Täublein weiß* »Es flog ein Täublein«. Con moto B-Dur, ¢
6. *Ach lieber Herre Jesu Christ.* In anmutiger Bewegung, D-Dur, ¢
7. *Sankt Raphael* »Tröst die Bedrängten«. Andante g-Moll, ¢
8. *In stiller Nacht.* Etwas langsam, Es-Dur, ½
9. *Abschiedslied* »Ich fahr dahin, wenn es muß sein«. Andante con espressione G-Dur, ⁶⁄₄
10. *Der tote Knabe* »Es pochet ein Knabe«. Andante g-Moll, ¢
11. *Die Wollust in den Maien.* Allegretto grazioso As-Dur, ¾
12. *Morgengesang* »Wach auf, mein Kind«. Grazioso Es-Dur, ¾
13. *Schnitter Tod* »Es ist ein Schnitter«. Poco Allegro g-Moll, ¾
14. *Der englische Jäger* »Es wollt gut Jäger jagen«. Poco Allegro G-Dur, ¢

Zwölf deutsche Volkslieder für vierstimmigen gemischten Chor (WoO 35)

Wahrscheinlich 1863/64 (Nr. 1–8) und Frühjahr 1858 (Nr. 9–12) komponiert. Druck GA 1927 (Nr. 1–8) und 1926 (Nr. 9–12).

1. *Scheiden* »Ach Gott, wie weh tut Scheiden«. Bewegt und mit starker Empfindung, e-Moll, ⁶⁄₈
2. *Wach auf!* »Wach auf, meins Herzens Schöne«. Anmutig bewegt, Es-Dur, ¾
3. *Erlaube mir.* Zart, F-Dur, ¾
4. *Der Fiedler* »Es wohnet ein Fiedler«. Lebhaft, doch nicht zu rasch, a-Moll, ¢
5. *Da unten im Tale.* Sanft bewegt, E-Dur, ¾
6. *Des Abends* »Des Abends kann ich nicht schlafen gehn«. Nicht zu langsam, erregt, a-Moll, ¾
7. *Wach auf!* »Wach auf, meins Herzens Schöne«. (2. Bearbeitung). Anmutig bewegt, Es-Dur, ¾
8. *Dort in den Weiden.* Zierlich und lebhaft, g-Moll, ¾
9. mit Vorsänger: *Altes Volkslied* »Verstohlen geht der Mond auf«. Andante a-Moll, ¾
10. mit Vorsänger: *Der Ritter und die Feine* »Es stunden drei Rosen«. Andante Es-Dur, ¢
11. ad libitum Solo und Chor: *Der Zimmergesell* »Es war einmal ein Zimmergesell«. Allegro non troppo a-Moll, ¾
12. Solo und Chor: *Altdeutsches Kampflied* »Wir stehen hier zur Schlacht bereit«. f-Moll, ¾

Acht deutsche Volkslieder für drei- und vierstimmigen Frauenchor (WoO 36)

Komponiert in den Jahren 1859 bis 1862. Druck 1938.

1. SSAA: *Totenklage* »In stiller Nacht«. F-Dur, 3/2
2. SSAA: *Minnelied* »So will ich frisch und fröhlich sein«. G-Dur, 3/4
3. SSA: *Der tote Knabe* »Es pochet ein Knabe«. g-Moll, C
4. SSA: *Ich hab die Nacht geträumet*. g-Moll, 6/8
5. SSAA: *Altdeutsches Minnelied* »Mein Herzlein tut mir gar zu weh«. b-Moll, 2/4
6. SSA: *Es waren zwei Königskinder*. a-Moll, 3/8
7. SSAA: *Spannung* »Guten Abend, mein tausiger Schatz«. c-Moll, 3/8
8. SSA: *Drei Vögelein* »Mit Lust tät ich ausreiten«. g-Moll, C

Sechzehn deutsche Volkslieder für drei- und vierstimmigen Frauenchor (WoO 37)

Komponiert in den Jahren 1859 bis 1862. Druck 1964. Nr. 1–10 SSA, Nr. 11 bis 16 SSAA.

1. *Schwesterlein, Schwesterlein*. a-Moll, 3/4
2. *Ich hörte ein Sichlein rauschen*. G-Dur, 3/8
3. *Der Ritter und die Feine* »Es stunden drei Rosen«. F-Dur, C
4. *Ich stand auf hohem Berge*. E-Dur, 2/4
5. *Gunhilde* »Gunhilde lebt gar still und fromm«. G-Dur, 2/4
6. *Der bucklichte Fiedler* »Es wohnet ein Fiedler«. a-Moll, C
7. *Die Versuchung* »Feinsliebchen, du sollst«. a-Moll, 2/4
8. *Altes Minnelied* »Ich fahr dahin, wenn es muß sein«. A-Dur, 6/4
9. *Die Wollust in den Maien*. A-Dur, 2/4
10. *Trennung* »Da unten im Tale«. F-Dur, 3/4
11. *Der Jäger* »Bei nächtlicher Weil«. B-Dur, 3/8
12. *Scheiden* »Ach Gott, wie weh tut Scheiden«. g-Moll, 6/8
13. *Zu Straßburg auf der Schanz*. G-Dur, C
14. *Wach auf, mein Hort*. B-Dur, 6/8
15. *Der Ritter* »Es ritt ein Ritter«. e-Moll, 6/8
16. *Ständchen* »Wach auf, meins Herzens Schöne«. F-Dur, 2/4

Zwanzig deutsche Volkslieder für drei- und vierstimmigen Frauenchor (WoO 38)

Komponiert in den Jahren 1859 bis 1862. Druck 1968.

1. SSAA: *Die Entführung* »Auf, auf, auf! Schätzelein«. A-Dur, 3/4
2. SSA: *Gang zur Liebsten* »Des Abends kann ich nicht schlafen gehn«. a-Moll, 2/4

3. SSAA: *Schifferlied* »Dort in den Weiden«. Allegretto e sempre staccato, g-Moll, 2/4
4. SSAA: *Erlaube mir, feins Mädchen.* As-Dur, 3/4
5. SSAA: *Schnitter Tod* »Es ist ein Schnitter«. Schrittweis, kräftig, b-Moll, 3/4
6. SSA: *Die Bernauerin* »Es reiten drei Reiter«. Frisch und rasch, F-Dur, ¢
7. SSAA: *Das Lied vom eifersüchtigen Knaben* »Es stehen drei Sterne am Himmel«. G-Dur, 6/8
8. SSA: *Der Baum im Odenwald* »Es steht ein Baum im Odenwald«. Frisch, E-Dur, ¢
9. SSAA: *Des Markgrafen Töchterlein* »Es war ein Markgraf über'n Rhein«. a-Moll, 3/4
10. SSA: *Die stolze Jüdin* »Es war eine stolze Jüdin«. E-Dur, 2/4
11. SSA: *Der Zimmergesell* »Es war einmal ein Zimmergesell«. Frisch, a-Moll, 2/4
12. SSAA: *Liebeslied* »Gar lieblich hat sich gesellet«. Allegretto G-Dur, 2/4
13a und b. SSA und SSAA: *Heimliche Liebe* »Kein Feuer, keine Kohle«. G-Dur, 3/4
14. SSA: *Altes Liebeslied* »Mein Herzlein tut mir gar zu weh«. b-Moll, 2/4
15. SSAA: *Dauernde Liebe* »Mein Schatz, ich hab es erfahren«. e-Moll, 6/8
16. SSAA: *Während der Trennung* »Mein Schatz ist auf die Wanderschaft hin«. a-Moll, ¢
17. SSA: *Morgen muß ich fort von hier.* E-Dur, 3/4
18. SSAA: *Scheiden* »Sind wir geschieden«. Allegro C-Dur, 2/4
19. SSAA: *Vor dem Fenster* »Soll sich der Mond nicht heller scheinen«. g-Moll, 3/4
20. SSAA mit Vorsänger: *Ständchen* »Verstohlen geht der Mond auf«. c-Moll, 2/4

Werke für Sologesang mit Klavier (oder anderer Instrumentalbegleitung)

Über vierzig Opera im Œuvre von Brahms sind Liedsammlungen für eine, zwei oder vier Stimmen mit Begleitung des Klaviers. Ihre Titel nehmen Bezug auf die Besetzung (Quartette, Duette), den epischen Charakter (Balladen), die Thematik als Liebeslied (Romanzen), auf die formale Anlage als in Strophen (Lied) bzw. in anderer Weise gegliedert (Gesang) sowie auf die literarische Vorlage allgemein (Gedicht). Diese Benennungen sind jedoch alles andere als systematisch vergeben; sie schließen einander zum Teil nicht aus und definieren weder eine besondere Liedart noch gar eine Gattung. Immerhin läßt sich aus der Bezeichnung der Opera auf den ästhetischen Anspruch schließen, der etwa bei Gesängen höher anzusetzen ist als bei Liedern.

Die Lied-Opera sind in den meisten Fällen lockere Zusammenstellungen von Kompositionen, die keinen übergreifenden Zusammenhang erkennen lassen. Zwar sind zuweilen zwei oder drei Lieder durch ihre Thematik oder Musik zu einer Gruppe zusammengezogen, so das zweite und dritte Lied aus op. 3 als *Liebe und Frühling I* und *II*, das zweite und dritte aus op. 19 durch die Musik, das erste und zweite aus op. 20 als *Weg der Liebe, 1. und 2. Teil*, das dritte und vierte aus op. 59 durch die Musik, das fünfte und sechste aus op. 63 als *Junge Lieder I* und *II* und das siebente bis neunte desselben Opus als *Heimweh I* bis *III*, das erste und zweite aus op. 66 als *Klänge I* und *II*, das erste und zweite aus op. 69 als *Klage I* und *II*, schließlich das erste und zweite aus op. 85 durch die Musik; kennzeichnend ist bei all diesen Gruppen, daß der Text der als aufeinander bezogen gekennzeichneten Lieder vom selben Autor stammt. Als Zyklus konzipiert jedoch sind lediglich die *Vier ernsten Gesänge* op. 121, die thematisch aufs engste miteinander verbunden sind, sowie die *Romanzen* op. 33.

Brahms' Konzeption des Liedes ist einerseits geprägt durch das Einfachheitsideal des Volkslieds (vgl. dazu S. 283 ff.); auf das Modell des Volksliedes zurückzuführen ist in seinen Liedmelodien die Sangbarkeit, die Gruppierung in geschlossene Einheiten und die Eigenschaft, für sich, d. h. ohne Begleitung, bestehen zu können. Kennzeichnend für Brahms' Lied ist andererseits die Tendenz zur tiefgreifenden intern musikalischen Durcharbeitung, die in dieser Gattung den gleichen Anspruch auf Ausbildung des individuellen Kunstwerks vertritt wie in der Instrumentalmusik. »His songs«, so schreibt Eric Sams vielleicht etwas zu pointiert, »are always ready to turn into instrumental music; it is no mere chance that so many of them are echoed in his violin sonatas, nor that they contain so much long-flighted melody and contrapuntal device«.

Brahms' Vorstellung einer durch internen Beziehungsreichtum sinnvollen Musik ist – wie bereits auf S. 108 ff. ausgeführt – nicht gattungsspezifisch, sondern kommt in allen Bereichen, denen er seine kompositorische Aufmerksamkeit zuwandte, zur Geltung. Und in der Tatsache, daß er die Verfahren zur Verwirklichung dieses Ideals, die Verfahren zur motivisch-thematischen Integration, gegen die Gattungstradition auch ins Lied einbrachte, ist ein entscheidender Grund dafür zu sehen, daß Brahms als einer der ganz großen Liedkomponisten gelten darf. Seine Lieder bleiben so nicht auf die musikalische Ausdeutung des Worttextes beschränkt, sondern entfalten sich als schon musikalisch allein sinnvolle Gebilde, »deren Poesie man«, wie Robert Schumann bereits 1853 erkannte, »ohne die Worte zu kennen, verstehen würde«.

Der interne Beziehungsreichtum und die tiefgreifende Vereinheitlichung des musikalischen Satzes vollzieht sich innerhalb eines festen formalen Rahmens. Nahezu die Hälfte von Brahms' Liedern sind in Strophen gegliedert, sei es simpliciter, sei es mit variativer Abwandlung der Strophen. Und in der anderen Hälfte seiner Lieder ist die einfache Liedform A – B – A die Regel.

Historisch steht Brahms im Lied, sowohl was die Form als auch was das Verhältnis zum Text angeht, in der Nachfolge von Mendelssohn und besonders Schubert. Entscheidend für seine historische Stellung als Liedkomponist allerdings ist weniger die Beziehung zu den Vorgängern, als vielmehr der Gegensatz, der sich zwischen ihm und einer neuen – freilich kaum minder bedeutungsvollen – Richtung der Liedkomposition auftat. Vorbereitet durch Liszt und Wagner, aber auch Schumann fand sie ihre Erfüllung in den Werken von Hugo Wolf. Im Zentrum von Wolfs Liedern steht das Wort des Dichters, und ihr Ziel ist die musikalische Nachbildung des Textgehaltes, seiner Deklamation, seiner poetischen Stimmung, seiner psychologischen Momente und seiner Entwicklung. Davon heben sich Brahms' Lieder sowohl durch das in ihnen gestaltete Verhältnis zwischen Text und Musik als auch und vor allem durch die Betonung des geschlossenen formalen Zusammenhanges der Musik ab.

Angesichts der substantiellen Rolle, die die Texte gerade in Lied-Kompositionen spielen, ist es wohl angebracht, die Identität der Dichter, die im folgenden wie im ganzen vorliegenden Buch in der Regel nur mit ihren Nachnamen genannt werden, soweit möglich näher nachzuweisen. Die Übersicht, die aus praktischen Gründen sämtliche Vokalwerke von Brahms einbezieht, beabsichtigt freilich auch, eine gewisse Vorstellung hinsichtlich der Textwahl zu geben, die Brahms für seine Werke insgesamt getroffen hat; sie bezieht sich im wesentlichen auf die Angaben der Originaldrucke.

Willibald Alexis (d. i. Wilhelm Häring, 1798–1871):   op. 75/4; op. 97/3.

Hermann Allmers (1821–1902):   op. 86/2; op. 92/2.

Ludwig Achim von Arnim (1781–1831):   op. 93a/3 (außerdem die zahlreichen Vertonungen von Texten aus *Des Knaben Wunderhorn*).

Friedrich von Bodenstedt (1819–1892):   op. 3/4.

Clemens Brentano (1778–1842):   op. 42/1; op. 72/3 (außerdem die zahlreichen Vertonungen von Texten aus *Des Knaben Wunderhorn*).

Karl Candidus (1817–1872):   op. 58/5; op. 66/4; op. 69/5; op. 70/2; op. 71/3; op. 72/1 und 2.

Adelbert von Chamisso (1781–1838):   *Die Müllerin* (fragmentarisches Lied); op. 44/5.

Hugo Conrat (?–?):   op. 103/1 bis 11; op. 112/3 bis 6.

Georg Friedrich Daumer (1800–1875):   op. 32/2, 7 bis 9; op. 46/1 und 2; op. 47/1 und 2; op. 52/1 bis 18; op. 57/1 bis 8; op. 59/6; op. 64/3; op. 65/1 bis 14; op. 92/1; op. 95/7; op. 96/2; WoO 26.

Paul Eber (1511–1569):   op. 110/3.

Joseph von Eichendorff (1788–1857):   op. 3/5 und 6; op. 7/2 und 3; op. 17/3; op. 28/1; op. 44/2; op. 69/6; op. 93b; op. 113/7 und 8; WoO 21.

Eduard Ferrand (d. i. Eduard Schulz, 1813–1842):   op. 7/1.

Paul Fleming (1609–1640):   op. 30; op. 47/4; op. 107/1.

Adolf Frey (1855–1920):   op. 106/4.

Emanuel Geibel (1815–1884):   op. 85/5; op. 91/2; op. 94/3.

Johann Wolfgang Goethe (1749–1832):   op. 28/3; op. 31/1; op. 47/5; op. 48/5; op. 50; op. 53; op. 59/1; op. 61/3; op. 65/15; op. 70/3; op. 72/5; op. 89; op. 92/4; op. 93a/6; op. 113/1 und 2; WoO 24.

Melchior Grohe (1829–1906):   op. 58/4.

Klaus Groth (1819–1899):   op. 59/3, 4, 7 und 8; op. 63/7 bis 9; op.

66/1 und 2; op. 97/5; op. 104/5; op. 105/1; op. 106/3; WoO 23; *Dar geit en Bek* (Fassung von op. 44/9).

Otto Friedrich Gruppe (1804–1876):   op. 107/3.

Friedrich Halm (d. i. Eligius von Münch-Bellinghausen, 1806–1871): op. 94/2 und 5; op. 95/2 bis 4.

Friedrich Hebbel (1813–1863):   op. 58/6 und 7; op. 92/3.

Heinrich Heine (1797–1856):   op. 71/1; op. 85/1 und 2; op. 96/1, 3 und 4.

Johann Gottfried Herder (1744–1803):   op. 14/2 bis 4; op. 20/1 und 2; op. 42/3; op. 43/4; op. 75/1.

Paul Heyse (1830–1914):   op. 6/1; op. 44/7 bis 10; op. 49/1; op. 62/3 bis 6; op. 95/6; op. 107/5; WoO 19.

Friedrich Hölderlin (1770–1843):   op. 54.

Hermann Hölty (1828–1887):   op. 66/3.

Ludwig Heinrich Christoph Hölty (1748–1776):   op. 19/1; op. 43/2; op. 46/3 und 4; op. 49/2; op. 71/5.

August Heinrich Hoffmann von Fallersleben (1798–1874):   op. 3/2 und 3; op. 6/5 und 6; op. 28/4; op. 43/1; op. 113/6; WoO 27.

Max Kalbeck (1850–1921):   op. 86/3; op. 104/3.

Siegfried Kapper (1821–1879):   op. 69/9; op. 85/3 und 4; op. 93a/2 und 5; op. 95/1 und 5.

Gottfried Keller (1819–1890):   op. 69/8; op. 70/4; op. 86/1; WoO 16.

Justinus Kerner (1786–1862):   op. 61/2.

Karl Ludwig von Knebel (1744–1834):   WoO 28.

August Kopisch (1799–1853):   op. 58/1 bis 3.

Franz Kugler (1808–1858):   op. 106/1; op. 112/1 und 2.

Carl Lemcke (1831–1913):   op. 41/2 bis 5; op. 69/7; op. 70/1; op. 71/4; op. 72/4; op. 85/6; op. 105/5; op. 107/2.

Detlev von Liliencron (1844–1909):   op. 105/4; op. 107/4.

Hermann Lingg (1820–1905):   op. 105/2.

Martin Luther (1483–1546):   op. 74/1.IV.

Alfred Meissner (1822–1885):   op. 6/3.

Eduard Mörike (1804–1875):   op. 19/5; op. 59/5; op. 61/1.

Wilhelm Müller (1794–1827):   op. 20/3; op. 42/2; op. 44/11.

Ossian (James Macpherson, 1736–1796):   op. 17/4; op. 42/3.

August von Platen (1796–1835):   op. 32/1, 3 bis 6.

Christian Reinhold (d. i. Christian Reinhold Köstlin, 1813–1856): op. 97/1 und 2; op. 106/2 und 5.

Robert Reinick (1805–1852):   op. 3/1; op. 6/4.

Jean-Baptiste Rousseau (1802–1867):   op. 6/2.

Friedrich Rückert (1788–1866):   op. 91/1; op. 93a/4; op. 94/1;
op. 104/1 und 2; op. 113/9 bis 13; WoO 30.

Friedrich Ruperti (1805–1867):   op. 17/1.

Adolf Friedrich von Schack (1815–1894):   op. 48/7; op. 49/5; op.
58/8.

Max von Schenkendorf (1783–1817):   op. 63/1 bis 4; op. 86/6.

Georg Scherer (1828–1909):   op. 49/4 (außerdem einige Texte aus seiner Volksliedsammlung).

Friedrich Schiller (1759–1805):   op. 64/2; op. 82; WoO 20.

Hans Schmidt (1854–1923):   op. 84/1 bis 3; op. 94/4.

Felix Schumann (1854–1879):   op. 63/5 und 6; op. 86/5.

William Shakespeare (1564–1616):   op. 17/2; WoO 22.

Karl Simrock (1802–1876):   op. 59/2; op. 71/2.

Friedrich von Spee (1591–1635):   op. 74/2.

Paulus Speratus (1484–1551):   op. 29/1.

C. O. Sternau (d. i. Otto Inkermann, ?–?): op. 64/1.

Theodor Storm (1817–1888):   op. 86/4.

Ludwig Tieck (1773–1853):   op. 33/1 bis 15.

Ludwig Uhland (1787–1862):   op. 7/6; op. 19/2 bis 4; op. 43/4;
op. 44/6 und 12; op. 47/3; WoO 29.

Johann Heinrich Voss (1751–1826):   op. 44/1.

Michael Weisse (um 1488–1534):   op. 13.

Josef Wenzig (1807–1876):   op. 48/1 und 4; op. 49/3; op. 61/4; op.
69/1 bis 4; op. 75/3; op. 104/4.

Werke für eine Singstimme

Von fast allen Liedern für eine Singstimme und Klavier sind entweder
gleichzeitig oder nacheinander zwei autorisierte Ausgaben erschienen:
für hohe bzw. tiefe Stimme. Diese Praxis, die vorab auf eine größere
Verbreitung der Kompositionen zielt, macht die Lieder den Sängern
jeder Stimmlage zugänglich. Freilich besteht in dieser Hinsicht eine
gewisse Einschränkung. Die meisten Lieder von Brahms sind als Män-
nerlieder gedacht, zumal die aus den sechziger und siebziger Jahren, als
Brahms sich an der Stimme von Julius Stockhausen orientierte. Die
Vernachlässigung der geschlechtsspezifischen Ausrichtung bringt –
zumal im Hinblick auf die Texte – eine Einbuße an ästhetischer
Authentizität mit sich, was freilich von der musikalischen Praxis – ähn-

lich wie bei den *Liedern eines fahrenden Gesellen* und den *Kinder-totenliedern* von Gustav Mahler – nur allzu gern außer acht gelassen wird.

Sechs Gesänge für eine Tenor- oder Sopranstimme op. 3

Bettina von Arnim gewidmet, Druck Dezember 1853.

Sechs Gesänge für eine Sopran- oder Tenorstimme op. 6

Luise und Minna Japha gewidmet, Druck Dezember 1853.

Sechs Gesänge op. 7

Albert Dietrich gewidmet, Druck November 1854.

Die ersten drei Liedsammlungen gehören schon aus chronologischen Gesichtspunkten zusammen. Die in ihnen zusammengestellten Lieder sind in der Mehrzahl noch in Hamburg entstanden, bevor Brahms die für seine Entwicklung so bedeutungsvolle Reise im April 1853 antrat; fünf wurden während der Reise, im Juli 1853 in Göttingen, geschrieben, auch diese also noch bevor Brahms die nähere Bekanntschaft mit den Schumanns machte. Da wir bei diesen Liedern durch die Quellen ziemlich genau über die Entstehungszeit unterrichtet sind, ist es im Hinblick auf die Zusammenstellung zu Opera, die Brahms nur partiell unter Berücksichtigung der chronologischen Reihenfolge vornahm, interessant, sie – und die Liedkompositionen, die in spätere Opera aufgenommen wurden – in der Abfolge ihrer Entstehung mitzuteilen:

Mai oder Juni 1851

op. 7/6: *Heimkehr* »O brich nicht, Steg« (Uhland). Allegro agitato h-Moll, ¢

April 1852

op. 6/1: *Spanisches Lied* »In dem Schatten meiner Locken« (Heyse). Allegretto a-Moll, ¾

op. 6/2: *Der Frühling* »Es lockt und säuselt um den Baum« (Rousseau). Con moto E-Dur, ⁶⁄₈

op. 6/3: *Nachwirkung* »Sie ist gegangen, die Wonnen versanken« (Meissner). Poco agitato As-Dur, ⁶⁄₈

op. 6/4: *Juchhe* »Wie ist doch die Erde so schön« (Reinick). Con moto Es-Dur, ⁶⁄₈

August 1852

op. 7/4: *Volkslied* »Die Schwälble ziehet fort« (Scherer). Bewegt, e-Moll, ¾
op. 7/5: *Die Trauernde* »Mei Mueter mag mi net« (Volkslied: Scherer). Langsam, a-Moll, ¾

September 1852

op. 61/2: *Klosterfräulein* »Ach, ach, ich armes Klosterfräulein« (Kerner;
   Duett, vgl. S. 300)

November 1852

op. 3/5: *In der Fremde* »Aus der Heimat hinter den Blitzen rot« (Eichendorff). Poco agitato fis-Moll, ¢
op. 7/1: *Treue Liebe* »Ein Mägdlein saß am Meeresstrand« (Ferrand).
   Andante con espressione fis-Moll, ⁶⁄₈
op. 7/2: *Parole* »Sie stand wohl am Fensterbogen« (Eichendorff). Andante
   con moto e-Moll, ⁶⁄₈

Dezember 1852

op. 3/6: *Lied* »Lindes Rauschen in den Wipfeln« (Eichendorff). Poco allegretto A-Dur, ⁹⁄₈

Januar 1853

op. 3/1: *Liebestreu* »O versenk, o versenk dein Leid, mein Kind« (Reinick).
   Sehr langsam, es-Moll, ¢

März 1853

op. 7/3: *Anklänge* »Hoch über stillen Höhen« (Eichendorff). Andante moderato a-Moll, ¾

Juli 1853

op. 3/2: *Liebe und Frühling I* »Wie sich Rebenranken schwingen« (Hoffmann von Fallersleben). Moderato ma non troppo H-Dur, ¢ (revi-
   dierte Fassung 1882)
op. 3/3: *Liebe und Frühling II* »Ich muß hinaus, ich muß zu dir« (Hoffmann
   von Fallersleben). Vivace con fuoco H-Dur, ¢
op. 3/4: *Lied aus dem Gedicht ›Ivan‹ von Bodenstedt* »Weit über das Feld
   durch die Lüfte«. Mit feurigem Schwung, es-Moll, ¢
op. 6/5: *Wie die Wolke nach der Sonne* (Hoffmann von Fallersleben). Poco
   Andante H-Dur, ¢
op. 6/6: *Nachtigallen schwingen* (Hoffmann von Fallersleben). Allegro non
   troppo As-Dur, ¢

Dem Konnex, der durch die gleiche Entstehungszeit gegeben ist, entspricht mithin die Zusammenstellung in op. 6 am ehesten: Die ersten vier Lieder sind ebenso zeitgleich komponiert wie die beiden letzten, deren Verwandtschaft auch durch den Textdichter gegeben ist. Grundstock von op. 3 bilden die Lieder 2 bis 4 aus dem Juli 1853; ihnen gesellen sich drei Lieder zu, deren Entstehung auf zwei Monate, November und Dezember 1852, gestreckt ist. Opus 7 schließlich versammelt sechs Lieder aus vier Phasen; in zeitlicher Nachbarschaft entstanden sind nur die beiden Volkslieder Nr. 4 und 5 sowie die zwei Lieder, die das Opus eröffnen. Bemerkenswert ist die Tatsache, daß Brahms die erste Reihe von Lied-

Bsp. 42

Bsp. 43

Opera mit der Vertonung abschließt, die chronologisch am frühesten liegt:
Heimkehr ist überhaupt die früheste überlieferte Komposition, die wir datieren
können.

Heimkehr op. 7/6 nimmt aber auch hinsichtlich der kompositorischen Gestaltung eine Ausnahmestellung ein: Das Lied bietet eine große durchgehende musikalische Geste, die keine Wiederaufnahmen kennt und deren Schwung durch
keine satztechnischen Komplikationen gehindert wird.

Dagegen exponiert Brahms am Anfang der Publikationsreihe gleichsam programmatisch zwei Lieder, die seine Beherrschung des kompositorischen Metiers
dokumentieren. *Liebestreu* op. 3/1 ist (vgl. S. 115) das erste Zeugnis für die wei-
testgehende Integration durch motivisch-thematische Arbeit: Tatsächlich kann
nahezu der gesamte Tonsatz auf das Anfangsmotiv aus Sekunde und Terz
zurückgeführt werden. *Liebe und Frühling I* op. 3/2 aber wendet sich – entgegen der Gattungsnorm – dem Kontrapunkt zu. Die einstimmig exponierte
Anfangsmelodie wird zunächst imitatorisch gedoppelt (T. 5 ff. – an dieser Stelle
änderte Brahms in der Fassung von 1882 [s. Bsp. 42 und 43] den Satz, indem er
die Gesangsstimme nicht dem führenden Baß, sondern der folgenden Oberstimme zuordnete), wird dann zweimal mit einer neuen Oberstimme kombiniert (T. 12 bzw. 16), welche schließlich (T. 21 ff.) in der auf Vierteln beruhenden
Ausgangsbewegung die zu Halben vergrößerte Anfangsmelodie kontrapunktiert.

In diesen chronologischen Zusammenhang gehören auch das vor November 1853 komponierte Eichendorff-Lied *Mondnacht* »Es war, als hätt der Himmel die Erde still geküßt« (WoO 21, Andante As-Dur, ⅜), das Brahms 1854 in einer Sammlung *Albumblätter* mit sieben Liedern anderer Komponisten veröffentlichen ließ, und das fragmentarische, immerhin aber die erste Strophe vollständig bietende Chamisso-Lied *Die Müllerin* »Die Mühle, die dreht ihre Flügel« (vgl. zur Vertonung desselben Textes op. 44/5). Letzteres ist von Brahms auf einem Blatt zusammen mit op. 3/3 notiert, dürfte also ebenfalls im Juli 1853 komponiert sein; es wurde aber erst 1983 publiziert.

Lieder und Romanzen op. 14

Komponiert 1858 (Nr. 2 und 3 Januar, Nr. 1, 4 und 7 September, Nr. 5 und 8 November, Nr. 6 Dezember). Druck Januar 1861

1. *Vor dem Fenster* »Soll sich der Mond nicht heller scheinen« (Volkslied). Andante g-Moll, ⅜
2. *Vom verwundeten Knaben* »Es wollt ein Mädchen früh aufstehn« (Volkslied: Herder). Andantino a-Moll, 2/4
3. *Murrays Ermordung* »O Hochland und o Südland« (Schottisch, aus Percy, *Reliques*; deutsch von Herder). Con moto e-Moll, 2/4
4. *Ein Sonett* (Aus dem 13. Jh.) »Ach könnt ich, könnte vergessen sie« (Thibaut de Champagne; deutsch von Herder). Langsam, sehr innig, As-Dur, 3/4
5. *Trennung* »Wach auf, wach auf, du junger Gesell« (Volkslied). Sehr schnell, F-Dur, 6/8
6. *Gang zur Liebsten* »Des Abends kann ich nicht schlafen gehn« (Volkslied). Andante con espressione e-Moll, 6/8
7. *Ständchen* »Gut Nacht, gut Nacht, mein liebster Schatz« (Volkslied). Allegretto F-Dur, 3/4
8. *Sehnsucht* »Mein Schatz ist nicht da« (Volkslied). Andante e-Moll, 3/4

Spielen Vertonungen von Volksliedtexten, die Brahms unterschiedlichen Sammlungen entnahm, in der ersten Liedergruppe mit op. 7/4 und 5 nur eine untergeordnete Rolle, so akzentuiert er sein Interesse daran in op. 14 durch deren ausschließliche Benutzung. Damit eröffnet sich zugleich die zuweilen schwer zu überblickende Beziehung zu anderen Besetzungen, namentlich zu der für Frauenchor. Der Text von Nr. 1 liegt auch WoO 33/35 (Singstimme/Klavier) und WoO 38/19 (Frauenchor) zugrunde, der von Nr. 6 findet sich in WoO 33/38 (Singstimme/Klavier), WoO 35/6 (gemischter Chor) und WoO 38/2 (Frauenchor) wieder; und die Komposition von Nr. 8 schließlich ist in einer Fassung für dreistimmigen Frauenchor überliefert.

Fünf Gedichte op. 19

Komponiert September 1858 (Nr. 1 und 5), Oktober 1858 (Nr. 2 und 3), Mai 1859 (Nr. 4). Druck März 1862.

1. *Der Kuß* »Unter Blüten des Mai's« (Hölty). Poco Adagio B-Dur, ⅜
2. *Scheiden und Meiden* »So soll ich dich nun meiden« (Uhland). Nicht zu langsam und mit starkem Ausdruck, d-Moll, ¾
3. *In der Ferne* »Will ruhen unter den Bäumen hier« (Uhland). L'istesso tempo d-Moll – D-Dur, ¾ [gehört mit Nr. 2 zusammen]
4. *Der Schmied* »Ich hör meinen Schatz, den Hammer er schwinget« (Uhland). Allegro B-Dur, ¾
5. *An eine Äolsharfe* »Angelehnt an die Epheuwand« (Mörike). Poco lento as-Moll – As-Dur, ¢

Gleichsam als Komplement zu op. 14 veröffentlicht Brahms ein gutes Jahr später die Sammlung des op. 19, nennt es »Gedichte« und unterstreicht damit die Breite seiner Liedkomposition, die sich auch Vorlagen literarischen Anspruchs (den man freilich bei Uhland gelegentlich in Frage stellen kann) zuwendet. Das Opus ist annähernd symmetrisch gegliedert: Die Mitte bilden die drei Lieder von Uhland, von denen Nr. 2 und 3 auch durch das thematische Material zusammengebunden sind und die allesamt nicht weit vom Einfachheitsideal des Volksliedes entfernt sind. Einen höheren Kunstanspruch erheben die Außenglieder, namentlich die Mörike-Vertonung am Ende. Sie ist nicht nur durch einen außerordentlichen harmonischen Reichtum gekennzeichnet, sondern vor allem durch die Vielfalt hinsichtlich der Deklamationsform, die in mehreren Stufen die Strecke zwischen Rezitation und gebundenem Gesang ausmißt.

Lieder und Gesänge von A. von Platen und G. F. Daumer op. 32

Komponiert 1864, zum Teil früher. Texte zu Nr. 1, 3 bis 6 von Platen, zu Nr. 2, 7 bis 9 von Daumer. Druck Januar 1865.

1. *Wie rafft ich mich auf in der Nacht.* Andante f-Moll, c
2. *Nicht mehr zu dir zu gehen.* Langsam d-Moll, ½
3. *Ich schleich umher betrübt und stumm.* Mäßig d-Moll, ¾
4. *Der Strom, der neben mir verrauschte.* Moderato, ma agitato, cis-Moll, c und ½
5. *Wehe, so willst du mich wieder.* Allegro h-Moll, ⁹⁄₈
6. *Du sprichst, daß ich mich täuschte.* Andante con moto c-Moll, c
7. *Bitteres zu sagen denkst du.* Con moto, espressivo ma grazioso, F-Dur, c
8. *So stehn wir, ich und meine Weide.* In gehender Bewegung, As-Dur, ¢
9. *Wie bist du, meine Königin.* Adagio Es-Dur, ⅜

Brahms und Julius Stockhausen. Fotografie, 1869

Romanzen aus L. Tiecks »Magelone« op. 33

Komponiert Juli 1861 (Nr. 1–4), Mai 1862 (Nr. 5, 6 und 13), Mai 1869 (Nr. 14 und 15), die restlichen wohl zwischen 1862 und 1869. Julius Stockhausen gewidmet. Druck September 1865 (Nr. 1–6) und Dezember 1869 (Nr. 7–15).

1. *Keinen hat es noch gereut.* Allegro Es-Dur, ¾
2. *Traun! Bogen und Pfeil.* Kräftig, c-Moll, ¾
3. *Sind es Schmerzen, sind es Freuden.* Andante/Vivace, As-Dur, ¢ und ⁶⁄₈
4. *Liebe kam aus fernen Landen.* Andante/Poco vivace e sempre animato, Des-Dur, ¢
5. *So willst du des Armen.* Allegro F-Dur, ¾
6. *Wie soll ich die Freude, die Wonne denn tragen.* Allegro – Poco sostenuto – Poco animato – Vivace ma non troppo, A-Dur, ¢, ¾ und ²⁄₄
7. *War es dir, dem diese Lippen bebten.* Lebhaft, D-Dur, ¾
8. *Wir müssen uns trennen.* Andante/Allegro, Ges-Dur, ¢ und ¢
9. *Ruhe, Süßliebchen, im Schatten.* Langsam, As-Dur, ⁶⁄₈
10. *Verzweiflung* »So tönet denn, schäumende Wellen«. Allegro c-Moll, ¾
11. *Wie schnell verschwindet so Licht als Glanz.* Etwas langsam, f-Moll, ³⁄₈
12. *Muß es eine Trennung geben.* Poco Andante g-Moll, ⁶⁄₈
13. *Sulima* »Geliebter, wo zaudert dein irrender Fuß«. Zart, heimlich / Vivace, E-Dur, ²⁄₄
14. *Wie froh und frisch mein Sinn sich hebt.* Lebhaft, G-Dur, ¾(⁶⁄₈)
15. *Treue Liebe dauert lange.* Ziemlich langsam / Lebhaft, Es-Dur, ¢, ¾ und ¢

Mit den Opera 32 bzw. 33 konzentriert sich Brahms auf die Gedichte zweier bzw. eines Dichters. In op. 32 kombiniert er Texte von August von Platen, auf dessen Poesie er nie mehr zurückgekommen ist, mit solchen von Georg Friedrich Daumer, dem – ungeachtet seines zweifelhaften literarischen Niveaus – im weiteren Vokalwerk eine eminente Rolle zufallen sollte (vgl. S. 240). In op. 33 hat Brahms aus Ludwigs Tiecks *Liebesgeschichte der schönen Magelone und des Grafen Peter von Provence* (1797) fünfzehn der achtzehn in das »Volksmärchen« eingelagerten Gedichte ausgewählt und sie unter Beibehaltung ihrer Reihenfolge zum Zyklus zusammengestellt. Auch op. 32 ist eine gewisse zyklische Qualität nicht abzusprechen, denn die Texte sind so gruppiert, daß man in ihrer Abfolge eine Liebesgeschichte erkennen kann.

Aber auch hinsichtlich der stilistischen Vielfalt der Liedkomposition, die hier bis hart an die Grenzen des Genres reicht, bilden op. 32 und 33 einen Sonderfall; sie exponieren nochmals in voller Breite alle zum Teil auch gegensätzlichen Ausdrucksmöglichkeiten, über die Brahms verfügte und die er in den folgenden Werkgruppen zu verschmelzen wußte.

Hinsichtlich der Ausdruckshaltung zeigen das vor allem die ersten Lieder aus op. 32. In Nr. 1 und 2 herrscht eine düstere, verzweifelte Stimmung, die Brahms – besonders in *Nicht mehr zu dir zu gehen* – mit extremer Subjektivität musikalisch ausmalt. In bewußter Kontrastierung tritt ihr in Nr. 3 eine vom Volkslied-Ideal geläuterte Objektivität gegenüber. Damit parallel geht der Wechsel vom vollgriffigen Klaviersatz in Nr. 1, der als für Brahms typisch gilt, zum durchsichtigen Begleitsatz in Nr. 3, vor dessen Hintergrund der Vokalstimme jede Möglichkeit der klanglichen Entfaltung gewährt wird.

In op. 33 sind es der häufige Wechsel von Satz- und Bewegungstypen (vgl. vor allem Nr. 6), die ausladende Harmonik (Geiringer hat diejenige in T. 77 von Nr. 3 mit Wagners *Tristan* in Verbindung gebracht), allem voran aber die großen Dimensionen der »Romanzen« (Nr. 1 umfaßt 257 Takte), die den Rahmen des Liedes als lyrische Gattung nahezu sprengen. Überdies führt Brahms die Übernahme instrumentaler Satztechniken – von der motivisch-thematischen und von der kontrapunktischen Arbeit war bereits die Rede – systematisch weiter. So nähert sich die letzte Romanze durch mannigfache Umformung des anfangs exponierten thematischen Materials, die auch auf die Formdisposition durchschlägt, dem Typus der Variationenfolge: Der Anfang des lebhaften Mittelteils (T. 54 ff.) variiert im Alla-breve-Takt den ersten Viertakter des Liedes, der schon für den Einsatz der Singstimme in T. 5–8 als »Thema« einer Variation fungiert.

Bsp. 44

Bsp. 45

Trotz der in mancherlei Hinsicht extremen Ausdrucksmittel, zu denen Brahms in op. 32 und 33 greift, zeichnet sich in einigen der Lieder, namentlich in op. 32/6 und 32/9, die Stilhaltung ab, die die folgenden Lied-Opera prägt und die sich im

Grundsatz nicht mehr ändern sollte (die *Vier ernsten Gesänge* op. 121 nehmen eine Ausnahmestellung ein). Ludwig Finscher hat diese Haltung folgendermaßen beschrieben: ».. . die Verschmelzung von liedhaftem Duktus und liedhaften Dimensionen, von Strophenliedformen und motivischer Variation und Entwicklung, Konstruktion und Tonmalerei, komplexem Klaviersatz und Dominanz der Singstimme, Espressivo und Liedmelodik, Kunstlied-Anspruch und Volkslied-Ideal. Erst aus dieser überaus komplizierten Synthese kann sich – in Nuancierungen von Form und Ton, die jeweils ganz aus dem Text des Liedes abgeleitet werden – jene unerschöpfliche Fülle von Liedindividualitäten entwikkeln, die das Liedschaffen dieser Jahre prägt.« Diese Zusammenstellung der wesentlichen Aspekte des Brahmsschen Liedes, die freilich weder systematisch angelegt ist noch Vollständigkeit anstrebt, kann als Leitlinie für die inhaltliche Besprechung der Lieder bis hin zu op. 107 genommen werden.

Vier Gesänge op. 43

Komponiert 1864 (Nr. 1), April 1866 (Nr. 2), vor 1860 (Nr. 3) und wahrscheinlich 1857 (Nr. 4). Druck Dezember 1868.

1. *Von ewiger Liebe* »Dunkel, wie dunkel in Wald und in Feld« (aus dem Wendischen, freie Übertragung nach einer Übersetzung durch Leopold Haupt von Hoffmann von Fallersleben). Mäßig, h-Moll, ¾
2. *Die Mainacht* »Wann der silberne Mond« (Hölty). Sehr langsam und ausdrucksvoll, Es-Dur, ₵
3. *Ich schell mein Horn ins Jammertal* (Altdeutsch: Uhland). Durchaus nicht zu langsam und ziemlich frei vorzutragen, B-Dur, ₵
4. *Das Lied vom Herrn von Falkenstein* »Es reit' der Herr von Falkenstein« (Volkslied: Uhland und Herder). Allegro c-Moll, ₵

Als wolle Brahms den Beweis für jene Behauptung unerschöpflicher Vielfalt antreten, versammelt er in op. 43 (das übrigens erst nach dem Quartett der Opera 46 bis 49 erschien), vier Lieder gänzlich unterschiedlicher Prägung, wozu freilich auch die vergleichsweise weit auseinanderliegenden Entstehungszeiten beigetragen haben dürften. Ein so höchst subtil komponierter Gesang wie *Die Mainacht*, dessen Anlage unverkennbar durch die Sonatensatzform bestimmt ist, steht neben dem simpel akkordischen Satz von *Ich schell mein Horn ins Jammertal* (auf den die Bezeichnung »Gesang« durchaus nicht zutrifft; vgl. auch die Version dieses Satzes für Männerchor bzw. Frauenchor op. 41/1 mit dem Text *Ich schwing mein Horn*), und alle vier Lieder gehören als Dialoglied, Ode, altdeutsches Klagelied und Ballade unterschiedlichen Genres musikalischer Lyrik an.

Mit den Opera 46 bis 49 setzt Brahms' Verfahren ein, zum gleichen Zeitpunkt mehrere Liedsammlungen publizieren zu lassen und sie zumeist auch mit aufeinanderfolgenden Opuszahlen zu versehen. Es sollte sich noch fünfmal – bei op. 57 bis 59 und 63, op. 69 bis 72, op. 84

Die im Oktober 1868 (op. 46 als Gesänge, op. 47 als Lieder) und November 1868 (op. 48 und 49 als Lieder) publizierten Lieder und Gesänge

Entstehungszeit: alle wohl Sommer 1868 nach früheren Anfängen vollendet (op. 48/2 z. B. schon 1853 konzipiert). Von op. 47/3 und 48/1 liegen Fassungen für dreistimmigen Frauenchor vor.

Opus-zahl	Titel	Text	Textautor	Musikalische Merkmale
46/1	Die Kränze	*Hier ob dem Eingang seid befestiget*	Aus Hellas: Daumer	Ziemlich langsam, Des-Dur, **c**
46/2	Magyarisch	*Sah dem edlen Bildnis*	Daumer	Andante A-Dur, ¾
46/3	Die Schale der Vergessenheit	*Eine Schale des Stroms*	Hölty	Lebhaft, doch nicht zu rasch, E-Dur, ¾
46/4	An die Nachtigall	*Geuß nicht so laut*	Hölty	Ziemlich langsam, E-Dur, **c**
47/1	Botschaft	*Wehe, Lüftchen, lind und lieblich*	Nach Hafis: Daumer	Grazioso Des-Dur, ⁶⁄₈
47/2	Liebesglut	*Die Flamme hier, die wilde*	Nach Hafis: Daumer	Appassionato f-Moll – F-Dur, ¾
47/3	Sonntag	*So hab ich doch die ganze Woche*	Volkslied: Uhland	Nicht zu langsam, F-Dur, ¾
47/4	O liebliche Wangen	= Titel	Fleming	Lebhaft, D-Dur, ⁶⁄₈
47/5	Die Liebende schreibt	*Ein Blick von deinen Augen*	Goethe	Non troppo lento Es-Dur, ⁶⁄₈

Opus-zahl	Titel	Text	Textautor	Musikalische Merkmale
48/1	Der Gang zum Liebchen	*Es glänzt der Mond nieder*	Böhmisch: Wenzig	Con grazia e-Moll, 3/4
48/2	Der Überläufer	*In den Garten wollen wir gehen*	Des Knaben Wunderhorn	Andante con moto fis-Moll, 3/4
48/3	Liebesklage des Mädchens	*Wer sehen will zween lebendige Brunnen*	Des Knaben Wunderhorn	Etwas langsam, H-Dur, 6/4
48/4	Gold überwiegt die Liebe	*Sternchen mit dem trüben Schein*	Böhmisch: Wenzig	Poco andante e-Moll, 3/4
48/5	Trost in Tränen	*Wie kommts, daß du so traurig bist*	Goethe	Andante E-Dur – e-Moll, 6/8
48/6	Vergangen ist mir Glück und Heil	= Titel	Altdeutsch	Andante d dorisch, ¢
48/7	Herbstgefühl	*Wie wenn im frostgen Windhauch*	Schack	Ziemlich langsam, fis-Moll, 3/4
49/1	Am Sonntag Morgen	= Titel	Italienisch: Heyse	Andante espressivo e-Moll, 3/4
49/2	An ein Veilchen	*Birg, o Veilchen*	Hölty	Andante E-Dur, 6/8
49/3	Sehnsucht	*Hinter jenen dichten Wäldern*	Böhmisch: Wenzig	Langsam, As-Dur, 3/4

49/4	Wiegenlied	*Guten Abend, gut Nacht*	Des Knaben Wunderhorn [1. Strophe] und Scherer [2. Strophe]	Zart bewegt, Es-Dur, ¾
49/5	Abenddämmerung	*Sei willkommen, Zwielichtstunde*	Schack	Ruhig, E-Dur, ¾

Die im Dezember 1871 (op. 57 und 58), Dezember 1873 (op. 59) und November 1874 (op. 63) veröffentlichten Lieder und Gesänge

Entstehungszeit: op. 57 und 58 vor Herbst 1871 (nach Kalbeck Sommer 1868 und früher); op. 59 Frühling 1873, Nr. 1 vielleicht früher; op. 63/5 Dezember 1873, op. 63/1 – 4, 6 und 8 Sommer 1874, op. 63/7 und 9 ungewiß. Den Text von op. 59/4 hat Brahms nochmals im Regenlied WoO 23 vertont.

Opuszahl	Titel	Text	Textautor	Musikalische Merkmale
57/1	–	*Von waldbekränzter Höhe*	Daumer	Lebhaft, G-Dur, **c**
57/2	–	*Wenn du nur zuweilen lächelst*	Nach Hafis: Daumer	Poco Andante Es-Dur, ⅜
57/3	–	*Es träumte mir, ich sei dir teuer*	Spanisch: Daumer	Sehr langsam, H-Dur, ⅜

Opus-zahl	Titel	Text	Textautor	Musikalische Merkmale
57/4	–	*Ach, wende diesen Blick*	Daumer	Ziemlich langsam, f-Moll, 3/4
57/5	–	*In meiner Nächte Sehnen*	Daumer	Agitato e-Moll, 6/8
57/6	–	*Strahlt zuweilen auch ein mildes Licht*	Daumer	Sanft bewegt, E-Dur, 6/8
57/7	–	*Die Schnur, die Perl an Perle*	Daumer	Etwas langsam, H-Dur, 3/4
57/8	–	*Unbewegte laue Luft*	Daumer	Langsam – Lebhaft, E-Dur, 6/8 – ¢
58/1	Blinde Kuh	*Im Finstern geh ich suchen*	Italienisch: Kopisch	Vivace g-Moll – G-Dur, 2/4
58/2	Während des Regens	*Voller, dichter tropft ums Dach da*	Kopisch	Lebhaft, Des-Dur, 3/4 und 4/4
58/3	Die Spröde	*Ich sahe eine Tigrin*	Kalabresisch: Kopisch	Grazioso A-Dur, 3/4
58/4	O komme, holde Sommernacht	= Titel	Grohe	Lebhaft und heimlich, Fis-Dur, ¢
58/5	Schwermut	*Mir ist so weh ums Herz*	Candidus	Sehr langsam, es-Moll, ¢ und 4/2
58/6	In der Gasse	*Ich blicke hinab in die Gasse*	Hebbel	Gehend, d-Moll, 3/4
58/7	Vorüber	*Ich legte mich unter den Lindenbaum*	Hebbel	Sehr langsam, F-Dur, ¢
58/8	Serenade	*Leise, um dich nicht zu wecken*	Schack	Grazioso a-Moll, 6/8 und 6/8
59/1	Dämmrung senkte sich von oben	= Titel	Goethe	Langsam, g-Moll – G-Dur, 3/8

59/2	Auf dem See	*Blauer Himmel, blaue Wogen*	Simrock	Etwas bewegt, E-Dur, ¾
59/3	Regenlied	*Walle, Regen, walle nieder*	Groth	In mäßiger, ruhiger Bewegung, fis-Moll, ¢ und ³⁄₂
59/4	Nachklang	*Regentropfen aus den Bäumen fallen*	Groth	Sanft bewegt, fis-Moll, ¢
59/5	Agnes	*Rosenzeit, wie schnell vorbei*	Mörike	Con moto g-Moll, ¾ ¾
59/6	Eine gute, gute Nacht	= Titel	Daumer	Poco Andante a-Moll, ¾
59/7	Mein wundes Herz	= Titel	Groth	Bewegt, e-Moll – E-Dur, ¢
59/8	Dein blaues Auge	= Titel	Groth	Ziemlich langsam, Es-Dur, ¢
63/1	Frühlingstrost	*Es webt um mich Narzissenduft*	Schenkendorf	Lebhaft, A-Dur, ¾
63/2	Erinnerung	*Ihr wunderschönen Augenblicke*	Schenkendorf	Innig, C-Dur, ¾
63/3	An ein Bild	*Was schaust du mich so freundlich an*	Schenkendorf	Etwas langsam, As-Dur, ¢
63/4	An die Tauben	*Fliegt nur aus, geliebte Tauben*	Schenkendorf	Sehr lebhaft, C-Dur, ¢
63/5	Junge Lieder I	*Meine Liebe ist grün wie der Fliederbusch*	Schumann	Lebhaft, Fis-Dur, ¢
63/6	Junge Lieder II	*Wenn um den Holunder der Abendwind kost*	Schumann	Zart bewegt, D-Dur, ⁶⁄₄
63/7	Heimweh I	*Wie traulich war das Fleckchen*	Groth	Zart bewegt, G-Dur, ¾
63/8	Heimweh II	*O wüßt ich doch den Weg zurück*	Groth	Etwas langsam, E-Dur, ⁶⁄₄
63/9	Heimweh III	*Ich sah als Knabe Blumen blühn*	Groth	Etwas langsam, A-Dur, ¾

Die im Juli/August 1877 veröffentlichten Gesänge (op. 69 bis op. 72)

Entstehungszeit: op. 69 März/April 1877; op. 70 nach früheren Anfängen (Nr. 1 Februar 1877, Nr. 3 Mai 1876, Nr. 4 Sommer 1875) im März 1877 vollendet; op. 71 März 1877; op. 72 nach früheren Anfängen (Nr. 1, 2 und 5 Mai 1876) März 1877 vollendet.

Opus-zahl	Titel	Text	Textautor	Musikalische Merkmale
69/1	Klage I	*Ach mir fehlt, nicht ist da*	Böhmisch: Wenzig	Unruhig, D-Dur, 𝄴
69/2	Klage II	*O Felsen, lieber Felsen*	Slowakisch: Wenzig	Einfach/Comodo, a-Moll, ¾
69/3	Abschied	*Ach, mich hält der Gram gefangen*	Böhmisch: Wenzig	Bewegt/Con moto, Es-Dur, ¾
69/4	Des Liebsten Schwur	*Ei, schmollte mein Vater nicht wach und im Schlaf*	Böhmisch: Wenzig	Sehr belebt und heimlich, F-Dur, ¾
69/5	Tambourliedchen	*Den Wirbel schlag ich gar so stark*	Candidus	Sehr lebhaft, A-Dur, 𝄵
69/6	Vom Strande	*Ich rufe vom Ufer verlorenes Glück*	Spanisch: Eichendorff	Bewegt, a-Moll, ⁶⁄₈
69/7	Über die See	*Über die See, fern über die See*	Lemcke	Andante e-Moll, ¾
69/8	Salome	*Singt mein Schatz wie ein Fink*	Keller	Sehr lebhaft, C-Dur, 𝄴
69/9	Mädchenfluch	*Ruft die Mutter, ruft die Tochter*	Serbisch: Kapper	Belebt – Schnell und sehr lebhaft, a-Moll – A-Dur, ¾ und ¾

		= Titel		
70/1	Im Garten am Seegestade	*Ätherische ferne Stimmen*	Lemcke	Traurig, doch nicht zu langsam, g-Moll, ¢
70/2	Lerchengesang	*Liebliches Kind, kannst du mir sagen*	Candidus	Andante espressivo H-Dur, ¢
70/3	Serenade		Goethe	Grazioso H-Dur, 6/8
70/4	Abendregen	*Langsam und schimmernd fiel ein Regen*	Keller	Ruhig, C-Dur, c
71/1	Es liebt sich so lieblich im Lenze!	*Die Wellen blinken und fließen dahin*	Heine	Anmutig bewegt, D-Dur, c
71/2	An den Mond	*Silbermond, mit bleichen Strahlen*	Simrock	Nicht zu langsam und mit Anmut, h-Moll, 2/4
71/3	Geheimnis	*O Frühlingsabenddämmerung!*	Candidus	Belebt und heimlich, G-Dur, 3/4
71/4	Willst du, daß ich geh?	*Auf der Heide weht der Wind*	Lemcke	Sehr lebhaft, d-Moll, c
71/5	Minnelied	*Holder klingt der Vogelsang*	Hölty	Sehr innig, doch nicht zu langsam, C-Dur, 3/4
72/1	Alte Liebe	*Es kehrt die dunkle Schwalbe aus fernem Land zurück*	Candidus	Bewegt, doch nicht zu sehr, g-Moll, 3/4
72/2	Sommerfäden	*Sommerfäden hin und wieder*	Candidus	Andante con moto, c-Moll, c
72/3	O kühler Wald	*O kühler Wald, wo rauschest du*	Brentano	Langsam, As-Dur, 3/2
72/4	Verzagen	*Ich sitz am Strande der rauschenden See*	Lemcke	Mäßig bewegt, fis-Moll, 3/4
72/5	Unüberwindlich	*Hab ich tausendmal geschworen*	Goethe	Vivace A-Dur, ¢

Die im Juli 1882 veröffentlichten Lieder (op. 84 als Romanzen und Lieder für eine oder zwei Singstimmen, op. 85 als Lieder, op. 86 als Lieder für tiefere Stimme)

Entstehungszeit: op. 84/1–3 wohl im Sommer 1881, op. 84/4 und 5 vielleicht in den Sommern 1877–79; op. 85/1, 2, 3 und 6 Mai 1878, op. 85/5 März 1878, op. 85/4 vollendet Frühjahr 1882; op. 86/1, 5 und 6 Mai 1878, op. 86/2–4 ungewiß. Die Volksliedmelodie des in op. 84/5 vertonten Textes hat Brahms in WoO 32/26, WoO 33/4 und WoO 36/7 bearbeitet.

Opus-zahl	Titel	Text	Textautor	Musikalische Merkmale
84/1	Sommerabend	*Geb schlafen, Tochter, schlafen*	Schmidt	Andante con moto d-Moll/D-Dur, ¾
84/2	Der Kranz	*Mutter, hilf mir armen Tochter*	Schmidt	Lebhaft / Allegro grazioso, g-Moll – G-Dur, ⁶⁄₈
84/3	In den Beeren	*Singe, Mädchen, hell und klar*	Schmidt	Sehr lebhaft, Es-Dur/gis-Moll, ¾
84/4	Vergebliches Ständchen	*Guten Abend, mein Schatz, guten Abend, mein Kind*	Niederrheinisches Volkslied	Lebhaft und gut gelaunt, A-Dur, ¾
84/5	Spannung	*Gut'n Abend, gut'n Abend, mein tausiger Schatz*	Niederrheinisches Volkslied	Bewegt und heimlich, a-Moll – A-Dur, ¾
85/1	Sommerabend	*Dämmernd liegt der Sommerabend*	Heine	Langsam, B-Dur, e

85/2	Mondenschein	*Nacht liegt auf den fremden Wegen*	Heine	Langsam, B-Dur, 𝄴
85/3	Mädchenlied	*Ach, und du mein kühles Wasser*	Serbisch: Kapper	Gehend, a-Moll, 5/4
85/4	Ade!	*Wie schienen die Sternlein so hell*	Böhmisch: Kapper	Bewegt, h-Moll, 2/4
85/5	Frühlingslied	*Mit geheimnisvollen Düften*	Geibel	Lebhaft, G-Dur, 𝄴
85/6	In Waldeseinsamkeit	*Ich saß zu deinen Füßen*	Lemcke	Langsam, H-Dur, 𝄴
86/1	Therese	*Du milchjunger Knabe, wie schaust du mich an*	Keller	Etwas bewegt, D-Dur, 3/4
86/2	Feldeinsamkeit	*Ich ruhe still im hohen grünen Gras*	Allmers	Langsam, F-Dur, 𝄴
86/3	Nachtwandler	*Störe nicht den leisen Schlummer*	Kalbeck	Langsam, C-Dur, 3/4
86/4	Über die Heide	*Über die Heide hallet mein Schritt*	Storm	Ziemlich langsam, gehend / Andante moderato, g-Moll, 6/8
86/5	Versunken	*Es brausen der Liebe Wogen*	Schumann	Sehr leidenschaftlich, doch nicht zu rasch, Fis-Dur, 6/8
86/6	Todessehnen	*Ach, wer nimmt von meiner Seele*	Schenkendorf	Langsam, fis-Moll – Fis-Dur, 𝄴 und 3/4

Die im Dezember 1884 (op. 91 für eine Altstimme und Bratsche, op. 94 für eine tiefe Stimme, op. 95) und März 1886 (op. 96 und op. 97) veröffentlichten Lieder

Entstehungszeit: op. 91/1 wahrscheinlich Sommer 1884, op. 91/2 vielleicht schon 1863/64; op. 94 und 95 1883/84, op. 95/1 April 1883; op. 96 wahrscheinlich Frühjahr/Sommer 1884; op. 97/1–4 vor Mai 1885, op. 97/5 Mai 1885, op. 97/6 März 1885 oder früher.

Zu op. 95/1 (Text und Melodie) vgl. op. 93a/2; die Volksliedmelodien der in op. 97/4 bzw. 6 vertonten Texte hat Brahms in WoO 32/13, WoO 33/31, WoO 35/8 und WoO 38/3 bzw. WoO 33/6, WoO 35/5 und WoO 37/10 bearbeitet.

Opus-zahl	Titel	Text	Textautor	Musikalische Merkmale
91/1	Gestillte Sehnsucht	*In goldnen Abendschein getauchet*	Rückert	Adagio espressivo D-Dur, $^2/_4$
91/2	Geistliches Wiegenlied	*Die ihr schwebet um diese Palmen*	Geibel nach Lope de Vega	Andante con moto F-Dur, $^6/_8$ und $^3/_4$
94/1	Mit vierzig Jahren	= Titel	Rückert	Langsam, h-Moll, **c**
94/2	Steig auf, geliebter Schatten	= Titel	Halm	Gehalten, es-Moll, $^3/_4$
94/3	Mein Herz ist schwer	= Titel	Geibel	Unruhig bewegt, doch nicht schnell, g-Moll, $^4/_4$ und $^4/_4$
94/4	Sapphische Ode	*Rosen brach ich Nachts mir*	Schmidt	Ziemlich langsam, D-Dur, ¢ und $^3/_2$

94/5	Kein Haus, keine Heimat	= Titel	Halm	Tempo giusto d-Moll, 3/4
95/1	Das Mädchen	*Stand das Mädchen, stand am Bergesabhang*	Serbisch: Kapper	Munter, mit freiem Vortrag – Animato grazioso – Lebhaft, h-Moll – H-Dur, 3/4, **C** und 2/4
95/2	Bei dir sind meine Gedanken	= Titel	Halm	Schnell und heimlich, A-Dur, 3/8
95/3	Beim Abschied [zwei Fassungen]	*Ich müh mich ab und kanns nicht verschmerzen*	Halm	Sehr lebhaft und ungeduldig, D-Dur, 3/8
95/4	Der Jäger	*Mein Lieb ist ein Jäger*	Halm	Lebhaft, F-Dur, 3/4
95/5	Vorschneller Schwur	*Schwor ein junges Mädchen*	Serbisch: Kapper	Allegretto – Animato ma grazioso, d-Moll – D-Dur, 2/4
95/6	Mädchenlied	*Am jüngsten Tag ich aufersteh*	Italienisch: Heyse	Behaglich, F-Dur, 3/4
95/7	Schön war, das ich dir weihte	= Titel	Daumer	Einfach, f-Moll, **C**
96/1	Der Tod, das ist die kühle Nacht	= Titel	Heine	Sehr langsam, C-Dur, 6/8
96/2	Wir wandelten	= Titel	Daumer	Andante espressivo Des-Dur, **C**
96/3	Es schauen die Blumen	= Titel	Heine	Unruhig bewegt, h-Moll, 2/4
96/4	Meerfahrt	*Mein Liebchen, wir saßen beisammen*	Heine	Andante sostenuto a-Moll, 6/8
97/1	Nachtigall	*O Nachtigall, dein süßer Schall*	Reinhold	Langsam, f-Moll, 2/4
97/2	Auf dem Schiffe	*Ein Vögelein fliegt über den Rhein*	Reinhold	Lebhaft und rasch, A-Dur, 3/8

Opus-zahl	Titel	Text	Textautor	Musikalische Merkmale
97/3	Entführung	*O Lady Judith, spröder Schatz*	Alexis	Schnell, d-Moll, ¢
97/4	Dort in den Weiden	= Titel	Niederrheinisches Volkslied	Lebhaft und anmutig, D-Dur, ¾
97/5	Komm bald	*Warum denn warten von Tag zu Tag*	Groth	Zart bewegt, A-Dur, ¾
97/6	Trennung	*Da unten im Tale läufts Wasser so trüb*	Schwäbisches Volkslied	Anmutig bewegt, F-Dur, ¾

Die im Oktober 1888 (op. 105 für eine tiefere Stimme, op. 106 und 107) veröffentlichten Lieder

Entstehungszeit: op. 105/1, 2 und 5 August 1886, op. 105/3 und 4 später, vielleicht 1888; op. 106/2 und 5 1885, op. 106/1, 3 und 4 Sommer 1888 (Nr. 1 vielleicht früher); op. 107/1 und 3 Sommer 1886, op. 107/2 Juli 1888, op. 107/4 und 5 wohl dazwischen.

Opus-zahl	Titel	Text	Textautor	Musikalische Merkmale
105/1	Wie Melodien zieht es mir	= Titel	Groth	Zart, A-Dur, ¢
105/2	Immer leiser wird mein Schlummer	= Titel	Lingg	Langsam und leise, cis-Moll, ¢

105/3	Klage	*Feins Liebchen, trau du nicht*	Niederrheinisches Volkslied	Einfach und ausdrucksvoll / Andante espressivo, F-Dur, 3/4
105/4	Auf dem Kirchhofe	*Der Tag ging regenschwer*	Liliencron	Mäßig, c-Moll – C-Dur, 3/4 und C
105/5	Verrat	*Ich stand in einer lauen Nacht*	Lemcke	Angemessen bewegt / Con moto, h-Moll, C
106/1	Ständchen	*Der Mond steht über dem Berge*	Kugler	Anmutig bewegt / Allegretto grazioso, G-Dur, C
106/2	Auf dem See	*An dies Schifflein schmiege*	Reinhold	Anmutig bewegt und ausdrucksvoll, E-Dur, 6/8
106/3	Es hing ein Reif	*= Titel*	Groth	Träumerisch, a-Moll, 3/4
106/4	Meine Lieder	*Wenn mein Herz beginnt zu klingen*	Frey	Bewegt und leise, fis-Moll, ¢
106/5	Ein Wanderer	*Hier wo sich die Straßen scheiden*	Reinhold	In langsam gehender Bewegung, f-Moll, 2/4
107/1	An die Stolze	*Und gleichwohl kann ich anders nicht*	Fleming	Sehr lebhaft und ausdrucksvoll, A-Dur, ¢
107/2	Salamander	*Es saß ein Salamander*	Lemcke	Mit Laune, a-Moll – A-Dur, C
107/3	Das Mädchen spricht	*Schwalbe, sag mir an*	Gruppe	Lebhaft und anmutig, A-Dur, 3/4
107/4	Maienkätzchen	*Maienkätzchen, erster Gruß*	Liliencron	Grazioso Es-Dur, 3/4
107/5	Mädchenlied	*Auf die Nacht in den Spinnstubn*	Heyse	Leise bewegt, h-Moll, 3/8

bis 86, op. 91 und 94 bis 97 sowie schließlich op. 105 bis 107 – wiederholen. Das weist auf die Systematik hin, die Brahms schon früh und
besonders bei der Veröffentlichung seiner Werke an den Tag legte; im
Spätwerk ist sie namentlich durch die vier Sammlungen von Charakterstücken für Klavier op. 116 bis 119 belegt. Bei all diesen Opusgruppen
muß man davon ausgehen, daß die in ihnen enthaltenen Kompositionen mehrheitlich nicht unmittelbar vor der Publikation und im Blick
auf sie entstanden sind, sondern daß Brahms auch auf frühere Produkte zurückgriff, sie möglicherweise überarbeitete und in wohlüber-
legter Anordnung mit neueren Kompositionen zusammenstellte.

Das sei beim ersten Opus-Quartett, von dem op. 46 und 47 im Oktober, op. 48 und 49 im November 1868 erschienen, aufgrund der freilich
kärglichen Quellenüberlieferung näher ausgeführt, vor allem weil hier
noch die Offenheit zu einer die Gattungsgrenzen überschreitenden
Mehrfachverwendung deutlich wird, die bei den späteren Lied-Opera
in den Hintergrund tritt.

Hinsichtlich der Gesänge des **op. 46** stellt zwar Kalbeck einige Vermutungen zur Chronologie an; zuverlässige Belege dazu liegen aber nicht
vor.

Näheres dagegen wissen wir über zwei Lieder des **op. 47**. Nr. 3 ist zum
ersten in einer von der Gesellschaft der Musikfreunde, Wien, aufbe-
wahrten Liste enthalten, in der Brahms seine 1860 noch unveröffentlichten Lieder und Duette aufführt; zum zweiten gibt es davon eine
Fassung für dreistimmigen Frauenchor, die im Repertoire des von
Brahms bis Mai 1861 geleiteten Hamburger Frauenchors auftaucht.
Das Lied ist also sicher 1860 oder früher entstanden. Und Nr. 5 wird
bereits im Herbst 1858 in einem von Julius Otto Grimm an Brahms
gerichteten Brief erwähnt (BBW IV, S. 70).

Noch weiter zurück reicht die Entstehungszeit bei **op. 48**. Nr. 2 ist in
einer Abschrift von J. O. Grimm mit 1853, in einem Autograph mit
1855 datiert. Für Nr. 6, die Brahms später als gemischten Chor in
op. 62/7 veröffentlichen sollte, gilt das oben zu op. 47/3 Ausgeführte:
Das Lied wird in der Liste der 1860 noch unveröffentlichen Lieder und
Duette genannt und ist als vierstimmiges Arrangement Bestandteil des
Repertoires vom Hamburger Frauenchor; auch für diese Komposition
ist 1860 Terminus ante quem. Für Nr. 3 trifft ersteres (Liste), für Nr. 1
letzteres (dreistimmiges Arrangement in jenem Repertoire) zu; die
Entstehungszeit dürfte sich also nur um weniges von der der Nr. 6
unterscheiden. Nur Nr. 7 also, das mit der Datierung 6. Mai 1867 überliefert ist, ist in einiger zeitlichen Nähe zur Publikation des Gesamt-

opus 48 komponiert worden. Ergänzend erwähnt sei noch die Tatsache, daß Brahms den Text von Nr. 1 auch der durchaus unterschiedlichen Vertonung in op. 31/3 zugrunde gelegt hat.

Der 6. Mai 1867 für op. 49/5 (wie op. 48/7 auf einen Text von Schack) ist auch die einzige in autographen Quellen belegte Datierung für eines der Lieder des **op. 49.** Über die Entstehungszeit des *Wiegenliedes* Nr. 4 jedoch sind wir durch einen Brief des Komponisten an die Widmungsträgerin Bertha Faber unterrichtet, in dem er am 15. Juli 1868 schreibt, er habe »das Wiegenlied gestern« komponiert.

Dieses *Wiegenlied* (»Guten Abend, gut Nacht«) op. 49/4 verbindet in sich mehrere Aspekte der persönlichen Existenz und der künstlerischen Produktion von Brahms. Zum einen wirkt es wie die letzte Erinnerung (und das stimmt mit den oben gegebenen chronologischen Erörterungen überein) an seine Zeit mit dem Hamburger Frauenchor, deren positiven Momente sicher nicht nur solche der künstlerischen Arbeit waren. Bertha Porubszky war Mitglied dieses Chores gewesen, hatte dann den Wiener Industriellen Arthur Faber geheiratet, und anläßlich der Geburt des zweiten Sohnes dieser Ehe schrieb Brahms sein Wiegenlied (die dem Druck des Lieds beigegebene Widmung lautet »An B. F. in Wien«).

Andererseits dokumentiert das Lied, wie meisterhaft Brahms es verstand, seinen hohen kompositorischen Anspruch mit dem Einfachheitsideal des Volksliedes zu verbinden; das Moment des Artifiziellen, das analytisch nachweisbar ist, bleibt völlig unauffällig innerhalb eines Tonsatzes, in dem die Wirkung von spontaner Natürlichkeit dominiert.

Der Volksliedcharakter von op. 49/4 braucht nicht ausführlich erläutert zu werden; die landläufige Rezeption, die das Lied als echtes Volkslied nimmt, ist dafür hinreichend Beleg. Und doch ist das Lied ein Beispiel hoher kontrapunktischer Kunstfertigkeit. Brahms hat hier die Gesangsmelodie, die in ihrer ergreifenden Innigkeit die große Beliebtheit des Liedes begründet, mit der Melodie des oberösterreichischen Walzerliedes *Du moanst wohl, du glabst wohl, die Liab laßt si zwinga?* kombiniert, die in die Oberstimme der Begleitung eingearbeitet ist. Darüber hinaus ist auf ein feinsinniges Detail der Textausdeutung hinzuweisen: Brahms verbindet die Worte »morgen früh« in T. 11 und 15 mit einem Weckruf, der in einem durch zwei Achtel auf gleicher Tonhöhe vorbereiteten Oktavsprung Gestalt annimmt. Der Originaldruck bietet nur eine Textstrophe, von der auch die Komposition ausging; und die spätere Hinzufügung der zweiten Strophe führt an dieser

Autograph des »Wiegenlieds«

Stelle zu einem eklatanten Paradox: Der Weckruf erklingt zu den Worten »schlaf nun selig und süß«.

Vollzieht sich die artifizielle Konstruktion beim *Wiegenlied* im Rahmen von Volkslied-Duktus und -Dimension, so wird sie in *Mein wundes Herz* op. 59/7 innerhalb eines Kunstliedes realisiert, eine Qualität, die schon an der ausladenden Geste der ersten Gesangsphrase erkennbar wird. Das Lied ist ganz und gar von Kontrapunkt gesättigt und stellt ein Musterbeispiel für Brahms' Begriff dieses kompositorischen Verfahrens dar (vgl. dazu näher S. 193), der am besten mit Schönbergs Definition verdeutlicht werden kann: »Das kontrapunktische Denken, d. i. die Kunst Tongestalten zu erfinden, die sich selbst begleiten können.« Hier ist kein einziger Ton der Begleitung unthematisch, sämtlich sind sie von der Melodie der Singstimme durch kontrapunktische Variantenbildung abgeleitet.

Die Mittelstimme, die in T. 6 um einen Takt später als die Singstimme einsetzt, imitiert deren erste zwei Takte in den gleichen Tonqualitäten, aber um eine rhythmische Stufe diminuiert: aus Vierteln werden Achtel. Die Achtelfigur des vierten bis siebenten Tons dieser Diminution ist Modell des Mittelstimmenmotivs, das sich – jeweils mit Rücksicht auf den harmonischen Kontext in den Intervallen, nicht aber im Motivumriß abgewandelt – bis T. 10 durchhält; deutlich wird hier die direkte Verschmelzung von Kontrapunkt und motivisch-thematischer Arbeit. Der Baß imitiert im Abstand von zwei Takten die Singstimme in gleichen rhythmischen Werten, aber um eine Terz versetzt; die punktierte Halbe Note des dritten Melodietaktes (T. 7) wird im Baß des Taktes 9 zum Oktav-Widerschlag in Vierteln ausgeklappt, der den Sext-Widerschlag in T. 10 nach sich zieht. Der fallende Quartzug, der den ersten Halbsatz der Melodie (T. 5–8) beschließt: e'' – d'' – c'' – h' erscheint im Baß zum Sextzug geweitet: g – fis – e – dis – cis – H. Auf diese Weise wird die Verbindung zum zweiten Halbsatz der Melodie bewerkstelligt; die fallende Baßlinie in T. 9–11 nämlich ist tonqualitätengleicher Krebs des steigenden Quintzuges h' – cis'' – dis'' – e'' – fis'' in denselben Takten.

Als kontrapunktische Verfahren sind bis hierher schon Diminution, Transposition und Krebsbildung eingesetzt. Der Anfang des folgenden Abschnitts fügt dem die Umkehrung (vgl. T. 13–14 mit T. 5–6) hinzu, und die Singstimme beschließt das Lied (T. 44–46), sogleich vom Baß imitiert, mit der Augmentation der Anfangsphrase zu Halben Noten.

In *Therese* op. 86/1 drängt Brahms die Spannbreite zwischen Volks-

und Kunstlied auf den engsten Raum der nur 39 Takte umfassenden
Komposition zusammen. Das Lied besteht aus drei Strophen (T. 6,
T. 16, T. 26), die durch Vorspiel, Zwischenspiele und Nachspiel eingerahmt werden. Die erste Strophe repräsentiert den Volksliedton:
sangbare Melodik, Gliederung in zwei einander ausbalancierende
Viertakter, durchgehende Diatonik und eine Begleitung, deren
Oberstimme mit nur einer Abweichung parallel zur Singstimme
geführt ist und die ihre begleitende, d. h. untergeordnete Funktion
auch durch den einfachen akkordischen Satz ausweist. Analog
gestaltet ist die zweite Strophe, in der lediglich die Mittelstimme der
Begleitung zu einer Achtelbewegung aufgelockert wird. Schon die
Einleitung indes läßt durch einen prägnanteren Klaviersatz und die
Andeutung von Chromatik erwarten, daß das Lied insgesamt sich
nicht im Volksliedton erfüllen wird; und diese Erwartung wird in
der dritten Strophe eingelöst. Hier gewinnt die Begleitung durch
motivische Bedeutsamkeit, durch ihre Dichte, ja selbst ihre Lage, die
nun auch die der Singstimme übersteigt, eine eigenständige Rolle.
Dem regelmäßigen Fluß der Melodie in den beiden ersten Strophen
steht nun eine zuweilen sogar gegen das Metrum gesetzte Deklamation der Singstimme gegenüber, und namentlich im Baß kommt der
Chromatik eine tragende Rolle zu. Sowohl der Tonsatz mithin, dessen motivischer Inhalt und rhythmische Prägung, als auch die
instrumentale Relation zwischen Singstimme und Klavier verschie-
ben die dritte Strophe – im Kontrast zu den beiden ersten – in die
Sphäre des Kunstliedes.
An diesem Beispiel zeichnet sich die Vielfalt ab, in der Brahms das
Strophenlied zu modifizieren weiß. Die einfache Strophenform wie
etwa in *Der Jäger* op. 95/4 stellt eher die Ausnahme dar; in der Mehrzahl der Fälle wandelt Brahms namentlich spätere, vor allem die letzte
Strophe um, und dies – wie das Beispiel zeigt – nicht nur durch figurative oder variative Modifikation, sondern auch durch Kontrastierung
und Verschmelzung der Stilebenen des Liedes.

Solche Variationsbreite freilich betrifft auch die sogenannte Liedform
A – B – A, welche die zweite idealtypische Ausprägung des Brahmsschen Liedes darstellt. Das läßt sich besonders handgreiflich an dem
Paar der Lieder *Sommerabend* und *Mondenschein* op. 85/1 und 2 zeigen, die nicht nur auf Texte desselben Dichters, nämlich Heine,
geschrieben wurden, sondern auch musikalisch, und zwar auf sehr
bemerkenswerte Art, miteinander verbunden sind. Beide stehen in

B-Dur, beide benutzen gleiches thematisches Material, und beide folgen im Grundsatz der dreiteiligen Liedform.

Die Aufgabe, die sich Brahms hier gestellt zu haben scheint, ist der Zusammenschluß zweier für sich selbständiger Einheiten zu einem übergreifend formalen Ganzen, und zwar so, daß die Stringenz auf der einen oder anderen Formebene nicht verlorengeht. Darauf zielt er zunächst dadurch, daß der Haupt- oder A-Teil des ersten Liedes (T. 3 bis 12 bzw. T. 25–34) im zweiten zum Kontrast- oder B-Teil wird (T. 10–19), die weitgehend identische Musik also ihre formale Funktion ändert. Der Gesamtverlauf beider Lieder ließe sich mithin mit dem Buchstabenschema: A – B – A ‖ C – A – C wiedergeben. Worauf es nun bei dem gegebenen Raster der alternativen Rückkehr zu A ankam, war die Relation der anderen Formteile zu diesem Fixpunkt und im zweiten Lied auch die der Rahmenteile zueinander.

In op. 85/1 ist diese Frage ganz im Sinne der einfachen Liedform beantwortet: Der Mittelteil stellt zwar einen deutlichen Kontrast zu den Rahmenteilen dar, bleibt aber motivisch und hinsichtlich seiner harmonischen Ausweichung in der normalen Bandbreite der Auskomposition jenes Formtyps. Die Rahmenteile des op. 85/2 dagegen weiten den Formtyp bis an die Grenzen der Erkennbarkeit; sie sind – jedenfalls an der musikalischen Oberfläche – gestaltlich nicht aufeinander bezogen und drücken an ihrem Anfang nicht die Tonika B-Dur aus. Ihre Beziehung zueinander beruht vielmehr erstens auf der gleichartigen harmonischen Differenz zur Tonika: Beide setzen in einem allerdings wenig befestigten Ges-Dur an. Zweitens werden sie durch ein konstruktives und weitgehend abstraktes Moment verbunden, das durchaus im Widerspruch zu dem unmittelbar erkennbaren motivischen Konnex des Gerüstteils A steht. Im Anfangsteil sind fallende Terzketten, die wie die Sekundlinien der Singstimme nach je zwei Takten um jeweils eine Terz tiefer einsetzen, maßgebend. Und im Schlußteil ist der Tonsatz – ohne direkten Zusammenhang mit der Singstimme – durch eine aufsteigende Quartenkette strukturiert: T. 21: b – T. 22: es – T. 23: a – T. 24: d – T. 25: g und c – T. 26: f und b. Brahms entwickelt also in den Rahmenteilen des zweiten Liedes die Eigenschaften, die in der normalen Liedform dem Kontrastteil zukommen, indem er sie nicht nur von der Tonika abhebt, sondern ihre Beziehung zueinander lediglich auf einer gleichsam subkutanen Ebene entfaltet. Übergreifend indes ist noch eine weitere Maßnahme zu konstatieren, die den Zusammenhalt der beiden Lieder fördert. Die der Tonika B-Dur gegenübergestellten Tonarten nämlich sind symmetrisch in Großterzabstand um sie gruppiert: Der Mittelteil von op. 85/1 setzt in d-Moll, die Rahmenteile von op. 85/2 setzen in Ges-Dur an.

Die Bezeichnung »durchkomponiertes Lied« ist im normalen musikwissenschaftlichen Sprachgebrauch ein Negativbegriff; er benennt den Gegensatz zum Strophenlied und umfaßt so etwa auch die dreiteilige Liedform A – B – A. Bei Brahms hingegen finden sich auch Lieder, die man als durchkomponiert im emphatischen Sinne bezeichnen kann, solche mithin, die von einer durchgehenden musikalischen Entwicklung durchzogen sind; die Gliederung in Formteile wird zwar als Folie noch spürbar, sie tritt aber vor der übergreifenden Bewegung des motivisch-thematischen Materials in den Hintergrund. Ein Beispiel dafür bietet *Mein Herz ist schwer* op. 94/3.

Der erste Abschnitt der Singstimme führt einen großen melodischen Bogen aus (T. 5–8), der von d' ausgeht, über die Kerntöne g' – a' – b' zu es'' gelangt und darauf in rascherem Fall zu d' zurückkehrt. Daran schließt die folgende Phrase (T. 10–13) in Reduktion und partieller chromatischer Verschiebung direkt an; der Aufgang schrumpft zu d' – g' – h' – e'', der Abgang zu e'' – cis'' – a' (vgl. es'' – c'' – a' in T. 7). Den beiden als Varianten aufeinander bezogenen Melodiegliedern werden die beiden unterschiedlichen Begleitgedanken unterlegt, die das Klavier bereits in der Einleitung exponiert: dem ersten Glied mit den Überleitungstakten T. 8 und 9 die synkopisch und in Gegenrichtung gegeneinander geführten Dreiklangsbrechungen, dem zweiten die schweren und gegen das Metrum gesetzten Akkordballungen.

Mit T. 14 beginnt in der Musik – gegen die Disposition des Gedichts, nicht aber gegen dessen Inhalt – ein neuer Formteil, der auch die im weiteren Verlauf (T. 24) noch gesteigerte Tempobeschleunigung einleitet. Er weist sich deutlich als durchführend aus. Die Begleitung vermittelt in vielfältiger (und hier nicht in allen Details darstellbarer) Form zwischen ihren zwei Einleitungsgedanken, die Singstimme verarbeitet in erster Linie das Motiv, das in T. 7 (4. – 7. Viertel) mit c'' – a' – b' eine eher unscheinbare Rolle gespielt hatte. Damit setzt T. 14 (ebenso wie später nochmals T. 27) in direktem Anschluß an T. 13 an, der ja die Parallelführung mit dem ersten Melodieabschnitt bei T. 7 abbrach. Das Motiv, das auch durch seine rhythmische Prägnanz charakterisiert ist, wird sequenziert, hinsichtlich der Größe und Richtung seiner Intervalle variiert (vgl. etwa T. 20/21) und bestimmt in ständiger Umformung den Verlauf bis zu T. 29. Maßgebend für die Singstimme im durchführenden Teil ist der erste Melodieabschnitt jedoch nicht nur durch die Bereitstellung des zentralen Motivs, sondern auch durch den klanglichen Rahmen, innerhalb dessen sich die motivische Verarbeitung abspielt. An keiner Stelle ist das es'' überschritten, das insgesamt fünfmal und in annähernd symmetrischer Verteilung (anfangs zweimal T. 19 und 20, in der Mitte einmal T. 25, am Ende zweimal T. 30 und 32) erreicht wird; und diese Beziehung wird noch dadurch akzentuiert, daß die Schlußphrase (T. 32–33) nun ganz direkt und wiederum in Ausdünnung den Abstieg von es'' nach d' aus T. 7–8 aufgreift. Der Schlußteil (T. 36–44), der zur Reihung der beiden Begleitgedanken aus der Einleitung und zum Tempo des Anfangs zurückkehrt, ist allerdings mehr als eine (ohnehin verkürzte) Reprise. Er setzt nämlich die Verarbeitung des Anfangsabschnitts der Melodie fort, und das zwar in ähnlicher Weise, aber in entgegengesetzter Richtung wie jene Variante in T. 10–13. Dort wurde das Modell durch Konzentration auf Kerntöne ausgedünnt, hier dagegen ist der Weg von d' nach es'' vollständig durch Sekundgänge ausgefüllt. Wie jene Variante fällt die Melodie nun auch nicht bis zum d' herab, sondern hält beim g' inne; und der einfache Quartgang c'' – b' – as' – g', mit dem der in T. 36 ansetzende Melodiebogen schließt, wird zum diastematischen Modell für die auskomponierte Schlußverlangsamung der Melodie in T. 40–44.

Der Aspekt der Lautmalerei, also der kompositorischen Abbildung von gegenständlichen oder ideell mit Motiven des Textes verbundenen akustischen Phänomenen, spielt wie in den anderen Vokalwerken von Brahms auch im Lied eine bemerkenswerte Rolle. Allerdings ist ihre Verwendung – zu »Es brausen der Liebe Wogen«, zu »Nachtigall«, zu »sturmbewegt« usf. – nie losgelöst von dem internen kompositorischen Zusammenhang zu sehen; eine reine Aufzählung der einschlägigen »Stellen« mithin wäre dem Sachverhalt und der ästhetischen Intention unangemessen.

Es gibt aber eine Gruppe von drei Liedern, die es durch das gemeinsame Thema ›Regen‹ möglich machen, Brahms' Darstellungsweise dieser ja nicht nur akustischen Erscheinung näher zu erläutern, ohne in eine bloße Faktensammlung abzugleiten. Allen dreien liegt ein Text von Klaus Groth zugrunde. Zwei hat Brahms mit Opuszahlen veröffentlicht: op. 59/3 *Regenlied* »Walle, Regen, walle nieder« und – in auch musikalisch direktem Zusammenhang – op. 59/4 *Nachklang* »Regentropfen aus den Bäumen fallen«. Das dritte, das sicher vor Sommer 1872 entstand und zuerst 1908 veröffentlicht wurde, teilt mit

op. 59/3 den Titel und mit op. 59/4 den Text: **Regenlied** »Regentropfen aus den Bäumen fallen«, (**WoO 23**, Andantino g-Moll, ²/₄).
Dieses *Regenlied* (WoO 23) steht für sich, und so kann sich
Brahms auch ganz auf die internen Zusammenhang konzentrieren.
Er hebt ab auf die Differenz zwischen den Regentropfen einerseits
und den Tränen andererseits, deren Opposition vom Gedicht
exponiert wird. Gemeinsam ist ihnen die fallende Richtung, der
Brahms motivisch durch absteigende Linien entspricht. Voneinander abgehoben dagegen werden sie namentlich durch die Artikulation: Die Regentropfen werden im Portato und mit einer Baßfüh-
rung zur Darstellung gebracht, deren Linienführung ständig die
Oktave wechselt und deren Notenwerte durch regelmäßig folgende Pausen verkürzt sind:

Bsp. 46

Den Tränen dagegen ist ein in jeder Schicht der Begleitung gebundener
Satz zugeordnet (s. Bsp. 47).
Komplizierter stellte sich die Aufgabe bei der Doppelvertonung in
op. 59/3 und 4 dar, denn hier war die Musik sowohl auf das Fallen der
Regentropfen als auch auf das Wallen des Regens einzurichten. Dementsprechend ist die Komposition differenzierter. Zwar setzt auch
op. 59/3 zweimal mit einem fallenden Motiv im Staccato ein, entscheidend wird jedoch die Tonrepetition als Sinnbild des Tropfens, die die
gesamte Begleitung beherrscht. Ihr entgegengestellt ist schon im dritten Melodietakt eine ausdrucksvolle und gebundene Geste, deren
»Wallen« sich auch auf die Gesamtführung der begleitenden Mittelstimme auswirkt. (Die Opposition zwischen Tropfen und Tränen
kommt in op. 59/4 kompositorisch kaum zum Ausdruck.) Anzumerken ist überdies die auffällige Tatsache, daß Brahms den Tonsatz, der
doch in so vielerlei Hinsicht vom Text gezeugt ist, als in sich dermaßen

Bsp. 47

stringent ansah, daß er ihn im Finale der Violinsonate op. 78 nochmals verwendete (s. S. 149 f. Bsp. 24 und 25).

Neben dem *Regenlied* (WoO 23) sind aus der Zeit, in der Brahms seine Lieder in Opusgruppen veröffentlichte, noch die **Fünf Lieder der Ophelia (WoO 22)** überliefert, die Brahms im November 1873 komponierte und die erst 1935 publiziert wurden. Sie sind unverkennbar Gelegenheitskompositionen: Die Schauspielerin Olga Precheisen hatte die Rolle der Ophelia in Prag übernommen, und Josef Lewinsky hatte Brahms um die Komposition für seine Braut gebeten; dieser entledigte sich der Aufgabe in aller Schlichtheit, aber auch skeptischer Bedenklichkeit, ja Lakonik den Texten gegenüber: 1. *Wie erkenn ich dein Treulieb*, Andante con moto g-Moll, ⁴⁄₄, ³⁄₂; 2. *Sein Leichenhemd, weiß wie Schnee zu sehn*, D-Dur, ³⁄₄; 3. *Auf morgen ist Sankt Valentins Tag*, G-Dur, ⁶⁄₈; 4. *Sie trugen ihn auf der Bahre bloß*, F-Dur, ⁶⁄₈; 5. *Und kommt er nicht mehr zurück*, d-Moll, ⁶⁄₄.

Vier ernste Gesänge für eine Baßstimme op. 121

Vollendet Mai 1896. Max Klinger gewidmet. Druck Juli 1896.

1. *Denn es gehet dem Menschen wie dem Vieh* (Prediger Salomo 3,19–22).
   Andante – Allegro, d-Moll, ¢ und ¾
2. *Ich wandte mich, und sahe* (Prediger Salomo 4,1–3). Andante g-Moll, ¾
3. *O Tod, wie bitter bist du* (Jesus Sirach 41,1–4). Grave e-Moll – E-Dur,
   ½ und ¢
4. *Wenn ich mit Menschen- und mit Engelzungen redete* (1. Korinther 13,1–3
   und 12–13). Andante con moto ed anima / Adagio, Es-Dur, ¢ und ¾

Brahms hat die Kompositionen des op. 121 »Gesänge« genannt – ein Begriff, den
er seit 1884 (bei op. 91) nicht mehr für Liedopera verwendet hatte; und er unterstreicht den hohen Anspruch noch durch das Epitheton »ernst«. In der Tat fallen
die Gesänge in mehrfacher Hinsicht aus dem Rahmen des Genres, oder anders
gesagt: überschreiten dessen Grenzen durch kompositorische Intensität und
Emphase der Ausdrucksintention. Text und Dimension, Grad der Durchbildung
des Tonsatzes, der Form und der zyklischen Einbindung der Einzelglieder,
schließlich auch die Arten der deklamatorischen Darstellungsform verweisen in
vielfacher Weise auf andere Gattungen. Die Auswahl der Bibeltexte, die Brahms
in eigener Verantwortung traf, stellt eine Beziehung zu *Ein deutsches Requiem*
op. 45, dem *Triumphlied* op. 55 und den *Fest- und Gedenksprüchen* op. 109 her;
deren dominante Thematik, d. h. der Gedanke an den Tod verbindet mit dem
Begräbnisgesang op. 13 und nochmals mit op. 45. Unterstrichen wird die Ein-
zigartigkeit von op. 121 wie auch die ganz besondere Nähe zum *Deutschen
Requiem* durch ein Skizzenblatt, in dem Brahms Teile einer Orchesterbegleitung
entworfen hat – innerhalb des Entstehungsprozesses stand mithin nicht immer
fest, daß der Sänger nur vom Klavier begleitet werden sollte. Überdies sind die
Vier ernsten Gesänge wie op. 45 durch Stileigentümlichkeiten geprägt, die einen
weit hinter die Klassik zurückreichenden Traditionsbezug erkennen lassen. *Ein
deutsches Requiem* kann zu Recht mit den *Musikalischen Exequien* von Heinrich
Schütz verglichen werden, und auch die *Gesänge* des op. 121 erinnern in mehrfacher Hinsicht an die Werke dieses Komponisten des 17. Jahrhunderts.
Für mehrere dieser Aspekte ist der 3. Gesang *O Tod, wie bitter bist du* paradigmatisch. Hier soll indes nicht nochmals über die motivische Integration gesprochen werden, die auf allgegenwärtigen Terzenketten beruht und die in der vorliegenden Komposition zu einer auch bei Brahms seltenen Vollkommenheit
gelangt (vgl. dazu S. 144 f.). Zu richten ist der Blick vielmehr auf die Form, die
sich als mehrschichtiges Geflecht unterschiedlicher Ebenen konstituiert und für
deren Ausbildung nicht nur die naheliegenden Aspekte von Harmonik und
Thematik verantwortlich sind.
Die Form verschmilzt einerseits das architektonische Prinzip der Reihung und
Korrespondenz der Formteile mit dem logischen Prinzip der Entwicklung; sie
kombiniert andererseits – auf der Ebene der architektonischen Struktur – eine
Zweiteiligkeit mit einer Dreiteiligkeit.

Die Zweiteiligkeit korrespondiert unmittelbar der Opposition, die vom Text exponiert wird: »O Tod, wie bitter bist du« gegen »O Tod, wie wohl tust du«. Ihr entspricht die Musik zunächst ganz offenkundig durch den Wechsel von e-Moll nach E-Dur in T. 18; mit ihr stimmt aber auch die Verteilung des motivischen Materials überein, die zweimal den – von jenen Terzen geprägten – Hauptgedanken in einer dreigliedrigen Bogenform mit einem kontrastierenden Nebengedanken als Mittelglied verbindet: T. 1: A – T. 6: B – T. 13: A sowie T. 18: A – T. 25: C – T. 31: A. Die Möglichkeit zu einer solchen Anlage gewinnt Brahms dadurch, daß er – anders als in der Textvorlage – die zweimalige Anrufung des Todes nach der jeweiligen Explikation wiederholt; Anrufungen und Explikationen kongruieren den genannten Formgliedern exakt.

Die Dreiteiligkeit ist im ersten Zugang am Wechsel der Taktart abzulesen: T. 18 wechselt mit dem Tongeschlecht vom ½- zum Allabreve-Takt, T. 31 zurück zum ½-Takt. Sie realisiert sich kategorial darin, daß Brahms die Formglieder, die im ersten Teil drei Abschnitte bildeten, in linear funktionaler Aufwertung auf die höhere formale Ebene von Formteilen schiebt: A und C sind im Mittelteil gleichwertig, A am Schluß vertritt den Formteil insgesamt. Ins Spiel kommt eine mathematische Reihung: Der Anfangsteil umfaßt drei, der Mittelteil zwei, der Schlußteil nur noch einen thematisch bestimmten Abschnitt.

Daß der Gedanke an eine mathematische Disposition nicht bloß von außen an die Komposition herangetragen ist, zeigt der Umfang der Formteile. Brahms richtet sie nämlich an der Proportion des Goldenes Schnittes aus – ein althergebrachtes und weit verbreitetes Dispositionsprinzip. Bemerkenswert allerdings ist, daß er diese Proportion auch nominal direkt in Übereinstimmung mit der Fibonacci-Reihe 1, 2, 3, 5, 8, 13 etc. verwirklicht, die namentlich bei J. S. Bach eine eminente Rolle spielt. Der erste Teil umfaßt in 17 Takten 51 Halbe, der zweite in 13 Takten 52 Halbe und der dritte in 10 Takten 30 Halbe Noten; ihr Umfang entspricht mithin bei Division durch zehn in größtmöglicher Annäherung den Werten der Fibonacci-Reihe: 5 – 5 – 3. Und diese Proportionierung hat – dank der Gleichheit von erstem und zweitem Teil – ihren Sinn ungeachtet der Einteilung des Stückes in zwei oder drei Teile (sicher ein Argument für die Absichtlichkeit der Übereinanderschichtung). Bei der dreiteiligen Anlage stellt die Summe der Rahmenteile (wie häufig bei Bach) mit 81 Halben (entsprechend 5 + 3 = 8) das größere Glied, der Mittelteil mit 52 Halben (entsprechend 5) das kleinere Glied des Goldenen Schnittes dar, bei der Zweiteilung der erste (10 × 5) das kleinere Glied, zweiter und dritter Teil zusammen (10 × [5 + 3 =] 8) das größere der Proportion dar.

Für die Auffassung der Takte 18–30 als Mittelteil ist freilich die von den Rahmenteilen unterschiedliche Taktart kein hinreichendes Argument. Substanz erhält sie erst durch die inhaltliche Beobachtung, daß sich dieser Teil hinsichtlich des Tonsatzzustandes von den anderen wesentlich unterscheidet: Er ist – bei weitherziger Auslegung des Begriffes – Durchführung. Das zeigt sich allerdings weniger in einer Ausbreitung von motivisch-thematischer Arbeit als vielmehr in

der Art der Deklamationsform; und im Blick auf diesen Aspekt stellt der Mittelteil eine Station der das ganze Stück übergreifenden Entwicklung dar: Unverkennbar begründet der Wechsel der Deklamationsform die Reprisenwirkung in
T. 31.

Der Anfangsteil exponiert – noch in mittlerer Nuancierung – die Kategorien der
Deklamation, die thematisch werden: die der reinen Prosa und die des gebundenen Gesanges. Die melodische Linie des A-Abschnitts (T. 1–5 bzw. 13–17) ist

Bsp. 48

zunächst durch Pausen unterbrochen, dann (T. 3 ff. bzw. 15 ff.) stellt sie durch Verschiebung gleichartiger Motive die bindende Kraft des Metrums in Frage. Deutlich gebundener ist der B-Abschnitt, aber auch er bringt den Bewegungs-impuls des großen Dreiermetrums durch Auflösung in kleinere Notenwerte als die Zählzeit und durch imitatorische Komplikationen (vgl. den Kanon zwischen Klavieroberstimme und Gesang in T. 6–7) nicht voll zur Geltung. Der Mittelteil knüpft auch in seiner Deklamationsform beim Anfang an, setzt aber eine Ent-wicklung in Gang, die zum Extrem von Prosa, zum gleichsam zersplitterten Textvortrag ausgreift. Nach den pausendurchsetzten Phrasen der Takte 20–24 gibt T. 25 das Modell für die – allerdings weniger motivische denn deklamatori-sche – Abspaltung und Liquidierung. T. 26–27 stellen die noch diastematisch gebundene Diminution des Modells dar, die zweiten Takthälften von T. 27 und 28 dagegen pointieren das rhythmische Moment und verkürzen die Phrasen auf ein Stammeln in vier und drei Vierteln. Und dieses wird aufgefangen in einer durchaus gegensätzlichen, aber gleichermaßen ametrischen Deklamationsform, nämlich in einer großen rezitativischen Geste (T. 29–30).
Die Analogie der formalen Bewegung zu der einer Sonatenform liegt auf der Hand; wie dort in der Exposition der harmonische Konflikt exponiert, in der Durchführung verschärft und in der Reprise zur Lösung in der Einheit des tona-

len Zentrums gebracht wird, so wird hier die Opposition der Deklamationsformen in ihrem Verhältnis zum Metrum im ersten Teil exponiert und deren Entfaltung im Mittelteil zu einem Extrem musikalischer Prosa geführt: Erst im Schlußteil, der in dieser Hinsicht eine wahrhafte Reprise darstellt, findet die gestische Entfaltung der Singstimme zur vollen Geborgenheit im und zur Einheit mit dem Metrum.

* * *

Für Solostimme mit Instrumentalbegleitung liegen als Parerga noch Fassungen von Stücken aus einem Originalopus anderer Besetzung, ein Kanon und eine Bearbeitung vor:
- **Zigeunerlieder op. 103**, Nr. 1–7 und 11 (Ausgaben für hohe bzw. tiefe Stimme und Klavier: 1. a-Moll/f-Moll; 2. d-Moll/b-Moll; 3. D-Dur/B-Dur; 4. F-Dur/D-Dur; 5. D-Dur/H-Dur; 6. G-Dur/Es-Dur; 7. E-Dur/C-Dur; 11. Des-Dur/B-Dur. (Vgl. S. 308.)
- **In dieser Welt des Trugs und Scheins (WoO 27)**. Kanon für eine Singstimme und Bratsche. Komponiert vielleicht 1854/55. Text von Hoffmann von Fallersleben (vgl. zur Kanonkomposition insgesamt S. 232 ff.)
- J. S. Bach: Choral »Ach Gott, wie manches Herzeleid« aus der Kantate BWV 44. Figurierte Generalbaßaussetzung (Entstehungszeit ungewiß).

Mitzuteilen sind schließlich die Zusammenstellungen von Volksliedbearbeitungen für die hier in Frage stehende Besetzung, die Brahms – wie WoO 31 (mit Ergänzung von Nr. 15 durch das *Brahms-Werkverzeichnis*) und WoO 33 – selbst publiziert hat oder die postum erschienen sind. Für WoO 33/43 bis 49 sei auf S. 217 f. verwiesen.

Volks-Kinderlieder (WoO 31)

Entstehungszeit etwa Mitte der fünfziger Jahre. Den Kindern Robert und Clara Schumanns gewidmet. Druck (Nr. 1–14) November 1858.

1. *Dornröschen* »Im tiefen Wald im Dornenhag«. Andante g-Moll, ¾
2. *Die Nachtigall* »Sitzt a schöns Vögerl«. Allegretto G-Dur, ⅜
3. *Die Henne* »Ach, mein Hennlein«. Con moto G-Dur, ¾
4. *Sandmännchen* »Die Blümelein sie schlafen«. Andante G-Dur, ¢
5. *Der Mann* »Wille wille will«. Con moto D-Dur, ¾
6. *Heidenröslein* »Sah ein Knab ein Röslein stehn«. Andante con moto F-Dur, ¾

7. *Das Schlaraffenland* »In Polen steht ein Haus«. Allegro B-Dur, 𝄴
8. *Beim Ritt auf dem Knie* »Ull Mann wull riden / Alt Mann wollt reiten«. Allegretto c-Moll, ¾
9. *Der Jäger im Walde* »Der Jäger in dem Walde«. Allegro C-Dur, ¾
10. *Das Mädchen und die Hasel* »Es wollt ein Mädchen brechen gehn«. Allegretto F-Dur, ¾
11. *Wiegenlied* »Schlaf, Kindlein schlaf«. Con moto C-Dur, ¾
12. mit zweistimmigem Chor: *Weihnachten* »Uns leuchtet heut«. Con moto G-Dur, 6/8
13. *Marienwürmchen* »Marienwürmchen, setze dich«. Andante F-Dur, 𝄴
14. *Dem Schutzengel* »O Engel, mein Schutzengel«. Andante G-Dur, ¾
15. *Sommerlied* »Trariro! Der Sommer der ist do!«. B-Dur, ¾

28 deutsche Volkslieder (WoO 32)

Komponiert wahrscheinlich Frühjahr 1858. Druck 1926.

1. *Die Schnürbrust* »Die Maid sie wollt 'nen Buhlen wert«. G-Dur, ¾
2. *Der Jäger* »Bei nächtlicher Weil«. In sanfter Bewegung, nicht zu langsam, B-Dur, 3/8
3. *Drei Vögelein* »Mit Lust tät ich ausreiten«. Allegro non troppo g-Moll, 𝄴
4. *Auf, gebet uns das Pfingstei.* g-Moll, ¾
5. *Des Markgrafen Töchterlein* »Es war ein Markgraf überm Rhein«. Ruhig, in erzählendem Ton, a-Moll, ¾
6. *Der Reiter* »Der Reiter spreitet seinen Mantel aus«. Heimlich und in ruhigem Zeitmaß, a-Moll, 𝄴
7. *Die heilige Elisabeth.* Langsam, a-Moll, ¾
8. *Der englische Gruß* »Gegrüßet Maria«. Con moto d-Moll, ¾
9. *Ich stund an einem Morgen.* a-Moll, 6/4
10. *Gunhilde* »Gunhilde lebt gar stille und fromm«. In ruhigem Zeitmaß und teilnehmend erzählt, e-Moll, ¾
11. *Der tote Gast* »Es pochet ein Knabe«. Andante g-Moll, 𝄴
12. *Tageweis von einer schönen Frauen* »Wach auf, mein Hort«. Hell und feurig, G-Dur, 6/8
13. *Schifferlied* »Dort in den Weiden«. Zierlich und lebhaft, g-Moll, ¾
14. *Nachtgesang* »Wach auf, mein Herzensschöne«. Vivo F-Dur, ¾
15. *Die beiden Königskinder* »Ach Elselein«. g-Moll, 3/8
16. *Scheiden* »Ach Gott, wie weh tut Scheiden«. Bewegt und mit starker Empfindung, e-Moll, 6/8
17. *Altes Minnelied* »Ich fahr dahin, wenn es muß sein«. Andante con espressione F-Dur, 6/4
18a und b. *Der getreue Eckart* »In der finstern Mitternacht«. d-dorisch, ¾ (zwei Vertonungen)
19. *Die Versuchung* »Feinsliebchen, du sollst«. Heimlich und zierlich bewegt, a-Moll, ¾

20. *Der Tochter Wunsch* »Och Modr ich well en Ding han!« Lebhaft und mit Laune, E-Dur, ¾
21. *Schnitter Tod* »Es ist ein Schnitter«. Poco allegro g-Moll, ¾ und ¢
22. *Marias Wallfahrt* »Maria ging aus wandern«. Ruhig und erzählend, a-Moll, ¾
23. *Das Mädchen und der Tod* »Es ging ein Maidlein zarte«. Gehend und dem Gedicht angemessen erzählend, a-Moll, 6/4
24. *Es ritt ein Ritter.* In ruhiger Bewegung, e-Moll, 6/8
25. *Liebeslied* »Gar lieblich hat sich gesellet«. Anmutig, G-Dur, ¾
26. *Guten Abend* »Guten Abend, mein tausiger Schatz«. Drängend, doch nicht schnell, h-Moll, 3/8
27. *Die Wollust in den Maien.* Allegretto grazioso A-Dur, ¾
28. *Es reit ein Herr und auch sein Knecht.* Lebhaft und schauerlich, c-Moll, ¢

49 deutsche Volkslieder (WoO 33)

Zusammengestellt im Winter 1893/94, größtenteils früher entstanden. Druck Juni 1894.

1. *Sagt mir, o schönste Schäfrin mein.* Zärtlich und lebhaft, C-Dur, 6/8
2. *Erlaube mir, feins Mädchen.* Zart, G-Dur, ¾
3. *Gar lieblich hat sich gesellet.* Anmutig, G-Dur, ¾
4. *Guten Abend* »Guten Abend, mein tausiger Schatz«. Drängend, doch nicht schnell, h-Moll, 3/8
5. *Die Sonne scheint nicht mehr.* Gehalten und empfindungsvoll – Lebhaft, G-Dur, ¾ und ¾
6. *Da unten im Tale.* Sanft und bewegt, E-Dur, ¾
7. *Gunhilde.* In ruhigem Zeitmaß und teilnehmend erzählt, e-Moll, ¾
8. *Ach, englische Schäferin.* Mit guter Laune, G-Dur, ¾
9. *Es war eine schöne Jüdin.* Herzlich und warm erzählend, E-Dur, ¾
10. *Es ritt ein Ritter.* In ruhiger Bewegung, e-Moll, 6/8
11. *Jungfräulein, soll ich mit euch gehn.* Lebhaft, doch zart, G-Dur, ¢
12. *Feinsliebchen, du sollst.* Heimlich und zierlich bewegt, h-Moll, ¾
13. *Wach auf, mein Hort.* Mit kräftiger Leidenschaft, G-Dur, 6/8
14. *Maria ging aus wandern.* Ruhig und erzählend, a-Moll, ¾
15. *Schwesterlein.* Nicht zu langsam und mit inniger Teilnahme, a-Moll, ¾
16. *Wach auf, mein Herzensschöne.* Anmutig bewegt, F-Dur, ¾
17. *Ach Gott, wie weh tut Scheiden.* Bewegt und mit starker Empfindung, f-Moll, 6/8
18. *So wünsch ich ihr ein gute Nacht.* Bewegt und mit herzlichem Ausdruck, F-Dur, ¾
19. *Nur ein Gesicht auf Erden lebt.* Bewegt und sehr warm, C-Dur, 6/8
20. *Schönster Schatz, mein Engel.* Hell und lebhaft, G-Dur, ¾
21. *Es ging ein Maidlein zarte.* Gehend und dem Gedicht angemessen erzählend, e-Moll, 6/4

22. *Wo gehst du hin, du Stolze?* Lebhaft und hell, G-Dur, ¾
23. *Der Reiter.* Heimlich und in ruhigem Zeitmaß, h-Moll, ¢
24. *Mir ist ein schöns brauns Maidelein.* Mäßig bewegt und ausdrucksvoll, G-Dur, ¢
25. *Mein Mädel hat einen Rosenmund.* Sehr lebhaft, herzlich und ungeduldig, B-Dur, ¢
26. *Ach könnt ich diesen Abend.* Lebhaft und mit warmem Ausdruck, G-Dur, ¢
27. *Ich stand auf hohem Berge.* Mit Laune, F-Dur, ¾
28. *Es reit ein Herr und auch sein Knecht.* Lebhaft und schauerlich, es-Moll, ¢
29. *Es war ein Markgraf überm Rhein.* Ruhig in erzählendem Ton, a-Moll, ¾
30. *All mein Gedanken.* Lebhaft und herzlich, G-Dur, ¢
31. *Dort in den Weiden steht ein Haus.* Zierlich und lebhaft, g-Moll, ¾
32. *So will ich frisch und fröhlich sein.* Frisch und fröhlich, G-Dur, ⅜ (dazu andere Klavierfassung)
33. *Och Moder, ich well en Ding han* (Kölnisch). Lebhaft und mit Laune, E-Dur, ¾
34. *Wie komm ich denn zur Tür herein? / We kumm ich dann de Pooz erenn?* Lebhaft, a-Moll, ¢
35. *Soll sich der Mond nicht heller scheinen.* Gehend und mit herzlichem Ausdruck, fis-Moll, ¾
36. *Es wohnet ein Fiedler.* Lebhaft, doch nicht zu rasch, a-Moll, ¢
37. *Du mein einzig Licht.* Kräftig und ziemlich lebhaft, A-Dur, ¢
38. *Des Abends kann ich nicht schlafen gehn.* Nicht zu langsam, erregt, a-Moll, ¾
39. *Schöner Augen schöne Strahlen.* Gehend und mit lebhaftem Ausdruck, C-Dur, ¾
40. *Ich weiß mir 'n Maidlein.* Unruhig bewegt und heimlich, a-Moll, ⅝
41. *Es steht ein Lind.* Zart und ausdrucksvoll, C-Dur, ¢
42. *In stiller Nacht.* Langsam, E-Dur, ½
(Zu Nr. 43–49 s. S. 217 f.)

Volkslied-Bearbeitungen

Die Idee des echten Volksliedes, ein Gegenstand, über den man im 19. Jahrhundert nicht müde wurde, sich Gedanken zu machen, gehört zu den Begriffen der Musikgeschichte (und der Literaturgeschichte), die nur überaus schwer dingfest zu machen sind. Das hat vor allem darin seinen Grund, daß der Begriff nur in geringem Maß dadurch bestimmt war, was kompositorisch der Fall war, sondern weit mehr davon, was man darüber dachte. Das musikalisch-technisch Beschreibbare, die Einfachheit der Melodie in der Intervallstruktur, die Diatonik und die überschaubare Gliederung meist in Vier- und Achttaktern, bildete nur ein dürres faktisches Substrat des Begriffs, bildete die gegenständliche Voraussetzung, über die man nicht redete. Im Vordergrund der Überlegungen standen ganz andere Fragestellungen. Um zur Bestimmung der Echtheit des Volksliedes zu gelangen, wurden zum einen – in normativ-ästhetischem Ansatz – die Kategorie der ethisch-moralischen und ästhetischen Qualität beigezogen, zum anderen – in rezeptionstheoretischem Ansatz – der Aspekt der Herkunft, der Ursprünglichkeit des Volksliedes ins Auge gefaßt.

Der Sammeleifer, der sich seit dem letzten Drittel des 18. Jahrhunderts im literarischen – hier sei nur an Herder, von Arnim, Brentano und Uhland erinnert – wie im musikalischen Bereich aufs Volkslied richtete, hatte vor allem anderen ein Motiv: die romantische Sehnsucht nach einem Fernen, Entlegenen, nach etwas, das man nicht war. Und im Volkslied, das ein historisch, ethnisch oder sozial Fremdes war, glaubte man das Ursprüngliche gefunden zu haben, in dem die Idee des rein Menschlichen, von der man ausging, dichterisch-musikalisch verkörpert sei. »Die Substanz der Volkslied-Ästhetik war eine utopische Anthropologie« (Carl Dahlhaus).

Dieser Vorstellung verband sich zwanglos eine erzieherische Absicht; man trachtete vermittels des echten Volksliedes nach sittlicher Erhebung. Konsequenterweise wurden solche Lieder, die man ästhetisch oder moralisch für anstößig hielt, als »Gassenhauer« oder »Pöbellied« ausgesondert. Auch bei Brahms ist diese pädagogische Tendenz nicht nur spürbar, sondern vorherrschend. Noch in den neunziger Jahren beklagte er, daß das Volk nur noch Gassenhauer sänge, und der Wille, diesem Zustand entgegenzuwirken, war eines der Motive für die Entstehung seiner zahlreichen Volksliedbearbeitungen. Wie sehr ihm die öffentliche Wirkung von Volksliedpublikationen als bedenkenswert erschien, ist an dem Brief vom April 1894 an Philipp Spitta abzulesen, in dem er sich kritisch zu der gerade erschienenen Neuausgabe des *Deutschen Liederhortes* äußert: »Könnten Sie danach Jemandem (und gar fremder Nation) auch nur den geringsten Begriff von unserem Volkslied geben? Ist es denn in der Wissenschaft gar so nöthig, daß man [. . .] jeden Dreck von der Landstraße so breit tritt wie Böhme es thut?« (BBW XVI, S. 97 f.).

Etwa seit Mitte des 19. Jahrhunderts nämlich waren Volksliedsammlungen in den Vordergrund getreten, die von anderen Gesichtspunkten ausgingen als die romantischen. Sie strebten nicht die ästhetische Wertung des Vorgefundenen an, sondern – im Zeichen positivistischer Wissenschaft – die Erhaltung des Volksliedgutes insgesamt. Entscheidend

Titelblatt des
Erstdrucks der
Volks-Kinderlieder
(1858)

war ihnen nicht die Qualität, sondern die Authentizität der Lieder als
aus dem Volk selbst hervorgegangenen. Repräsentativ für diese Art
von Volksliedsammlungen sind der *Deutsche Liederhort* von Ludwig
Erk (Berlin 1856), das *Altdeutsche Liederbuch* von Franz Magnus
Böhme (Leipzig 1877) und die von Böhme besorgte, beträchtlich
erweiterte Neubearbeitung des Werkes von Erk (Leipzig 1893/94).
Diese Ausgaben sind für die Volksliedforschung im 20. Jahrhundert
grundlegend geworden.
Brahms hat – vor allem 1894 nach der Neuausgabe des *Deutschen Lie-*
derhortes – in Briefen auf das heftigste gegen Erk und Böhme polemi-
siert. »[. . .] finden Sie im ganzen B. [Böhme] einen Takt Musik«, so
fragt er im bereits angeführten Brief Spitta, »der Sie im geringsten
interessirt, ja nur berührt?« Zu dieser Zeit begann er sogar, eine Streitschrift zu verfassen, in der er seine Einwendungen gegen die genannte
Ausgabe ausführlich darzulegen gedachte. Im selben Brief an Spitta
kommt er auf diesen Plan zu sprechen: »Ich dachte, s. Z. nach Berlin zu
kommen und hätte dann Sie und Herzogenberg um ein ruhiges Stünd-

chen gebeten, in dem ich Ihnen eine Streitschrift gegen Böhmes Liederhort vortragen könnte! Zunächst durch dieses Buch veranlaßt, das
mich schändlich geärgert hat, dann aber gegen ihn überhaupt, ja gegen
Erk und diese ganze Sorte Pächter des Volksliedes.«

Letztlich hat Brahms jedoch darauf verzichtet, die Streitschrift zu veröffentlichen; er zog es vor, seinen Standpunkt mit der Publikation der
49 deutschen Volkslieder 1894 produktiv zu vertreten. Diesen Zusammenhang erläutert er in einem Schreiben an Hermann Deiters:
»Eigentlich ist diese meine Sammlung das – was von einer großen
Streitschrift gegen Böhme übriggeblieben ist, an dessen Büchern ich
ungemein viel auszusetzen habe. Diese meine Beispiele sprechen
jedoch nur von dem einen: daß ich mich für die gar so philiströsen
Texte und Melodien, wie sie seit Erk so gepflegt werden, nicht interessieren kann; ich zeige solche Gedichte und Melodien, die mir schön
und gut erscheinen und seit längster Zeit lieb und wert sind.« (BBW
III, S. 127–128).

Brahms' Auffassungen zum Volkslied verlaufen in den gleichen Bahnen wie die hinsichtlich alter Musik. Er glaubte an einen Kanon über-
zeitlicher künstlerischer Werte, und wie bei den Kompositionen aus
dem 16. bis 18. Jahrhundert erschienen ihm von den Volksliedern nur
diejenigen erhaltenswert, die es durch ihren ästhetischen Rang beanspruchen konnten. Unverkennbar ist auch hier die normativ-ästheti-
sche Grundhaltung, die auf die Qualität abhebt und die Brahms hinsichtlich des Volksliedes mit der Romantik teilte.

Erk und Böhme hatten eine Entscheidung gefällt in der zweiten
wesentlichen Frage, die bei den Diskussionen über das echte Volkslied
immer wieder ins Blickfeld rückte: die rezeptionstheoretische. Für sie
galten nur solche als wahre Volkslieder, die vom Volk selbst stammten
oder zu stammen schienen, nicht aber diejenigen Lieder, welche »im
Volkston« geschaffen worden waren. Die rezeptionstheoretische Frage
wurde in der ersten Hälfte des Jahrhunderts jedoch keineswegs mit
solcher Eindeutigkeit beantwortet. Zwar betonte auch die Romantik –
im Gegensatz zur Aufklärung – die authentische Herkunft des Volksliedes, sie fand aber in der »romantischen Aneignung« einen Weg, um
zwischen der Trivialität, die häufig dem Vorgefundenen anhaftete, und
dem normativ-ästhetischen Anspruch, auf dem man beharrte, zu vermitteln. Mit »romantischer Aneignung« ist die produktive Umgestaltung und Fortführung, das Weitersingen und Weiterdichten aufgrund
des in der Volksliedtradition Überlieferten bezeichnet. Bekanntestes
Beispiel dafür sind im literarischen Bereich die von L. Achim von

Arnim und Clemens Brentano unter dem Titel *Des Knaben Wunderhorn* 1806 bis 1808 herausgegebenen »Alten deutschen Lieder«. Kaum mehr als ein Sechstel von ihnen ist unverändert übernommen, die meisten wurden einer mehr oder minder tiefgreifenden Überarbeitung unterzogen, und sogar einige originale Dichtungen der Autoren fanden Eingang in die Sammlung. Den gleichen Weg hat im musikalischen Bereich Florentin von Zuccalmaglio beschritten, der den zweiten Band des von A. Kretzschmer begonnenen Werkes *Deutsche Volkslieder mit ihren Original-Weisen* (Berlin 1840) herausgab. An ihn schloß Brahms an; für die Mehrzahl seiner Volksliedbearbeitungen ist Zuccalmaglio die Quelle.

Die romantische Aneignung empfand auch Brahms als unbedenklich und die Frage nach der Authentizität als unerheblich: »Über den Streit ›echt oder unecht‹ komme ich leicht weg« (BBW III, S. 128). Seine Überzeugung von den im Volkslied verkörperten überzeitlichen musikalischen Werten ließ es ihm jedoch nicht genug sein, sich mit Überliefertem auseinanderzusetzen, sondern führte ihn auch zu deren Umsetzung im eigenen Komponieren. So beschränkte er sich nicht auf das Ausdeuten von vorgefundenen Volksliedern, sondern komponierte musikalisch völlig eigenständige »Lieder im Volkston«, ein Vorgehen, das eher mit der Theorie und Praxis der Aufklärung als der Romantik übereinstimmt. Und einige seiner Lieder im Volkston, vor allem *Wiegenlied* »Guten Abend, gut Nacht« op. 49/4 und *Vergebliches Ständchen* »Guten Abend, mein Schatz« op. 84/4 haben so breite Resonanz gefunden, daß sie manch einem als echtes Volkslied erscheinen.

Beim »Lied im Volkston«, dem kein unmittelbar »Natürliches« vorgegeben ist, ergibt sich eine kompositorische Schwierigkeit, deren Überwindung Voraussetzung für das ästhetische Gelingen ist. Denn die Wirkung des Natürlichen, des Volksliedhaften, kann nur über die artifizielle Zubereitung, nur durch den Zugriff des kompositorischen Subjekts, gleichsam als »zweite Natur« erreicht werden. Um aber den Eindruck des volksliedhaft Einfachen nicht zu stören, muß das Artifizielle versteckt werden, muß gänzlich in den Bereich des Unmerklichen zurücktreten. Brahms hat es meisterhaft verstanden, dieses Problem zu lösen; das Moment des Artifiziellen, das analytisch nachweisbar ist, bleibt völlig unauffällig innerhalb des Tonsatzes, in dem die Wirkung des Volksliedhaften, gleichsam Natürlichen, dominiert.

Brahms' Volksliedbearbeitungen – die von ihm selbst veröffentlichten und die erst später ans Licht getretenen – zeigen eine große Einfühlsamkeit in den immanenten Ausdrucksgehalt der vorgegebenen Melodien, eine Fähigkeit, die man als Bedingung ansehen kann für das Gelingen der romantischen Aneignung. Die Begleitung, die vom homophonen Satz bis hin zur vorab rhythmischen Charakterisierung reicht, strebt in behutsamer, jede auffällig expressive Akkordik vermeidender Harmonisierung die Ausdeutung der durch Text und Melodie der Vorlage implizierten Atmosphäre an. Brahms hat sich fast immer auf das engste an die literarische und musikalische Vorlage gehalten, hat also in dieser Hinsicht auf jede Bearbeitung verzichtet. Daß freilich auch die Schaffung einer Begleitung zu den Volksliedern mit der Kategorie des Weitersingens zu fassen ist, dürfte kaum zweifelhaft sein.

* * *

Die folgende tabellarische Zusammenstellung gibt eine Übersicht über sämtliche Volksliedbearbeitungen von Brahms, die vollständig überliefert sind (zu den fragmentarisch vorliegenden vgl. das *Brahms-Werkverzeichnis* S. 554 ff.). Sie orientiert sich allein an den Textanfängen, bei denen alle Differenzen zwischen den einzelnen Versionen beibehalten werden. Auskunft gegeben werden soll vor allem über die Vielfalt der Besetzungen, hingewiesen werden kann aber gleichzeitig auf die Unterschiede der Bearbeitungen, die schon in der Taktzahl zum Ausdruck kommt. Sie vor allem macht klar, daß zwischen allen früheren Bearbeitungen und denen des WoO 33, den von Brahms 1894 veröffentlichten *49 deutschen Volksliedern*, zumindest bezüglich der Dimension ein merklicher Unterschied besteht, der ungeachtet der beibehaltenen Grundauffassungen doch auf einen Wandel hinsichtlich der kompositorischen Realisierung von Volksliedbearbeitungen schließen läßt.

Aufgenommen sind auch diejenigen Originalkompositionen, in denen Brahms den gleichen Text anders vertont als in seinen – Text und Melodie gleichermaßen beibehaltenden – Volksliedbearbeitungen. Wenn nicht anders angegeben, sind letztere gemeint, erstere sind mit [OK] gekennzeichnet. Unterschiedliche Melodien zu gleichem Text sind mit [A] bzw. [B] bezeichnet. Die Kanons op. 113/3 bis 5 nehmen eine gewisse Zwischenstellung ein, weil sie für das kontrapunktische Subjekt, das Brahms zuzuschreiben ist, unmittelbar von der Volksliedmelodie ausgehen; sie sind deshalb einschränkend durch [(OK)] gekennzeichnet.

Die von Brahms veröffentlichten bzw. die vom *Brahms-Werkverzeichnis* gebotenen Zusammenstellungen der Bearbeitungen, die sich überwiegend an der Besetzung orientieren, werden jeweils am Ende der betroffenen Kapitel mitgeteilt (vgl. S. 217 f., 234 ff. und 280 ff.). Aus ihnen können auch die Titel der Bearbeitungen, die uneinheitlich, vielfach auch unterschiedlich vergeben sind, ersehen werden.

Text	Solo/Klav.	Chor	Solo/Chor/Klav.
Ach Elselein	WoO 32/15, 27 T.		
Ach, englische Schäferin	WoO 33/8, 37 T.		
Ach Gott, wie weh tut Scheiden	WoO 32/16, 10 T.		
Ach Gott, wie weh tut Scheiden	WoO 33/17 32 T.		
Ach Gott, wie weh tut Scheiden		WoO 35/1 (SATB; 14 T.)	
Ach Gott, wie weh tut Scheiden		WoO 37/12 (SSAA; 10 T.)	
Ach könnt ich diesen Abend	WoO 33/26, 17 T.		
Ach lieber Herre Jesu Christ		WoO 34/6 (SATB; 12 T.)	
Ach, mein Hennlein	WoO 31/3, 23 T.		
All mein Gedanken	WoO 33/30, 39 T.		
Auf, auf, auf! Schätzelein		WoO 38/1 (SSAA; 23 T.)	
Auf, gebet uns das Pfingstei	WoO 32/4, 10 T.		
Bei nächtlicher Weil	WoO 32/2, 18 T.		
Bei nächtlicher Weil		WoO 34/3 (SATB; 18 T.)	
Bei nächtlicher Weil		WoO 37/11 (SSAA; 18 T.)	
Da unten im Tale	WoO 33/6, 23 T.		

Text	Solo/Klav.	Chor	Solo/Chor/Klav.
Da unten im Tale		WoO 35/5 (SATB; 8 T.)	
Da unten im Tale		WoO 37/10 (SSA; 8 T.)	
Da unten im Tale [OK]	op. 97/6, 36 T.		
Dem Himmel will ich klagen			WoO 33/44 (SATB; 32 T.)
Der Jäger in dem Walde	WoO 31/9, 14 T.		
Der Reiter spreitet seinen Mantel aus	WoO 32/6, 10 T.		
Der Reiter spreitet seinen Mantel aus	WoO 33/23, 23 T.		
Des Abends kann ich nicht schlafen gehn	WoO 33/38, 25 T.		
Des Abends kann ich nicht schlafen gehn		WoO 35/6 (SATB; 10 T.)	
Des Abends kann ich nicht schlafen gehn		WoO 38/2 (SSA; 10 T.)	
Des Abends kann ich nicht schlafen gehn [OK]	op. 14/6, 12 T.		
Die Blümelein sie schlafen	WoO 31/4, 21 T.		
Die heilige Elisabeth	WoO 32/7, 14 T.		
Die Maid sie wollt 'nen Buhlen wert	WoO 32/1, 10 T.		
Die Sonne scheint nicht mehr	WoO 33/5, 17 T.		
Die Wollust in den Maien	WoO 32/27, 12 T.		
Die Wollust in den Maien		WoO 34/11 (SATB; 16 T.)	
Die Wollust in den Maien		WoO 37/9 (SSA; 12 T.)	
Dort in den Weiden	WoO 32/13, 16 T.		
Dort in den Weiden	WoO 33/31, 36 T.		

Text	Solo/Klav.	Chor	Solo/Chor/Klav.
Dort in den Weiden		WoO 35/8 (SATB; 17 T.)	
Dort in den Weiden		WoO 38/3 (SSAA; 16 T.)	
Dort in den Weiden [OK]	op. 97/4, 35 T.		
Du mein einzig Licht	WoO 33/37, 28 T.		
Erlaube mir, feins Mädchen	WoO 33/2, 19 T.		
Erlaube mir, feins Mädchen		WoO 35/3 (SATB; 16 T.)	
Erlaube mir, feins Mädchen		WoO 38/4 (SSAA; 16 T.)	
Es flog ein Täublein		WoO 34/5 (SATB; 48 T.)	
Es ging ein Maidlein zarte	WoO 32/23, 14 T.		
Es ging ein Maidlein zarte	WoO 33/21, 31 T.		
Es ging sich unsre Fraue			WoO 33/47 (SATB; 32 T.)
Es ist ein Schnitter	WoO 32/21, 19 T.		
Es ist ein Schnitter		WoO 34/13 (SATB; 19 T.)	
Es ist ein Schnitter		WoO 38/5 (SSAA; 19 T.)	
Es pochet ein Knabe	WoO 32/11, 10 T.		
Es pochet ein Knabe		WoO 34/10 (SATB; 16 T.)	
Es pochet ein Knabe		WoO 36/3 (SSA; 16 T.)	
Es reit ein Herr und auch sein Knecht	WoO 32/28, 10 T.		
Es reit ein Herr und auch sein Knecht	WoO 33/28, 63 T.		
Es reiten drei Reiter		WoO 38/6 (SSA; 7 T.)	

Text	Solo/Klav.	Chor	Solo/Chor/Klav.
Es ritt ein Ritter	WoO 32/24, 11 T.		
Es ritt ein Ritter	WoO 33/10, 23 T.		
Es ritt ein Ritter		WoO 37/15 (SSAA; 18 T.)	
Es saß ein schneeweiß Vögelein			WoO 33/45 (SATB; 43 T.)
Es stehen drei Sterne am Himmel		WoO 38/7 (SSAA; 10 T.)	
Es steht ein Baum im Odenwald		WoO 38/8 (SSA; 8 T.)	
Es steht ein Lind	WoO 33/41, 37 T.		
Es stunden drei Rosen			WoO 33/43 (SATB; 25 T.)
Es stunden drei Rosen		WoO 35/10 (SATB und Vorsänger; 8 T.)	
Es stunden drei Rosen		WoO 37/3 (SSA; 8 T.)	
Es war ein Markgraf überm Rhein	Wo 32/5, 14 T.		
Es war ein Markgraf überm Rhein	WoO 33/29, 44 T.		
Es war ein Markgraf über'n Rhein		WoO 38/9 (SSAA; 12 T.)	
Es war eine schöne Jüdin	WoO 33/9, 37 T.		
Es war eine stolze Jüdin		WoO 38/10 (SSA; 10 T.)	
Es war einmal ein Zimmergesell			WoO 33/46 (SATB; 29 T.)
Es war einmal ein Zimmergesell		WoO 35/11 (SATB mit Soli ad lib.; 12 T.)	
Es war einmal ein Zimmergesell		WoO 38/11 (SSA; 12 T.)	
Es waren zwei Königskinder		WoO 36/6 (SSA; 16 T.)	

Text	Solo/Klav.	Chor	Solo/Chor/Klav.
Es wohnet ein Fiedler	WoO 33/36, 21 T.		
Es wohnet ein Fiedler		WoO 35/4 (SATB; 9 T.)	
Es wohnet ein Fiedler		WoO 37/6 (SSA; 9 T.)	
Es wohnet ein Fiedler [OK]		op. 93a/1 (SATB; 50 T.)	
Es wollt ein Mädchen brechen gehn	WoO 31/10, 16 T.		
Es wollt gut Jäger jagen		WoO 34/14 (SATB; 28 T.)	
Es wollt gut Jäger jagen [OK]		op. 22/4 (SATB; 42 T.)	
Feinsliebchen, du sollst	WoO 32/19, 16 T.		
Feinsliebchen, du sollst	WoO 33/12, 58 T.		
Feinsliebchen, du sollst		WoO 37/7 (SSA; 16 T.)	
Gar lieblich hat sich gesellet	WoO 32/25, 15 T.		
Gar lieblich hat sich gesellet	WoO 33/3, 16 T.		
Gar lieblich hat sich gesellet		WoO 38/12 (SSAA; 14 T.)	
Gegrüßet Maria	WoO 32/8, 16 T.		
Gegrüßet Maria [OK]		op. 22/1 (SATB; 52 T.)	
Gunhilde lebt gar stille und fromm	WoO 32/10, 8 T.		
Gunhilde lebt gar stille und fromm	WoO 33/7, 50 T.		
Gunhilde lebt gar still und fromm		WoO 37/5 (SSA; 8 T.)	
Guten Abend, mein tausiger Schatz	Wo 32/26, 17 T.		
Guten Abend, mein tausiger Schatz	WoO 33/4, 41 T.		

Text	Solo/Klav.	Chor	Solo/Chor/ Klav.
Guten Abend, mein tausiger Schatz		WoO 36/7 (SSAA; 51 T.)	
Gut'n Abend, mein tausiger Schatz [OK]	op. 84/5, 92 T.		
Ich fahr dahin, wenn es muß sein	WoO 32/17, 12 T.		
Ich fahr dahin, wenn es muß sein		WoO 34/9 (SATB; 12 T.)	
Ich fahr dahin, wenn es muß sein		WoO 37/8 (SSA; 12 T.)	
Ich hab die Nacht geträumet		WoO 36/4 (SSA; 16 T.)	
Ich hörte ein Sichlein rauschen		WoO 37/2 (SSA; 15 T.)	
Ich stand auf hohem Berge [A]	WoO 33/27, 27 T.		
Ich stand auf hohem Berge [B]		WoO 37/4 (SSA; 10 T.)	
Ich stund an einem Morgen	WoO 32/9, 10 T.		
Ich weiß mir'n Maidlein hübsch und fein	WoO 33/40, 33 T.		
Ich weiß ein Mädlein hübsch und fein [OK]	op. 66/5 (SA; 155 T.)		
Im tiefen Wald im Dornenhag	WoO 31/1, 17 T.		
In der finstern Mitternacht	WoO 32/18a, 17 T.		
In der finstern Mitternacht	WoO 32/18b, 17 T.		
In Polen steht ein Haus	WoO 31/7, 15 T.		
In stiller Nacht	WoO 33/42, 18 T.		
In stiller Nacht		WoO 34/8 (SATB; 16 T.)	
In stiller Nacht		WoO 36/1 (SSAA; 16 T.)	
Jungfräulein, soll ich mit euch gehn	WoO 33/11, 60 T.		

Text	Solo/Klav.	Chor	Solo/Chor/ Klav.
Kein Feuer, keine Kohle		WoO 38/13a (SSA; 12 T.)	
Kein Feuer, keine Kohle		WoO 38/13b (SSAA; 12 T.)	
Komm Mainz, komm Bayrn		WoO 34/4 (SATB; 22 T.)	
Maria ging aus wandern	WoO 32/22, 8 T.		
Maria ging aus wandern	WoO 33/14, 26 T.		
Maria ging aus wandern [OK]		op. 22/3 (SATB; 24 T.)	
Marienwürmchen, setze dich	WoO 31/13, 13 T.		
Mein Herzlein tut mir gar zu weh		WoO 36/5 (SSAA; 16 T.)	
Mein Herzlein tut mir gar zu weh		WoO 38/14 (SSA; 16 T.)	
Mein Mädel hat einen Rosenmund	WoO 33/25, 14 T.		
Mein Schatz, ich hab es erfahren		WoO 38/15 (SSAA; 10 T.)	
Mein Schatz ist auf die Wanderschaft hin		WoO 38/16 (SSAA; 8 T.)	
Mir ist ein schöns brauns Maidelein	WoO 33/24, 20 T.		
Mit Lust tät ich ausreiten	WoO 32/3, 12 T.		
Mit Lust tät ich ausreiten		WoO 34/2 (SATB; 12 T.)	
Mit Lust tät ich ausreiten		WO 36/8 (SSA; 24 T.)	
Morgen muß ich fort von hier		WoO 38/17 (SSA; 16 T.)	
Nachtigall, sag			WoO 33/48 (SATB; 29 T.)
Nur ein Gesicht auf Erden lebt	WoO 33/19, 18 T.		
O Engel, mein Schutzengel	WoO 31/14, 14 T.		

Text	Solo/Klav.	Chor	Solo/Chor/ Klav.
Och Modr ich well en Ding han!	WoO 32/20, 18 T.		
Och Mod'r, ich well en Ding han!	WoO 33/33, 41 T.		
Sagt mir, o schönste Schäfrin mein	WoO 33/1, 32 T.		
Sah ein Knab ein Röslein stehn	WoO 31/6, 17 T.		
Schlaf, Kindlein, schlaf	WoO 31/11, 13 T.		
Schlaf, Kindlein, schlaf! [(OK)]		op. 113/4 (Frauen à 3; 12 T. – Kanon)	
Schöner Augen schöne Strahlen	WoO 33/39, 21 T.		
Schönster Schatz, mein Engel	WoO 33/20, 24 T.		
Schwesterlein, Schwesterlein	WoO 33/15, 30 T.		
Schwesterlein, Schwesterlein		WoO 37/1 (SSA; 12 T.)	
Sind wir geschieden		WoO 38/18 (SSAA; 16 T.)	
Sitzt a schöns Vögerl	WoO 31/2, 19 T.		
Sitzt a schöns Vögerl [(OK)]		op. 113/3 (Frauen à 4; 12 T. – Kanon)	
So will ich frisch und fröhlich sein	WoO 33/32, 42 T.		
So will ich frisch und fröhlich sein	WoO 33/32a, 42 T.		
So will ich frisch und fröhlich sein		WoO 36/2 (SSAA; 28 T.)	
So wünsch ich ihr ein gute Nacht	WoO 33/18, 37 T.		
Soll sich der Mond nicht heller scheinen	WoO 33/35, 37 T.		
Soll sich der Mond nicht heller scheinen		WoO 38/19 (SSAA; 8 T.)	

Text	Solo/Klav.	Chor	Solo/Chor/ Klav.
Soll sich der Mond nicht heller scheinen [OK]	op. 14/1, 96 T.		
Trariro! Der Sommer der ist do!	WoO 31/15, 16 T.		
Tröst die Bedrängten		WoO 34/7 (SATB; 20 T.)	
Ull Mann wull riden (Alt Mann wollt reiten)	WoO 31/8, 11 T.		
Uns leuchtet heut			WoO 31/12 (SA; 11 T.)
Verstohlen geht der Mond auf			WoO 33/49 (SATB; 20 T.)
Verstohlen geht der Mond auf		WoO 35/9 (SATB mit Vorsänger; 10 T.)	
Verstohlen geht der Mond auf		WoO 38/20 (SSAA mit Vorsänger; 10 T.)	
Von edler Art		WoO 34/1 (SATB; 18 T.)	
Wach auf, mein Hort	WoO 32/12, 13 T.		
Wach auf, mein Hort	WoO 33/13, 30 T.		
Wach auf, mein Hort		WoO 37/14 (SSAA; 13 T.)	
Wach auf, mein Herzensschöne	WoO 32/14, 28 T.		
Wach auf, mein Herzensschöne	WoO 33/16, 34 T.		
Wach auf, meins Herzens Schöne		WoO 35/2 (SATB; 28 T.)	
Wach auf, meins Herzens Schöne		WoO 35/7 (SATB; 30 T.)	
Wach auf, meins Herzens Schöne		WoO 37/16 (SSAA; 10 T.)	
Wach auf, mein Kind		WoO 34/12 (SATB; 46 T.)	

Text	Solo/Klav.	Chor	Solo/Chor/ Klav.
We kumm ich dann de Pooz erenn? (Wie komm ich denn zur Tür herein?)	WoO 33/34, 39 T.		
Wille wille will	WoO 31/5, 8 T.		
Wille wille will [(OK)]		op. 113/5 (Frauen à 4; 8 T. – Kanon)	
Wir stehen hier zur Schlacht bereit		WoO 35/12 (SATB mit Soli; 16 T.)	
Wo gehst du hin, du Stolze?	WoO 33/22, 33 T.		
Zu Straßburg auf der Schanz		WoO 37/13 (SSAA; 18 T.)	

Werke für mehrere Singstimmen

Wie sich das Sololied bei Brahms in der Spannung zwischen dem Einfachheitsideal des Volksliedes und dem Kunstanspruch des klavierbegleiteten Gesanges entfaltet, so vervielfachen sich bei den Liedern größerer Besetzung, denen jene Spannung ebenfalls eingeschrieben ist, die durch Oppositionen charakterisierten Ebenen. Namentlich bei den Quartetten stellt sich etwa die Frage nach ihrem musiksoziologischen Ort. Sie sind traditionell der Hausmusik zugeordnet, und auch Brahms hat – etwa bei den »Liebeslieder-Walzern« op. 52 ausdrücklich – die Hoffnung gehegt, daß sie in diesem Bereich heimisch werden; die hohe kompositorische Kunstfertigkeit indes, die er den Kompositionen gerade für vier Stimmen angedeihen ließ, und die Anforderungen an die technischen Fähigkeiten der Sänger haben ihnen schon zu seinen Lebzeiten nicht den erwünschten Erfolg beschert, wie er etwa bei den vierhändigen Klavierwerken zu beobachten ist. Aber auch als Konzertkompositionen konnten sich die hier in Frage stehenden Werke nicht durchsetzen.

Einen anderen wichtigen Aspekt berührt die Überlegung, inwieweit die Duette und Quartette sich durch ihre besonderen satztechnischen und klanglichen Möglichkeiten und Qualitäten von ihrem gattungsmäßigen Ausgangspunkt, dem Sololied, emanzipieren und solchermaßen die inhaltlichen Voraussetzungen zur Etablierung einer eigenständigen Gattung schaffen konnten. Brahms jedoch war in der zweiten Hälfte des 19. Jahrhunderts der einzige Komponist von Rang, der sich der mehrfach besetzten Liedkomposition mit Intensität zugewandt hat (seine Beschäftigung mit dieser Liedform erstreckt sich – fast gleichläufig zu der mit dem Sololied – von 1852 bis 1891, deckt also beinahe sein gesamtes Œuvre ab). Selbst wenn man also die vier Stücke des op. 75 als den Gipfel der Duettkomposition im 19. Jahrhundert ansehen kann und bei mehreren der Quartette eine ans Streichquartett erinnernde Kompositionskunst feststellen darf, so bleibt solche Qualität aufs individuelle Komponieren von Brahms beschränkt und wurde von der Musikgeschichte nicht fortführend zur Kenntnis genommen.

Duette

Drei Duette für Sopran und Alt op. 20

Komponiert September 1858 (Nr. 1 und 2) bzw. April 1860 (Nr. 3). Druck März 1862.

1. *Weg der Liebe*, 1. Teil »Über die Berge, über die Wellen« (Volkslied: Herder). Allegro E-Dur, ⁶⁄₈
2. *Weg der Liebe*, 2. Teil »Den gordischen Knoten, den Liebe sich band« (Volkslied: Herder). Poco Adagio molto espressivo C-Dur, ⁶⁄₈
3. *Die Meere* »Alle Winde schlafen« (Italienisch: Müller). Andante e-Moll, ⁶⁄₈

Die drei Duette des op. 20 sind ganz vom Einfachheitsideal des Volksliedes geprägt und entsprechen damit auch am ehesten den Bedürfnissen der hausmusikalischen Sphäre. Sie stellen gleichsam den Nullpunkt von Brahms' Beschäftigung mit den Möglichkeiten der vokalen Doppelbesetzung im Lied dar: Die homorhythmische Parallelführung der beiden Stimmen in Terzen und Sexten ist – über einer einfach gehaltenen Klavierbegleitung – die Regel, und das gilt selbst für die wenigen Stellen, an denen die eine der anderen Stimme vorausgeht, mithin so etwas wie Kontrapunkt andeutungsweise ins Spiel kommt. Verbunden sind alle drei Lieder durch den – allerdings im Tempo modifizierten – gleichbleibenden ⁶⁄₈-Takt; ihre Tonartendisposition: E-Dur, C-Dur, e-Moll deutet auf eine zyklische Anlage des ganzen Opus.

Vier Duette für Alt und Bariton op. 28

Komponiert November 1860 (Nr. 1 und 4), Mai 1862 (Nr. 3) und Winter 1862
(Nr. 2). Amalie Joachim gewidmet. Druck Dezember 1863.

1. *Die Nonne und der Ritter* »Da die Welt zur Ruh gegangen« (Eichendorff).
   Andante g-Moll, ¾
2. *Vor der Tür* »Tritt auf, tritt auf, den Riegel von der Tür« (Altdeutsch: Hoffmann von Fallersleben). Vivace H-Dur, ¾
3. *Es rauschet das Wasser* (Goethe). In sanfter Bewegung, F-Dur, c, ⁶⁄₄
   und ¾
4. *Der Jäger und sein Liebchen* »Ist nicht der Himmel so blau« (Hoffmann
   von Fallersleben). Allegro F-Dur, ¾

Der Simplizität des op. 20 stellt Brahms knapp zwei Jahre später mit den Duetten op. 28 vier überaus kunst- und ausdrucksvolle Dialoglieder gegenüber, in
denen er zudem – weitgehend dem Text entsprechend – unterschiedliche Formen des Zwiegesprächs zur Darstellung bringt. *Die Nonne und der Ritter* bietet
einen gedoppelten Monolog, in dem die beiden Sprecher zwar vom gleichen
Gegenstand reden, vom jeweils anderen aber nicht wahrgenommen werden;
Brahms gibt diese Situation, deren gespenstische Stimmung von der Musik nachhaltig akzentuiert wird, in einer variierten Strophenform wieder, bei der sich die
beiden Stimmen nur gegen Ende zum dynamischen Höhepunkt des Ganzen
zusammenfinden. Reale Dialoge, Streitgespräche von Liebespaaren, sind
Gegenstand von Nr. 2 und 4; in beiden Liedern bereitet die noch sachliche und
solchermaßen solistische Exposition der Standpunkte der Partner die gleichsam
dramatische Verwicklung des gleichzeitig Aufeinandereinredens vor, die bis
zum Ende reicht und zu keiner Lösung führt.
Zu einer ganz bemerkenswerten Form findet Brahms in *Es rauschet das Wasser*,
mit der er die Ambition des eher naiven Wechselliedes aus Goethes Singspiel
Jery und Bätely bei weitem übersteigt. Die doppelte Beschreibung des ewigen
»Panta rei« nämlich wird in einer dreiteiligen Form vertont, deren erste beide –
solistische – Glieder im dritten kontrapunktisch übereinandergeschichtet sind.
Freilich ist diese kontrapunktische Verknüpfung weder streng noch steif. Satz-
grundlage bleibt überwiegend die zweite, vom Bariton vorgetragene Strophe;
die Melodie des Alts aus der ersten wird ihr flexibel angepaßt.

Vier Duette für Sopran und Alt op. 61

Komponiert September 1852 (Nr. 2), vor 1860 (Nr. 1) bzw. Dezember 1873/
Januar 1874 (Nr. 3 und 4). Druck September 1874.

1. *Die Schwestern* »Wir Schwestern zwei, wir schönen« (Mörike). Allegretto
   g-Moll, ¾
2. *Klosterfräulein* »Ach, ach, ich armes Klosterfräulein« (Kerner). Andante
   a-Moll, ¾

3. *Phänomen* »Wenn zu der Regenwand Phöbus sich gattet« (Goethe). Poco Andante H-Dur, ¾
4. *Die Boten der Liebe* »Wie viel schon der Boten flogen« (Böhmisch: Wenzig). Vivace D-Dur, ⅝

Fünf Duette für Sopran und Alt op. 66

Komponiert Sommer 1875 (Nr. 3 bis 5), die anderen früher. Druck Oktober/November 1875.

1. *Klänge I* »Aus der Erde quellen Blumen« (Groth). Andante g-Moll/G-Dur, ¾
2. *Klänge II* »Wenn ein müder Leib begraben« (Groth). Andante h-Moll, ¾
3. *Am Strande* »Es sprechen und blicken die Wellen« (H. Hölty). Ruhig, Es-Dur, ¢
4. *Jägerlied* »Jäger, was jagst du die Häselein« (Candidus). Lebhaft, C-Dur/c-Moll, ¾ und ⅝
5. *Hüt du dich!* »Ich weiß ein Mädlein hübsch und fein« (aus *Des Knaben Wunderhorn*). Lebhaft, heimlich und schalkhaft, B-Dur, ¾

In op. 61 und 66 kehrt Brahms mit Sopran und Alt zur Duettbesetzung von op. 20 zurück, und es spricht vieles dafür, daß er hier auch – wenngleich auf höherem kompositorischem Niveau – vom gleichen kompositorischen Problem, nämlich der Parallelführung eines Stimmpaares, ausging. Tatsächlich ist nur eines der neun Duette, nämlich op. 66/4, ein Dialoglied, und zwar ein rein alternierendes, in dem die Partner simultan nie zusammenkommen. Alle anderen setzen bei der homophonen Paarigkeit von Sopran und Alt an; die Auskomposition zwischen den Extremen der Beibehaltung dieses Satzprinzips auf der einen und dessen Auflösung auf der anderen Seite jedoch ist überaus differenziert.
Gleichheit als Prinzip, das schon vom Text vorgegeben wird, ist das Signum von *Die Schwestern* op. 61/1: Die paarige Stimmführung der Schwestern, die einander wie »kein Ei dem andern« gleichen, wird in allen vier Strophen strikt beibehalten; erst die vierte wechselt von g-Moll nach G-Dur und ist auch melodisch variiert. Drei gleiche Strophen bieten op. 61/2 (mit figurativer Variation der Begleitung in der dritten Strophe) und op. 61/4, fünf op. 66/5.
Analog gebaut sind die jeweils dritten Duette von op. 61 und 66, *Phänomen* und *Am Strande*. Beide sind als A – B – A'-Form gefügt, und in beiden wird die Parallelführung, die die A-Teile beherrscht, im Mittelteil zur kanonischen Imitation aufgelöst. In beiden Fällen erfolgt im Verlaufe dieses Formteils ein Wechsel der Stimmen hinsichtlich ihrer Rolle als vorangehende bzw. folgende, der intervallische Abstand der Imitationsstränge ist aber stets eine Quart oder eine Quint. Geht allerdings in op. 61/3 die Imitation zunächst vom Sopran (T. 19) und erst im zweiten Ansatz vom Alt (T. 30) aus, so ist diese Zuordnung in op. 66/3 umgekehrt (T. 16 Alt, T. 20 Sopran).

Eine noch größere Rolle spielt die kontrapunktische Verarbeitung in *Klänge I* op. 66/1: Innerhalb der zweiteiligen Form ist die ganze zweite Hälfte als strenger Umkehrungskanon im Abstand einer Viertel gefügt. Solche dominante Anwendung von kompositorischen Kunstmitteln, die in einem Sololied nicht zu realisieren sind, tritt in *Klänge II* op. 66/2, das ja mit dem vorangehenden Duett auch vom Text her zusammengehört, noch deutlicher hervor. Zur Anwendung kommen neben kontrapunktischen nun auch Verfahren der motivisch-thematischen Arbeit, die sich freilich schon in dem auf einen motivischen Kern konzentrierten op. 61/3 beobachten ließen. Das Anfangsmotiv, das in T. 4 von d'/h' ausgehend exponiert ist, wird zunächst dem Wechsel des Tongeschlechts angepaßt (T. 10 dis'/h'), dann sequenziert (T. 20 e'/cis''). Die Takte 23/24 führen Kontrapunkt in Form eines Untersekundkanons ein, der sich – nach der nur ganz schwach ausgeprägten Reprise des Anfangsmotivs in T. 29 – schließlich auch auf dieses auswirkt: Die Umkehrung des Motivs ist in T. 32/33 Gegenstand eines Obersextkanons.

Vier Balladen und Romanzen op. 75

Komponiert 1877 (Nr. 1 bis 3) und Februar 1878 (Nr. 4). Julius Allgeyer gewidmet. Druck Oktober/November 1878.

1. Alt/Tenor: *Edward* »Dein Schwert, wie ists von Blut so rot« (Schottische Ballade: deutsch von Herder). Allegro f-Moll, ¢
2. Sopran/Alt: *Guter Rat* »Ach Mutter, liebe Mutter, ach gebt mir einen Rat« (aus *Des Knaben Wunderhorn*). Lebhaft und lustig / Allegretto giocoso – Lebhaft, E-Dur/e-Moll, ¾ und ⁶⁄₈(¾)
3. Sopran/Tenor: *So laß uns wandern!* »Ach Mädchen, liebes Mädchen, wie schwarz dein Auge ist« (Böhmisch: Wenzig). Anmutig bewegt und sehr innig / Andante grazioso e molto espressivo, D-Dur, ¢
4. 2 Soprane: *Walpurgisnacht* »Lieb Mutter, heut Nacht heulte Regen und Wind« (Alexis). Presto a-Moll, ¾

Mit op. 75 kehrt Brahms zum Dialoglied zurück und verwendet Stimmkombinationen, die er – jedenfalls in den Duett-Opera – zuvor nicht erprobt hatte, die von Alt und Tenor in Nr. 1, die von Sopran und Tenor in Nr. 3 und endlich die von zwei Sopranen in Nr. 4. Allen vier Liedern liegen Texte zugrunde, die jeweils ein reales Gespräch wiedergeben, zwischen Mutter und Sohn in Nr. 1, zwischen Mutter und Tochter in Nr. 2 und 4, sowie eines in Nr. 3, das von einem – im Gegensatz zu op. 28/2 und 4 – einträchtigen Liebespaar geführt wird. Und diese Eintracht wird auch musikalisch unterstrichen: Nur in diesem Lied finden sich die beiden Dialogpartner in den letzten beiden Strophen zum homophonen Zwiegesang zusammen. In allen anderen dagegen – und auch zu Beginn von Nr. 3 – wird das alternierende Singen der Duettpartner auskomponiert, und das in einer so überaus großen kompositionstechnischen Vielfalt und Subtilität, daß es berechtigt ist, wenn Ludwig Finscher mit Bezug auf op. 75 von der »›Summa‹

Brahmsscher Duettkunst und damit der Duettkomposition des 19. Jahrhunderts überhaupt« spricht.

Die Ballade *Edward*, auf die sich Brahms schon in seiner Klavierballade op. 10/1 bezogen hatte, stellt eine großangelegte Variationenfolge mit gedoppeltem Thema dar. Der vom Alt exponierten Anfangsstrophe folgt im Tenor eine kontrastierende Gegenstrophe, und beide gemeinsam bilden den Gegenstand der Reihung von insgesamt sechs Variationen. Die variativen Verfahren sind aber weniger solche der figurativen Umbildung, als vielmehr solche, die in den Bereich durchführender Arbeit fallen: Die Doppelstrophe insgesamt oder deren Hälften werden transponiert, die gleichbleibende Melodie wird durch die Klavierbegleitung, die ein hohes Gewicht für den musikalischen Diskurs erlangt, in eine andere harmonische Beleuchtung versetzt, die Gegenstrophen werden – sei es motivisch, sei es harmonisch – einander angenähert usf. Die derart realisierte übergreifende Steigerung, die freilich nicht linear, sondern nach Maßgabe des Textinhalts in differenzierter Stufung verläuft, mag – in aller Verkürzung – an den Kerntönen der jeweiligen Stropheneinsätze verdeutlicht werden. Der Alt setzt viermal auf f' ein und bewegt sich danach mit g', a' und b' in Sekundschritten nach oben; der Tenor beginnt zweimal mit c', greift dann zu f' aus, fällt wieder zum einmal wiederholten c' zurück und kombiniert schließlich mit es' und f' in analoger Aufwärtsbewegung den Sekundgang des Alts mit dem eigenen Quartschritt. Gebunden ist somit die übergreifende Entwicklung in die harmonisch bestimmte Korrespondenz zwischen dem Schritt von der Tonika f zur Dominante c im ersten (»Thema«) und dem von der Subdominante b zur Tonika f im letzten Formteil (VI. Variation).

In *Guter Rat* wendet sich Brahms der kontrapunktischen sowie syntaktischen Umwandlung der Formglieder zu. Auch hier exponieren Sopran und Alt eine Doppelstrophe; deren zweites Glied aber bietet kein neues Material, sondern ist – wie dann auch in der folgenden Doppelstrophe – als Umkehrung auf das erste bezogen. Dem ersten Formteil, der die beiden genannten gleichartigen Doppelstrophen umfaßt, folgt in T. 47 der zweite, der sich von Dur nach Moll wendet und auch die Melodie in eine neue Fassung bringt. Wichtiger noch erscheint die Tatsache, daß die Antwort der Mutter zunächst als gleichgerichtete Imitation (im Terzabstand) gefügt ist und erst nach vier Takten wieder zur Umkehrung zurückfindet. Nochmals ergreift die Tochter – die Entfernung von der Dialogstruktur vorbereitend – das Wort; und ihre Melodie vertauscht die syntaktischen Glieder aller vorangehenden Strophen: T. 69 ff. schließt in Transposition an T. 62 ff., T. 73 ff. an T. 58 ff. an.

Der dritte Formteil verändert – als modifizierte Reprise und wieder in Dur – Tempo und Taktart und bezieht sich, nur noch von der Tochter vorgetragen, ausschließlich auf die erste Hälfte der ersten Doppelstrophe.

So laß uns wandern! stellt – wie bereits angemerkt wurde – die Eintracht des duettierenden Liebespaares in den Vordergrund. Und so finden sich die Gesprächspartner nicht nur am Ende im homophonen Satz zusammen, sondern sie exponieren auch die gleiche Liedmelodie. Erst am Beginn der dritten Strophe (T. 27) wird vom Tenor neues Material eingeführt, das aber sogleich mit Motiven aus der Anfangsmelodie verbunden wird (vgl. T. 29/30 mit T. 3/4, T. 31/32 mit T. 5/6); auch diese scheinbare Gegengestalt wird direkt vom Sopran – mit leichter Modifikation im Nachsatz – wiederholt. Nach dem kurzen Ausflug in melodisch und harmonisch andere Bereiche kehrt der Tenor sogleich wieder zur Anfangsstrophe zurück, präsentiert deren erste zwei Glieder und leitet damit zum zweistimmigen Vokalsatz über, der zunächst das letzte Strophenglied zu zwei dominantisch geöffneten Varianten umformt. Diese Öffnung dient der doppelpunktartigen Vorbereitung der Schlußstrophe, in der die vollständig vorgetragene Anfangsstrophe durch Satz und Dynamik zu einem Höhepunkt geführt wird. Die tonsymbolische Textausdeutung wird somit nicht nur im klanglichen Bereich realisiert, sondern findet ihren Ausdruck auch in der betonten Konzentration auf wenige motivisch-thematische Bildungen.

Vollzieht sich der Dialog der beiden Stimmen in den vorangehenden Liedern zumeist in größeren Abschnitten, in Strophen oder Strophenhälften, so realisiert er sich bei *Walpurgisnacht* in der Kurzatmigkeit von Viertaktern, deren buchstäblich pausenloses Alternieren das gesamte Lied wie eine Kette durchzieht. Unterstrichen wird die Kurzatmigkeit, die von Angst und Gehetztheit geprägte Grundstimmung, durch das rasche Tempo, namentlich aber durch die Gleichförmigkeit der Taktfüllung in Daktylen. Solchermaßen können keine prägnanten motivisch-thematischen Gebilde hervortreten, und tatsächlich konzentriert sich Brahms hier nicht auf diesen Aspekt, sondern auf eine weiträumig schweifende harmonische Bewegung, die aufgrund der aneinandergereihten Viertakter selbst die entferntesten Regionen berührt und erst in den letzten sechzehn Takten wieder zur Tonika a-Moll zurückfindet.

Mit op. 75, in dem sich Brahms in radikaler Auslotung der Möglichkeiten des Dialog-Prinzips am weitesten vom Sololied entfernt, bricht seine eigentliche Beschäftigung mit der Gattung des Duetts ab. Zwar hat er danach, in op. 84 (s. S. 260), noch einmal die Doppelbesetzung des Vokalparts als Aufführungsalternative freigestellt; sie läßt sich aber eher durch die Dialogstruktur des Textes als durch deren kompositorische Ausarbeitung rechtfertigen.

Gemischte Besetzung

Liebeslieder. Walzer für Gesang und Klavier zu vier Händen op. 52

Komponiert Sommer 1869 und früher. Texte von Georg Friedrich Daumer. Druck Oktober 1869.

Fassung für Gesang und Klavier zu zwei Händen sowie Fassung von Nr. 1, 2, 4, 5, 6, 8, 9, 11 für Gesang und Orchester vom Komponisten; vgl. auch op. 52a (s. S. 189). (WoO 26 ist eine eigenständige Vertonung des Textes von Nr. 10).

  1. SATB: *Rede, Mädchen, allzu liebes.* Im Ländler-Tempo, E-Dur
  2. SATB: *Am Gesteine rauscht die Flut.* a-Moll
  3. TB: *O die Frauen.* B-Dur [GA: auch Version in A-Dur]

4. SA: *Wie des Abends schöne Röte*. F-Dur
5. SATB: *Die grüne Hopfenranke*. a-Moll
6. SATB: *Ein kleiner, hübscher Vogel*. Grazioso A-Dur
7. S oder A: *Wohl schön bewandt*. c-Moll
8. SATB: *Wenn so lind dein Auge mir*. As-Dur
9. SATB: *Am Donaustrande, da steht ein Haus*. E-Dur
10. SATB: *O wie sanft die Quelle sich*. G-Dur
11. SATB: *Nein, es ist nicht auszukommen*. c-Moll
12. SATB: *Schlosser auf, und mache Schlösser*. Es-Dur
13. SA: *Vögelein durchrauscht die Luft*. As-Dur
14. TB: *Sieh, wie ist die Welle klar*. Es-Dur
15. SATB: *Nachtigall, sie singt so schön*. As-Dur
16. SATB: *Ein dunkeler Schacht ist die Liebe*. Lebhaft, f-Moll
17. T: *Nicht wandle, mein Licht*. Mit Ausdruck, Des-Dur
18. SATB: *Es bebet das Gesträuche*. Lebhaft, b-Moll – E-Dur – Cis-Dur

Neue Liebeslieder. Walzer für vier Singstimmen und Klavier zu vier Händen op. 65

Komponiert 1874 und früher. Texte bei Nr. 1 bis 14 von Georg Friedrich Daumer, bei Nr. 15 von Goethe. Druck September 1875. Fassung von Nr. 4 für Gesang und Klavier zu zwei Händen sowie Fassung von Nr. 9 für Gesang und Orchester vom Komponisten; vgl. auch op. 65a (s. S. 189).

1. SATB: *Verzicht, o Herz, auf Rettung*. Lebhaft, doch nicht schnell, a-Moll
2. SATB: *Finstere Schatten der Nacht*. a-Moll
3. S: *An jeder Hand die Finger*. A-Dur [GA: Version auch in F-Dur]
4. B: *Ihr schwarzen Augen*. d-Moll
5. A: *Wahre, wahre deinen Sohn*. d-Moll
6. S: *Rosen steckt mir an die Mutter*. F-Dur
7. SATB: *Vom Gebirge Well auf Well*. Lebhaft, C-Dur
8. SATB: *Weiche Gräser im Revier*. Ruhig, Es-Dur
9. S: *Nagen am Herzen*. g-Moll
10. T: *Ich kose süß mit der und der*. G-Dur
11. S: *Alles, alles in den Wind*. Lebhaft, G-Dur
12. SATB: *Schwarzer Wald, dein Schatten*. Lebhaft, g-Moll
13. SA: *Nein, Geliebter, setze dich*. Lebhaft, E-Dur
14. SATB: *Flammenauge, dunkles Haar*. a-Moll – A-Dur
15. SATB: *Zum Schluß* »Nun, ihr Musen, genug!« Ruhig, F-Dur, ¾

Daß die beiden Folgen von »Liebeslieder-Walzern« der hausmusikalischen Sphäre zugedacht waren, zeigt sich schon an ihrer Offenheit zur Realisierung in unterschiedlichen Besetzungen; sie kommt namentlich in den Fassungen für Klavier vierhändig ohne Gesang zum Ausdruck,

die Brahms selbst mit den Opuszahlen 52a und 65a veröffentlicht hat
(zu dem gesamten Aspekt siehe S. 189). Und selbst bei den Original-
fassungen mit Gesang bleibt offen, ob sie solistisch oder chorisch aufzuführen seien. Satztechnisch indes scheinen die Walzer deutlich aufs
Komponieren für Sologesang bezogen zu sein; Brahms greift einerseits
nicht zu einer die Vier übersteigenden Mehrstimmigkeit aus wie in
manchen Chorwerken und beschränkt sich andererseits auf die nume-
rische Besetzung, die er in seinen Liedern mit Klavierbegleitung ausschließlich verwendet: Soli, Duette und Quartette.

Hinsichtlich des musikalischen Inhalts und des kompositorischen
Niveaus stellen op. 52 und op. 65 das vokale Pendant zu den Walzern
für Klavier op. 39 dar (auch sie liegen in mehreren Fassungen vor). In
einem gleichsam unbegrenzten Phantasiereichtum wird das Modell des
einen Tanzes individuell ausgeformt, ist der Satz durch subtile, zuweilen versteckte Kunstfertigkeit bereichert; solchermaßen wird jedes einzelne Stück zu einem unverwechselbaren Kunstwerk, dessen Qualität
durchaus mit der von Brahms' Charakterstücken für Klavier vergleichbar ist. Um die verwendeten Kunstmittel nur an einem Beispiel andeutungsweise zu erläutern: Der letzte Walzer des op. 65 ist als eine freilich flexible Chaconne über einem zweitaktigen Subjekt gefügt (das im
übrigen den Choralanfang des dritten Teils aus der Alt-Rhapsodie
op. 53 zitiert).

Das hohe kompositorische Niveau dürfte in erster Linie dafür verantwortlich sein, daß Brahms' Hoffnung auf breite Akzeptanz der »Liebeslieder-Walzer« in der Hausmusik nicht in Erfüllung ging. Man
kann freilich in Erwägung ziehen, ob sich das gebildete Bürgertum
nicht auch durch die offenkundige Mediokrität der Texte von G. F.
Daumer abgeschreckt fühlte, deren geringe Qualität durch die Gegenüberstellung mit den anspruchsvollen Distichen aus Goethes *Alexis
und Dora* am Ende von op. 65 nur um so greller hervortritt. Gegen
diese Hypothese allerdings spricht die Tatsache, daß auch die Fassungen ohne Gesang nicht im hausmusikalischen Musizieren heimisch
geworden sind.

* * *

Hinzuweisen in diesem Zusammenhang ist auf die Generalbaßaus-
setzungen von Händelschen Duetten und Trios, die Brahms für die
von Friedrich Chrysander veranstaltete Händel-Gesamtausgabe verfertigte. Sie dokumentieren Brahms' aktiven Einsatz für musikwissen-

schaftlich kritische Editionen. So wirkte er neben der genannten an Gesamtausgaben von Chopin, Mozart, Schubert und Schumann als Herausgeber mit, edierte in den »Denkmälern der Tonkunst« Klavierstücke von Couperin und gab in Einzeldrucken Werke von C. P. E. Bach, W. F. Bach, Mozart, Schumann, vor allem aber Schubert heraus.

G. F. Händel: Sieben Duette (Nr. 1–7) und zwei Trios (Nr. 8 und 9). Generalbaßaussetzung. Entstehungszeit unbekannt. Druck Mai 1870 in der von F. Chrysander herausgegebenen Ausgabe der Werke Händels. (1. Caro autor di mia doglia – 2. Quando in calma ride il mare – 3. Tacete, ohimè, tacete – 4. Conservate, radoppiate – 5. Tanti strali al sen mi scocchi – 6. Langue, germe, sospira e si lagna – 7. Se tu non lasci amore – 8. Se tu non lasci amore – 9. Quel fior che all'alba ride.)

G. F. Händel: Sechs Duette. Generalbaßaussetzung. Entstehungszeit ungewiß. Druck August 1880 in der von F. Chrysander herausgegebenen Ausgabe der Werke Händels. (1. Quel fior che all'alba ride – 2. Nò, di voi non vo'fidarmi – 3. Nò, di voi non vo'fidarmi – 4. Beato in ver chi può – 5. Fronda leggiera e mobile – 6. Ahi, nelle sorti umane.)

Quartette

Drei Quartette op. 31

Komponiert November 1859 (Nr. 1) bzw. Dezember 1863 (Nr. 2 und 3). Druck Juli 1864.

1. *Wechsellied zum Tanze* »Komm mit, o Schöner« (Goethe). Tempo di Menuetto, con moto, c-Moll und As-Dur, ¾
2. *Neckereien* »Fürwahr, mein Liebchen, ich will nun frein« (Mährisch: Wenzig). Allegretto con grazia E-Dur, ¢
3. *Der Gang zum Liebchen* »Es glänzt der Mond nieder« (Böhmisch: Wenzig). Con moto e grazioso Es-Dur, ¾

Drei Quartette op. 64

Komponiert Sommer 1864 (Nr. 1), Sommer 1874 (Nr. 2), Nr. 3 zu dieser Zeit oder früher. Druck November 1874.

1. *An die Heimat* »Heimat! wunderbar tönendes Wort« (Sternau). Bewegt, doch nicht zu schnell, G-Dur, ¾

2. *Der Abend* »Senke, strahlender Gott« (Schiller). Ruhig, g-Moll – G-Dur, ¾
3. *Fragen* »Mein liebes Herz, was ist dir« (Daumer). Andante con moto A-Dur, ⁶⁄₈

Vier Quartette op. 92

Nr. 1 wahrscheinlich Sommer 1877 komponiert; bei den anderen Entstehungszeit ungewiß. Druck Dezember 1884.

1. *O schöne Nacht* (Daumer). Andante con moto E-Dur, ¾
2. *Spätherbst* »Der graue Nebel tropft so still« (Allmers). Andante e-Moll, ¾
3. *Abendlied* »Friedlich bekämpfen Nacht sich und Tag« (Hebbel). Andante F-Dur, ¢
4. *Warum?* »Warum doch erschallen himmelwärts die Lieder« (Goethe). Lebhaft – Anmutig bewegt, B-Dur, ¢ – ⁶⁄₈

Zigeunerlieder op. 103

Komponiert Winter 1887/88, Texte aus dem Ungarischen von Conrat. Druck Oktober 1888. – Fassung von Nr. 1 bis 7 und 11 für eine Singstimme und Klavier vom Komponisten.
Alle ²⁄₄

1. *He, Zigeuner, greife in die Saiten ein.* Allegro agitato – Più presto, a-Moll
2. *Hochgetürmte Rimaflut.* Allegro molto d-Moll
3. *Wißt ihr, wann mein Kindchen am allerschönsten ist?* Allegretto/Allegro, D-Dur
4. *Lieber Gott, du weißt, wie oft bereut ich hab.* Vivace grazioso F-Dur
5. *Brauner Bursche führt zum Tanze.* Allegro giocoso D-Dur
6. *Röslein dreie in der Reihe blühn so rot.* Vivace grazioso G-Dur
7. *Kommt dir manchmal in den Sinn.* Andantino grazioso Es-Dur
8. *Horch, der Wind klagt in den Zweigen.* Andantino semplice g-Moll
9. *Weit und breit schaut niemand mich an.* Allegro – Più presto, g-Moll – G-Dur
10. *Mond verhüllt sein Angesicht.* Andantino B-Dur
11. *Rote Abendwolken ziehn am Firmament.* Allegro passionato Des-Dur

Sechs Quartette op. 112

Komponiert vielleicht Frühjahr 1891. Druck November 1891.

1. *Sehnsucht* »Es rinnen die Wasser« (Kugler). Andante f-Moll, ²⁄₄
2. *Nächtens* »Nächtens wachen auf die irren, lügenmächtgen Spukgestalten« (Kugler). Unruhig bewegt, d-Moll, ⁵⁄₄

Vier Zigeunerlieder (Ungarisch: Conrat)
3. *Himmel strahlt so helle und klar.* Allegro non troppo D-Dur, ¾
4. *Rote Rosenknospen.* Allegretto grazioso F-Dur, ¾
5. *Brennessel steht an Weges Rand.* Allegro f-Moll – F-Dur, ¾
6. *Liebe Schwalbe, kleine Schwalbe.* Presto d-Moll – D-Dur, ¾

Brahms' klavierbegleitete Vokalquartette, deren Vernachlässigung durch die musikalische Praxis man angesichts ihrer die der Duette wohl noch übersteigenden Qualität bedauern muß, zeichnen sich durch eine immense Vielfalt in jeglicher Hinsicht aus. Jedes von ihnen ist ein individuelles Kunstwerk im emphatischen Sinne, ist eine eigenständige Schöpfung, welcher – stets in Relation zum vertonten Text – ein besonderer Ton und Charakter, eine besondere Form, eine besondere satztechnische Anlage zu eigen ist. Die traditionellen Formmodelle des Liedes werden dabei überspült vom spezifischen Ausdruckswillen. Sie werden zwar – wie die einfache Strophenform in *Der Gang zum Liebchen* op. 31/3 (zur Melodie davon vgl. op. 39/5, zum Text op. 48/1) oder die Liedform A – B – A in *Sehnsucht* op. 112/1 – nicht ausgeschlossen, verlieren aber ihre Funktion als normativer Bezugspunkt der formalen Disposition. In variativ entwickelnder Reihung dreiteilig ist beispielsweise der großartige Gesang *Nächtens* op. 112/2, der durch seine Konzentration auf ein Zentralmotiv und durch dessen Gestalt (es mißt in mehrfachem Richtungswechsel eine Terz aus, vgl. dazu den I. Satz des Klarinettenquintetts op. 115 und das es-Moll-Intermezzo op. 118/6) sich als Paradigma des Brahmsschen Spätwerks ausweist. Eine Bar-Form mit zwei Stollen und Abgesang, in welcher der vierstimmig gebundene Ausgangssatz der Stollen im Abgesang zum Ziel wird, bietet *O schöne Nacht* op. 92/1; in unterschiedlicher Weise zweiteilig sind *Spätherbst* op. 92/2, bei dem die Irregularität der syntaktischen Glieder hinsichtlich ihrer Länge auffällt, und *Warum?* op. 92/4, bei dem sich die – motivisch allerdings auf bemerkenswerte Weise verbundenen – Teile im Tempo, in der Taktart und in der Satzart (teils imitatorisch in Stimmen aufgegliedert, teils homophon gebunden) voneinander unterscheiden.
Hinsichtlich der Frage, inwieweit sich die Quartettkomposition durch eine spezifische Ausformung des Vokalsatzes vom Sololied entfernt, sind Brahms' Verfahren der Aufgliederung der vier Stimmen von besonderem Interesse. Auch hier ist keine normative Festlegung oder auch nur eine typische Präferenz zu konstatieren; Brahms lotet vielmehr alle Möglichkeiten aus: die der paarweisen Bindung, der Gegenüberstellung einer Einzelstimme gegen die Gruppierung von dreien (wie in *Fragen* op. 64/3), der vierstimmig akkordischen Bindung (wie im Kantionalsatz von *Der Gang zum Liebchen* op. 31/3) oder auch die der Aufsplitterung in vier zumeist kontrapunktische Stränge. Überdies ist die eine oder andere Setzart nur selten für ein ganzes Stück gültig; in der Mehrzahl der Fälle differenziert Brahms den Satz mit Bezug auf Text und auszuprägende Form abschnittsweise. Hinzu kommt die keineswegs nur begleitende Funktion des Klaviers, das sich oft genug auch am thematisch konstitutiven Geschehen beteiligt. Gerade in dieser Vielfalt weist sich das Quartett bei Brahms als dem Sololied gegenüber potentiell eigenständige Gattung aus.

Zwei überaus unterschiedliche Beispiele mögen einige der vorangegangenen Bemerkungen verdeutlichen.

Das *Wechsellied zum Tanze* op. 31/1 geht von der Opposition zwischen den »Gleichgültigen«, die dem Tanze huldigen, und den »Zärtlichen« aus, die sich ganz der Liebe verschreiben, und Brahms läßt diesen Gegensatz in bemerkenswerter Weise zur Maßgabe der musikalischen Gestaltung werden. Nur hier setzt er bei der strikten Trennung in zwei Stimmpaare an: Alt und Baß vertreten die Gleichgültigen, Sopran und Tenor die Zärtlichen. Deren unterschiedliche Haltung wird in mehreren musikalischen Dimensionen charakteristisch zum Ausdruck gebracht: in der Tonart und in der Begleitung, in der Melodieführung und in der satztechnischen Fügung. Die Gleichgültigen singen in c-Moll, ihre Begleitung ist von einer etwas mokanten rhythmischen Figur bestimmt, ihre Melodie hält sich an Sprünge und Tonwiederholungen, ihr Satz endlich bietet eine unpräzise und holprige Imitation; As-Dur ist dagegen die Tonart der Zärtlichen, ihre Schrittmelodik mit schmachtenden Vorhalten entfaltet sich in Parallelführung und über einer Begleitung, die von einer durchlaufenden Achtelbewegung geprägt wird. Doch Brahms beläßt es nicht bei der bloßen Gegenüberstellung, sondern bringt die beiden Paare in einem gemeinsamen Schlußteil zusammen (was auf die ironisch wohlwollende Distanzierung des Komponisten von beiden Seiten schließen lassen könnte): Tonart bleibt As-Dur, die Begleitfiguren sind in Sukzession miteinander vermittelt, die Parallelführung wird zur Regel, und die Paare gleichen sich selbst hinsichtlich ihrer Melodik mehr und mehr aneinander an.

An die Heimat op. 64/1 breitet sich in einer Größenordnung aus, die beim Sololied etwa mit den »Liedern und Gesängen« des op. 32 und den »Romanzen« op. 33 zu vergleichen ist. Und wie in dieser Gattung, so hat sich Brahms auch bei der Quartettkomposition später mehr auf kleinere Formen konzentriert, in denen kompositorische Kunstfertigkeit nicht so ostentativ hervorgekehrt wird. Das Quartett ist motettisch gefügt, d. h. jeder Textteil wird gesondert und musikalisch eigenständig ausgeführt. Dabei treten von den oben angesprochenen Aspekten der Brahmsschen Individuation der Einzelkomposition vor allem drei in den Vordergrund: die Differenzierung hinsichtlich der stimmlichen Aufgliederung des Quartetts, die spezifische Formgebung und die subtile motivisch-thematische Ableitung.

Das Stück setzt als Anruf an die Heimat mit einer vierstimmig gebundenen Akkordik an, geht in T. 9 ff. zu einer Aufteilung in zwei wesentlich gestisch aufeinander bezogene Stimmpaare über und gelangt von T. 13 an zu einem Satz, in dem die Einzelstimmen als kontrapunktische Stränge einer Imitation fungieren. Freilich ist ihm gestisch und hinsichtlich der Regelmäßigkeit keine kontrapunktische Strenge zu eigen, sondern er ist eher im Sinne von durchbrochener Arbeit gefügt, die jede der beteiligten Stimmen am motivischen Geschehen teilnehmen läßt (der vierstimmigen Präsentation des Modells mit S – A – T – B folgen ab T. 18 bzw. 22 mit S – A – T und B – A – S zwei dreistimmige in der Umkehrung). An das antiphonale Verhältnis zwischen Vorsänger und antwortendem Chor erinnert der Abschnitt T. 30–36, einem kontrapunktischen Satz traditioneller

Provenienz steht die vierstimmige Imitation der Takte 37 ff. nahe, und einen vierstimmig homophonen Satz endlich prägt der Anfang des zweiten Formteils ab T. 52 aus.

Dem in T. 37 ff. exponierten kontrapunktischen Satz wächst – zusammen mit den jeweils folgenden und jeweils veränderten neuerlichen Anrufungen der Heimat – als gleichbleibendem eine wesentlich formale Bedeutung zu: Er führt in allen Formteilen zum Schluß (vgl. T. 37–48 mit T. 70–81 und T. 111–122). Brahms kombiniert mithin die Merkmale der motettischen Setzart, in der die Abschnitte und damit auch die Formteile unterschiedlich gefügt sind, mit der Intention, eine geschlossene Form auszubilden: Die Anfänge der Formteile sind durchweg unterschiedlich, ihre Schlüsse dagegen aufeinander bezogen; anders gesagt: Alle Formteile münden in einen gleichen Abschnitt, der als Pänultima den Schluß signalisiert, der selbst aber – bei vergleichbarem Material – offen zur Veränderung ist.

Die Anfänge der Formteile machen Brahms' eminentes Vermögen der motivisch-thematischen Integration deutlich, wobei in vorliegendem Stück die Tatsache auffällt, daß er die neuen Hauptstimmen jeweils aus vorausgegangenen Begleitstimmen ableitet: Die Oberstimme in T. 53 ff. – am Anfang des zweiten Formteils – ist Variante des Kontrasubjekts innerhalb jenes ersten imitatorischen Satzes (vgl. den Sopran in T. 20 ff.), das kontrapunktische Subjekt in T. 85 ff. – am Anfang des dritten Formteils – greift auf den Alt des zweistimmigen Satzes in T. 9–11 zurück (hier ist hinsichtlich der Kontur allerdings auch eine deutliche Beziehung zu der Gestalt der jeweils vorletzten Abschnitte zu konstatieren).

Gesonderte Aufmerksamkeit verdienen die *Zigeunerlieder* für Quartett, von denen Brahms elf als *op. 103* veröffentlicht und weitere vier mit den so bedeutenden Nachtgesängen auf Texte von Kugler – eine befremdliche Kombination – zu den *Sechs Quartetten* op. 112 zusammengestellt hat. Wie die »Liebeslieder-Walzer« op. 52 und 65 als vokales Pendant zu den Walzern op. 39 anzusehen sind, so können die »Zigeunerlieder« als Ungarische Tänze für Vokalstimmen gelten. Und es nimmt nicht wunder, daß in diesem Kontext sogleich der Gedanke an Fassungen anderer Besetzung aufkam, den Brahms bei acht Liedern des Opus 103 mit Versionen für eine Singstimme und Klavier auch verwirklichte. Angesichts der hohen kompositorischen Qualität der Quartettoriginale indes, hinsichtlich derer die Zigeunerlieder den anderen Quartettkompositionen in nichts nachstehen, erscheinen diese Bearbeitungen eher als defizient.

Aus guten Gründen nicht veröffentlicht hat Brahms die im Juli 1874 komponierte **Kleine Hochzeitskantate (WoO 16,** Druck GA 1927) auf einen Text von Gottfried Keller (»Zwei Geliebte, treu verbunden«. Tempo di Menuetto F-Dur, ¾). Sie ist eine Gelegenheitskomposition, die Brahms nur mit einigem Mißmut verfertigte (in seinem Taschenkalender von 1874 nennt er sie »Hochzeitswitz«). Zur Hochzeit ihres

Bruders Sigmund Exner hatte Marie Exner Keller um ein Hochzeits-
lied gebeten, dieser wiederum bat den Komponisten um die passende
Musik. Brahms erfüllte zwar den Wunsch, wollte damit aber – wie aus
dem Begleitschreiben zum Autograph an den Dichter hervorgeht –
nicht identifiziert werden: »So bitte ich denn, daß Sie die Verantwortung für Text und Musik übernehmen.«

Anhang

Zur Diskographie

Tonträger welcher Form auch immer sind Dokumente der Rezeption musikalischer Kunstwerke, stellen mithin Quellen der historischen Erforschung und Kommentierung von Musik hinsichtlich ihres Nachlebens als ästhetischer Gegenstand dar. Gerade diesem Aspekt wendet sich in jüngster Zeit ein wichtiger Zweig der Geisteswissenschaften zu: die Rezeptionsforschung, die nach den namentlich von Hans Robert Jauß initiierten Anfängen der Literaturwissenschaft auch in die Musikwissenschaft Eingang gefunden hat. Diese neue Sichtweise indes bedeutet nicht nur eine Änderung der Blickrichtung – vom Notentext auf dessen Interpretationsmöglichkeiten –, sondern impliziert vor allem einen einschneidenden Wechsel des Werkbegriffs, d. h. hinsichtlich der Auffassung, was Kern und Substanz eines Kunstwerkes sei. Die Rezeptionsforschung geht nämlich von der Prämisse aus, daß der Sinn und die Bedeutung von Kunstwerken nicht allein an der Intention des Autors, hier des Komponisten (deren Entschlüsselung sich als Fiktion erwiesen hat) bzw. an den im Text oder Notentext fixierten Zeichen festgemacht werden können (es ist ja letztendlich nicht sicher, ob die Intention des Autors tatsächlich ihre Realisierung im Text gefunden hat), sondern daß durch die Nachwelt, durch die Rezipienten, jenen Zeichen neue – und gleichfalls legitime – Sinnkonfigurationen zuwachsen, andere Bedeutungen dagegen in den Hintergrund treten können, die Kunstwerke mithin in ihrer Substanz historisch veränderlich sind. So ist es – um einige Beispiele zu nennen – durchaus die Frage, ob die Orchesterbearbeitung von Brahms' Klavierquartett g-Moll op. 25, die Arnold Schönberg 1937 – wie er scherzhaft bemerkte – »als Fünfte« von Brahms gefertigt hat, um »einmal alles hören« zu können, weniger nahe an der Sache ist als alle allein dem originalen Notentext verpflichteten Aufführungen; es ist des weiteren zu überlegen, ob eine Aufnahme von Beethovens 9. Symphonie wie die unter Igor Markevitch, welche die von Richard Wagner sanktionierten und seitdem üblichen Instrumentationsretuschen nach kritischer Reflektion (die auch in Buchform vorliegt) vielfach übernimmt, in Fortschreibung einer zweifellos ernst zu nehmenden Tradition nicht als ebenso angemessen zu gelten hat wie eine unter Norrington, die mit der Aufführungstradition bricht und um historische Rekonstruktion bemüht ist; und es ist schließlich sicher, daß Weberns Bearbeitung des Ricercars aus Bachs *Musikalischem Opfer* dem in die Zukunft reichenden kompositionstechnischen Potential des Werkes weit gerechter wird als viele auf historischer Treue insistierenden Einspielungen, von denen die von Nicolaus Harnoncourt verantworteten durchaus nicht ausgenommen werden sollen.

Der Begriff der Werktreue ist also, wenn er schon nicht wie etwa bei den Aufnahmen von Toscanini als bloßer Reklametrick entlarvt werden kann, als alleinige Maxime der Aufführungspraxis schon theoretisch kaum mehr aufrechtzuerhalten (von den wohl unüberwindlichen Schwierigkeiten der praktischen Realisierung ist hier nicht zu reden). Mit dieser Feststellung soll allerdings keiner pluralistischen Unverbindlichkeit, keinem Verzicht auf jegliche Maßstäbe das Wort geredet werden. Auch die jüngeren Rezeptionstheoretiker gehen nach zugegebenermaßen rigorosen Anfängen – wie Jauß selbst im Blick auf die bloß passiv Rezipierenden formuliert – nicht mehr davon aus, »daß Beethovens *Eroica* so oft existiere, wie es Köpfe unter den Zuhörern gebe (schon weil diesen solch ein extremer Relativismus eine ganz unwahrscheinliche Originalität unterstellen müßte). Sie vertreten die Auffassung, daß es zwar kein identisches Maß für adäquate, wohl aber Kriterien für inadäquate Interpretation gibt.«

Nur in dieser negativen Ausrichtung – nicht empfehlend, sondern warnend – scheint auch die Diskographie des Gesamtwerkes eines allseits so akzeptierten Komponisten wie Brahms möglich zu sein, wenn der Verfasser wissenschaftliche Verantwortlichkeit und persönliche Redlichkeit im Auge behält.

In den Bereich der wissenschaftlichen Verantwortlichkeit fällt zunächst die Aufgabe, daran zu erinnern, daß das Werk von Brahms nicht im Hinblick auf die für ihn buchstäblich undenkbaren Möglichkeiten der technischen Reproduktion von Musik konzipiert wurde. Gewiß hätte er – wie jetzt etwa Kagel, Stockhausen oder Rihm – anders komponiert, wenn ihm die Verbreitung durch LPs, MCs oder CDs vorstellbar gewesen wäre. Der Wandel der faktischen Präsenz von Musik, von dem deren Produktion substantiell beeinflußt wird, ist – wie bei jeder Musik der vortechnologischen Vergangenheit – tiefgreifender kaum auszudenken. Man mag, wie Walter Benjamin in seinem zu Recht berühmten Aufsatz »Das Kunstwerk im Zeitalter seiner technischen Reproduzierbarkeit« von 1936, den Verlust der »Aura« des Kunstwerkes, d. h. der an Sinn, gesellschaftliche Geltung und Sphäre des Präsentationsortes (Konzertsaal, Kirche etc.) gebundenen Bedeutungskerns

der Kunstwerke beklagen. Sicher ist, daß durch die allgemeine Verfüg-
barkeit, durch die Möglichkeit, potentiell sämtliche Werke an jedem
Ort und in jedem Kontext auch des trivialsten Alltagslebens »einzu-
schalten«, deren Rezeption aufs empfindlichste tangiert wird: Sie wird
– negativ ausgedrückt – verfälscht oder – positiv gewendet – bereichert.
Orientiert man sich an den evidenten Eigenschaften eines Werkes und
ist vom Übermaß der inadäquaten Interpretation überzeugt, so wird
man zu einem negativen Urteil kommen; zielt jemand dagegen auf die
Rezipienten und ist etwa an deren Edukation, an der Bereicherung von
Lebensqualität interessiert, so wird ihm jedwede Darbietungsform
eines im Kern wertvollen Kulturgutes immer dann positiv erscheinen,
wenn es den angestrebten Zweck erfüllt. Dies ist eine letztlich ethische
oder kulturpolitische Frage, ein Dilemma, das nicht allein von der
Kunsttheorie beantwortet werden kann. Unumgänglich aber ist für
beide Seiten die Erkenntnis, daß die heutige ästhetische Präsenz der
Kunstwerke der Vergangenheit ganz wesentlich den technischen
Medien zu verdanken ist; und als Folge davon wird – ganz im Sinne der
Rezeptionstheorie – der Begriff dessen, was etwa eine Kantate von
Bach, eine Symphonie von Beethoven oder ein Variationenzyklus von
Brahms nicht als historisches Relikt, wohl aber als ästhetischer Gegenstand »eigentlich« sei, substantiell durch die von jenen Medien
bestimmten Wahrnehmungsformen geprägt.
Diejenige der Brahmsschen Kompositionen, mit der jenes Dilemma
wohl am eindringlichsten dokumentiert werden kann, ist das *Wiegenlied* »Guten Abend, gut Nacht« op. 49/4; es handelt sich also nicht um
ein Werk großer Dimension und höchsten Anspruchs, sicher aber um
eines, das Brahms am liebevollsten und mit der größten kompositorischen Subtilität ausgearbeitet hat (vgl. dazu S. 267 f.). Von ihm sind im
Bielefelder Katalog Klassik 1/1993, auf den sich die folgenden Bemerkungen im wesentlichen beziehen, 29 Einspielungen verzeichnet, sechs
mehr als vom Deutschen Requiem op. 45. In der originalen Besetzung
für Singstimme und Klavier indes liegen nur 12, mithin weniger als die
Hälfte, und zwar für alle Stimmlagen vor; die meisten also sind Bearbeitungen. Nun war das Lied von allem Anfang an Gegenstand der
Verfälschung (hinsichtlich des Textes, vgl. S. 267 f.) und des vielfältigen
Arrangements (vgl. das *Brahms-Werkverzeichnis*, S. 201 f.); beides hat
Brahms, der wußte, wie genau seine Kompositionskunst mit dieser
feinsinnigen Miniatur den auch ihm so wichtigen Volkston getroffen
hatte, zumindest hingenommen. Das Lied indes generell als Volkslied
zu bezeichnen, wie es der Bielefelder Katalog im Rubrikkopf tut, es in

Zusammenstellungen, die als »Deutsche Volkslieder« mit dem schönen Obertitel »In einem kühlen Grunde« bzw. als »Lerchengesang. Chorlieder der Romantik« ausgewiesen sind, und sogar in eine mit dem Titel »Romantische Klavierstücke« aufzunehmen, ist schlicht irreführend. Zu kennzeichnen wären die Bearbeitungen als solche wohl in jedem Fall, und ihre Vielfalt ist wahrhaft beeindruckend: für Sopran und nicht näher bezeichnetes Instrumentalensemble (1 Aufnahme), für Sopran und Harfenensemble (1), für Sopran bzw. Tenor und Orchester (1 bzw. 2), für Tenor und Kinderchor (1), für Chor bzw. Kinderchor (insgesamt 5), für Salonorchester allein (1), für Klavier allein (2), für Violoncello und Klavier (2), ja selbst für Horn und Orgel (1). Allein im Blick auf die Besetzung mag man füglich bezweifeln, ob solche Bearbeitungen den besonderen Ton des Liedes auch nur annähernd treffen können; bei dem Arrangement für Sopran und Harfenensemble etwa und dem für Horn und Orgel ist die Unangemessenheit gewiß. Und bezieht man auch die Interpreten mit ein, so kann man sich die »Heimatmelodie« von Carlo Bergonzi und den Gumpoldskirchner Spatzen, den seichten Klang des Orchesters Hans Carste sowie die Selbstsicherheit von Weltstars wie Vittoria de los Angeles, Benjamino Gigli und José Carreras (alle bezeichnenderweise mit Orchester) leicht genug ausmalen, um zu einem Urteil hinsichtlich der Inadäquatheit der Interpretation zu kommen.

Hinzu kommt allerdings noch ein Aspekt der Präsentation, der die Verfälschung in besonderem Maße akzentuiert; geredet werden kann hier nicht von den zuweilen unbegreiflichen Zusammenstellungen der Stücke eines Tonträgers, wohl aber von deren Titeln. Es genügt wohl, dem Leser die Aufmacher zu nennen, unter denen das *Wiegenlied* verkauft wird, um ihm ein angemessenes Urteil zu erlauben: »Weltberühmte Melodien«, »Die schönsten Kinder- und Wiegenlieder«, »Berceuse«, »Zwischen Tag und Traum«, »All Through The Night«, »Träumerei«, »Meditation«, »Souvenirs«, »Fangt euer Tagwerk fröhlich an«, »In einem kühlen Grunde«, »Lerchengesang«, »Auf Flügeln des Gesanges«, »Weihnachten mit Carlo Bergonzi«, »Merry Christmas«, »Stille Nacht. Lieder zur Weihnacht«. – Und dennoch könnte, um auf jenes Dilemma zurückzukommen, ein kulturpädagogisch Interessierter einwenden, daß das Wiegenlied ungeachtet der Interpretation immer noch ein förderlicheres Angebot darstelle als die Songs von James Last. Solche Ausrichtung indes läßt allein die Einspielung der Klavierbearbeitung von Jörg Demus vermuten, die unter dem Titel »Träumerei. Meisterwerke zum Kennenlernen« läuft.

Mit der technischen Reproduzierbarkeit von Musik eröffneten sich –
wie eben illustriert wurde – auch die Möglichkeiten zu deren Vermarktung, Möglichkeiten, die man im Vergleich zu den vorsichtigen
Anfängen des 19. Jahrhunderts in dieser Richtung wahrhaft ungeahnt
nennen darf: Die Musik wurde zur Ware und ihre Verbreitung den
Gesetzen des Marktes unterworfen. Gemeint ist damit, daß nicht die
inhaltliche Substanz allein entscheidend dafür ist, ob eine Komposition
auf Schallplatte eingespielt wird, sondern auch oder vor allem die
Hoffnung oder Spekulation, daß diese Einspielung auch abgesetzt
werden kann und dem Produzenten ökonomischen Vorteil bringt. Es
wäre naiv, die dem gegenwärtigen Gesellschaftssystem durchaus kon-
forme Vorgehensweise moralisch abwerten zu wollen, wiewohl unverkennbar zu sein scheint, daß sie – wie bei op. 49/4 deutlich geworden
sein dürfte – der ethischen Intention und der ästhetischen Substanz der
Kunstwerke des 19. Jahrhunderts häufig genug zuwiderläuft. Freilich
gibt es auch Auswüchse in dieser Hinsicht, die klar zu machen vermögen, wo die Grenzen der Unvereinbarkeit unverkennbar überschritten
sind: So begrüßte die Besucher der Wiener Gedenkausstellung zum
200. Todesjahr Mozarts ein unübersehbarer Poster mit der Aufschrift
»Die Musik, die Sie hier hören, ist von Mozart und Philips«. Allgemein indes läßt sich der oben zitierte Satz von H. R. Jauß für die
Produktions- und Verkaufspolitik der Schallplattenfirmen so umfor-
mulieren, »daß es zwar kein identisches Maß für adäquate, wohl aber
Kriterien für inadäquate« Vermarktung der großen Kunstwerke gibt.
Es wird darauf zurückzukommen sein.
Allerdings ist noch ein weiterer und letztlich unbestreitbar positiver
Aspekt der technischen Reproduktion von Musik zu erwähnen: Sie hat
– hinsichtlich der Fähigkeiten der Sänger, Instrumentalisten und
Ensembles ganz allgemein – eine eminente Verbesserung des technischen Standards der musikalischen Aufführungspraxis mit sich
gebracht (und solchermaßen auch die kompositorische Praxis entscheidend beeinflußt: Daß die Flötensonatine von Boulez schwerer ist als
eine Sonate von Händel und daß das Horntrio von Ligeti höhere
instrumentaltechnische Fertigkeiten verlangt als op. 40 von Brahms,
auf das sich Ligetis Komposition direkt bezieht, liegt nicht an den –
wie viele fälschlich annehmen – Extravaganzen zeitgenössischer Komponisten, sondern daran, daß sie sich in klarem Bewußtsein der praktischen Gegebenheiten auf ein eminent hohes Niveau der Instrumentalisten beziehen können). Unter den 60 Aufnahmen, die von Brahms'
1. Symphonie im genannten Katalog verzeichnet sind, wird ein poten-

tieller Käufer wohl nur wenige mit falschen Tönen, ungenauen Einsätzen oder Hornkicksern finden. Zu hell ist das Ohr der Tonmeister und zu sehr lastet der Druck der Konkurrenz auf jeder Einspielung, die sich wenigstens die Blöße der technischen Imperfektion nicht geben will (auf sie vor allem nämlich richtet sich auch das kritische Ohr der Schallplattenrezensenten). Dieser Aspekt freilich besagt noch wenig über die musikalische Interpretation, über jenen Bereich mithin, der zentraler Gegenstand einer Rezeptionsuntersuchung wäre. Doch sollte man die Tatsache nicht unterschätzen, daß die materiale Basis, hier das technische Vermögen, zu einer wie immer gearteten Verwirklichung von künstlerisch-praktischen Intentionen grundsätzlich gegeben ist.

Der Bielefelder Katalog bietet mehr als 2200 Eintragungen von Einspielungen Brahmsscher Musik. Diese Zahl ist allerdings ungenau, weil aus der Auflistung nicht unmißverständlich hervorgeht, ob bei Nennung desselben Werks und derselben Interpreten, aber Tonträgern mit unterschiedlichen Zusammenstellungen (Gesamtaufnahmen einer Gattung, gemischte Zusammenstellungen, Tonträger mit nur einem Werk, Anthologien mit Kompositionen mehrerer Komponisten oder sogar nur Teilen von Werken etc.) auch dieselbe Einspielung gemeint ist. Das ist nicht oder nicht nur von den Herstellern des Katalogs zu verantworten, sondern auf den Mißstand zurückzuführen, daß die präzise Kennzeichnung einer Einspielung auf dem verkauften Produkt häufig genug fehlt. Darüberhinaus muß man im Auge behalten, daß es sich bei dem Bielefelder Katalog um einen zeitlich und örtlich eingegrenzten Verkaufskatalog handelt. Er listet die in Deutschland in einem bestimmten Halbjahr im Handel befindlichen Tonträger auf. Der Bestand an existierenden und – etwa in Musikbibliotheken – auch verfügbaren Einspielungen der Werke von Brahms ist also weit größer. In diesem Zusammenhang ist auf die Existenz des Deutschen Musikarchivs in Berlin-Lichterfelde hinzuweisen, das als Abteilung der Deutschen Bibliothek sämtliche in Deutschland veröffentlichten Tonträger sammelt und Interessenten auch zugänglich macht.

Angesichts dieser Überfülle an Material, das einer begründet empfehlenden Diskographie zugrunde zu legen wäre, kommt der oben genannte Aspekt der persönlichen Redlichkeit ins Spiel. In Frage nämlich steht die Bereitschaft, sich im sicheren Bewußtsein der – unvermeidlichen – sachlichen Inkompetenz dem allgemeinen Druck zu beugen, mit dem von einer Diskographie kompetenter Rat erwartet wird. Die um Verständnis des Lesers werbende Versicherung der Subjektivität (die sich ohnehin von selbst versteht: objektive Urteile in Kunstfra-

gen gibt es nicht) reicht hier als Entschuldigung nicht hin, weil die
gegenständliche Voraussetzung auch eines subjektiven Urteils, nämlich
die selbst oberflächliche Kenntnis des vorliegenden Materials, gar
nicht zu erfüllen ist. Bloßer Dezisionismus, wenn nicht reiner Zufall,
muß hier die Oberhand gewinnen. Um dies an einem bewußt kraß
gewählten Beispiel zu verdeutlichen: Wollte man allein die im angeführten Bielefelder Katalog genannten Aufnahmen von drei besonders
beliebten Werken von Brahms, dem Deutschen Requiem op. 45 (23
Aufnahmen; als Durchschnittsdauer sei einfachheitshalber 90 Minuten
angenommen), der 1. Symphonie op. 68 (60 Aufnahmen; 45 Minuten)
und des Violinkonzerts op. 77 (30 Aufnahmen; 30 Minuten), auch nur
einmalig hörend zur Kenntnis nehmen, so wären damit zwei volle
Arbeitswochen der heute üblichen Bestimmung ausgefüllt. Solch
Unterfangen mag bei der Konzentration auf ein einzelnes Werk noch
angängig und erträglich sein, hinsichtlich des Gesamtwerks eines
Komponisten wie Brahms jedoch ist es schlicht undurchführbar.

* * *

Selbst wenn man also, wie aus den vorangehenden Ausführungen
begreiflich geworden sein dürfte, sich nicht auf das scheinhaft empfeh-
lende Niveau der üblichen Diskographien zu begeben gestattet (die
meist nichts anderes sind als die Ausbreitung der Mehrzahl von
Erscheinungs- oder Verkaufsanzeigen, welche sich Schallplattenbe-
sprechungen nennen), so lassen sich dennoch aufgrund der Eintragungen, die der Bielefelder Katalog des ersten Halbjahrs 1993 bietet, einige
der sachlichen und historischen Orientierung dienliche Beobachtungen hinsichtlich der gegenwärtigen Präsenz des Brahmsschen Œuvres
auf Tonträgern machen. Sie sind zwar hinsichtlich der Wichtigkeit, die
ihnen beigemessen wird, ebenfalls subjektiv, können aber auf ihren
Sachgehalt hin überprüft werden und mögen daher einer auf die Sache
bezogenen Diskussion förderlich sein. Gemacht wird gleichzeitig der
Versuch, bestimmte Tendenzen und Maximen des gegenwärtig allgemeinen oder populären Musikbegriffs aufzuzeigen, die im Blick auf die
vermutete Erwartungshaltung potentieller Käuferkreise die Entschei-
dungen der Plattenproduzenten bestimmen. Sie lassen sich – ohne daß
freilich eine in sich stimmige, systematisch darstellbare Zielrichtung
erkennbar und Überlappungen vermeidlich wären – nach den folgenden Gesichtspunkten gliedern: Vorrang der Instrumental- vor der
Vokalmusik; Interesse an historischer Dokumentation; Betonung der

Originalität zum Nachteil von autorisierten Bearbeitungen und die ihr gänzlich zuwiderlaufende Bereitschaft zur willkürlichen, d. h. fremden Bearbeitung. Ins Spiel kommen werden auch die gleichsam positivische Neigung zur Gesamtaufnahme einerseits, die das individuelle Kunstwerk zum Exempel einer Gattung macht, und die Zerstückelung der Werke andererseits, endlich – und nochmals – die allein auf Absatz gerichtete Anpreisung durch sachfremde Aufmacher.

Noch im Gegensatz zum 19. Jahrhundert richtet sich das 20. Jahrhundert allgemein und praktisch an der seit Ende des 18. Jahrhunderts entwickelten theoretischen Vorstellung aus, daß die instrumentale Musik die reine, »eigentliche« Musik sei, ihr mithin ein Vorrang vor der vokalen zukomme. Das hat zunächst Auswirkungen schon auf die Präsenz dieser beiden musikalischen Bereiche, auch auf Schallplatte und auch beim Œuvre von Brahms.

Die instrumentalen Originalkompositionen von Brahms sind nahezu vollständig verfügbar. Das betrifft auch Fassungen einer Komposition in derselben Besetzung wie bei op. 8 oder nachgelassene Kompositionen wie etwa die frühen Sarabanden (WoO 5), Gavotten (WoO 3) und Giguen für Klavier (WoO 4; hier fehlt allerdings gegenwärtig im Gegensatz zum letzten Jahr Nr. 2); und die Tendenz zur Vollständigkeit erstreckt sich selbst auf Kompositionen, deren Echtheit umstritten ist, wie das Klaviertrio A-Dur oder Souvenir de la Russie op. 151 von G. W. Marks, oder so periphere Stücke wie den Walzer: Hymne zur Verherrlichung des großen Joachim für 2 Violinen und Kontrabaß.

Dagegen gibt es im Vokalwerk beträchtliche Lücken, und dies zumal bei den Liedern, namentlich den frühen. Von den Sechs Gesängen op. 6 z. B. liegt allein die Nr. 1 vor, von den Sechs Gesängen op. 7 fehlen Nr. 4 bis 6, von den Acht Liedern und Romanzen des op. 14 Nr. 2, 7 und 8; und selbst noch bei den Vier Gesängen op. 43 wird man die Nr. 3 und 4, bei den Fünf Liedern op. 47 die Nr. 2, 4 und 5, bei den Sieben Liedern op. 48 die Nr. 4 bis 6 vergeblich suchen. Zurückzuverweisen ist hier allerdings auf die Gesamteinspielung der Lieder mit Jessye Norman, Dietrich Fischer-Dieskau und Daniel Barenboim, die im Gedenkjahr 1983 im Rahmen der Präsentation des Brahmsschen Gesamtwerks von der Deutschen Grammophon vorgelegt wurde; sie ist aufschlußreicherweise nicht mehr erhältlich (in einem Gedenkjahr gelten natürlich andere Gesetze der Vermarktung, und für eine realistische Sichtung der Rezeption bietet folglich ein »normales« Jahr wie 1993 sicher die zuverlässigere Grundlage). Des weiteren ist zu vermuten, daß die Präsenz des Triumphliedes op. 55, von dessen problematischer Rezeption bereits oben (vgl. S. 195 f.) die Rede war, weniger der Wertschätzung des Werkes als der Tendenz zu Gesamteinspielungen zu verdanken ist: Die Weltliche Kantate ist Teil einer Kassette, die »Brahms. Werke für Chor und Orchester« heißt (freilich fehlt hier op. 45). Ähnliches gilt für die Tatsache, daß so periphere Kompositionen wie die Kanons *Wann?* (WoO 29) und *Zu Rauch muß werden* (WoO 30) sehr wohl verfügbar sind (die sie enthaltende, sechs Langspielplatten umfassende Kassette will »Sämtliche Chorwerke« bieten), wobei in diesem Fall allerdings auch die Gelegenheit, eine Marktlücke zu füllen, ein Motiv sein dürfte.

Im Gegensatz zu der Rezeption in Konzertaufführungen, die ganz an das Hier und Jetzt der Gegenwart gebunden ist, eröffnet sich derjenigen auf Tonträgern die Möglichkeit der historischen Dokumentation, die auch vielfältig genutzt wird. Gemeint ist damit, daß die im angeführten Katalog aufgelisteten Aufnahmen – allerdings in deutlich unterschiedlicher Gewichtung zwischen den Gattungen – gleichsam eine retrospektiv gerichtete Übersicht über die Geschichte der Schallplatteneinspielungen Brahmsscher Musik geben. Diese Übersicht, die freilich eher als zufällig denn als inhaltlich-systematisch begründet gelten muß, ergibt sich aus der Rolle, die die sogenannten historischen Aufnahmen spielen. Bei jetzt käuflich angebotenen Einspielungen dominieren mithin nicht in jeder Gattung diejenigen der jüngeren Zeit, sondern – und dies namentlich bei der Orchestermusik – solche, die, wie sich aus den Lebensdaten der Interpreten erschließen läßt, mehrere Jahrzehnte alt sind. Das trifft namentlich für die Symphonien zu, die Ausgangspunkt für die weiteren Überlegungen sein sollen. Bezieht man sich nur auf die namhaften Dirigenten, die vor 1890 geboren sind, so liegt eine ansehnliche historische Dokumentation vor (die Anordnung erfolgt nach den Geburtsdaten der Dirigenten):

Felix Weingartner (1863–1942): eine Gesamteinspielung, von op. 68 zwei, von den anderen Symphonien je eine Einzeleinspielung (deren partielle Identität mit der Gesamteinspielung zwar wahrscheinlich, aber nicht mit Sicherheit auszumachen ist; für die Einzeleinspielungen sind bei DC für die ersten beiden Symphonien als Produktionsjahre 1939/40, für die letzten beiden 1938 angegeben);

Arturo Toscanini (1867–1957): eine Gesamteinspielung; von op. 68 zwei, von den anderen Symphonien je eine Einzelaufnahme, von op. 90 zusätzlich eine des II. Satzes;

Sergej Kussewitzky (1874–1951): je eine von op. 68, 90 und 98;

Bruno Walter (1876–1962): von op. 68 und 98 je eine, von op. 90 zwei Aufnahmen;
Leopold Stokowski (1882–1977): eine vom III. Satz aus op. 73;
Otto Klemperer (1885–1973), dem wohl zu Recht ein besonderer Ruf als Brahms-Interpret vorausgeht: op. 68 drei, op. 73 und op. 90 eine, op. 98 zwei Aufnahmen;
Wilhelm Furtwängler (1886–1954): op. 68 und op. 73 je zwei, op. 90 und 98 je eine Einspielung;
Hans Knappertsbusch (1888–1965): eine von op. 90.
Vergleicht man diese beträchtliche Anzahl von historischen Aufnahmen der Symphonien mit denen des einzigen Vokalwerks von Brahms, das in Dimension, Anspruch und Popularität den Symphonien gleichkommt, nämlich dem Deutschen Requiem op. 45, so zeichnet sich eine Dominanz des Instrumentalwerks auch hinsichtlich der retrospektiven Sichtweise ab. Unter Leitung der genannten Dirigenten nämlich liegen nur drei Aufnahmen vor, unter Furtwängler, Klemperer und Walter. Aber selbst bei der nichtorchestralen Instrumentalmusik ist das Interesse an historischen Aufnahmen merklich geringer, und das gilt auch für die Klaviermusik; als wohl interessanteste Einspielung aus diesem Bereich sei hier nur auf die einiger Walzer aus op. 39 durch Dinu Lipatti (1917–1950) und Nadia Boulanger (1887–1979) verwiesen. Solche Unterschiede hinsichtlich der Präsenz der Gattungen allerdings sind nicht nur auf deren allgemeine Geltung selbst zurückzuführen, sondern im Zusammenhang damit auf den Rang, der den verschiedenen Interpretensparten als Repräsentanten der musikalischen Praxis heutzutage zugesprochen wird; und diese Rangfolge wird unbestritten von den Dirigenten angeführt, in deren Nähe – freilich mit beträchtlichem Abstand – lediglich noch Pianisten, Solosänger und Sologeiger kommen.
Dieser Beobachtung entspricht die Tatsache, daß sich historische Aufnahmen sehr häufig auf die Dokumentation der Interpretationskunst berühmter Interpreten einerseits und die Selbstdarstellung von Institutionen wie Orchestern andererseits konzentrieren. Die genannten Aufnahmen von Dinu Lipatti und Nadia Boulanger etwa sind auf Tonträgern erschienen, die Electrola dem ersteren unter dem Titel »Dinu Lipatti: Klavier-Recital« bzw. »Dinu Lipatti« gewidmet hat. Ein ähnliches Ziel verfolgt Fono mit der CD unter dem Titel »Vladimir Horowitz: I Protagonisti« (die Aufnahmen stammen von 1935 und 1948), die in einer allerdings recht merkwürdigen, selbst Sousas »Stars And Stripes« nicht verschmähenden Zusammenstellung von Brahms den

I. Satz des Klavierkonzerts op. 15 unter Leitung von Toscanini enthält. Die angeführten Aufnahmen sowohl des II. Satzes der 3. Symphonie op. 90 unter Toscanini als auch die des III. Satzes der 2. Symphonie op. 73 unter Stokowski finden sich in der acht CDs umfassenden Präsentation »Die Stockholmer Philharmonie und ihre Dirigenten. Jubiläumskonzert 75 Jahre« (hier deutet sich schon das Problem der Stückelung von Werken an, auf das später zurückzukommen sein wird). Um schließlich auch noch den Bereich der Vokalsolisten anzusprechen: Die von Alexander Kipnis gesungene Einspielung des *Wiegenliedes* op. 49/4 (vgl. S. 317 ff.) ist in einer 2 CDs umfassenden Kassette mit dem Titel »Alexander Kipnis; Lieder-Aufnahmen 1933 bis 1940« vertreten, die ihrerseits Teil einer umfangreichen Reihe mit historischen Aufnahmen von Fono ausmacht.

Ungeachtet der Intention der Hersteller birgt die beträchtliche Anzahl der vorliegenden historischen Aufnahmen zumal der symphonischen Werke eine nicht zu verachtende Möglichkeit für die Rezeptionsforschung in sich. Sie bietet die Chance, ganz konkret etwa die Frage zu beantworten, inwieweit der Wechsel des Brahmsbildes vom konservativen, ganz im 19. Jahrhundert verwurzelten Komponisten zum Vorläufer der neuen Musik auch in der Aufführungspraxis ihren Niederschlag gefunden hat. Hierzu wäre ein Vergleich zu ziehen zu Interpreten, denen die neue und neueste Musik ganz und gar vertraut ist: Claudio Abbado z. B. (bei den Symphonien eine Gesamteinspielung, von op. 68 und 98 je zwei, von op. 73 und 90 je eine Aufnahme) oder Michael Gielen (eine Aufnahme von op. 98); aufschlußreich wäre auch die Gegenüberstellung jener Aufnahme der Walzer op. 39 von Lipatti/ Boulanger und der des Klavierduos Alfons und Alois Kontarsky.

Besonders facettenreich, ja verwirrend ist der Aspekt der Bearbeitungen oder Arrangements, die vom Schallplattenmarkt einerseits tabuisiert, andererseits aber in großer Vielfalt präsentiert werden: Die Transkriptionen eigener oder fremder Kompositionen für andere Besetzung von Brahms selbst werden gleichsam nicht zur Kenntnis genommen; diejenigen seiner Werke von beliebigen anderen Bearbeitern für nur in einer Hinsicht nicht willkürliche Besetzung dagegen erfreuen sich großer Beliebtheit. Man kann ersteres versuchsweise mit einer allzu ernst genommenen Verpflichtung aufs Original erklären, für letzteres indes ist zweifellos der potentiell allen Werken der Vergangenheit zugewachsene Warencharakter in Anschlag zu bringen, der sachfremden Interessen Tür und Tor öffnet.

Brahms hat, worauf hier noch einmal zusammenfassend hingewiesen werden soll, zahlreiche Arrangements von Kompositionen anderer Autoren ausgearbeitet, von Bach, Chopin und Gluck, von Joachim, Schumann, Weber und vor allem Schubert; eine besondere, nämlich klavier-didaktische Intention verfolgte er mit den 1878 publizierten Studien für das Pianoforte, die Bearbeitungen von Bach, Chopin und Weber umfaßt. Von all diesen Arrangements sind auf Platte nur die fünfte jener Studien (Bachs Chaconne aus BWV 1004 für die linke Hand) und die Klavierbearbeitung der A-Dur Gavotte aus Glucks »Iphigénie en Aulide« verfügbar.

Wie bereits auf S. 185 f. ausführlich dargestellt, boten im klavierspielenden 19. Jahrhundert die Arrangements hauptsächlich für zwei Spieler an diesem Instrument eine wesentliche Rolle für die Verbreitung größer dimensionierter Werke. Brahms hat dementsprechend von der Mehrzahl sowohl der Kammermusikwerke größerer Besetzung als auch der Orchesterwerke Bearbeitungen für zwei Klaviere oder Klavier vierhändig hergestellt (vgl. das Werkverzeichnis). Von ihnen, die allerdings schon aus der alten Gesamtausgabe ausgeschlossen wurden (und dementsprechend als Notentext nicht leicht zugänglich sind), liegen nur zwei Einspielungen vor, nämlich von den vierhändigen Arrangements der 1. bzw. 4. Symphonie durch das Klavierduo Crommelynck. Als Besonderheit, ja Kuriosum in diesem Zusammenhang zu erwähnen ist die Einspielung der 2. Symphonie durch das Klavierduo Schlüter, das sich nicht etwa auf den von Brahms im August 1878 publizierten Text des Arrangements stützt, sondern auf dessen lediglich im Manuskript überlieferte – und für die Endfassung vielfach korrigierte – Erstniederschrift, die Brahms Clara Schumann zu Weihnachten 1877 schenkte. (Ein ähnliches, eher quellenkundlich zu bezeichnendes Interesse ist der als Urfassung bezeichneten Einspielung der noch nicht definitiven Version des II. Satzes der 1. Symphonie durch die Badische Staatskapelle zu bescheinigen.)

Dagegen sind Bearbeitungen Brahmsscher Kompositionen durch fremde Arrangeure in großer Fülle auf dem Schallplattenmarkt vertreten. Auf das wohl krasseste Beispiel des *Wiegenliedes* op. 49/4 wurde bereits S. 317 f. näher eingegangen; daher mögen im folgenden wenige Beispiele genügen. Nur zuweilen ist bei solchen Arrangements der Autor genannt, etwa Ferruccio Busoni bei den Klavierbearbeitungen der Choralvorspiele für Orgel op. 122, die großes Interesse beanspruchen dürfen, oder der Brahms-Vertraute Julius Klengel bei den Einrichtungen der Intermezzi op. 116/4 und 117/1 für Violoncello und Klavier. In der Mehrzahl der Fälle ist die Herkunft der Transkriptio-

nen – jedenfalls aus dem Bielefelder Katalog – nicht zu erschließen; so
bei den Arrangements für Mezzosopran und Orchester, für Orgel und
Horn, für Harfe und schließlich Blasorchester von wiederum einigen
Choralvorspielen aus op. 122, bei den Einrichtungen sowohl der Violoncellosonate op. 38 als auch der Klarinettensonate op. 120/2 für
Horn und Klavier, bei dem Arrangement erneut von op. 38 für Kontrabaß und Klavier (die entsprechende CD heißt zu Recht »Rare
Accent«) und schließlich der Violoncello-Fassungen der Lieder op. 3/1,
49/4, 71/5, 86/2, 94/4 sowie 105/1 und 2 – diese Liste ließe sich belie-
big verlängern. Auffällig indes bei allen diesen Bearbeitungen ist, daß sie
sich im Grundsatz an die Bearbeitungsrichtungen instrumental-instru-
mental oder vokal-instrumental halten: Eine Übertragung eines Instru-
mentalstücks in den vokalen Bereich scheint ausgeschlossen zu sein, es
sei denn (wie bei den genannten Einrichtungen der Orgel-Choralvor-
spiele für Mezzosopran und Orchester), ein Text läge in greifbarer
Nähe. Dies bestätigt erneut den Vorrang der instrumentalen vor der
vokalen Musik im 20. Jahrhundert. Während Gounod mit der Umarbeitung des Bachschen C-Dur-Präludiums zum »Ave Maria« keinerlei
Probleme hatte und noch Arnold Schering den Beethovenschen Symphonien Texte unterlegen wollte, geht unsere Zeit (offenkundig auch
auf ihrer trivialsten Ebene) von der Integrität der instrumentalen Musik
aus, die keinen – gleichsam depravierenden – Übergang zur vokalen
erlaubt.

Nicht so sensibel indes zeigt sich der Markt, wenn es um die Füllung
des zur Verfügung stehenden Raumes eines Tonträgers oder um die
inhaltliche Ausfüllung eines für gut befundenen erfolgversprechenden
Aufmachers geht; hier verkommt Musik zum bloßen Angebot eines
Supermarkts, bei dem man mehr oder minder wahllos zugreifen kann.
Eine zunächst noch scheinbar an Brahms orientierte CD, die »Lieben
Sie Brahms?« heißt, bietet als vollständige Werke die beiden Ouvertüren und zwei Ungarische Tänze, dann aber Einzelsätze wie den IV. des
2. Klavierkonzerts op. 83, den III. von op. 77 (das Finale des Violinkonzerts erfreut sich auch der Beliebtheit als Beispiel für Zigeunerme-
lodien), den IV. Satz der 1. und den III. der 3. Symphonie, schließlich
aber von den Haydn-Variationen op. 56a nur noch die Passacaglia (ab
T. 361). Solche Stückelung eines durchgängigen musikalischen Zusammenhanges, die nun wirklich gänzlich unvertretbar ist, muß sich auch
der IV. Satz der 1. Symphonie gefallen lassen, der sogar in zwei Einspielungen seiner Einleitung beraubt wird und das Torso (ab T. 62)
dann auch noch unsinnigerweise »Finale des IV. Satzes« genannt wird,

als wäre nicht der ganze Satz in einem eminent emphatischen Sinne (vgl. S. 52 ff.). Finale der Symphonie insgesamt. Bei solchem Umgang mit Kunstwerken wäre sicher auch für den weitherzigsten Rezeptionsforscher die Grenze der Inadäquatheit überschritten. Dies gilt auch für die larmoyant-nostalgische Vermarktung von Kunstwerken oder deren Teilen, hinsichtlich derer Philips am weitesten geht: »Zwischen Tag und Traum« und »Die musikalische Hausapotheke« heißen die beiden einschlägigen, jeweils fünfteiligen Serien. In der ersten ist Brahms lediglich durch den III. Satz der 3. Symphonie vertreten, in der zweiten stehen das Scherzo aus der F. A. E.-Sonate (WoO 2) und die Tragische Ouvertüre op. 81 für den Aspekt »Einsamkeit«, der II. Satz der 4. Symphonie op. 98 für »Erinnerung, Nostalgie« und schließlich der V. Satz des Deutschen Requiems op. 45 für »Hoffnung, Glaube«.

Literaturhinweise

Die folgenden Angaben stellen eine nur knappe Auswahl aus der umfangreichen Brahms-Literatur dar. Berücksichtigt sind vornehmlich die Veröffentlichungen, die den Rang von Standardliteratur erlangt haben, neuere Publikationen und diejenigen, die im Text zitiert sind.
Nähere und nahezu erschöpfende Auskunft über die Literatur bis 1982/83 kann der Leser in zwei Bibliographien finden:

Siegfried Kross: Brahms-Bibliographie. Tutzing 1983.
Thomas Quigley: Johannes Brahms: an annotated bibliography of the literature through 1982. Metuchen / N. J. & London 1990.

1. Werkausgabe, Werkverzeichnis, Briefwechsel
   und andere primäre Dokumente

Johannes Brahms: Sämtliche Werke. Ausgabe der Gesellschaft der Musik-freunde. 26 Bde. Hrsg. von Hans Gál und Eusebius Mandyczewski. Leipzig: Breitkopf & Härtel, 1926–28. (Neuaufl. Ann Arbor 1949.) Repr. Wiesbaden 1964. [Zit. als: GA.]
McCorkle, Margit L.: Johannes Brahms. Thematisch-bibliographisches Werk-verzeichnis. Hrsg. nach gemeins. Vorarbeiten mit Donald M. McCorkle †. München: Henle, 1984. [Zit. als: Brahms-Werkverzeichnis.]
Johannes Brahms-Briefwechsel. 16 Bde. Berlin 1906 ff. [Repr. der jeweils letzten Aufl. Tutzing 1974. – Zit. als: BBW.]
  Bd. I/II: Mit Heinrich und Elisabet von Herzogenberg. Hrsg. von Max Kal-beck: Bd. I. 1906/07. ⁴1921. – Bd. II. 1908. ⁴1921.
  Bd. III: Mit Karl Reinthaler, Max Bruch, Hermann Deiters, Friedr. Heim-soeth, Karl Reinecke, Ernst Rudorff, Bernhard und Luise Scholz. Hrsg. von Wilhelm Altmann. 1907/08. ²1912.
  Bd. IV: Mit J. O. Grimm. Hrsg. von Richard Barth. 1907/08. ²1912.
  Bd. V/VI: Mit Joseph Joachim. Hrsg. von Andreas Moser. Bd. 1. 1908. ³1921. Bd. 2. 1908. ³1912.
  Bd. VII: Mit Hermann Levi, Friedrich Gernsheim sowie den Familien Hecht und Fellinger. Hrsg. von Leopold Schmidt. 1910.
  Bd. VIII: An Joseph Viktor Widmann, Ellen und Ferdinand Vetter, Adolf Schubring. Hrsg. von Max Kalbeck. 1915.
  Bd. IX/X: An P. J. Simrock und Fritz Simrock. Hrsg. von Max Kalbeck. 1917.
  Bd. XI/XII: An Fritz Simrock. Hrsg. von Max Kalbeck. 1919.
  Bd. XIII: Mit Theodor W. Engelmann. Hrsg. von Julius Röntgen. 1918.
  Bd. XIV: Mit Breitkopf & Härtel, Bartolf Senff, J. Rieter-Biedermann, C. F.

Peters, E. W. Fritzsch und Robert Lienau. Hrsg. von Wilhelm Altmann. 1920/21.

Bd. XV: Mit Fr. Wüllner. Hrsg. von Ernst Wolff. 1922.

Bd. XVI, T. 1: Mit Philipp Spitta. Hrsg. von Carl Krebs. 1920.

Bd. XVI, T. 2: Mit Otto Dessoff. Hrsg. von Carl Krebs. 1922.

Johannes Brahms-Briefwechsel. N. F. Bd. XVII: Mit Herzog Georg II. von Sachsen-Meiningen und Helene Freifrau von Heldburg. Hrsg. von Herta Müller und Renate Hofmann. Tutzing 1991.

Bülow, Hans von: Briefe. Hrsg. von Marie von Bülow. 7 Bde. Leipzig 1895 bis 1908.

Dedel, Peter: Johannes Brahms. A Guide to his Autograph in Facsimile. Ann Arbor 1978.

Fellinger, Maria: Brahms-Bilder. 2., verm. Aufl. der Brahms-Bilder-Mappe. Leipzig 1911.

Gottlieb-Billroth, Otto: Billroth und Brahms im Briefwechsel. Berlin/Wien 1935. [Zit. als: Billroth/Brahms, Briefwechsel.]

Hofmann, Kurt: Die Bibliothek von Johannes Brahms. Bücher- und Musikalienverzeichnis. Hamburg 1974.

– Die Erstdrucke der Werke von Johannes Brahms. Bibliographie. Tutzing 1975.

Holde, Artur: Suppressed Passages in the Brahms – Joachim Correspondence Published for the First Time. In: The Musical Quarterly 45 (1959) Nr. 3. S. 312–324.

Krebs, Carl (Hrsg.): Des jungen Kreislers Schatzkästlein. Aussprüche von Dichtern, Philosophen und Künstlern. Zusammengetragen durch Johannes Brahms. Berlin 1909.

Litzmann, Berthold: Clara Schumann. Ein Künstlerleben. Nach Tagebüchern und Briefen. 3 Bde. Leipzig 1902–1908. – Repr. der Ausg. 1923–25. Hildesheim 1971. [Zit. als: Litzmann I–III.]

– (Hrsg.): Clara Schumann – Johannes Brahms: Briefe aus den Jahren 1853 bis 1896. 2 Bde. Leipzig 1927. – Repr. Hildesheim 1970. [Zit. als: Schumann/Brahms, Briefe I/II.]

Mast, Paul: Brahms's Study, Octaven u. Quinten u. A. With Schenker's Commentary Translated. In: The Music Forum V. New York 1980. S. 1–196.

Stephenson, Kurt: Johannes Brahms und Fritz Simrock. Weg einer Freundschaft. Briefe des Verlegers an den Komponisten. Hamburg 1961.

2. Biographien bzw. Monographien

Ehrmann, Alfred von: Johannes Brahms. Weg, Werk und Welt. Leipzig 1933. (Neuausg. Walluf/Nendeln 1974.)

Fuller Maitland, John Alexander: Brahms. London 1911. – Dt. Leipzig 1912.

Gal, Hans: Johannes Brahms. Werk und Persönlichkeit. Frankfurt a. M. 1961.

Geiringer, Karl: Johannes Brahms. Leben und Schaffen eines deutschen Meisters.

Wien 1935; 2. [unter Mitarb. von Irene Geiringer erw. und verb.] Aufl. u. d. T.: Johannes Brahms. Sein Leben und Schaffen. Zürich/Stuttgart 1955. Kassel 1974. [Zahlreiche Übersetzungen und Ausgaben, namentlich in Englisch.]

Kalbeck, Max: Johannes Brahms. Berlin 1904 ff. 4 Bde. (Bd. I/1: 1833–1856. 1904. ³1912. – Bd. I/2: 1856–1862. 1904. ³1912. – Bd. II/1: 1862–1868. 1907. ³1921. – Bd. II/2: 1869–1873. 1909. ²1910. – Bd. III/1: 1874–1881. 1910. ²1912. – Bd. III/2. 1881–1885. 1912. ²1913. – Bd. IV/1: 1886–1891. 1914. ²1915. – Bd. IV/2: 1891–1897. 1914. ²1915. [Repr. der jeweils letzten Aufl. Tutzing 1976. Zit. als: Kalbeck I–IV.]).

May, Florence: The Life of Johannes Brahms. 2 Bde. London 1905.

Neunzig, Hans A.: Johannes Brahms in Selbstzeugnissen und Bilddokumenten. Reinbek 1973. ²1977.

Reimann, Heinrich: Johannes Brahms. Berlin [1897]. ⁶1922.

Schmidt, Christian Martin: Johannes Brahms und seine Zeit. Laaber 1983. – Ital. 1990. Japan. 1994.

Specht, Richard: Johannes Brahms. Leben und Werk eines deutschen Meisters. Hellerau 1928.

3. Aufsatzsammlungen

Brahms-Analysen. Referate der Kieler Tagung 1983. Hrsg. von Friedhelm Krummacher und Wolfram Steinbeck. Kassel 1984.

Brahms-Kongreß Wien 1983. Hrsg. von Susanne Antonicek und Otto Biba. Tutzing 1988.

Brahms-Studien. Hamburg 1974 ff. – Bd. 1. 1974. – Bd. 2. 1977. – Bd. 3. 1979. – Bd. 4. 1981. – Bd. 5. 1983. – Bd. 6. 1985.

Brahms als Liedkomponist. Studien zum Verhältnis von Text und Vertonung. Hrsg. von Peter Jost. Stuttgart 1992.

Brahms. Biographical, documentary and analytical studies. Hrsg. von Robert Pascall. Cambridge 1983.

Brahms 2. Biographical, documentary and analytical studies. Hrsg. von Michael Musgrave. Cambridge 1987.

Brahms Studies. Analytical and Historical Perspectives. Papers delivered at the International Brahms Conference Washington, DC, 5–8 May 1983. Hrsg. von George S. Bozarth. Oxford 1990.

Bruckner Symposion »Johannes Brahms und Anton Bruckner«. Im Rahmen des Internationalen Brucknerfestes Linz 1983 8.–11. September 1983. Bericht. Hrsg. von Othmar Wessely. Linz 1985.

Johannes Brahms. Leben und Werk. Hrsg. von Christiane Jacobsen. Wiesbaden 1983.

4. Zum Werk allgemein

Evans, Edwin: Historical, Descriptive and Analytical Account of the Entire Works of Johannes Brahms. 4 Bde. London / New York 1912–[1935].

Fellinger, Imogen: Brahms und die Musik vergangener Epochen. In: Die Ausbreitung des Historismus über die Musik. Hrsg. von Walter Wiora. Regensburg 1969. S. 147–167.

– Grundzüge Brahmsscher Musikauffassung. In: Beiträge zur Geschichte der Musikanschauung im 19. Jahrhundert. Hrsg. von Walter Salmen. Regensburg 1965. S. 113–123.

– Über die Dynamik in der Musik von Johannes Brahms. Berlin/Wunsiedel 1961.

Floros, Constantin: Brahms und Bruckner. Studien zur musikalischen Exegetik. Wiesbaden 1980.

Helms, Siegmund: Johannes Brahms und Johann Sebastian Bach. In: Bach-Jahrbuch 57 (1971) S. 13–81.

Musgrave, Michael: The Music of Brahms. London/Boston 1985.

Schoenberg, Arnold: Brahms the Progressive. In: A. S.: Style and Idea. Hrsg. von Dika Newlin. New York 1950. S. 52–101. – Dt. in: A. S.: Stil und Gedanke. Aufsätze zur Musik. Frankfurt a. M. 1976. S. 35–71.

Schubring, Adolf: Schumannia Nr. 8. Die Schumann'sche Schule. IV. Johannes Brahms. In: Neue Zeitschrift für Musik. Jg. 29. Bd. 56 (1862) Nr. 12, 93 und 96.

Schumann, Robert: Neue Bahnen. In: Neue Zeitschrift für Musik. Jg. 20. Bd. 39 (1853) Nr. 2.

5. Zum Instrumentalwerk

Bozarth, George S.: Brahms's »Lieder ohne Worte«: The ›Poetic‹ Andantes of the Piano Sonatas. In: Brahms Studies [s. Nr. 3] S. 345–378.

Brand, Friedrich: Das Wesen der Kammermusik von Brahms. Berlin 1937.

Brinkmann, Reinhold: Anhand von Reprisen. In: Brahms-Analysen [s. Nr. 3] S. 107–120.

– Johannes Brahms: Die Zweite Symphonie. Späte Idylle. München 1990.

Budde, Elmar: Johannes Brahms' Intermezzo op. 117, Nr. 2. In: Analysen. Beiträge zu einer Problemgeschichte des Komponierens. Festschrift für Hans Heinrich Eggebrecht zum 65. Geburtstag. Hrsg. von Werner Breig [u. a.]. Stuttgart 1984. S. 324–337.

Colles, Henry Cope: The Chamber Music of Brahms, London 1933. – Repr. New York 1976.

Czesla, Werner: Studien zum Finale in der Kammermusik von Johannes Brahms. Bonn 1968.

Dahlhaus, Carl: Brahms und die Idee der Kammermusik. In: Neue Zeitschrift für Musik 134 (1973) S. 559–563 (mehrmals nachgedruckt, so auch in: Brahms-Studien, Bd. 1 [s. Nr. 3]).

– Johannes Brahms: Klavierkonzert Nr. 1 d-moll, op. 15. München 1965.

Danuser, Hermann: Aspekte einer Hommage-Komposition. Zu Brahms' Schumann-Variationen op. 9. In: Brahms-Analysen [s. Nr. 3] S. 91–106.

Fellinger, Imogen: Brahms und die Gattung des Instrumentalkonzerts. In: Beiträge zur Geschichte des Konzerts. Festschrift Siegfried Kross zum 60. Geburtstag. Hrsg. von R. Emans [u. a.]. Bonn 1990. S. 201–209.

Herttrich, Ernst: Johannes Brahms – Klaviertrio H-Dur Opus 8. Frühfassung und Spätfassung. Ein analytischer Vergleich. In: Musik – Edition – Interpretation. Gedenkschrift Günter Henle. Hrsg. von Martin Bente. München 1980. S. 218–236.

Klein, Rudolf: Die Doppelgerüsttechnik in der Passacaglia der IV. Symphonie von Brahms. In: Österreichische Musikzeitschrift 27 (1972) S. 641–648.

Kross, Siegfried: Thematic Structure and Formal Processes in Brahms's Sonata Movements. In: Brahms Studies [s. Nr. 3] S. 423–443.

Mitschka, Arno: Der Sonatensatz in den Werken von Johannes Brahms. Gütersloh 1961.

Schubert, Giselher: Johannes Brahms: Sinfonie Nr. 1 c-Moll, op. 68. Einführung und Analyse. München/Mainz 1981.

Tovey, Donald Francis: Brahms's Chamber Music. In: D. F. T.: The Main Stream of Music and Other Essays. New York 1959. S. 220–270.

Urbantschitsch, Viktor: Die Entwicklung der Sonatenform bei Brahms. In: Studien zur Musikwissenschaft 14 (1927) S. 265–285.

Webster, James: Schubert's Sonata Form and Brahms's First Maturity. In: Nineteenth Century Music 2 (1978/79) S. 18–35 und 3 (1979/80) S. 52–71.

Wolff, Christoph: Von der Quellenkritik zur musikalischen Analyse. Beobachtungen am Klavierquartett A-Dur op. 26 von Johannes Brahms. In: Brahms-Analysen [s. Nr. 3] S. 150–165.

6. Zum Vokalwerk

Beuerle, Hans Michael: Johannes Brahms. Untersuchungen zu den A-cappella-Kompositionen. Ein Beitrag zur Geschichte der Chormusik. Hamburg 1987.

Blum, Klaus: Hundert Jahre »Ein deutsches Requiem« von Johannes Brahms. Entstehung – Uraufführung – Interpretation – Würdigung. Tutzing 1971.

Drinker, Sophie: Brahms and his Women's Choruses. Merion/Pa. 1952.

Finscher, Ludwig: Lieder für eine Singstimme und Klavier. In: Johannes Brahms. Leben und Werk [s. Nr. 3] S. 139–143.

– Lieder für verschiedene Vokalensembles. In: Johannes Brahms. Leben und Werk [s. Nr. 3] S. 153–154.

Friedländer, Max: Brahms' Lieder. Einführung in seine Gesänge für eine und zwei Stimmen. Berlin/Leipzig 1922.

Kross, Siegfried: Die Chorwerke von Johannes Brahms. Bonn 1957. Berlin ²1963.

– Kleinere Chorwerke. In: Johannes Brahms. Leben und Werk [s. Nr. 3] S. 160 bis 162.

Krummacher, Friedhelm: Symphonie und Motette: Überlegungen zum »Deutschen Requiem«. In: Brahms-Analysen [s. Nr. 3] S. 183–200.

Petersen, Peter: Werke für Chor und Orchester. In: Johannes Brahms. Leben und Werk [s. Nr. 3] S. 170–172.

Sams, Eric: Brahms Songs. London/Seattle 1972.

Wachinger, Kristian (Hrsg.): Brahms-Texte. Sämtliche von Johannes Brahms vertonten und bearbeiteten Texte. Die Sammlung von Gustav Ophüls, vervollständigt und neu herausgegeben. Ebenhausen bei München 1983.

Werkverzeichnis und Register

Im folgenden Werkverzeichnis sind sämtliche Kompositionen (Originalwerke und Bearbeitungen) angeführt, die mit Sicherheit von Brahms stammen und vollständig überliefert sind; Fragmente und Stücke, deren Zuweisung ungewiß ist, werden nur in Ausnahmefällen erwähnt. Die Titel der Instrumentalwerke sind – um Mißverständnisse zu vermeiden – dem heutigen Sprachgebrauch angepaßt (also z. B. »Violinsonate« statt des Originaltitels »Sonate für Pianoforte und Violine«). Bei den Vokalwerken sind Titel (gerade) und Textanfänge (kursiv) aufgeführt; falls der Titel mit dem Textanfang übereinstimmt, wird nur auf den letzteren Bezug genommen; unterschiedliche Versionen eines Textincipits sind in einem normalisierten Eintrag zusammengefaßt. Bei den aus praktischen Gründen verkürzten Tonartenangaben (kursiv) bezeichnen große Anfangsbuchstaben Dur, kleine Moll.
Das Register bezieht sich auf den Haupttext und auf das Kapitel »Zur Diskographie«. Halbfette Seitenzahlen verweisen auf die Passagen, in denen die betreffenden Kompositionen eingehender besprochen werden.

Vokalmusik